TRICK 17

CAMPING & OUTDOOR

ARMIN WESTENHÖFER
SANDRA WESTENHÖFER-GRAMMETH

INHALT

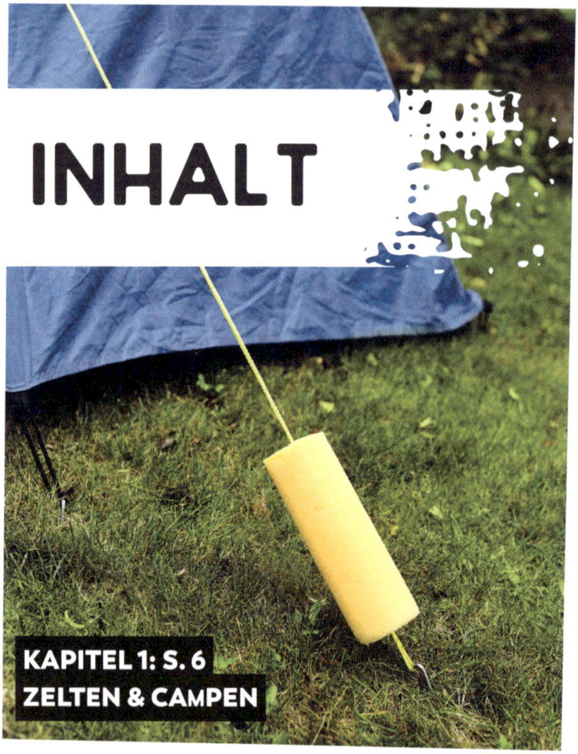

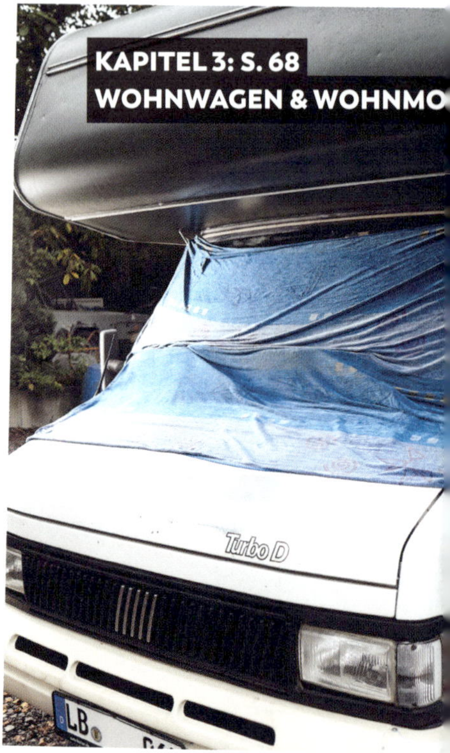

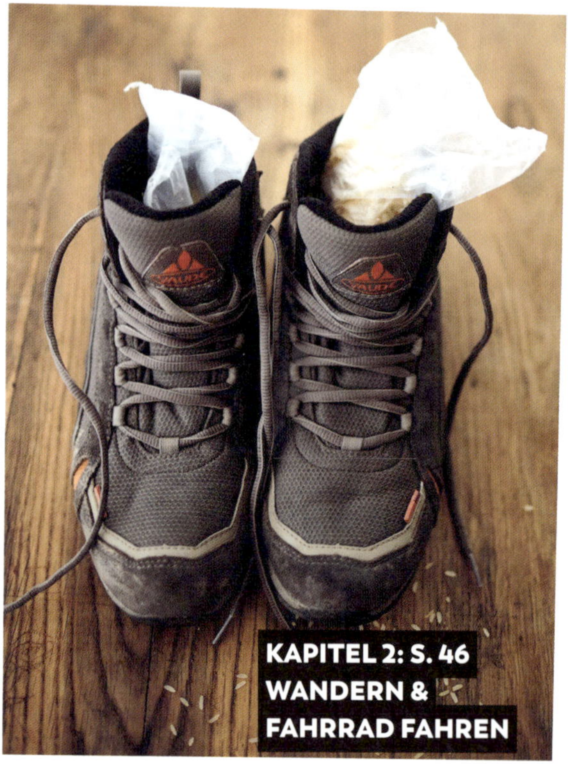

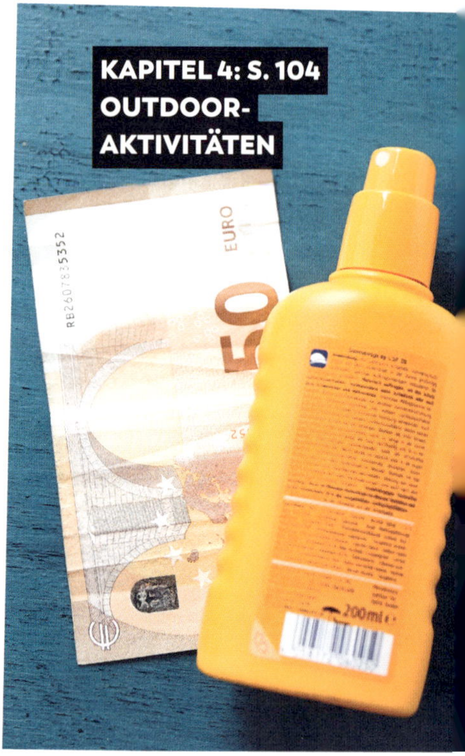

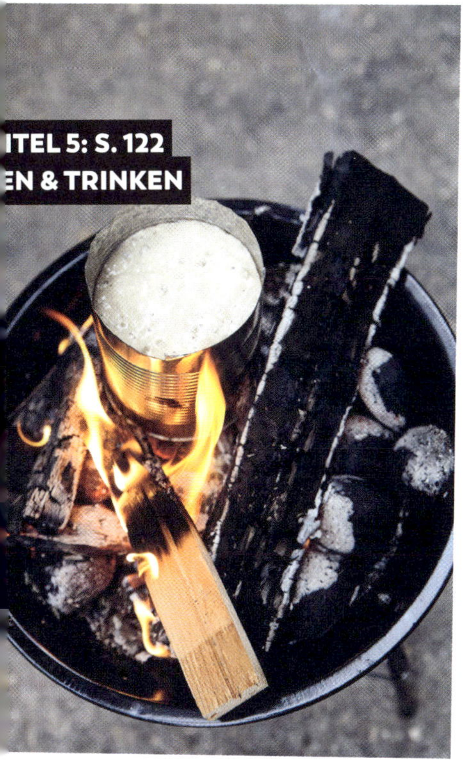

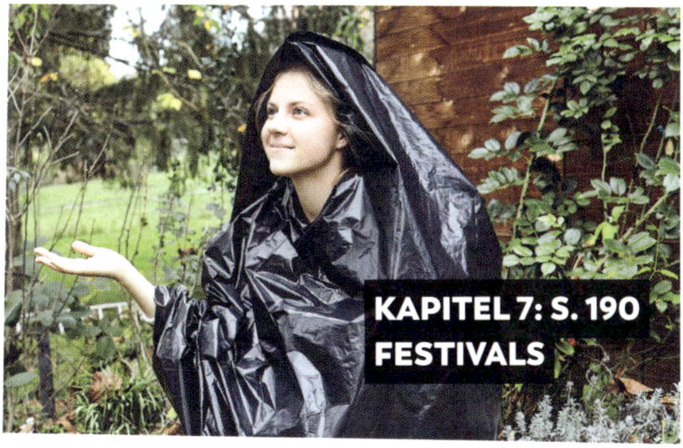

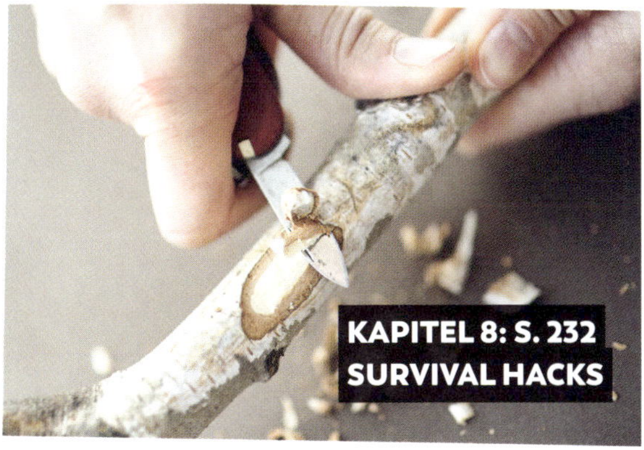

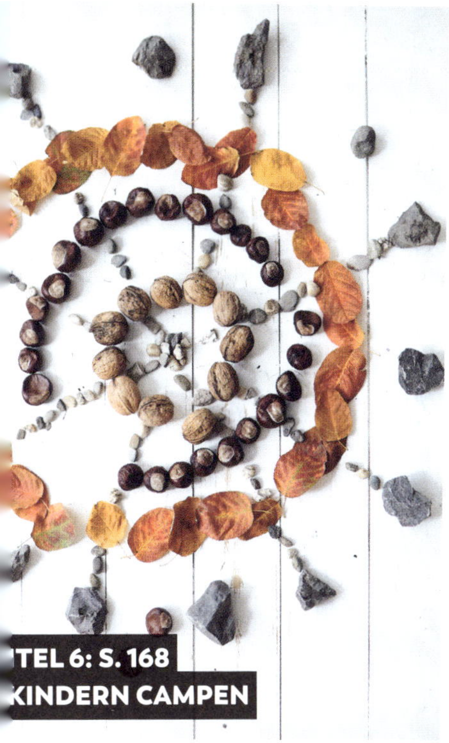

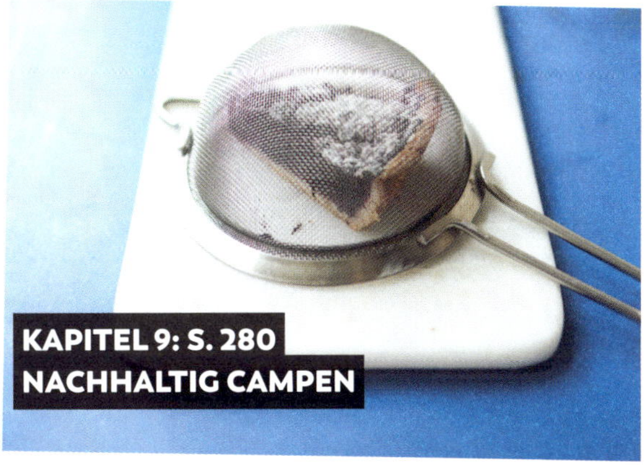

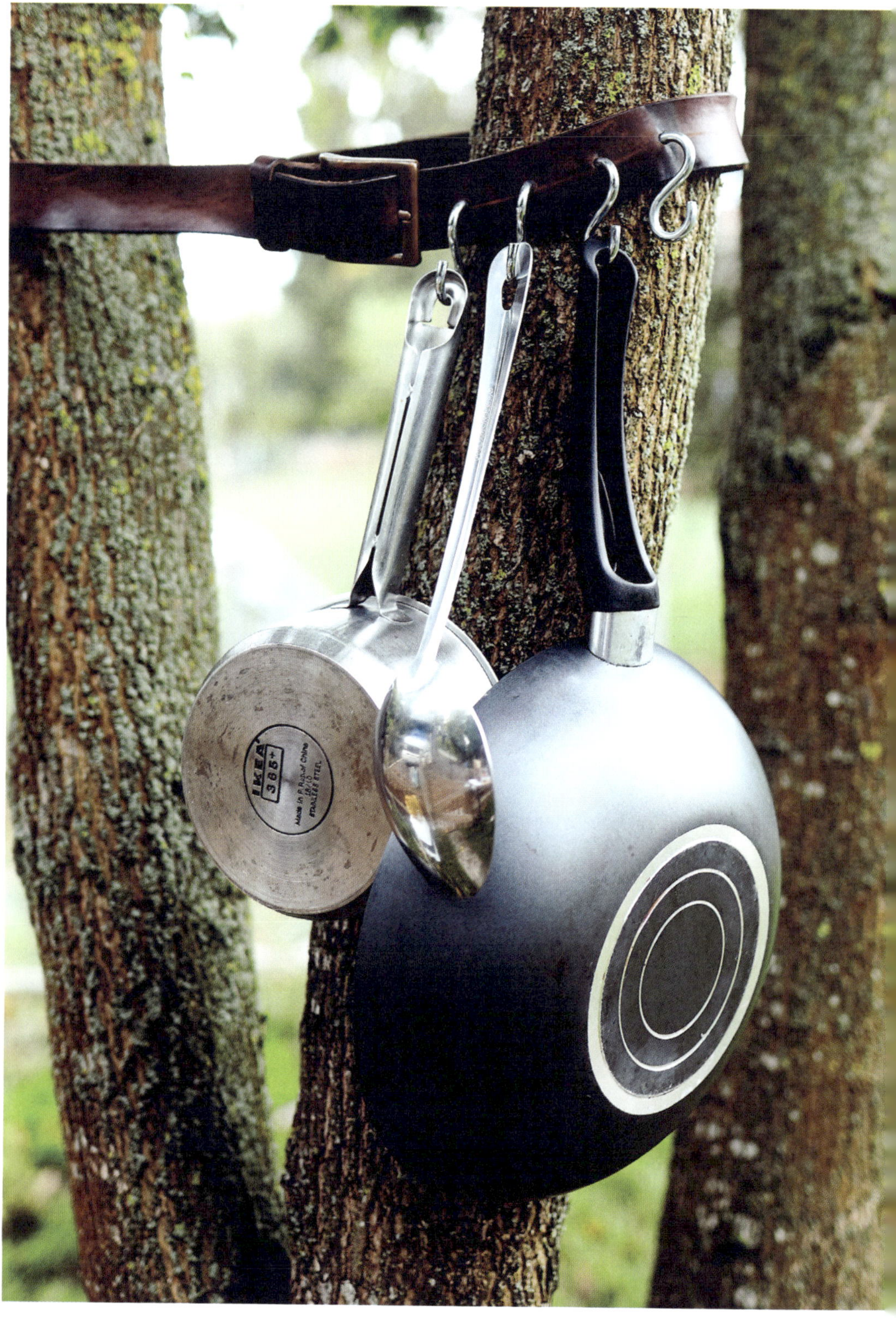
IKEA
365+

VORWORT

Gerade im Bereich Camping ist Improvisieren das A und O, da man naturgemäß mit viel weniger Dingen auskommen muss als zu Hause. Da muss man auch mal Sachen zweckentfremden, um zum Ziel zu kommen.

Als wir gefragt wurden, ob wir aufgrund unserer langjährigen Campingerfahrung und als Autoren unseres Blogs Camping-Checker.de dieses Buch schreiben wollten, ahnten wir noch nicht, dass sich ein Teil unserer Wohnung für die nächste Zeit in ein Lager verwandeln würde. Der andere Teil der Wohnung sowie unser Camper wurden als Versuchslabor missbraucht. Hier wurde geschraubt, gezündelt, geklebt, gehämmert, gelacht, dokumentiert und verworfen. Bei manchen Hacks waren mehrere Testläufe erforderlich, andere klappten auf Anhieb. Und einige waren so simpel wie genial, dass wir uns gewundert haben, warum wir da nicht schon früher drauf gekommen sind.

Das Ergebnis kann sich – wie wir meinen - sehen lassen. Dank eines hochmotivierten Verlagsteams, Fotografinnen und Helfern sowie unserer eigenen Grips-Gymnastik ist es gelungen, 222 geniale Camping-Lifehacks auf die Beine zustellen.

Besonders bedanken möchten wir uns bei unserem Sohn Severin, der während der Entstehungsphase dieses Buches oft als Testperson herhalten musste, viele Ideen einbrachte und quasi als Co-Autor fungierte.

Allen Lesern und Campingfreunden wünschen wir viel Spaß bei dieser Lektüre und noch mehr Spaß bei der Anwendung.

In diesem Sinne

Armin Westenhöfer Sandra Westenhöfer-Gramm

Zelten und Campen

lach dir deinen eigenen Bad-Utensilo us einer großen leeren Spüli-Flasche. chneide mit einem Messer oder einer chere die Seiten und den vorderen 'eil der Flasche bis auf ca. 10 cm im nteren Bereich ab und die Rückseite akenförmig aus. So kannst du den Jtensilo an jeder Duschstange auf- rängen und hast deine eigene Ablage für Duschgel, Shampoo & Co.

Vergiss nicht, ein oder zwei Löcher in den Boden zu stechen, damit das Duschwasser ablaufen kann.

1

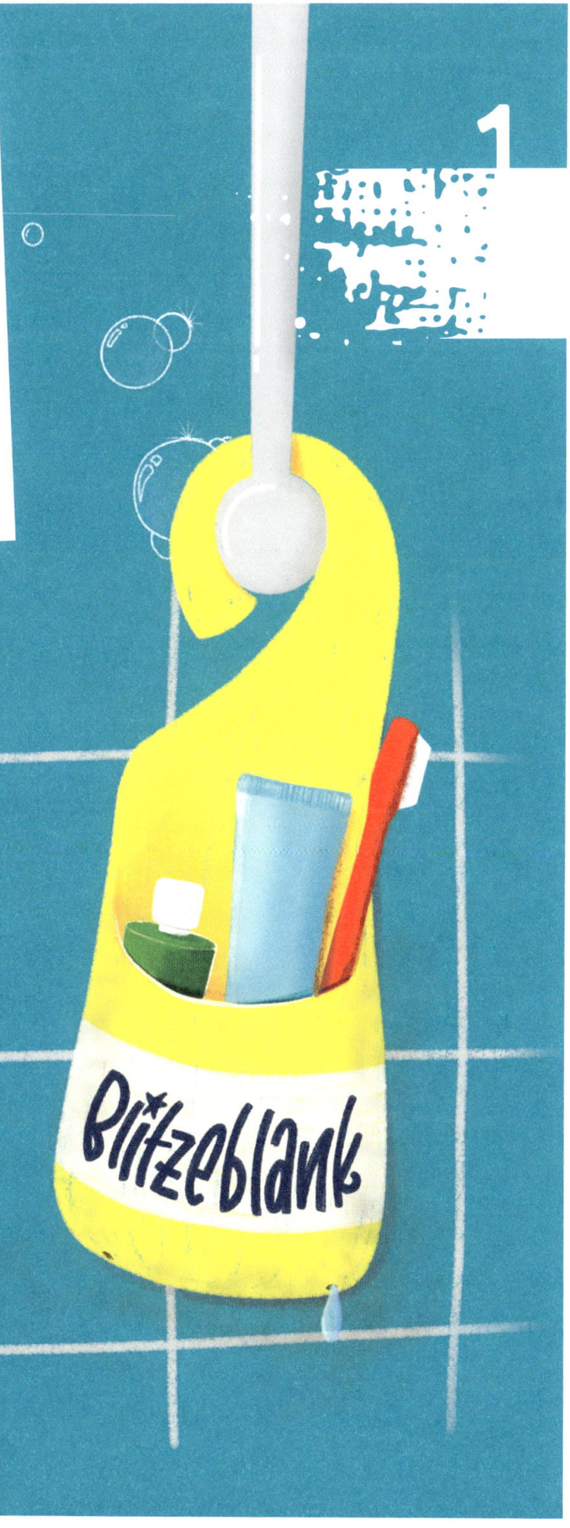

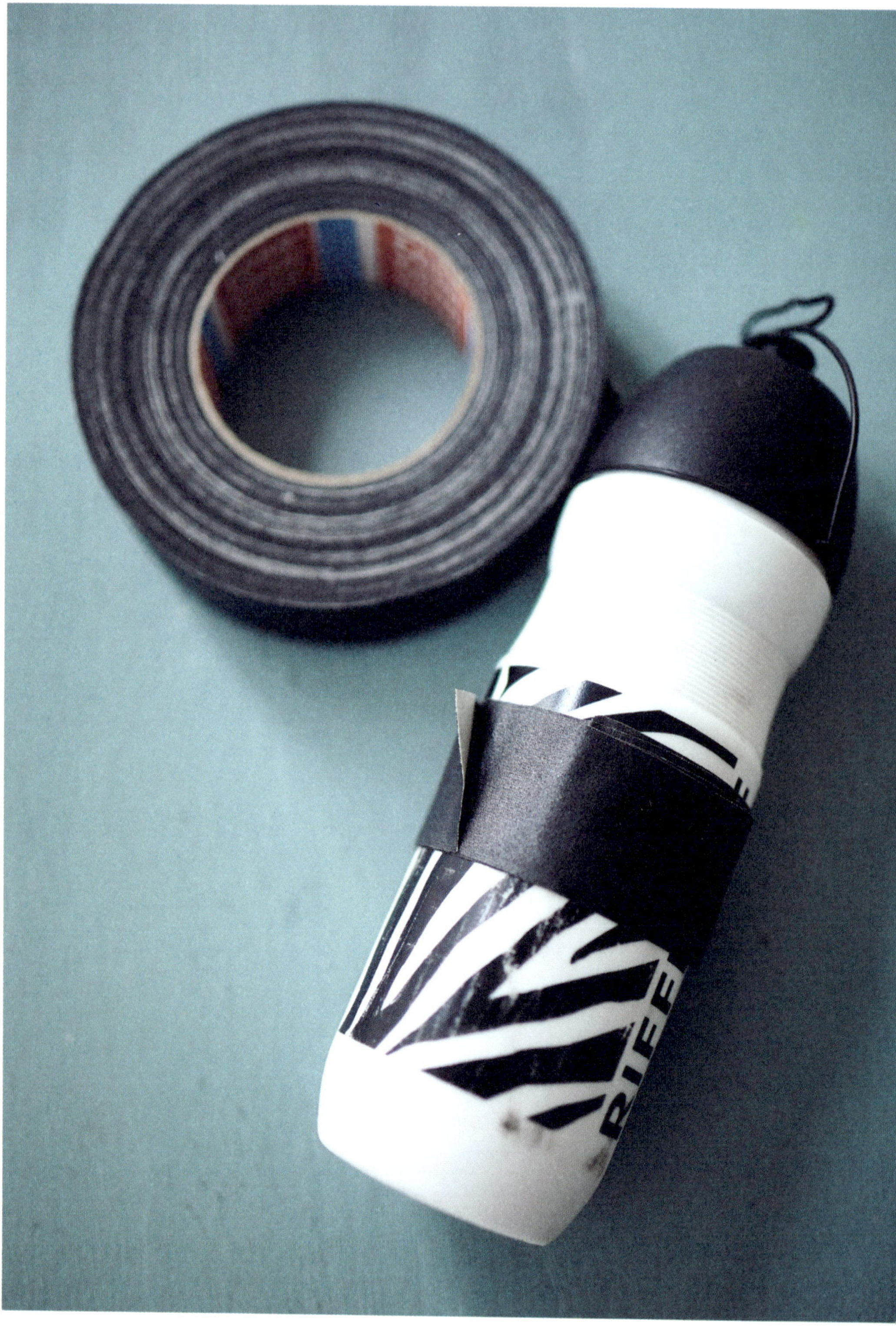

So wenig wie möglich schleppen, aber so viel wie möglich erleben – das ist Camping in seiner ursprünglichsten Form. Mit minimalster Ausstattung unterwegs, findet man nicht nur zu sich selbst, sondern auch nachts mehr Sterne am Himmel, als alle Hotels dieser Welt zusammen haben. Unvergessliche Abende am Lagerfeuer gehören ebenso dazu wie Schnarchgeräusche aus den Nachbarzelten oder die berüchtigten, wenn auch kulinarisch nicht unbedingt berühmten Ravioli, die direkt in der Dose auf dem Campingkocher gegart werden.

Was gegen die Launen der Natur wie Hitze, Kälte, nervende Insekten oder Unordnung im Zelt hilft, haben wir in diesem Kapitel ausprobiert und aufgelistet.

2

WIE MAN SICH BETTET …

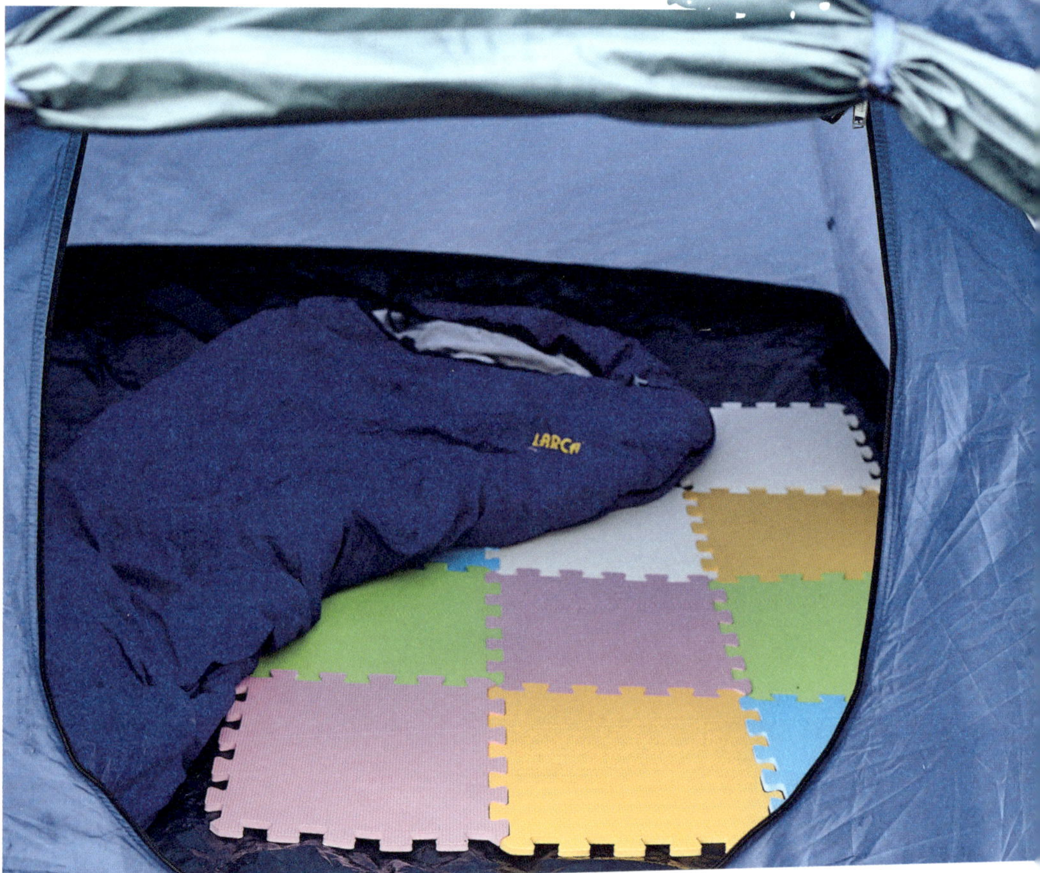

Wenn du den Zeltboden komplett mit Schaumstoff-Puzzlematten auslegst, sieht das nicht nur toll aus und ist schön weich, sondern hilft auch super gegen aufsteigende Kälte

Noch komfortabler wird deine Nacht, wenn du zusätzlich eine Luftmatratze als Bett nutzt. Die Luftschicht isoliert und du kannst den Härtegrad deines Nachtlagers ganz individuell bestimmen.

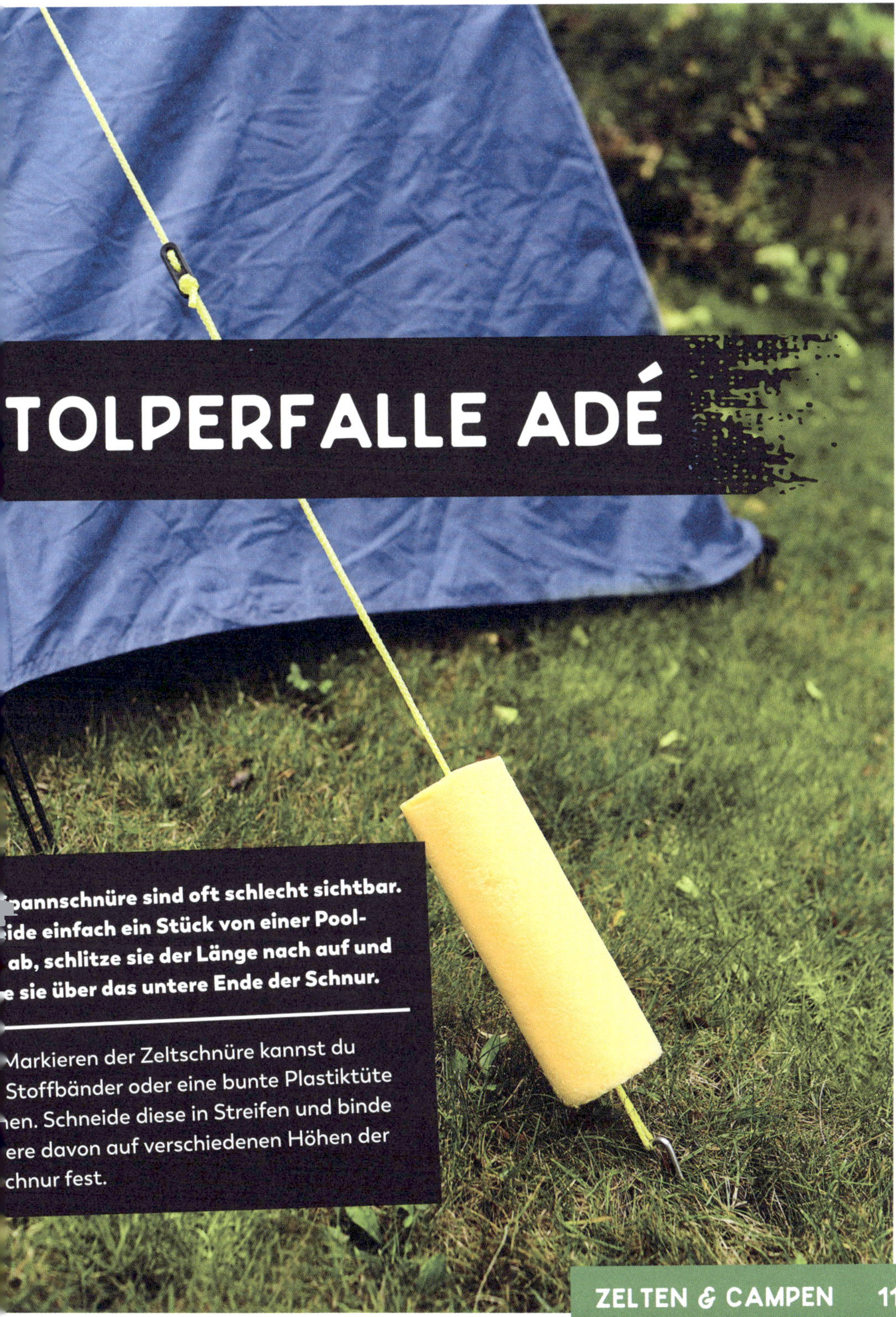

TOLPERFALLE ADÉ

pannschnüre sind oft schlecht sichtbar. ide einfach ein Stück von einer Pool- ab, schlitze sie der Länge nach auf und e sie über das untere Ende der Schnur.

Markieren der Zeltschnüre kannst du Stoffbänder oder eine bunte Plastiktüte nen. Schneide diese in Streifen und binde ere davon auf verschiedenen Höhen der chnur fest.

Stecke rechts und links vom Zelteingang Solar-Gartenleuchten in den Boden. So findest du auch im Dunkeln den Weg zurück.

Du kannst auch an jede Zeltschnur eine Solarleuchte stecken, um diese nachts besser sichtbar zu machen.

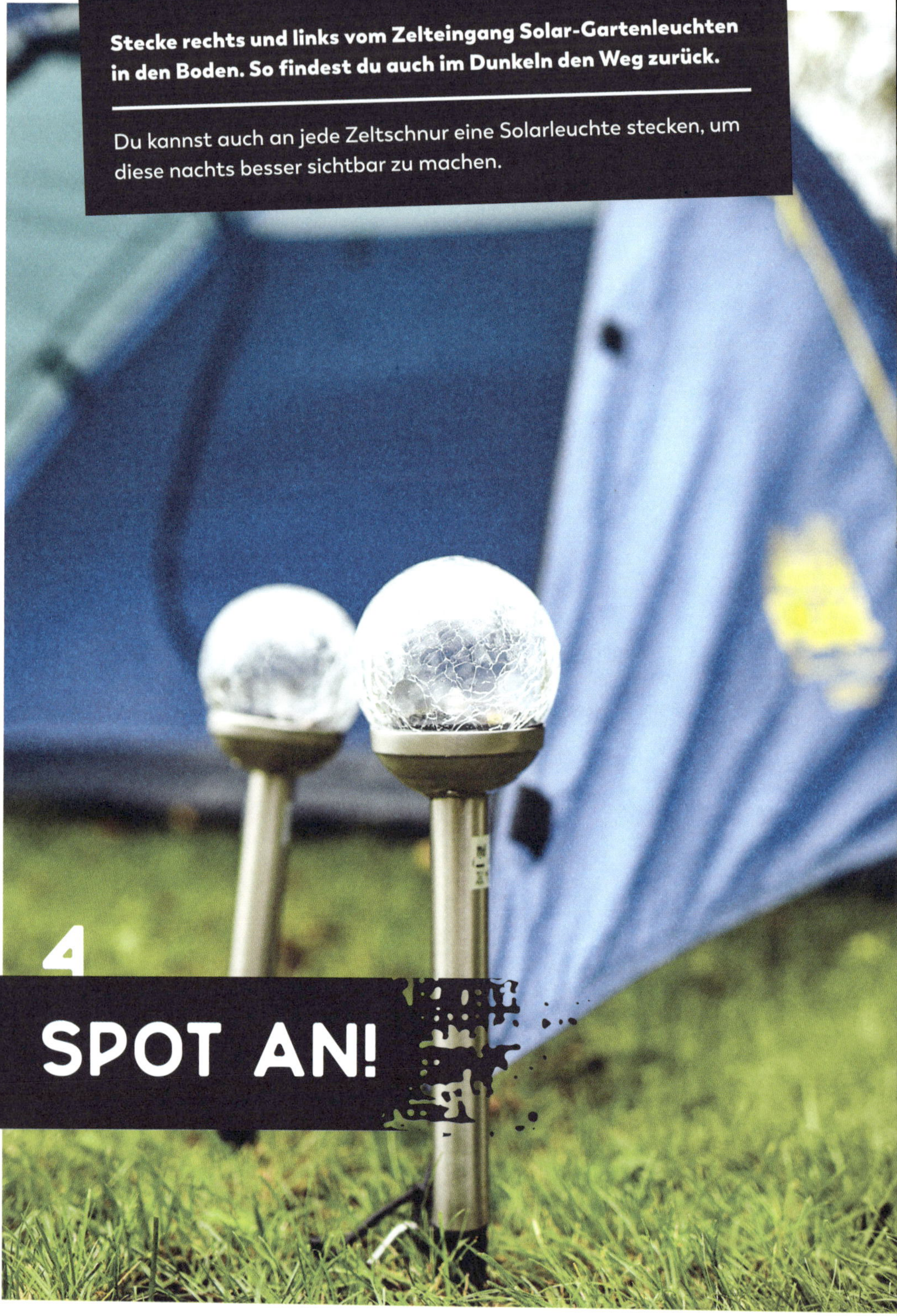

4

SPOT AN!

5

SOCKEN-GARAGE

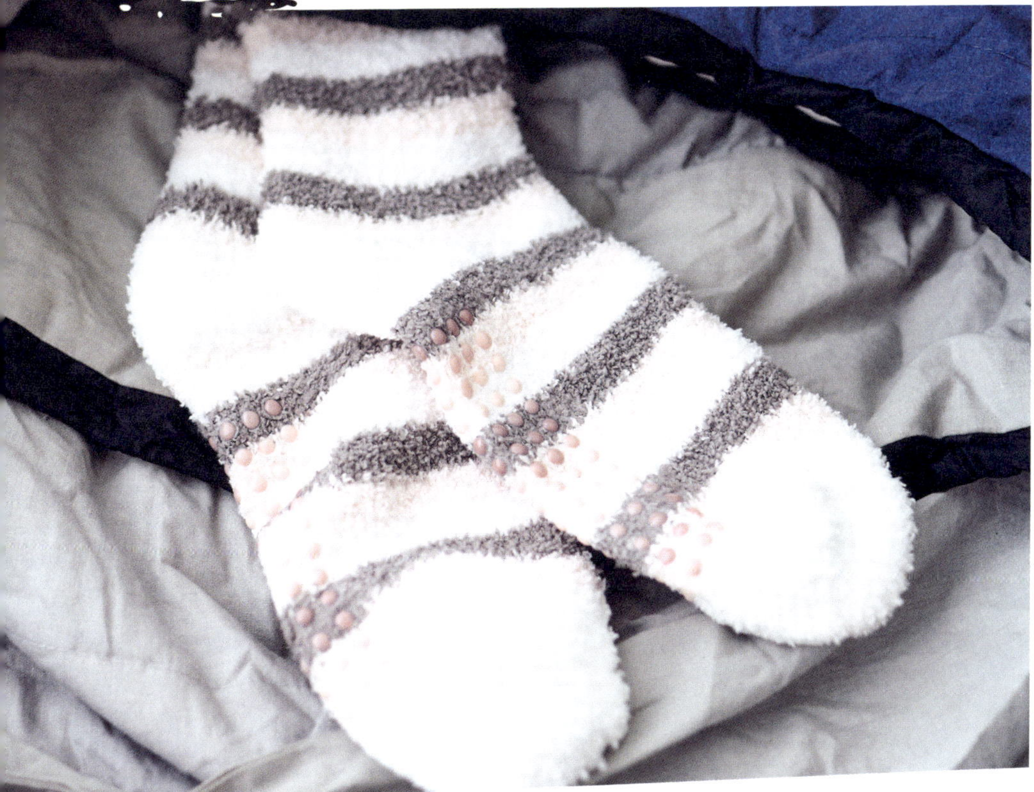

Bewahre in deinem Schlafsack – auch, wenn dieser gepackt ist – immer ein Paar Socken auf. Weil dein Schlafsack wasserdicht verpackt sein sollte, hast du so automatisch immer trockene Socken für die Nacht parat.

Socken mit einem hohen Schurwolle-Anteil halten deine Füße besonders warm. Kuschelig weich sind Socken aus Merino-, Kaschmir oder Mohair-Wolle.

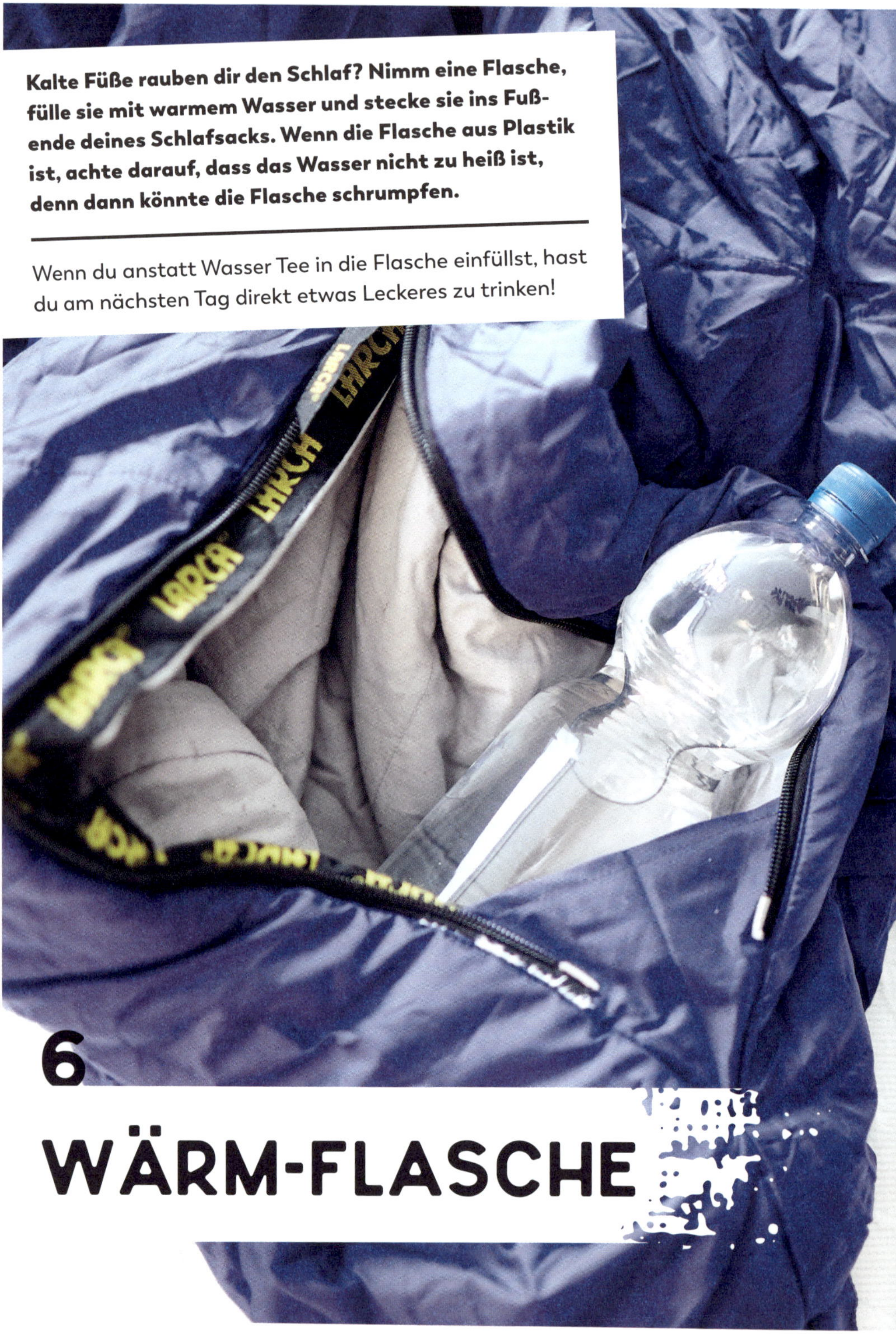

Kalte Füße rauben dir den Schlaf? Nimm eine Flasche, fülle sie mit warmem Wasser und stecke sie ins Fußende deines Schlafsacks. Wenn die Flasche aus Plastik ist, achte darauf, dass das Wasser nicht zu heiß ist, denn dann könnte die Flasche schrumpfen.

Wenn du anstatt Wasser Tee in die Flasche einfüllst, hast du am nächsten Tag direkt etwas Leckeres zu trinken!

6 WÄRM-FLASCHE

UNTER DER HAUBE

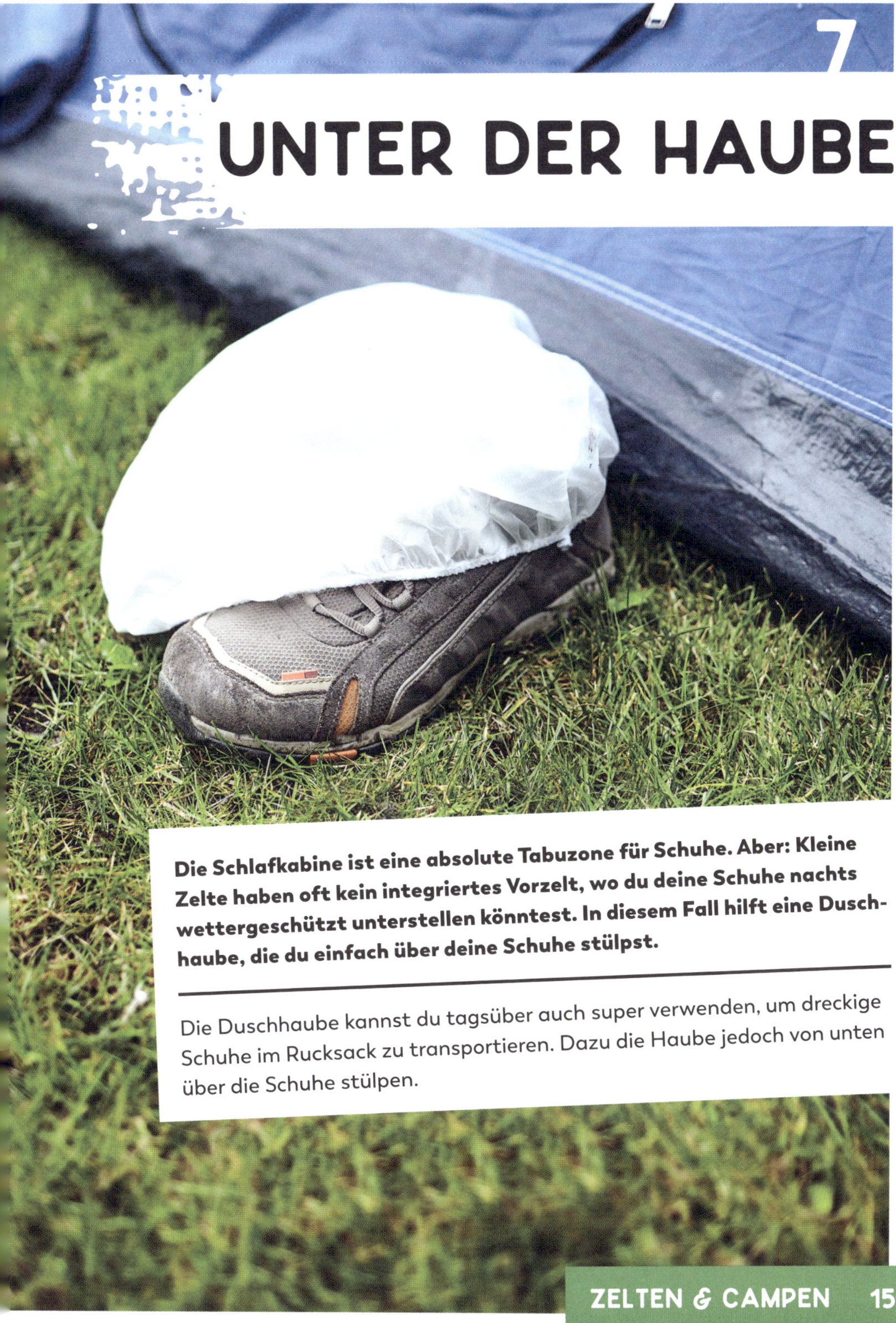

Die Schlafkabine ist eine absolute Tabuzone für Schuhe. Aber: Kleine Zelte haben oft kein integriertes Vorzelt, wo du deine Schuhe nachts wettergeschützt unterstellen könntest. In diesem Fall hilft eine Duschhaube, die du einfach über deine Schuhe stülpst.

Die Duschhaube kannst du tagsüber auch super verwenden, um dreckige Schuhe im Rucksack zu transportieren. Dazu die Haube jedoch von unten über die Schuhe stülpen.

8 WASCHTAG

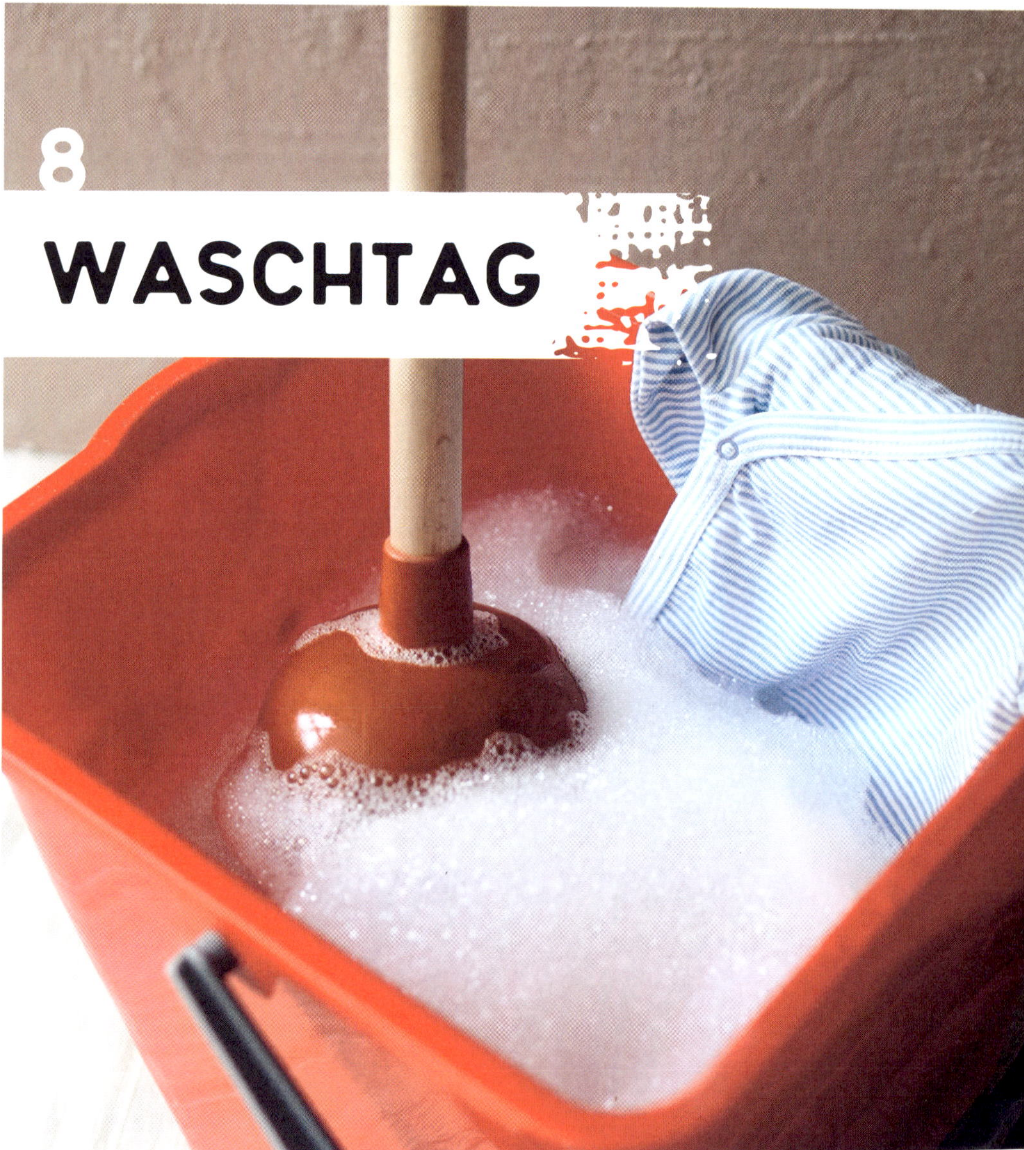

Anstatt mühsam von Hand zu waschen, schnapp dir einen leeren Eimer. Die dreckige Wäsche mit warmem Wasser und Waschpulver in den Eimer geben und mit einer Saugglocke mehrmals kräftig pümpeln. Anschließend das Ganze noch einmal mit klarem Wasser wiederholen.

Wenn du einen Eimer mit Deckel hast, kannst du diesen als Spritzschutz verwenden, indem du ein Loch in den Deckel schneidest, durch das du den Pümpel steckst.

n Spannseil, auch Expanderseil genannt, ist beim Campen unverzichtbar. Du nnst damit zum Beispiel dein Zelt abspannen – oder deine Wäsche aufhängen. as Spannseil kannst du fast überall spannen – zwischen zwei Bäumen, an Zelt-angen oder am Auto. Und sogar im Auto zwischen den Dachgriffen!

nd deine Spannseile zu kurz, kannst du einfach zwei Spannseile ineinander haken. Venn das Spannseil etwas zu lang ist, ein Ende um den Ast (oder Haken etc.) schlin-en und in sich selbst einhaken.

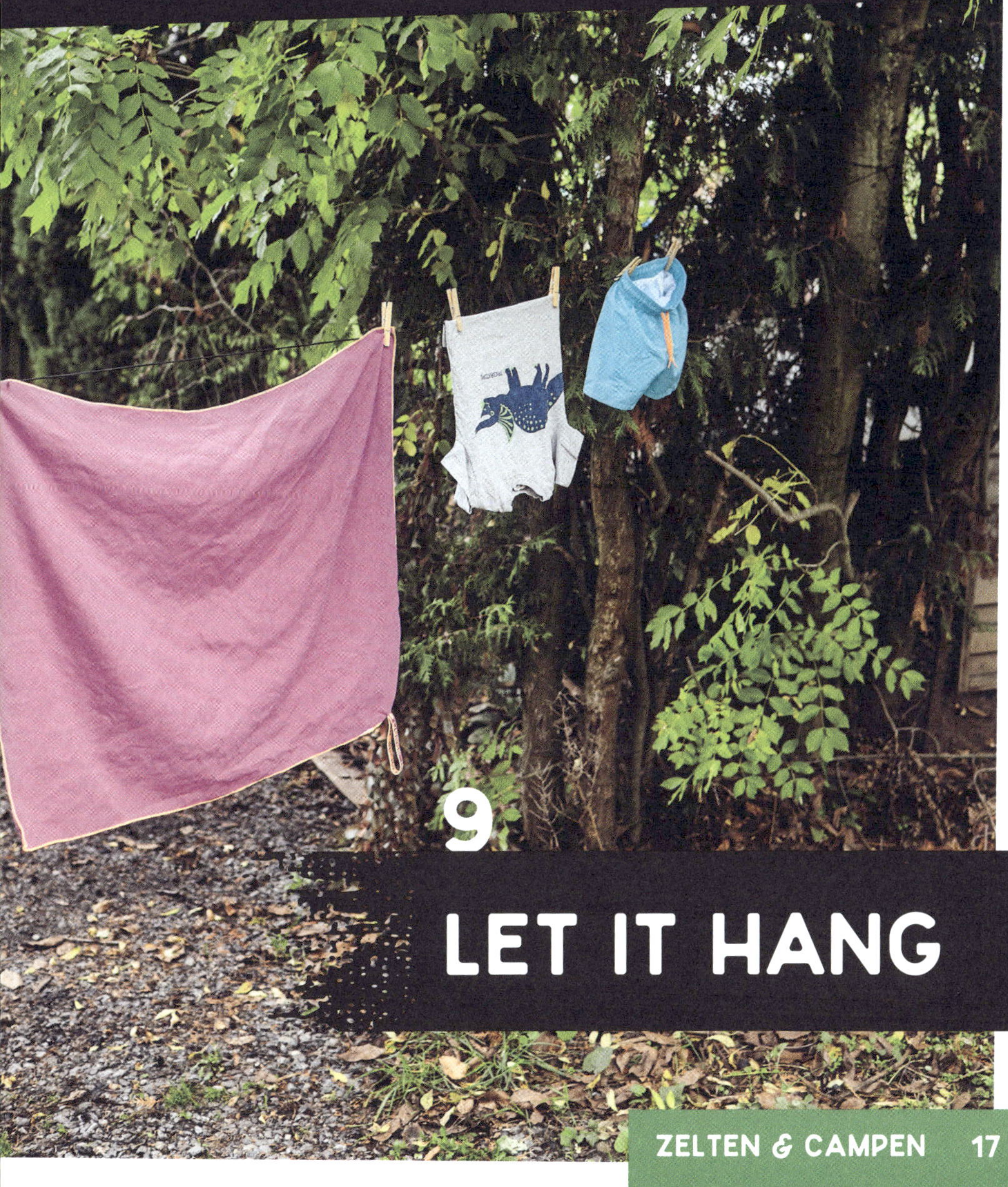

9 LET IT HANG

Die Wäsche ist gewaschen, aber du hast weder eine Wäscheleine noch ein Spannseil dabei? Kleine Teile wie Badeanzug, Unterwäsche oder Geschirrhandtuch finden einen Platz zum Trocknen an den Speichen eines Sonnenschirms. Auch Zeltschnüre können als Wäscheleine dienen.

Schwerere Wäschestücke wie Pullover oder Badetücher breitest du über dem Fahrradlenker oder Fahrradkorb aus. Natürlich nur, wenn du nicht fährst ;-).

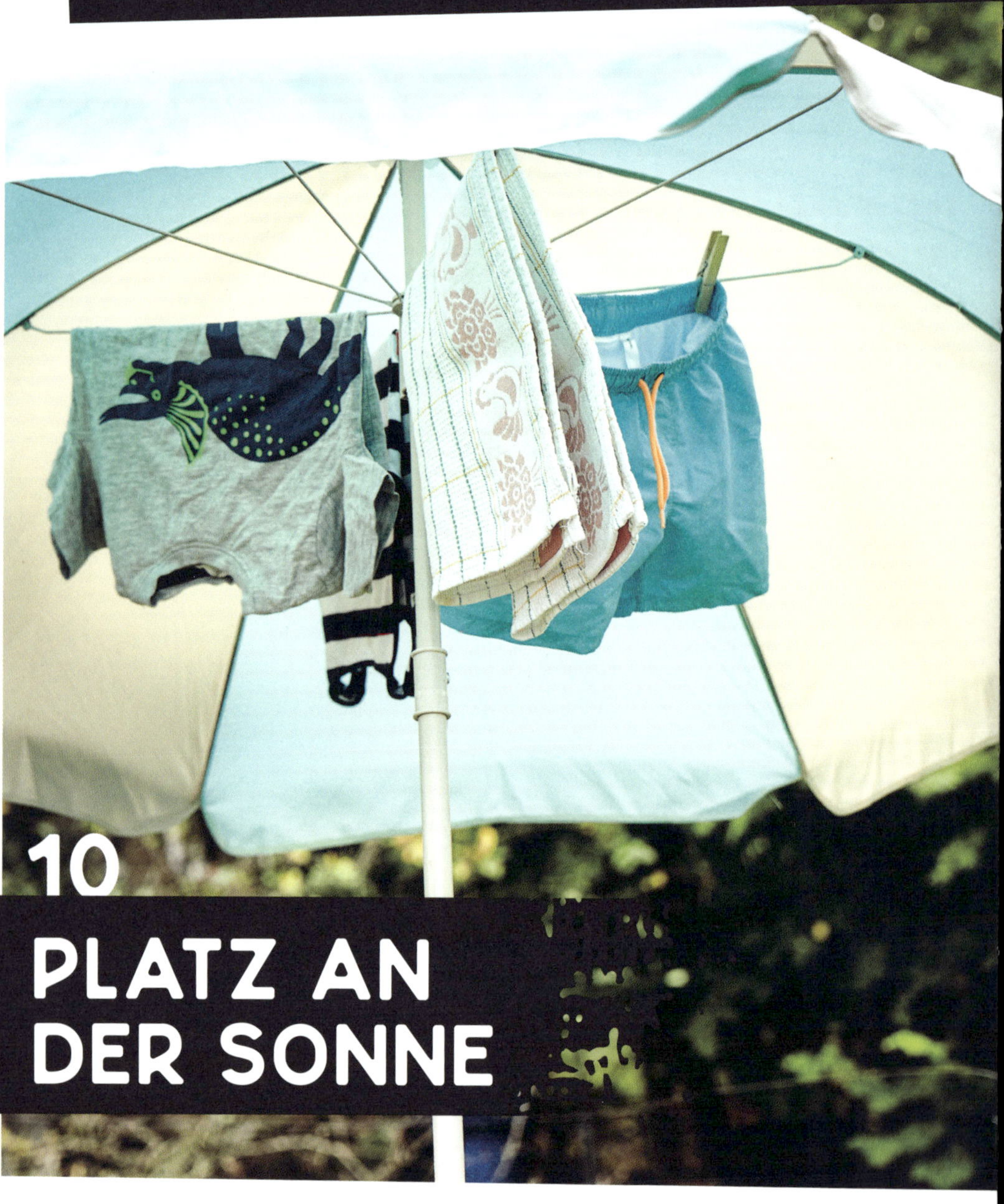

10 PLATZ AN DER SONNE

11 POP-UP

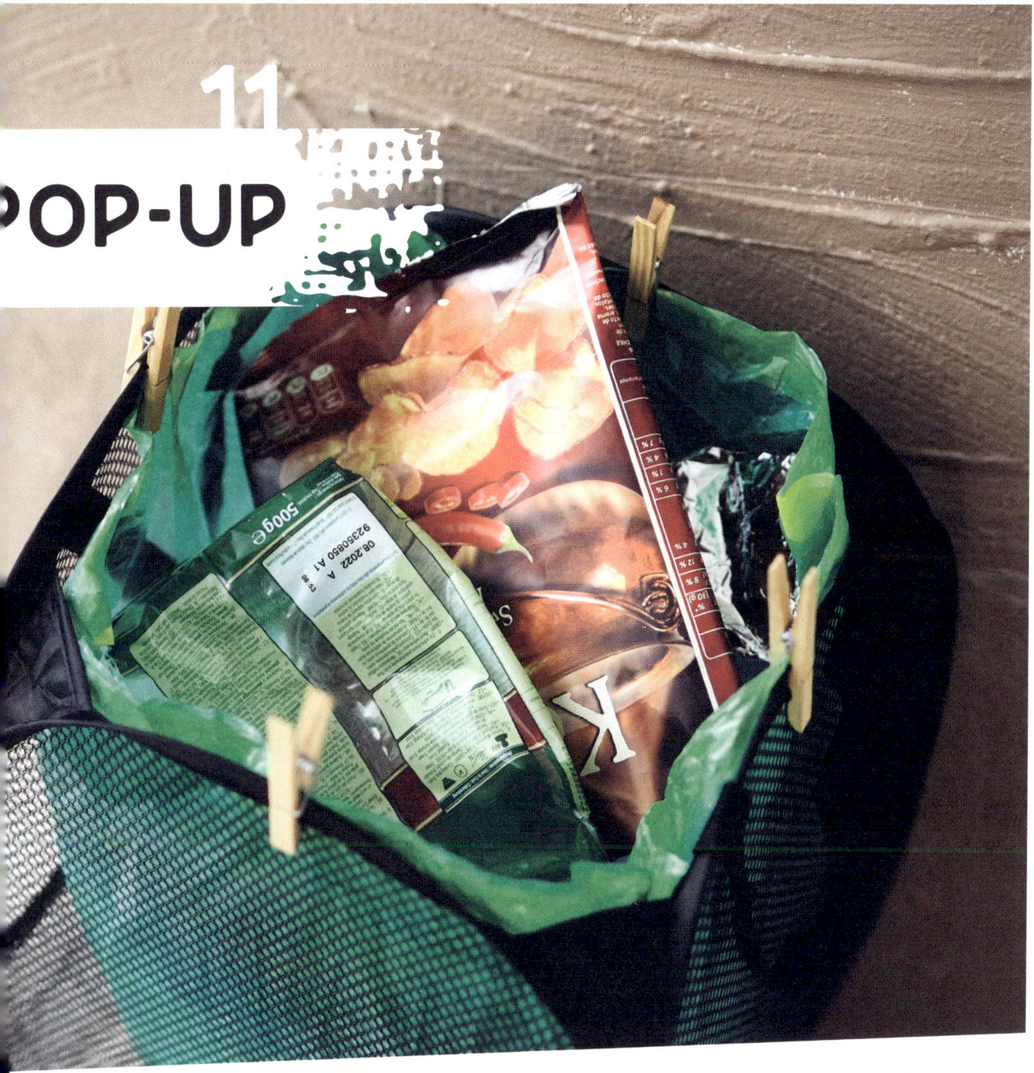

Ein Pop-Up-Wäschekorb eignet sich hervorragend als platzsparender Mülleimer. Die Mülltüte lässt sich mit ein paar Wäscheklammern am oberen Rand befestigen. Du kannst auch mehrere Tüten gleichzeitig in den Wäschekorb klemmen – für die perfekte Mülltrennung im Urlaub!

Da der Müllkorb sehr leicht ist und nicht bei der nächsten Windböe das Weite suchen soll, musst du ihn festbinden – zum Beispiel am Tischbein oder an der Spannschnur des Zeltes.

Eine leere Glasflasche kannst du mit ein paar Handgriffen in eine tolle Öl-Lampe verwandeln.

Du kannst auch eine Kordel als Docht nehmen, wenn diese zu 100 % aus Baumwolle besteht.

12 FLASCHENLAMPE 1.0

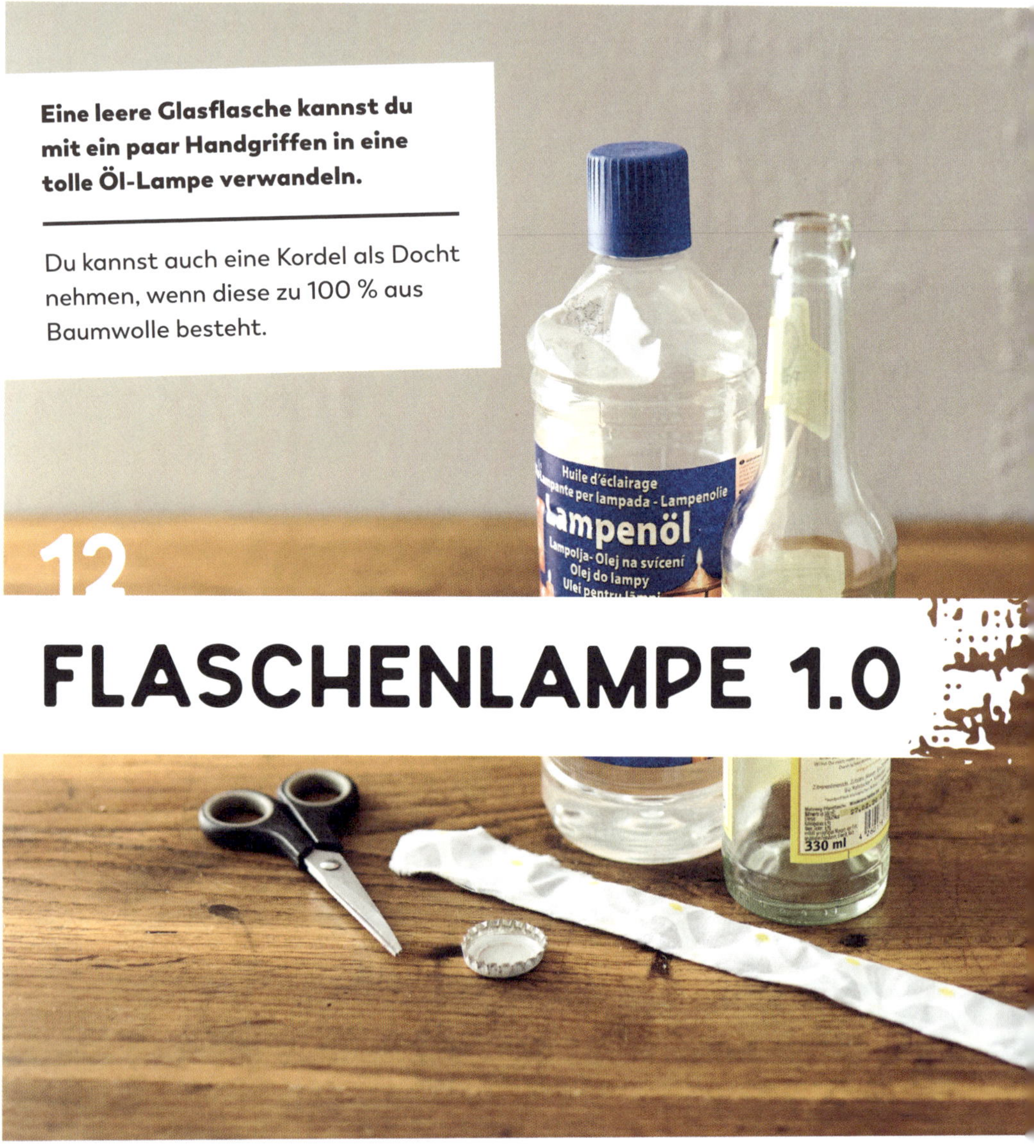

1 **Stich dazu mit einer Schere ein Loch in den Kronkorken.**

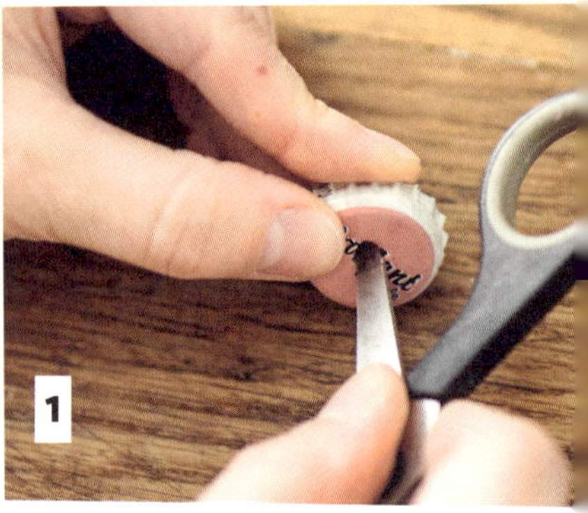
1

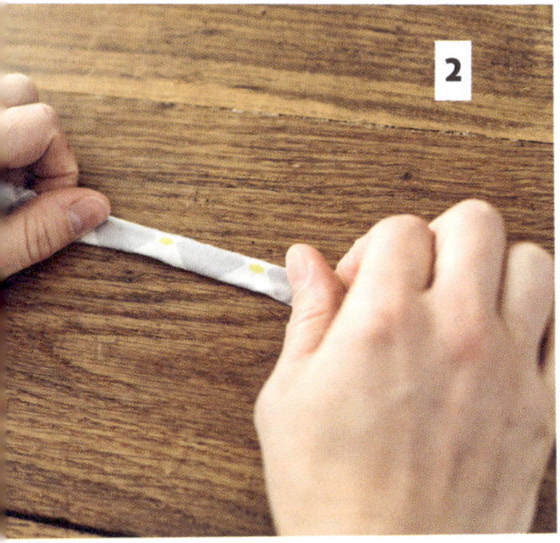

2 **Falte ein Stück Baumwollstoff, der etwas länger sein sollte, als die Flasche hoch ist, zu einem etwa 0,5 cm breiten Streifen als Docht.**

3 **Lampenöl in die Flasche füllen**

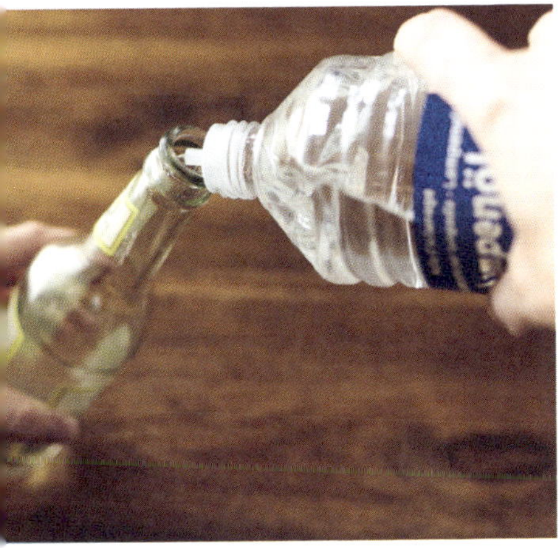

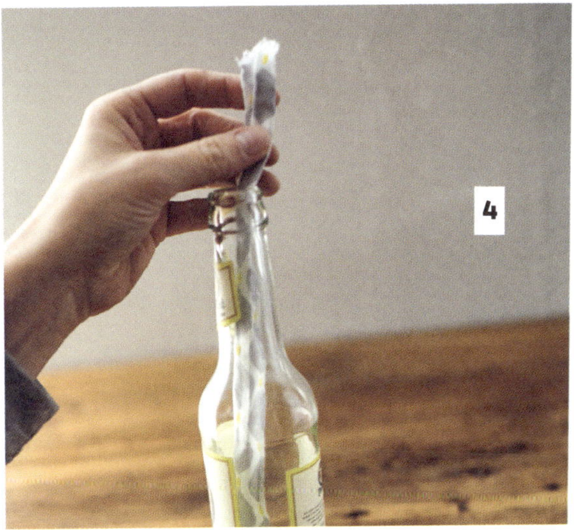

Docht eintauchen

Kronkorken aufsetzen und warten, bis sich der Docht mit Öl vollgesogen hat.

Anzünden!

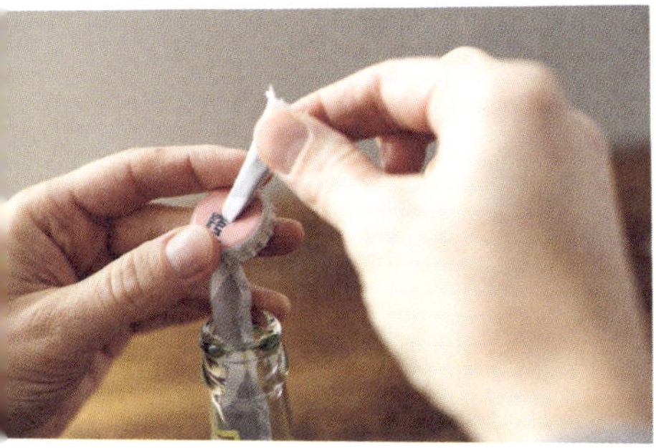

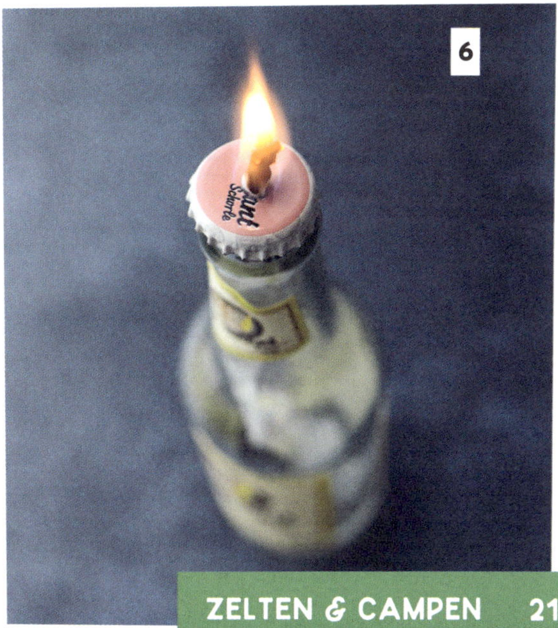

13

FLASCHENLAMPE 2.0

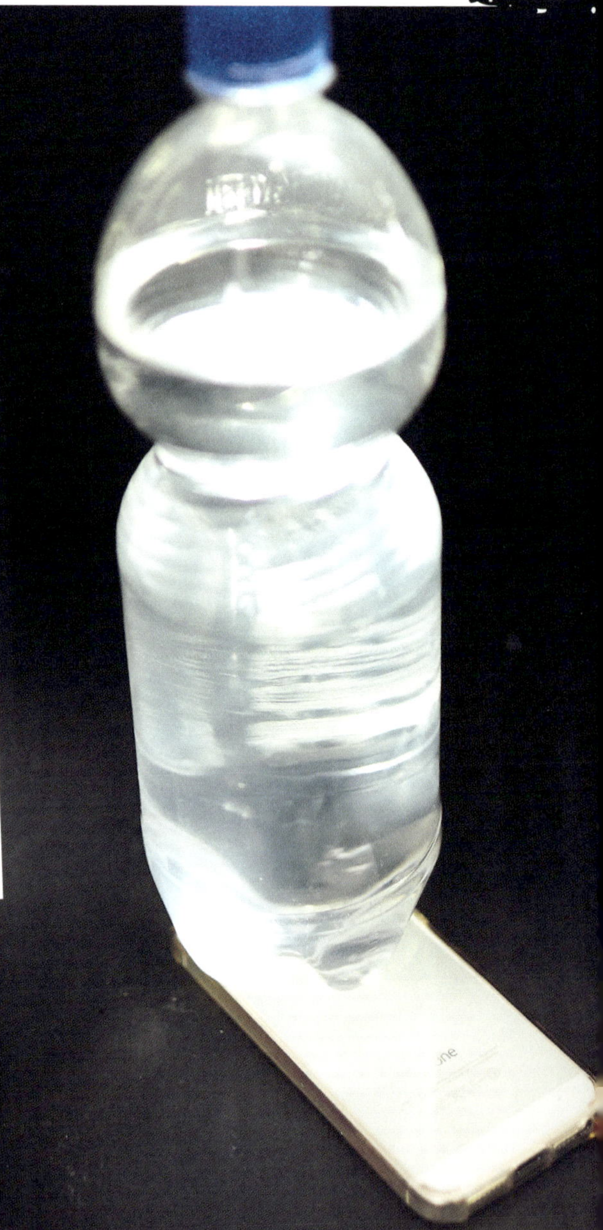

Eine Lampe, die das Licht breit streut und somit das ganze Zelt in ein gleichmäßiges Licht tauchen kann, erhältst du, wenn du eine mit Wasser gefüllte Plastikflasche (ohne Etikett) auf die Taschenlampe deines Handys stellst. Oder du schnallst eine Stirnlampe an der Seite der Flasche fest.

Toll sieht es aus, wenn du statt Wasser eine Flasche mit Orangenlimonade verwendest. Selbstverständlich funktioniert das Ganze auch mit einer Glasflasche – die ist aber viel schwerer.

Wenn du keinen Platz in Schatten mehr ergattert hast, dein Zelt aber nicht zur Sauna werden soll: Spann einfach die Rettungsdecke über dein Zelt, mit der silbernen Seite zur Sonne gewandt. Die Sonne wird reflektiert und dein Zelt kühlt merklich ab.

Nach Gebrauch musst du die Rettungsdecke wieder in den Erste-Hilfe-Kasten legen, sonst kann es bei einer Polizeikontrolle unangenehm werden.

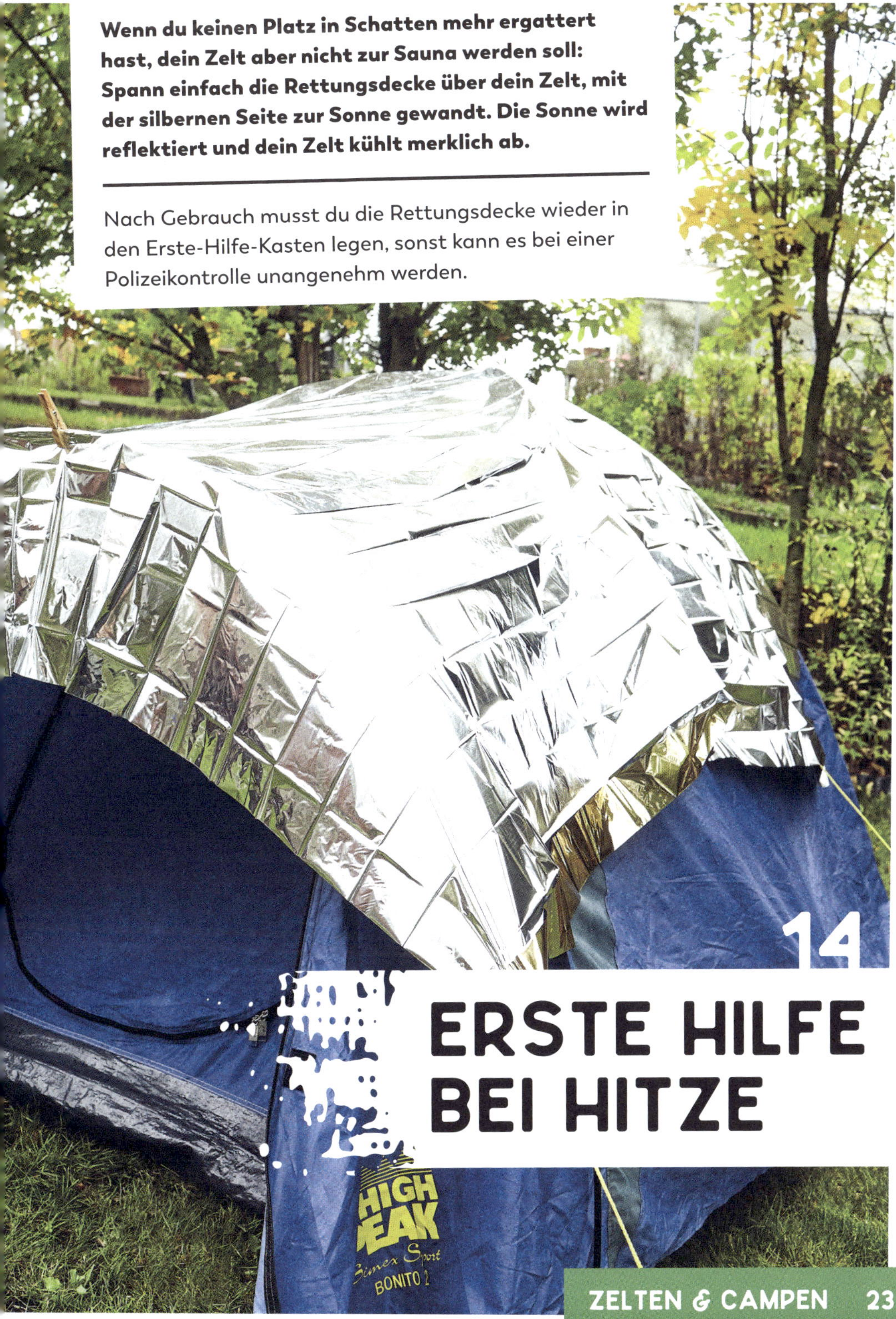

14 ERSTE HILFE BEI HITZE

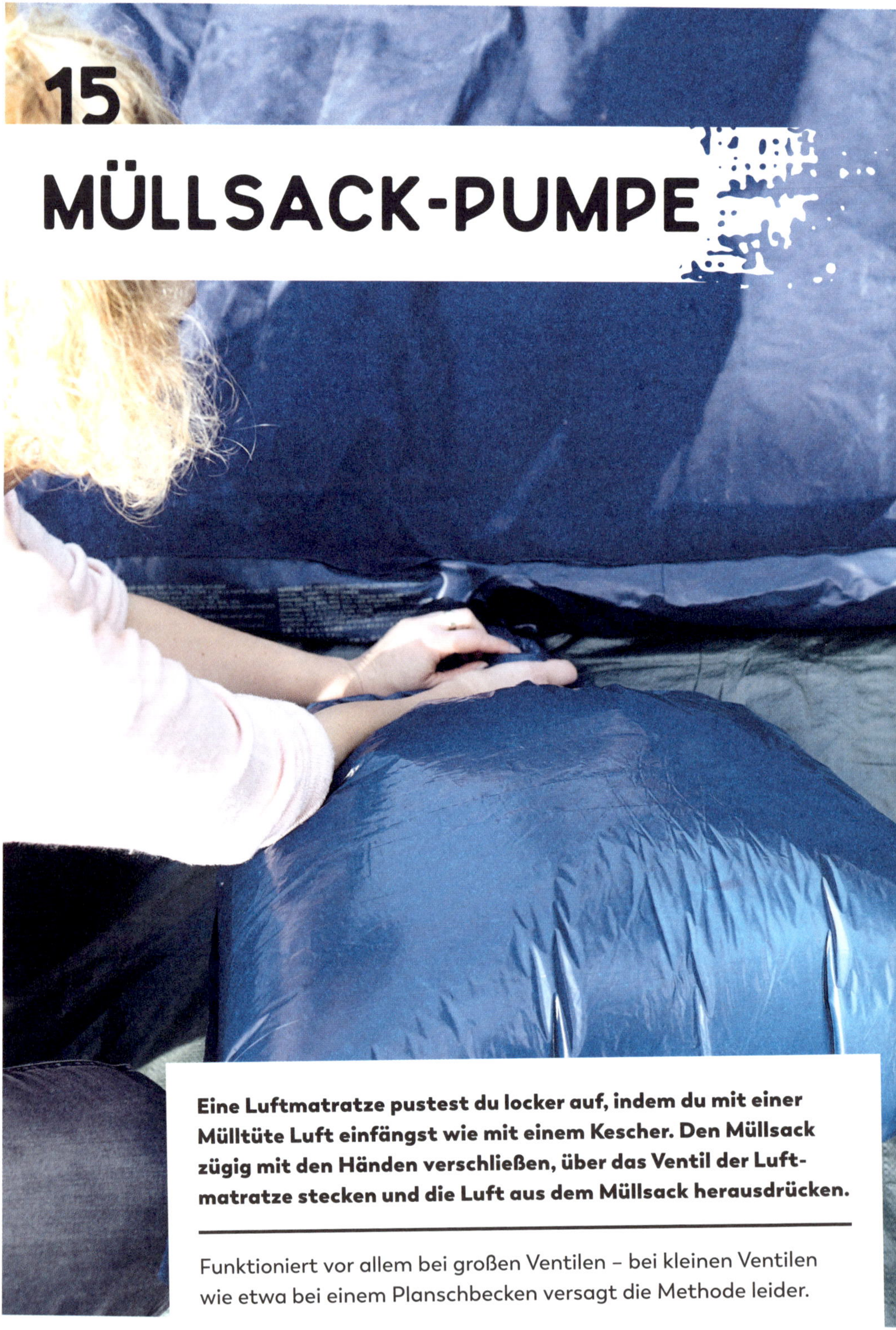

15

MÜLLSACK-PUMPE

Eine Luftmatratze pustest du locker auf, indem du mit einer Mülltüte Luft einfängst wie mit einem Kescher. Den Müllsack zügig mit den Händen verschließen, über das Ventil der Luftmatratze stecken und die Luft aus dem Müllsack herausdrücken.

Funktioniert vor allem bei großen Ventilen – bei kleinen Ventilen wie etwa bei einem Planschbecken versagt die Methode leider.

16 FLASCHEN-LUFTPUMPE

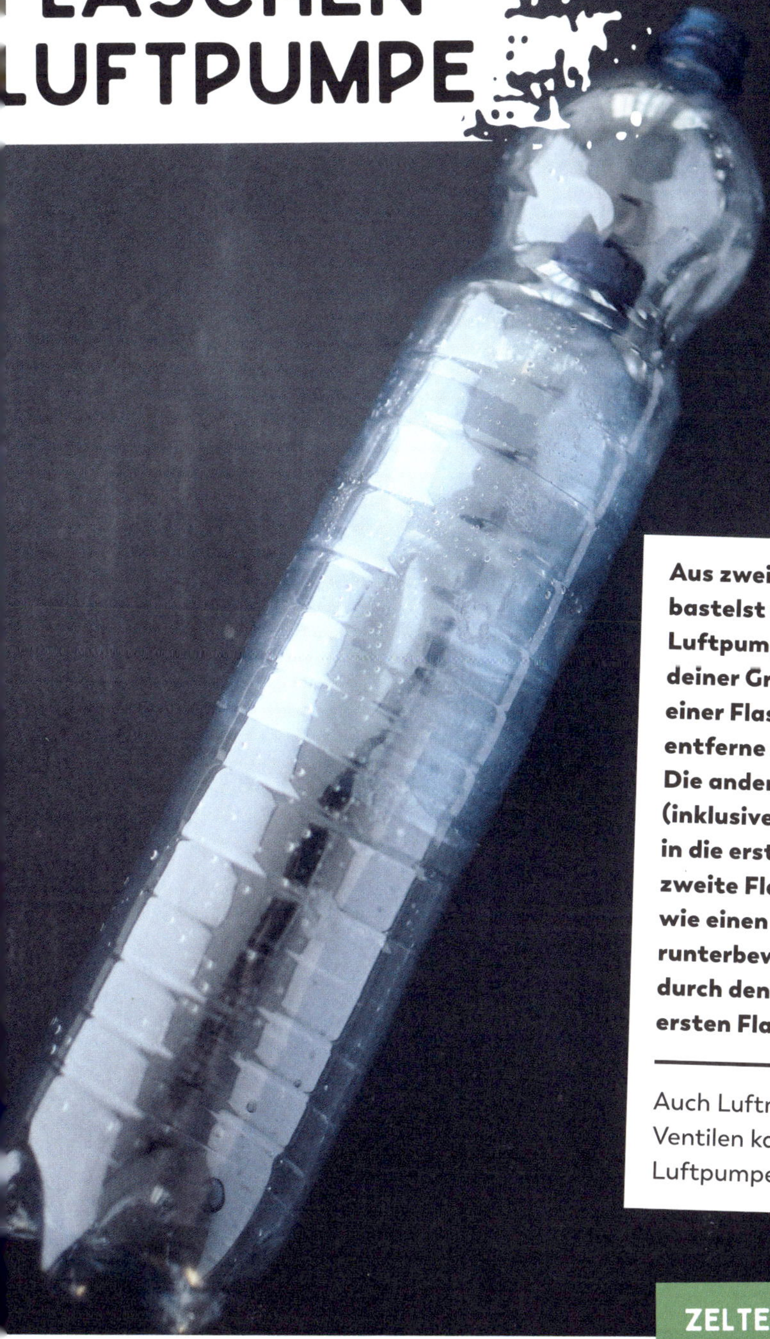

Aus zwei Plastikflaschen bastelst du eine effektive Luftpumpe zum Anfeuern deiner Grillkohle. Schneide von einer Flasche den Boden ab und entferne den Schraubdeckel. Die andere Flasche steckst du (inklusive Deckel) von unten in die erste Flasche hinein. Die zweite Flasche kannst du nun wie einen Kolben hoch- und runterbewegen und die Luft durch den Flaschenhals der ersten Flasche pressen.

Auch Luftmatratzen mit großen Ventilen kannst du mit dieser Luftpumpe aufblasen.

Küchentücher hast du im Zelt immer griffbereit, wenn du die Küchenrolle mit einem Spannseil zwischen zwei Zeltstangen aufhängst.

Hänge an das Spannseil gleichzeitig eine Mülltüte mit Henkeln für die benutzten Küchentücher.

17

ALLZEIT BEREIT

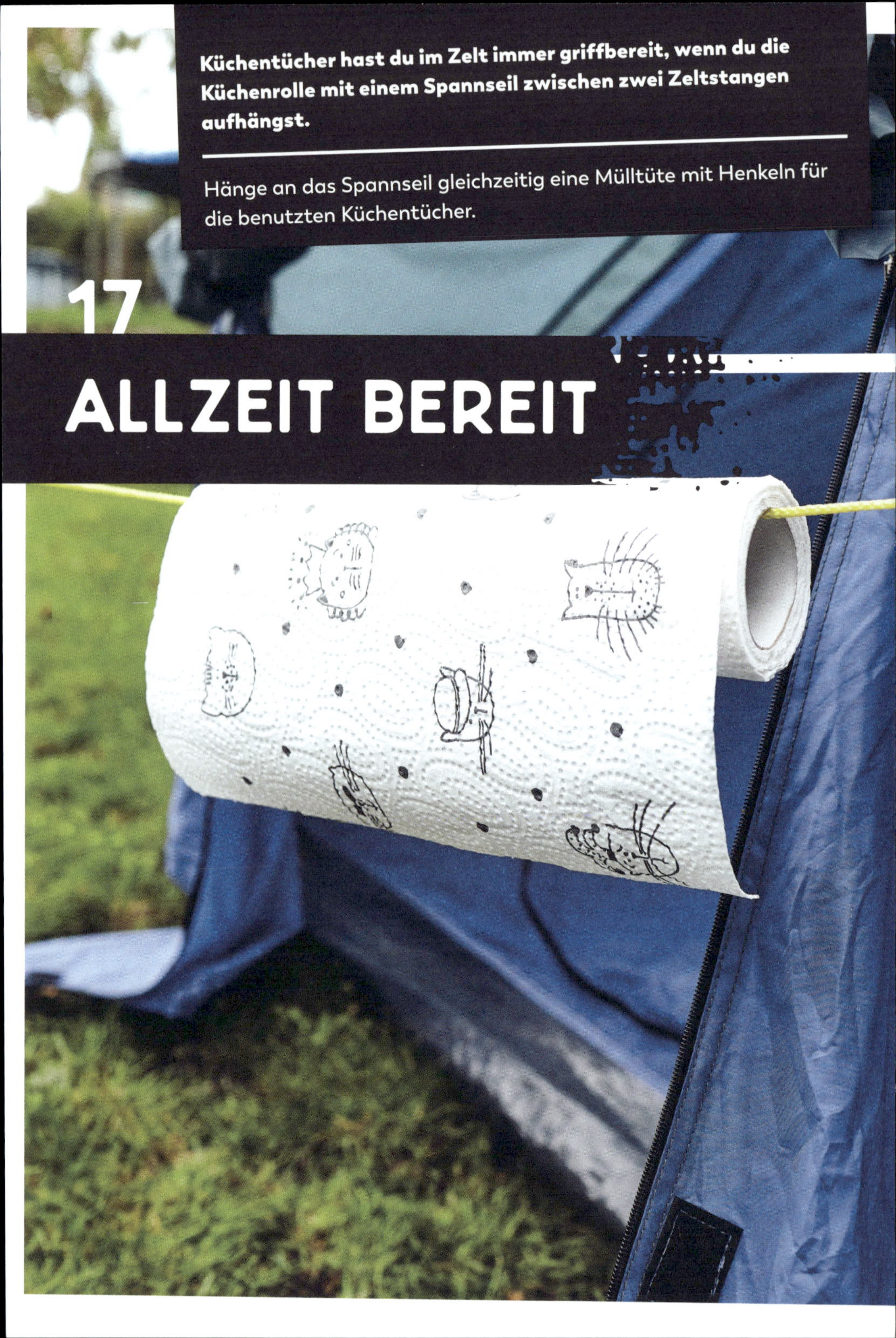

rband sollte man beim Camping immer dabei haben, anze schwere Rolle muss es jedoch nicht sein. Wickel zu Hause mehrere Lagen um deine Trinkflasche oder euerzeug. Das nimmt keinen Extra-Platz im Gepäck d du weißt immer, wo es ist.

---

rband lässt sich quer ohne Werkzeug abreißen, ist aber sehr reißfest.

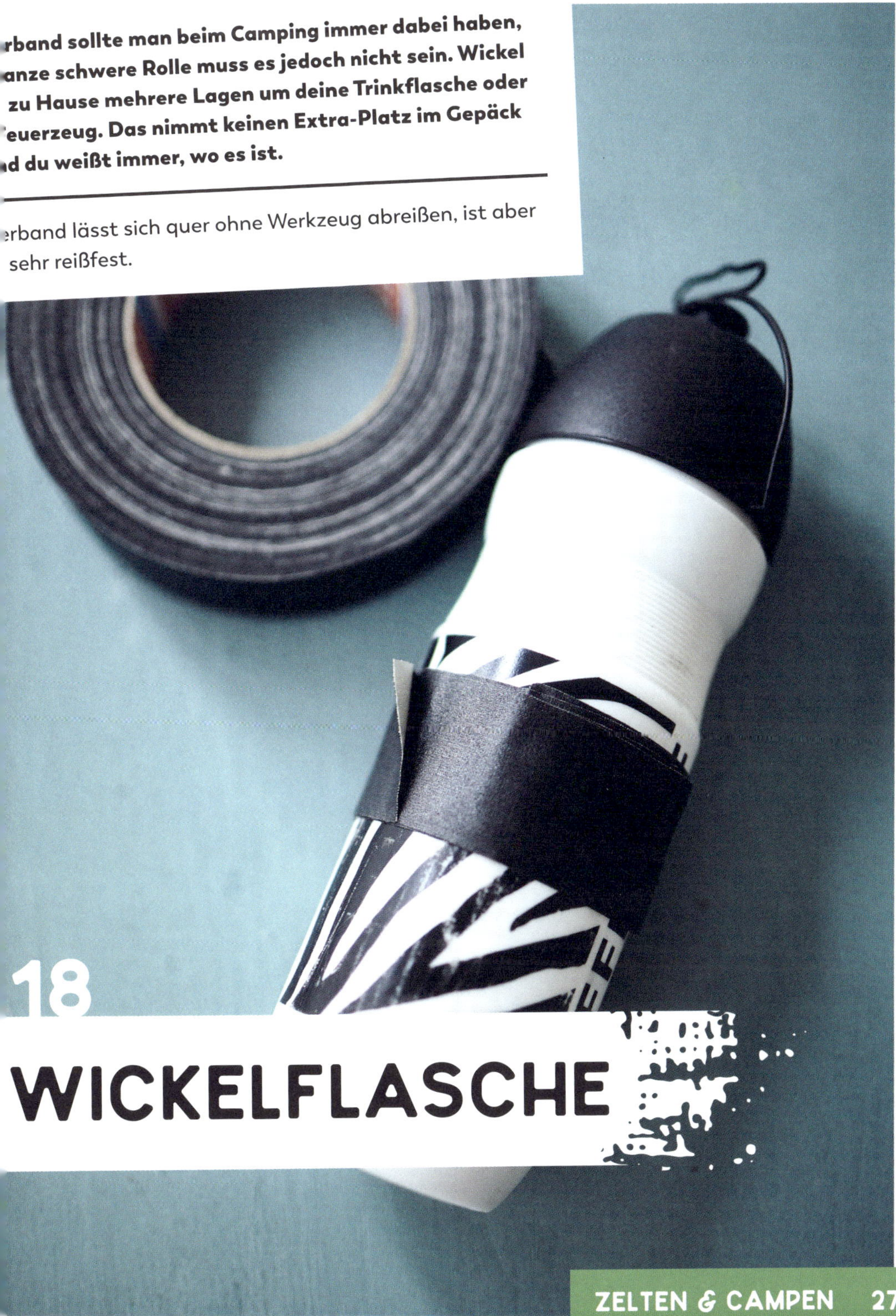

18 WICKELFLASCHE

Entferne von einer Plastikflasche den Deckel und schneide die Flasche mit einem Messer auf 2/3 der Höhe quer durch. In die untere Hälfte füllst du einen Esslöffel Zucker, einen Beutel Hefe und eine Tasse handwarmes Wasser ein. Das obere Flaschenteil setzt du nun wie einen Trichter umgekehrt auf die untere Flasche. Mücken werden von der Flüssigkeit magisch angezogen.

Auf keinen Fall zu heißes Wasser einfüllen – das würde die Hefe abtöten und möglicherweise die Flasche schrumpfen lassen!

19 GEGEN LÄSTIGE PLAGEGEISTER

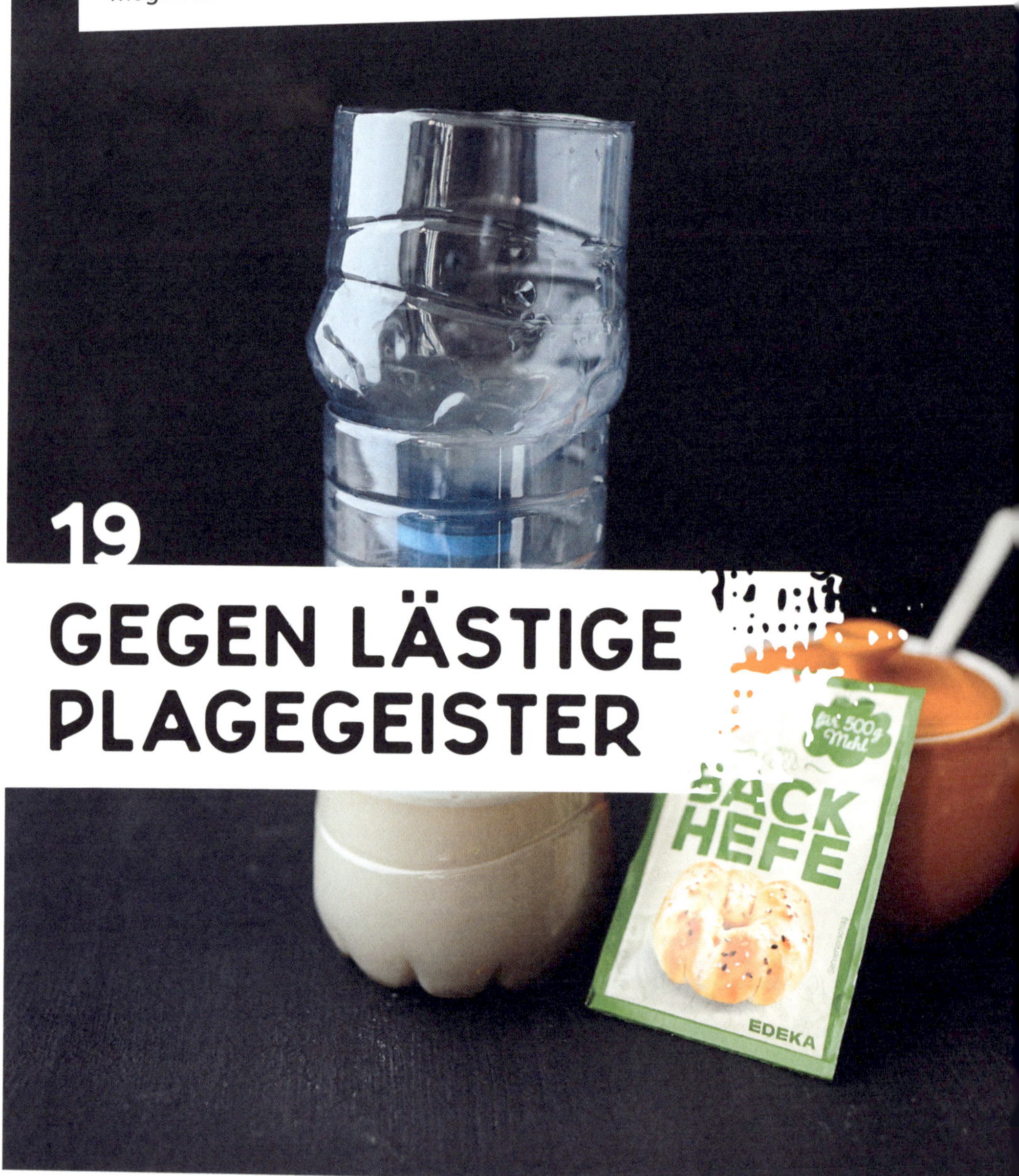

Um Klopapier vor Feuchtigkeit zu schützen, kannst du es in eine leere Dose aus Plastik oder Metall stecken. In eine Plastikdose kannst du sogar seitlich einen Schlitz schneiden und das Papier wie aus einem Spender entnehmen. Wasserdicht ist die Dose dann allerdings nicht mehr.

Super geeignet sind wiederverschließbare Dosen, in denen Dauerbrot verkauft wird.

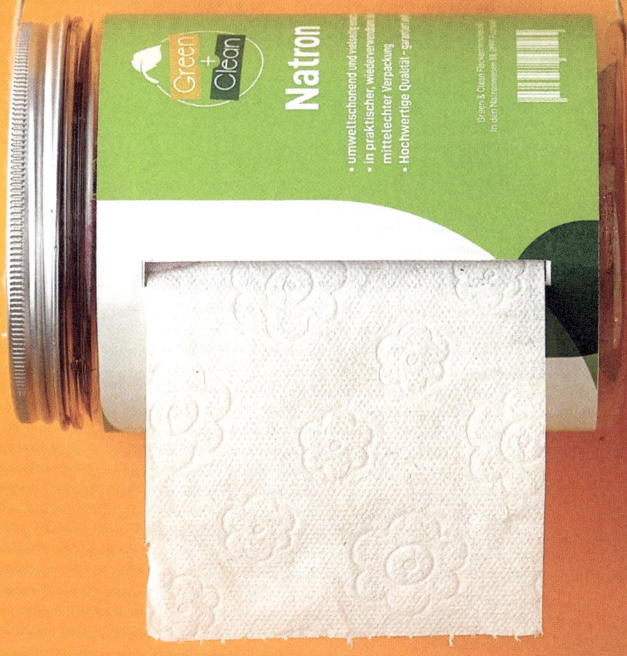

20 PAPIER-DOSE

Ein Zelthering für sandige Untergründe ist ratzfatz aus einer leeren Getränkedose gebastelt.

Diesen Zelthering kannst du auch im Schnee verwenden.

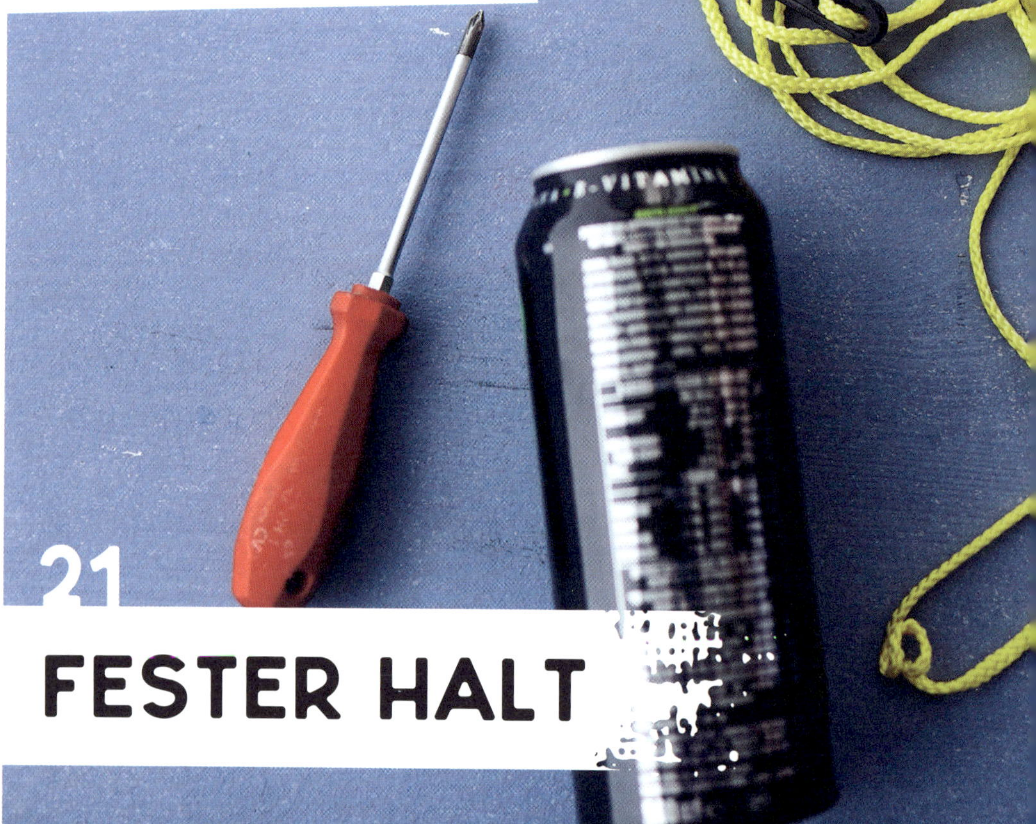

21 FESTER HALT

1 **Dazu die Dose in der Längsachse plattdrücken.**

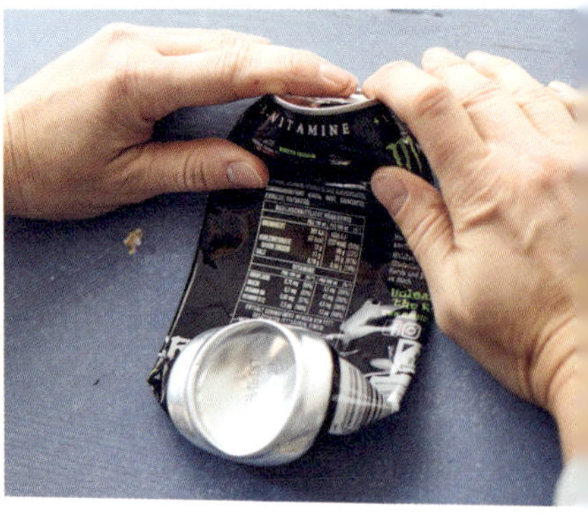

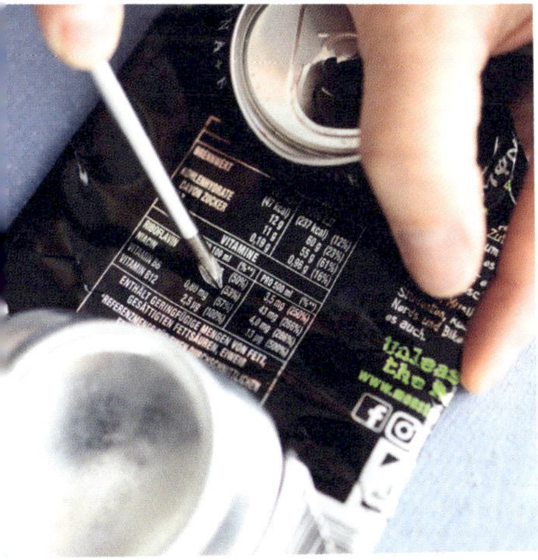

2 In die Mitte der Dose ein Loch bohren (zum Beispiel mit einem Schraubendreher).

3 Durch dieses Loch die Zeltschnur führen,

4 verknoten,

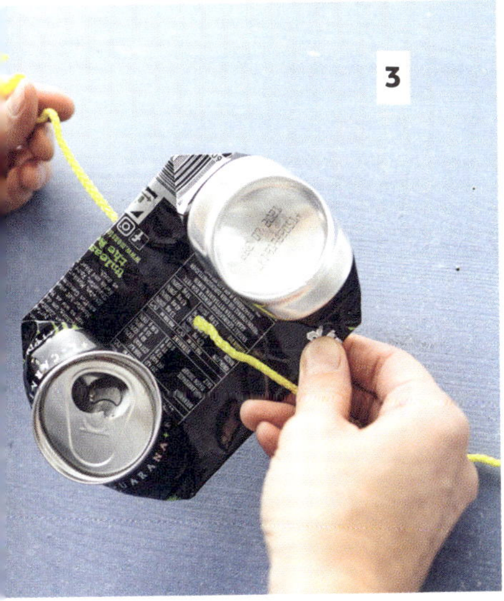

3

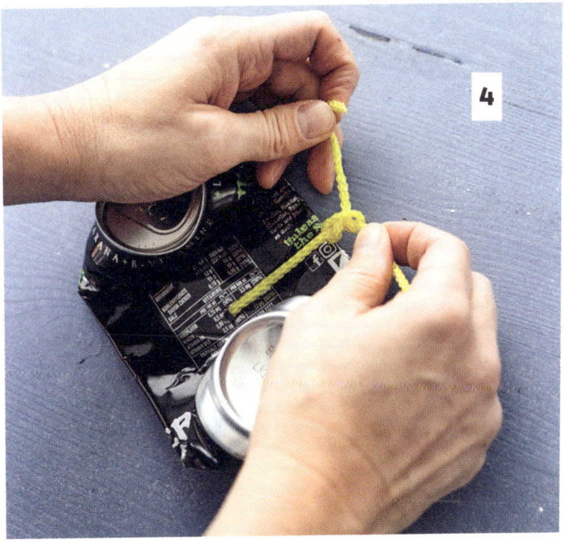

4

5 und die Dose im Sand eingraben. Durch die große Oberfläche hält die Dose erstaunlich gut in dem weichen Boden.

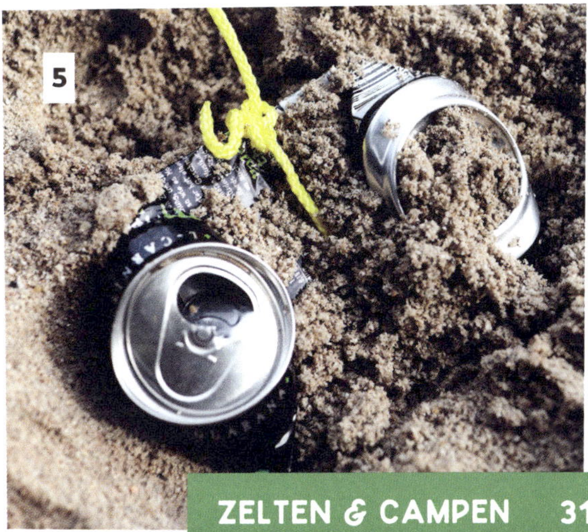

5

Hat dich trotz aller Vorsichtsmaßnahmen doch eine Mücke erwischt, hilft gegen den Juckreiz, einen Löffel zu erwärmen und auf den Mückenstich zu drücken. Die Wärme zerstört die Proteine, die für den Juckreiz verantwortlich sind.

Zu heiß sollte der Löffel aber nicht sein, sonst hast du anstatt des Stiches mit Verbrennungen zu kämpfen. Wenn du den Löffel in heißem Kaffee (oder Tee) erwärmst, sollte die Löffeltemperatur ideal sein.

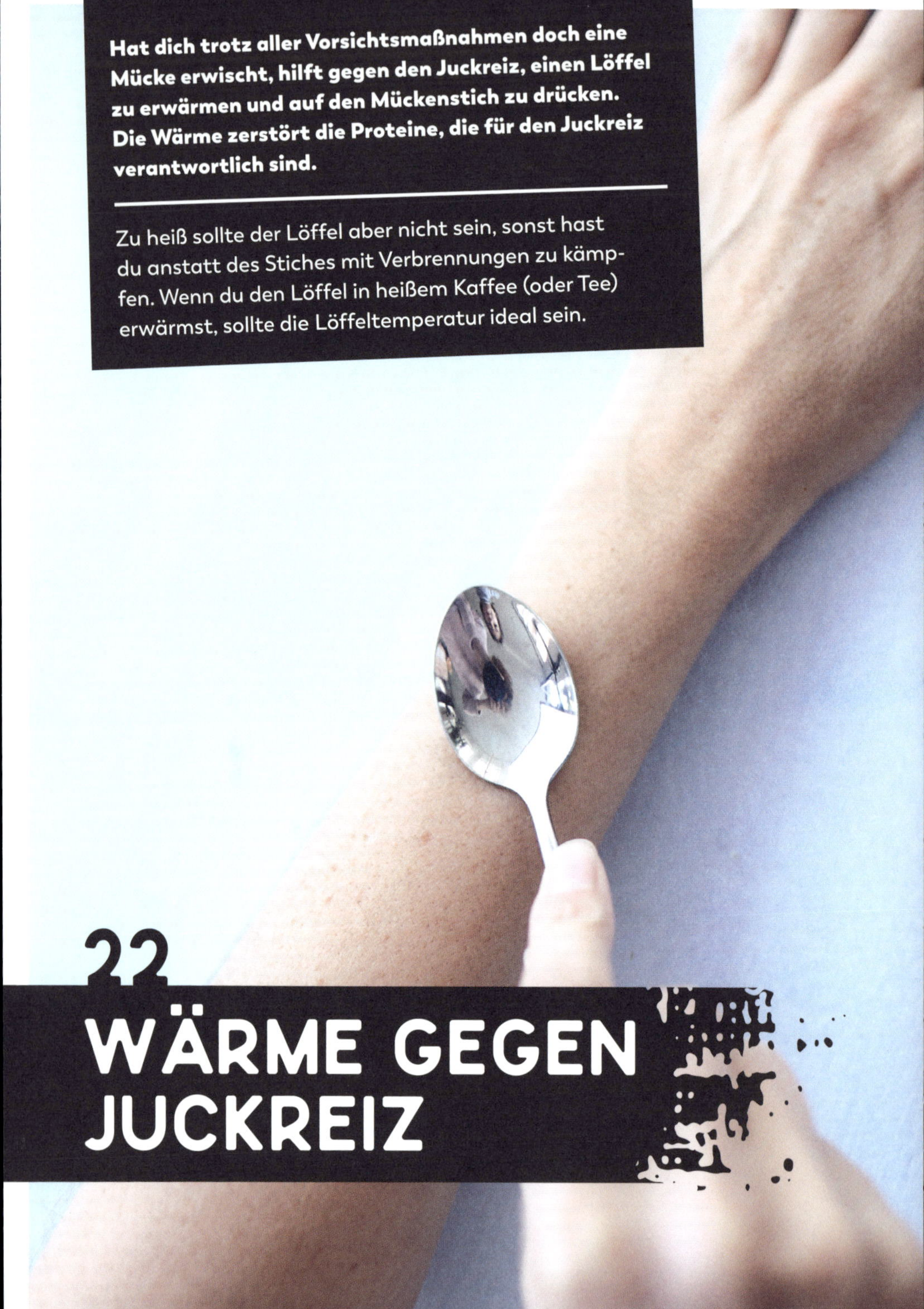

22 WÄRME GEGEN JUCKREIZ

·illst auf dem Campingplatz Geschirr ıschen, aber am Waschbecken fehlt Vasserstopfen? Ersetze ihn durch n mit Wasser gefüllten Gefrierbeutel!

e den Gefrierbeutel nach dem Abwasch und transportiere den Spülschwamm ı.

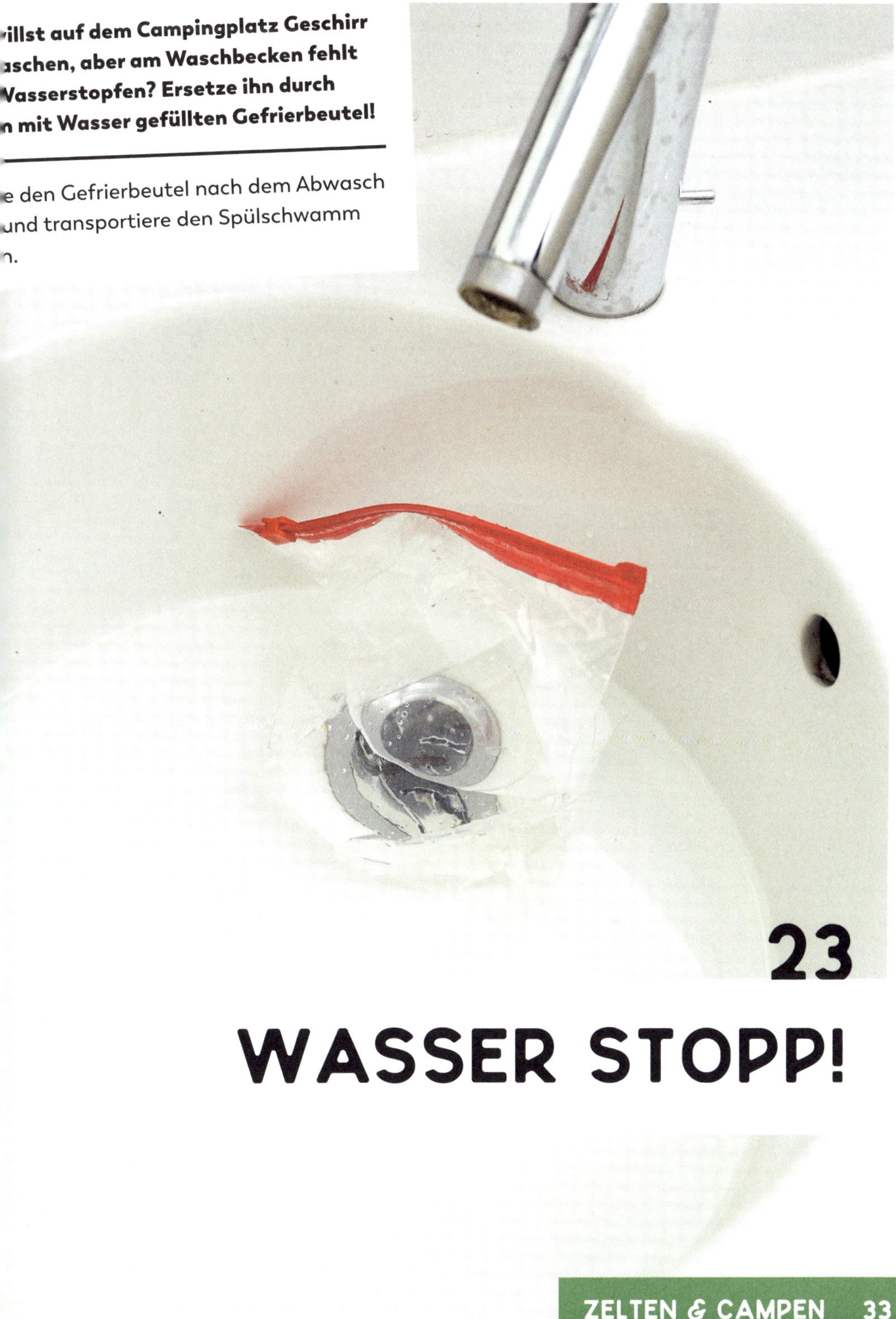

23 WASSER STOPP!

Ein Flaschenträger aus Pappe ist ein toller Korb für Besteck, Servietten und andere Küchenutensilien. Nach dem Urlaub kannst du ihn platzsparend wieder zusammenlegen.

Pappe ist leicht, aber nicht wasserfest. Willst du den Flaschenträger mehr als einen Urlaub lang verwenden, sprühe die Teile vor dem Zusammenstecken mit Klarlack ein.

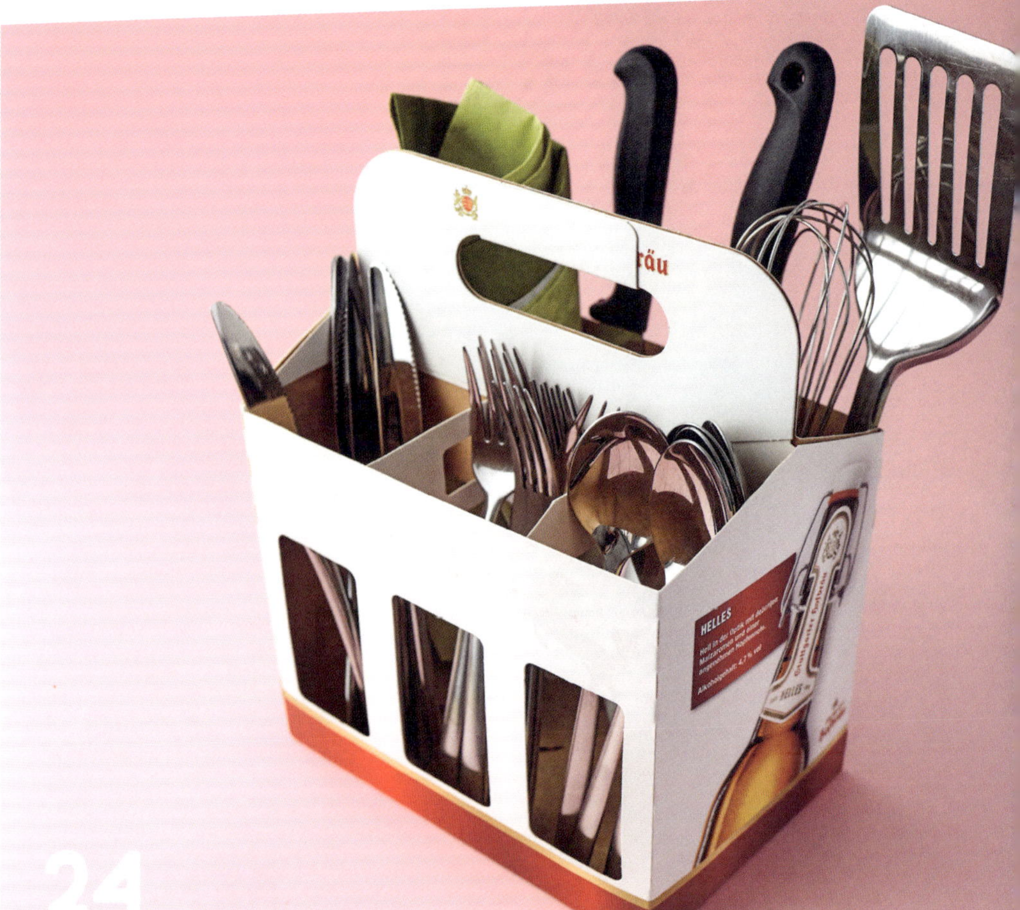

24

BESTECKKORB LIGHT

25
SPANNER!

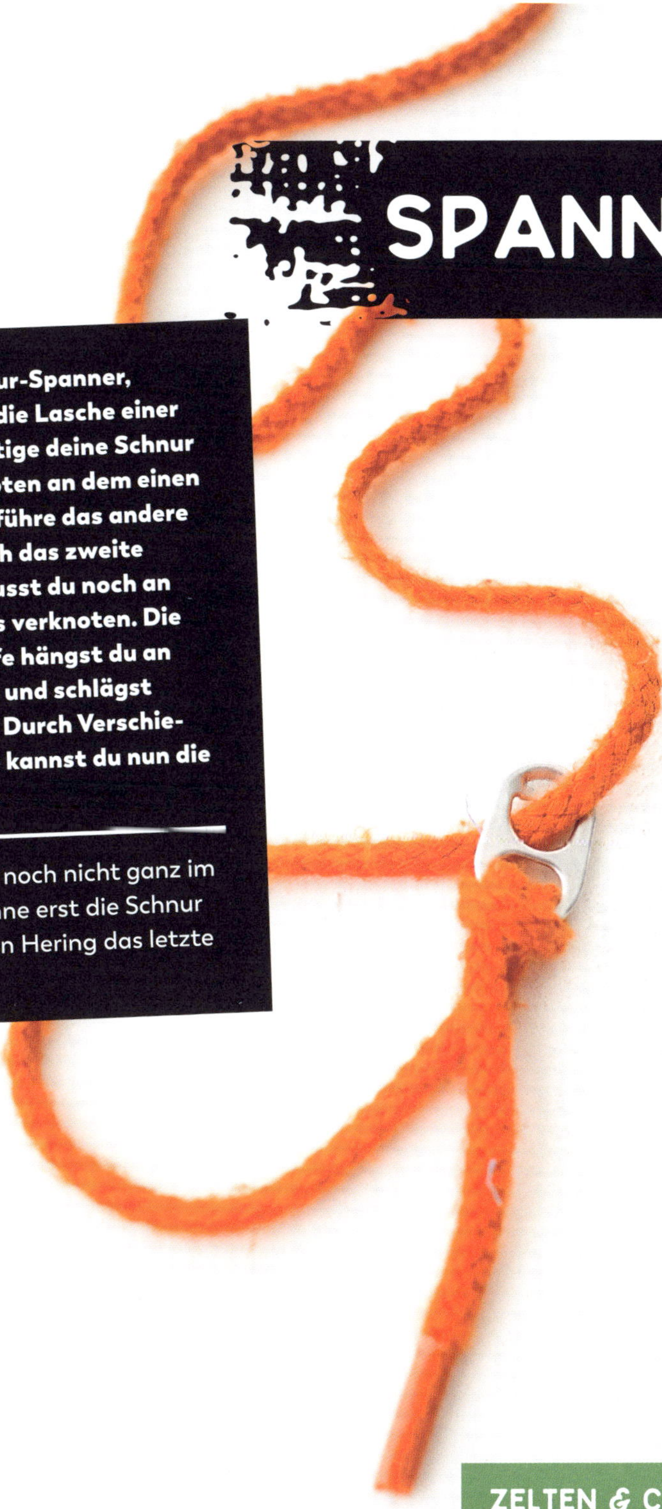

dir ein Zeltschnur-Spanner, :e diesen durch die Lasche einer nkedose. Befestige deine Schnur nem festen Knoten an dem einen der Lasche und führe das andere der Schnur durch das zweite Dieses Ende musst du noch an se deines Zeltes verknoten. Die andene Schlaufe hängst du an n Zelthering ein und schlägst n in den Boden. Durch Verschie-er Dosenlasche kannst du nun die chnur spannen.

enke den Hering noch nicht ganz im n, sondern spanne erst die Schnur schlage dann den Hering das letzte k ein.

26

ALLES IM SAC

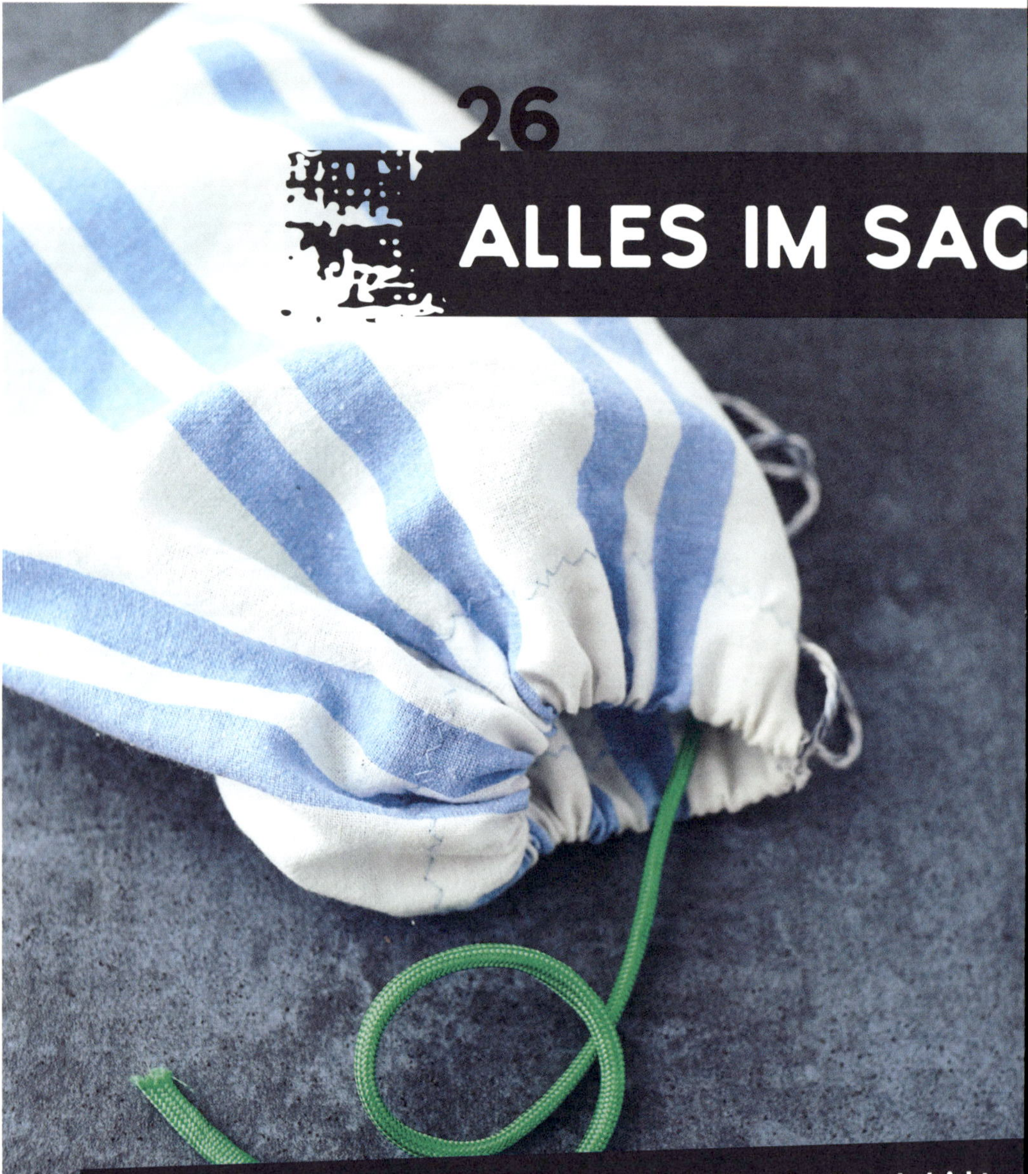

Schnüre und Kordeln verknoten und verdrehen sich beim Abrollen sehr leicht. Wenn du sie anstatt zu einem Bündel aufzurollen lose in einen Sack steckst, diesen zuziehst und nur ein Ende der Schnur – eventuell mit einer Schlaufe versehen - herausschauen lässt, kannst du die Schnur ohne Probleme aus dem geschlossenen Sack herausziehen.

Pro Sack darf allerdings nur eine Schnur gepackt werden. Für viele kleine Schnüre kannst du dir aus Stoffresten passende Säckchen nähen und darauf notieren, welche Schnur sich im Sack befindet.

27

DRECK REINIGT ...

... den Magen, sagt ein altes Sprichwort. Aber wusstest du, dass er auch dein Geschirr reinigen kann? Dreck ist nämlich ein wunderbares und auch noch ökologisches Scheuermittel. Eine Hand voll Sand oder Lehm – je feiner, desto besser – in den Kochtopf geben und kräftig reiben. Ausspülen und eventuell noch einmal mit Spülwasser reinigen.

Eingebranntes kannst du auch mit Essig lösen. Dazu Essig mit Wasser in den Topf geben und auf kleiner Flamme köcheln lassen, bis sich das Eingebrannte von selbst löst.

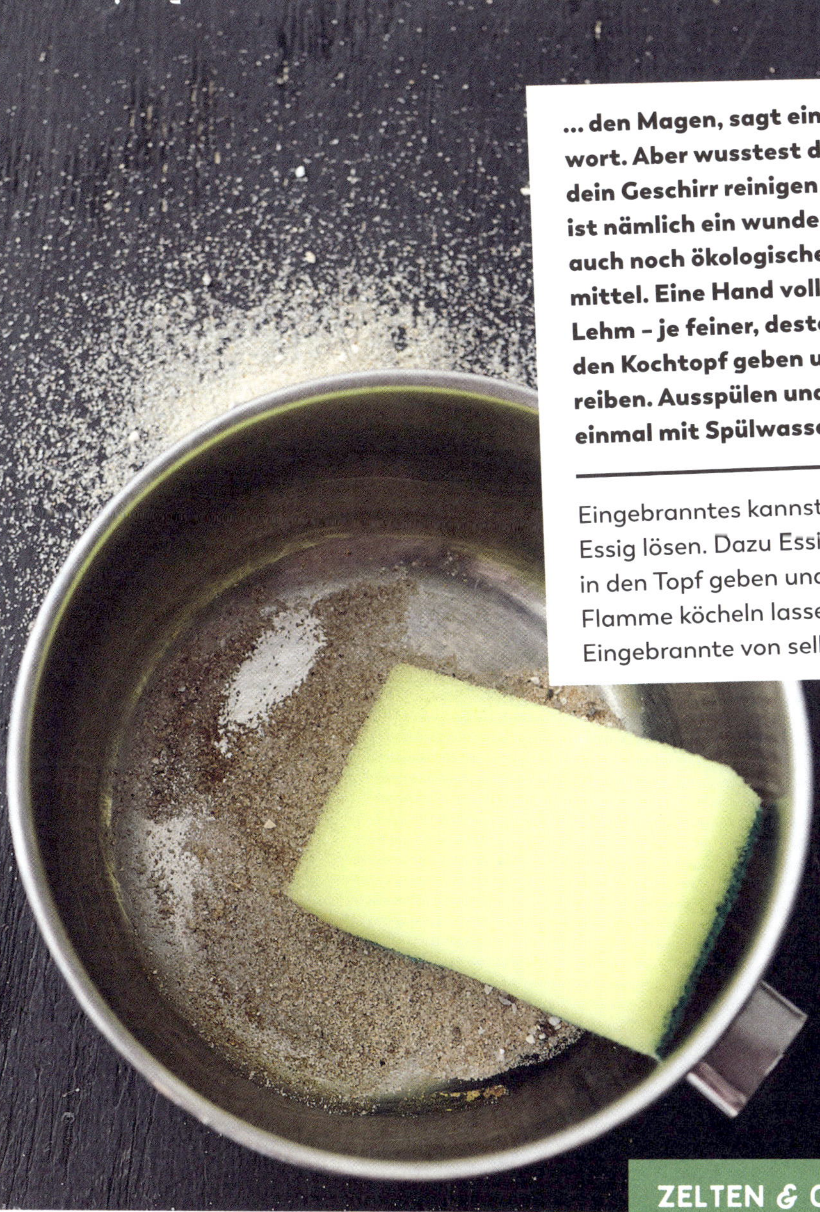

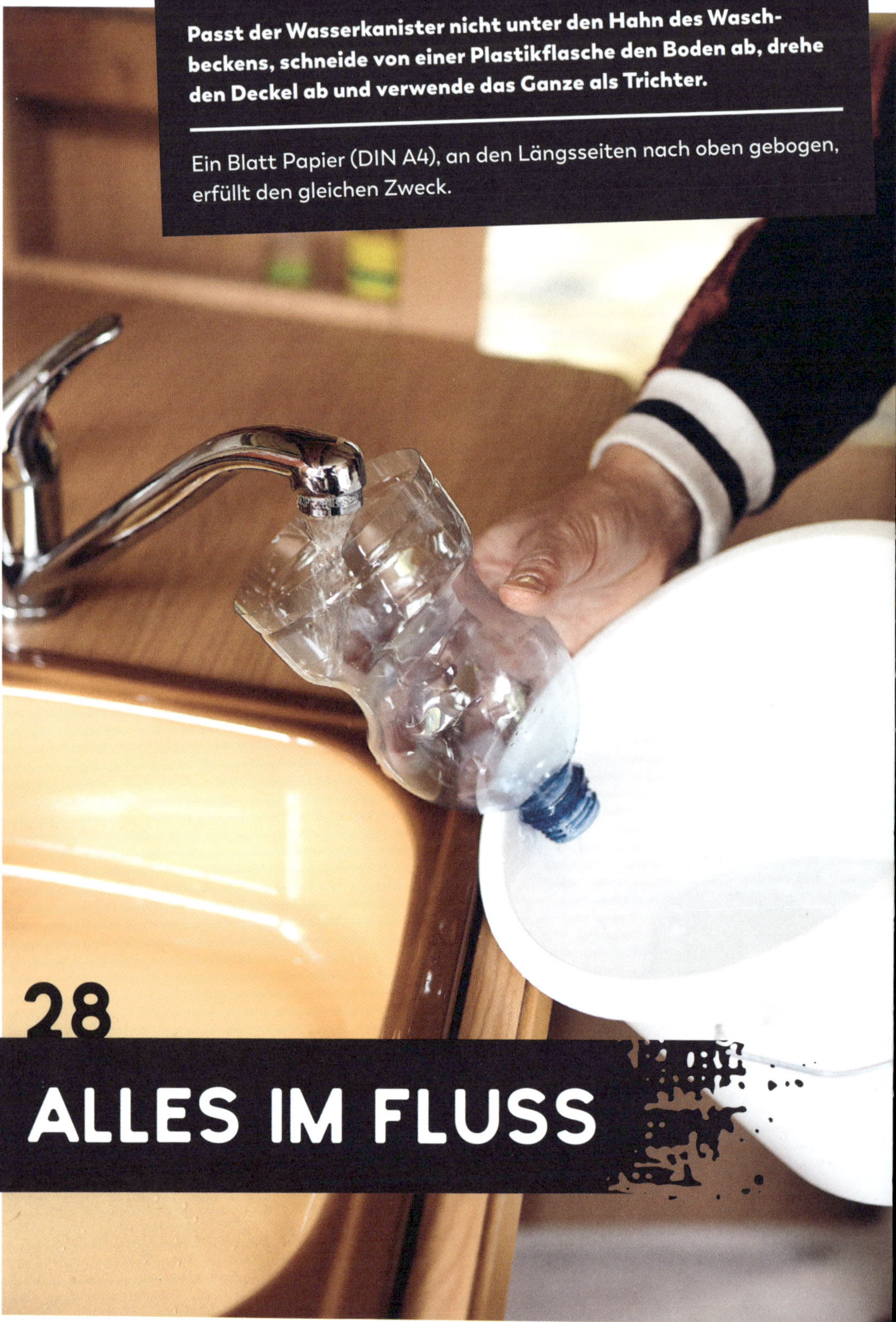

Passt der Wasserkanister nicht unter den Hahn des Waschbeckens, schneide von einer Plastikflasche den Boden ab, drehe den Deckel ab und verwende das Ganze als Trichter.

Ein Blatt Papier (DIN A4), an den Längsseiten nach oben gebogen, erfüllt den gleichen Zweck.

28 ALLES IM FLUSS

29

VERSCHLUSS-SACHE

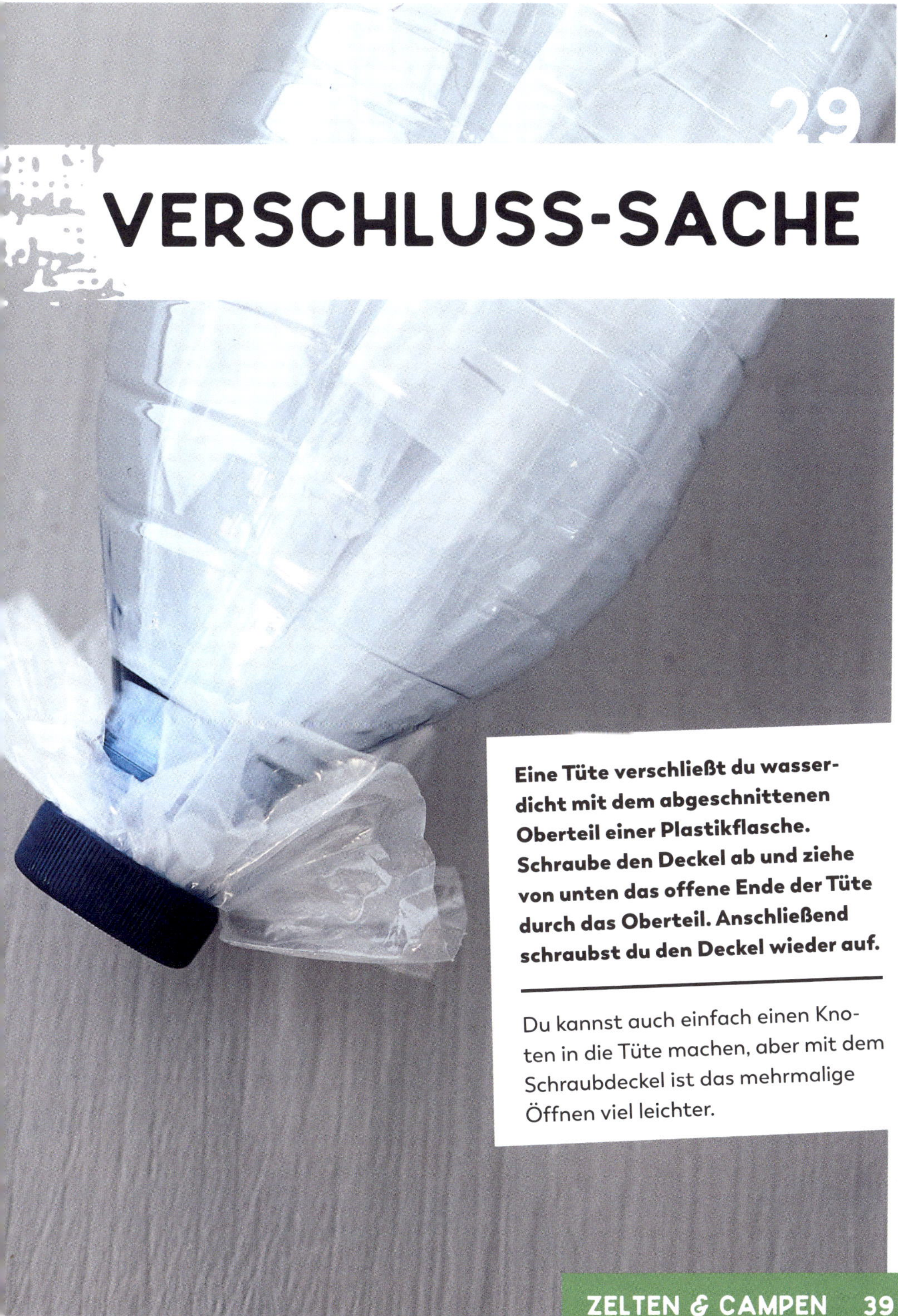

Eine Tüte verschließt du wasserdicht mit dem abgeschnittenen Oberteil einer Plastikflasche. Schraube den Deckel ab und ziehe von unten das offene Ende der Tüte durch das Oberteil. Anschließend schraubst du den Deckel wieder auf.

Du kannst auch einfach einen Knoten in die Tüte machen, aber mit dem Schraubdeckel ist das mehrmalige Öffnen viel leichter.

30

HERINGZIEHER

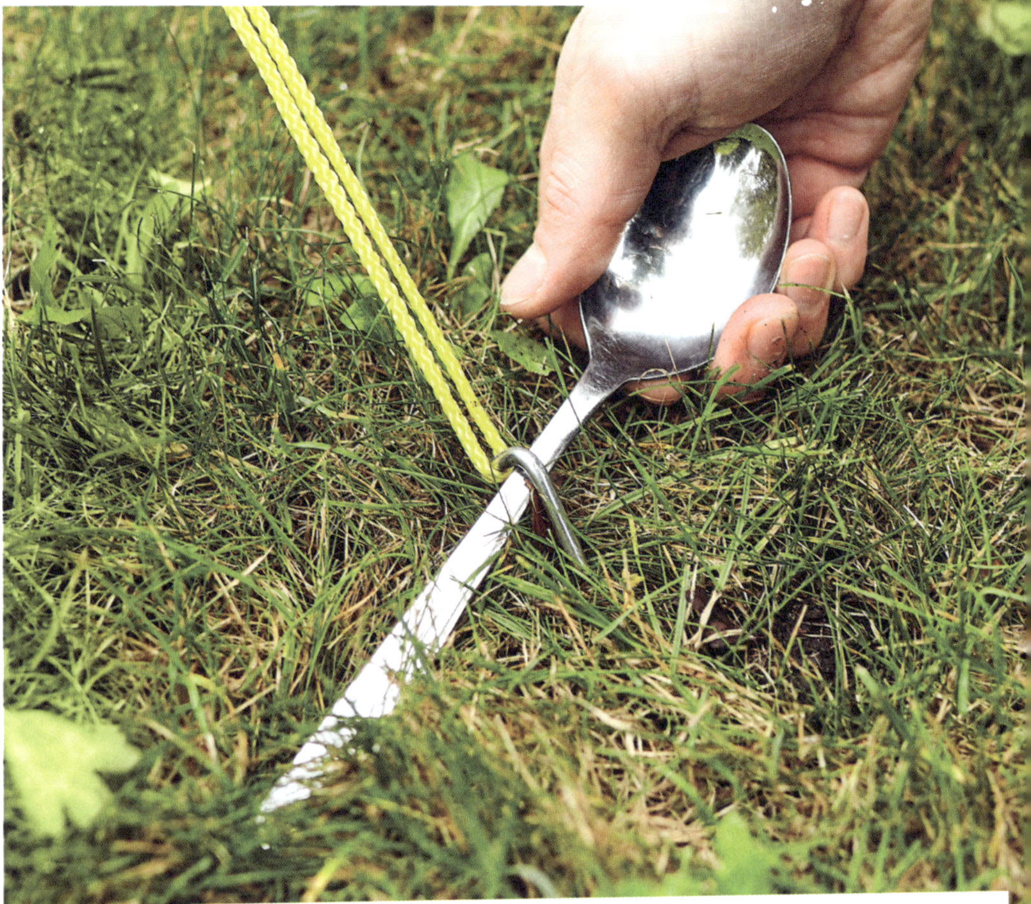

Zeltheringe wieder aus dem Boden zu ziehen, kann schwierig sein. Ein Löffel ist der Helfer in der Not. Mit der Hebelwirkung kannst du den Hering aus dem Boden ziehen.

Falls du einen Farbroller zur Hand hast, kannst du auch diesen benutzen, indem du die Rolle vom Griff ziehst, die Halterung unter den Zelthering führst und ihn dann mit einem kräftigen Zug aus dem Boden ziehst.

Wohin mit Kochlöffel, Pfannen & Co.? Spanne einen Gürtel mit ein paar Metallhaken um einen Baum und hänge deine Utensilien daran.

Ein Werkzeuggürtel mit vielen Taschen aus dem Baumarkt ist eine geniale Alternative.

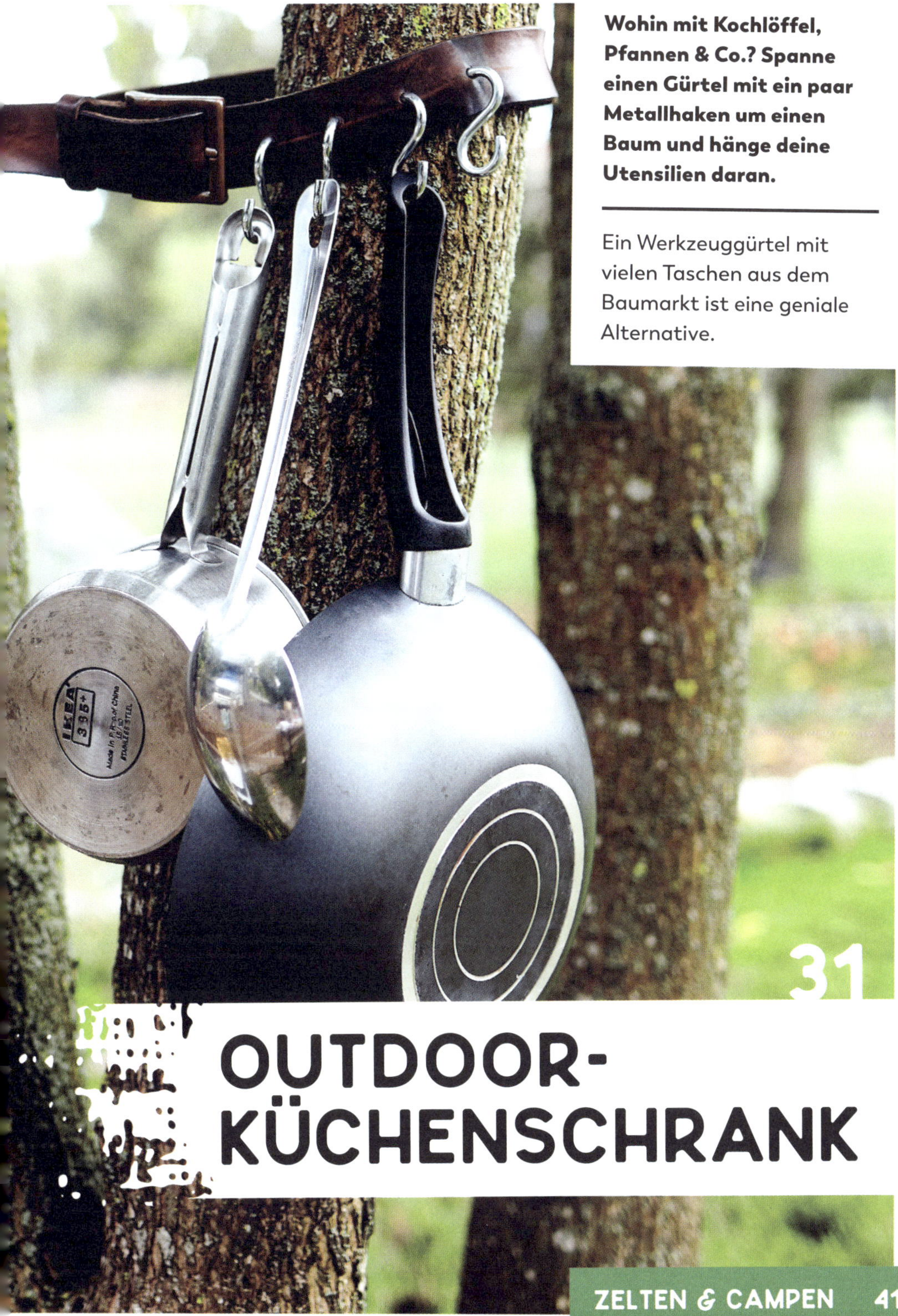

31 OUTDOOR-KÜCHENSCHRANK

32

ÖSEN-SCHONER

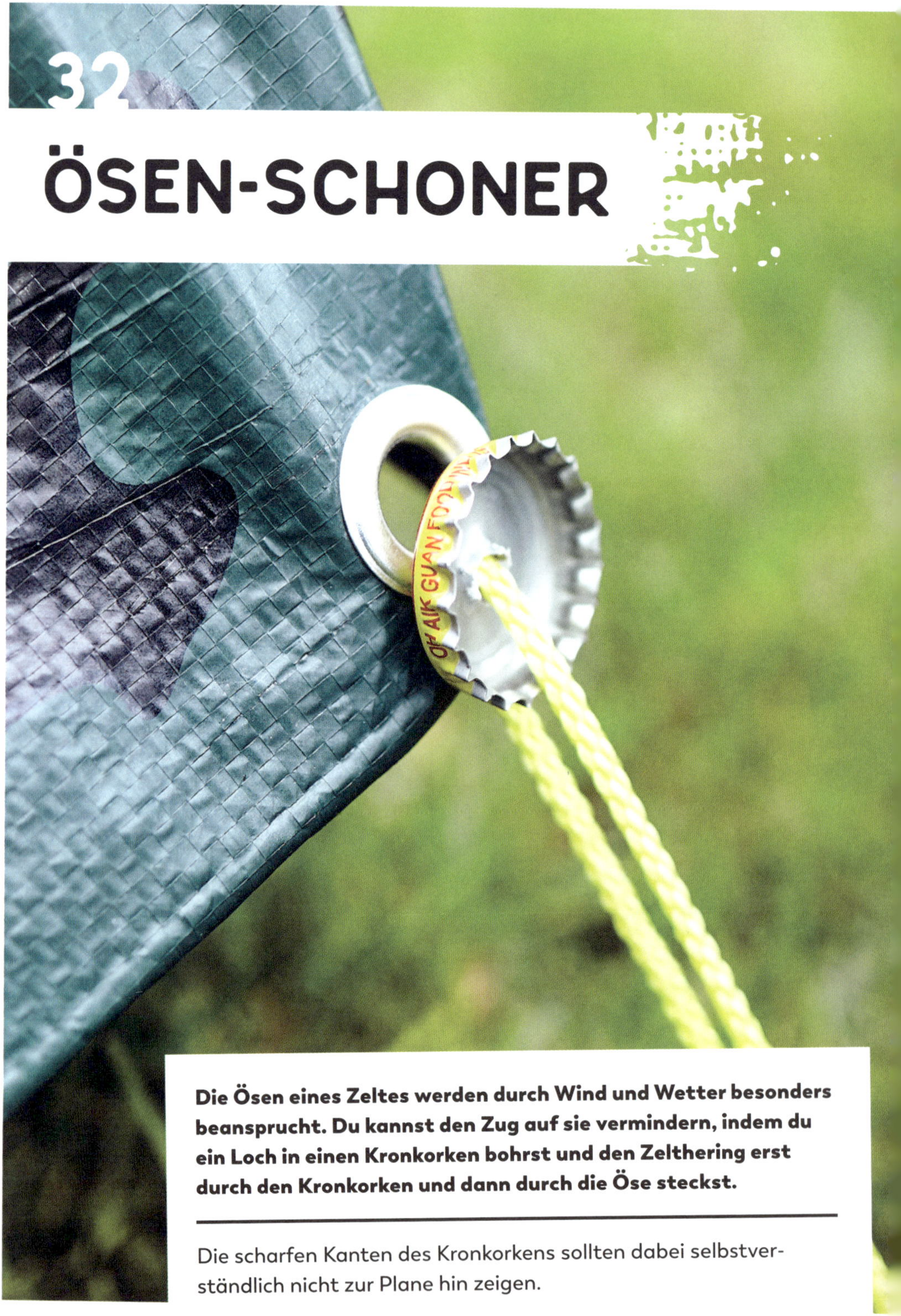

Die Ösen eines Zeltes werden durch Wind und Wetter besonders beansprucht. Du kannst den Zug auf sie vermindern, indem du ein Loch in einen Kronkorken bohrst und den Zelthering erst durch den Kronkorken und dann durch die Öse steckst.

Die scharfen Kanten des Kronkorkens sollten dabei selbstverständlich nicht zur Plane hin zeigen.

dem Problem hat sicherlich schon jeder einmal gestanden: Der Schlafsack will ach nicht mehr in den Packsack passen. Dabei musst du den Schlafsack nicht mal ammenrollen: Stopfe ihn einfach unordentlich in den Packsack hinein und beginne ei am Fußende, damit die Luft entweichen kann.

Schlafsack wird so nicht immer an denselben Stellen geknickt oder gedehnt und es len sich weder Risse noch Klumpen in der Füllung. Das alles kann die Isolationswirkung Schlafsackes vermindern.

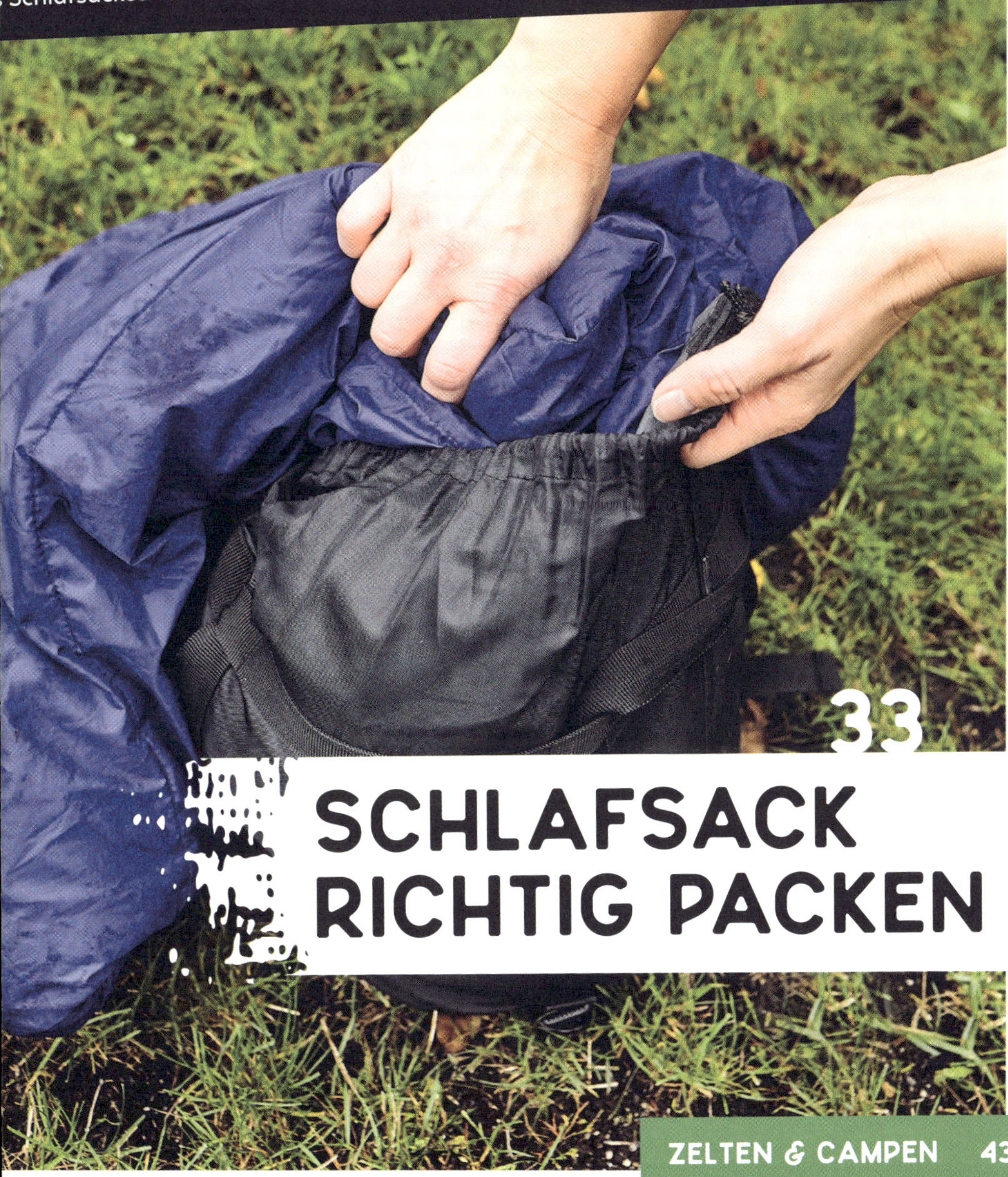

33 SCHLAFSACK RICHTIG PACKEN

NOTIZEN

AHA!

Du musst übrigens keinen Aktenordner mit in den Zelturlaub schleppen, um bei Bedarf alle wichtigen Unterlagen immer dabei zu haben. Fotografiere sie einfach ab und speichere sie lokal auf deinem Smartphone oder lade sie als pdf-Dateien in die Cloud. So hast du überall auf der Welt Zugriff darauf!

Wandern und Fahrrad fahren

Der Tütenverschluss von verschiedenen Schnittbrotpackungen ist eine ultraleichte Wäscheklammer, die auch im Rucksack nicht viel Platz wegnimmt.

Mit einer solchen Klammer kannst du vor allem leichte Stoffe wie Küchenhandtücher oder Unterwäsche auf der Wäscheleine sichern. Weniger gut klappt es mit dicken Materialien wie Frottier.

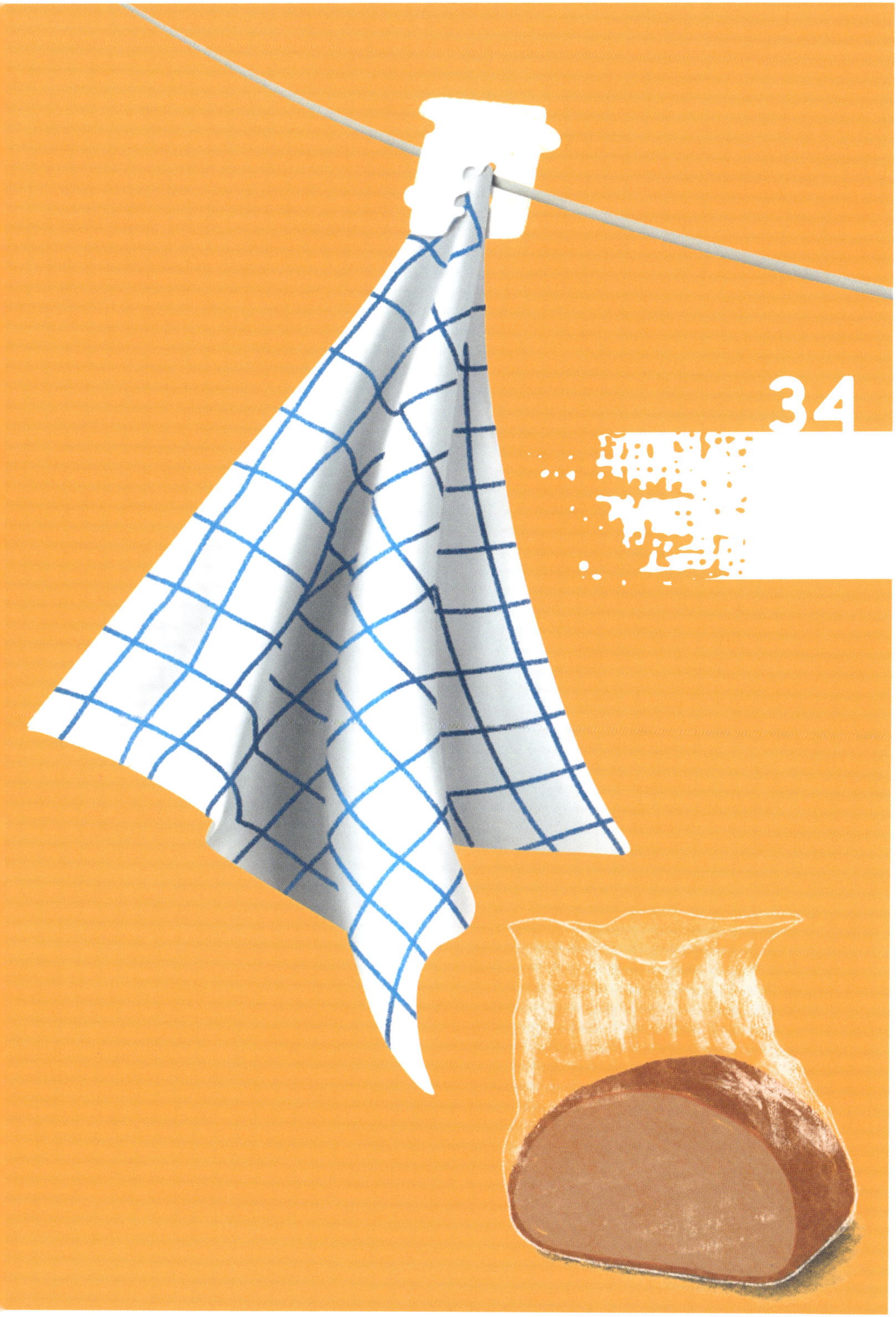

34

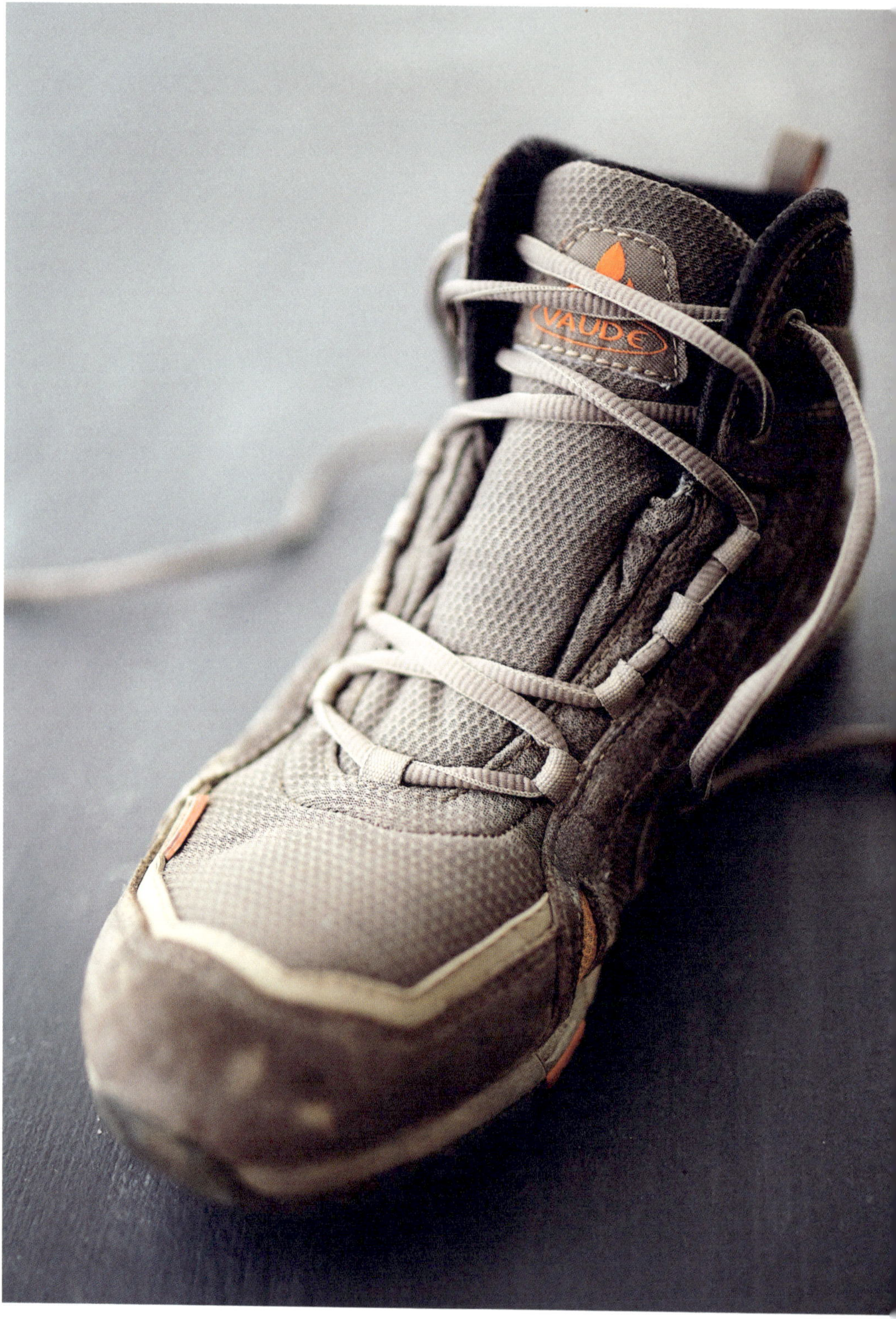
VAUDE

Wandern und Radwandern stehen hoch im Kurs. Es ist wieder „hip“, per Pedes oder Pedale die Welt zu erkunden. Zu Recht, wie wir finden. Dass dabei die Füße auch mal schmerzen oder die Schuhe nach einem Regentag pitschnass sind, gehört leider dazu. Mit wenigen Handgriffen und cleveren Hacks bist du aber bestens gewappnet für deine ganz persönliche „Erfahrung Natur“.

35

SCHUH-TROCKNER

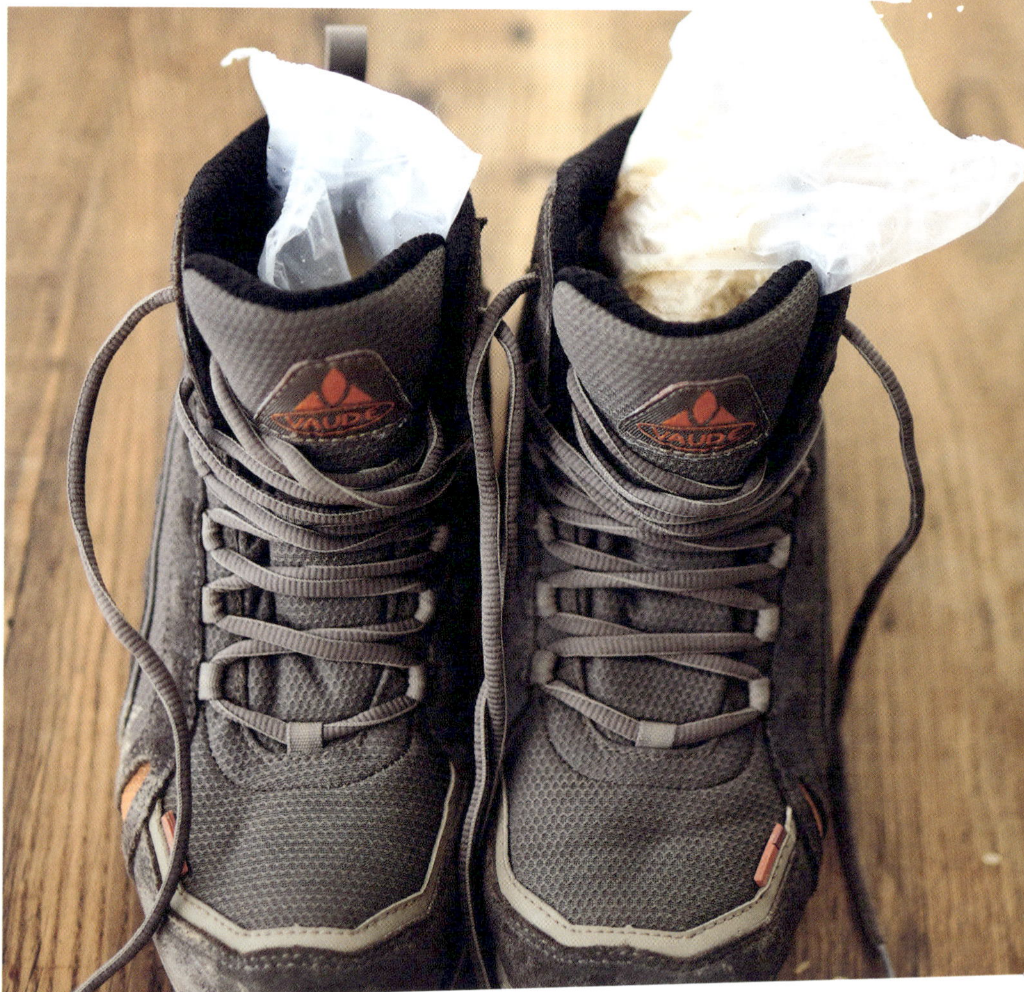

Feuchte Schuhe trocknen gut, indem man ein paar Kochbeutel Reis über Nacht hinei legt und die Schuhe - wenn möglich - zusätzlich in die Nähe einer Wärmequelle stellt

---

Auch Zeitung saugt Feuchtigkeit sehr gut auf. Dazu die Zeitung zerknüllen und fest in d Schuhe stopfen.

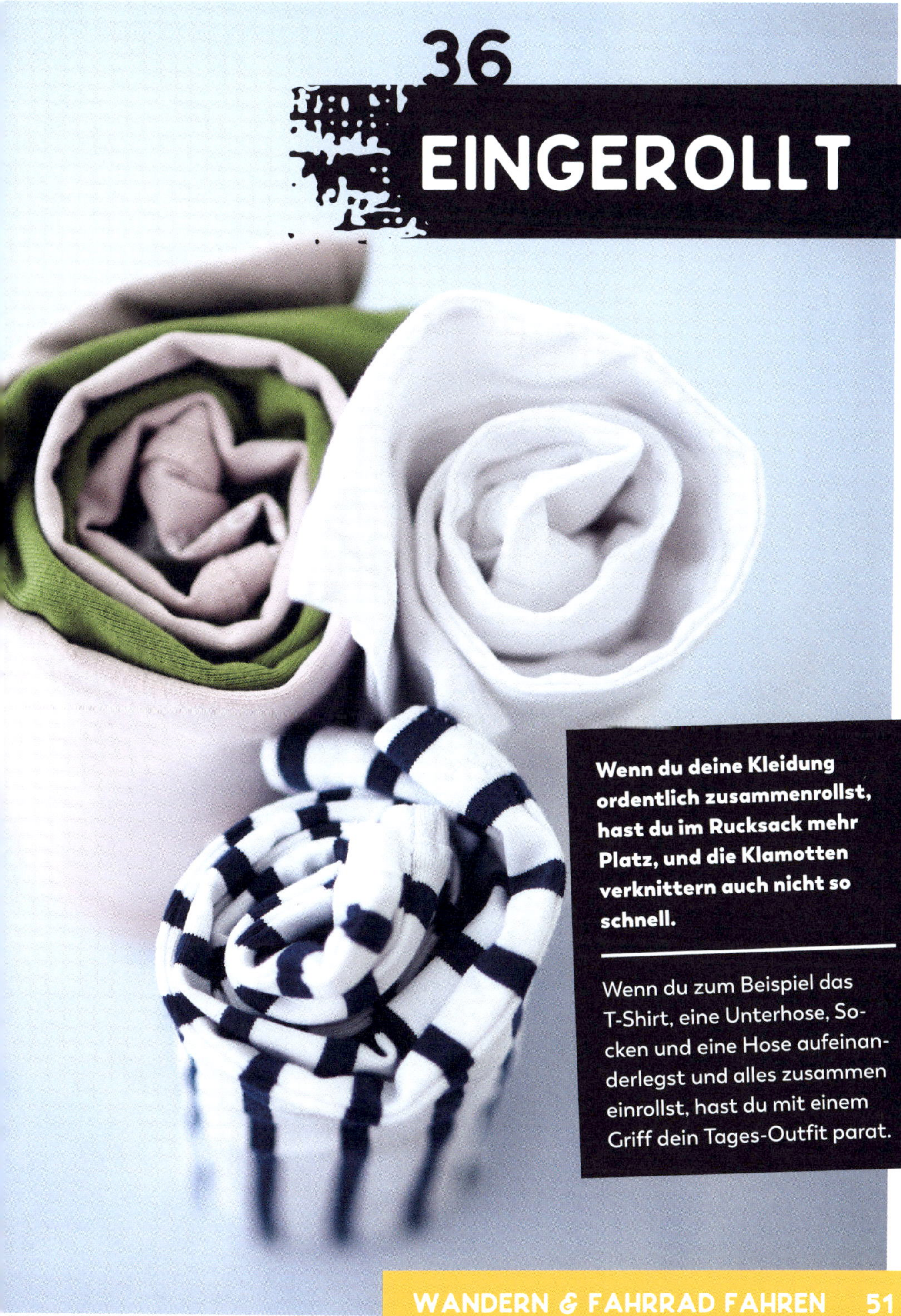

36 EINGEROLLT

Wenn du deine Kleidung ordentlich zusammenrollst, hast du im Rucksack mehr Platz, und die Klamotten verknittern auch nicht so schnell.

Wenn du zum Beispiel das T-Shirt, eine Unterhose, Socken und eine Hose aufeinanderlegst und alles zusammen einrollst, hast du mit einem Griff dein Tages-Outfit parat.

Die Kette deines Fahrrads ist Wasser und Dreck fast schutzlos ausgeliefert und muss vor allem bei längeren Touren gut gepflegt werden. Nimm zwei Zahnbürsten, lege sie mit den Köpfen zueinander hin und verbinde sie am Griff mit einem Gummi. Stecke sie über die Kette und drehe die Pedale, sodass sich die Kette durch die Bürstenköpfe dreht und von diesen gesäubert wird. Nach dem Säubern muss die Kette wieder geölt werden!

Hast du kein Gummi zur Hand, klebe die Zahnbürsten mit Panzerband aneinander.

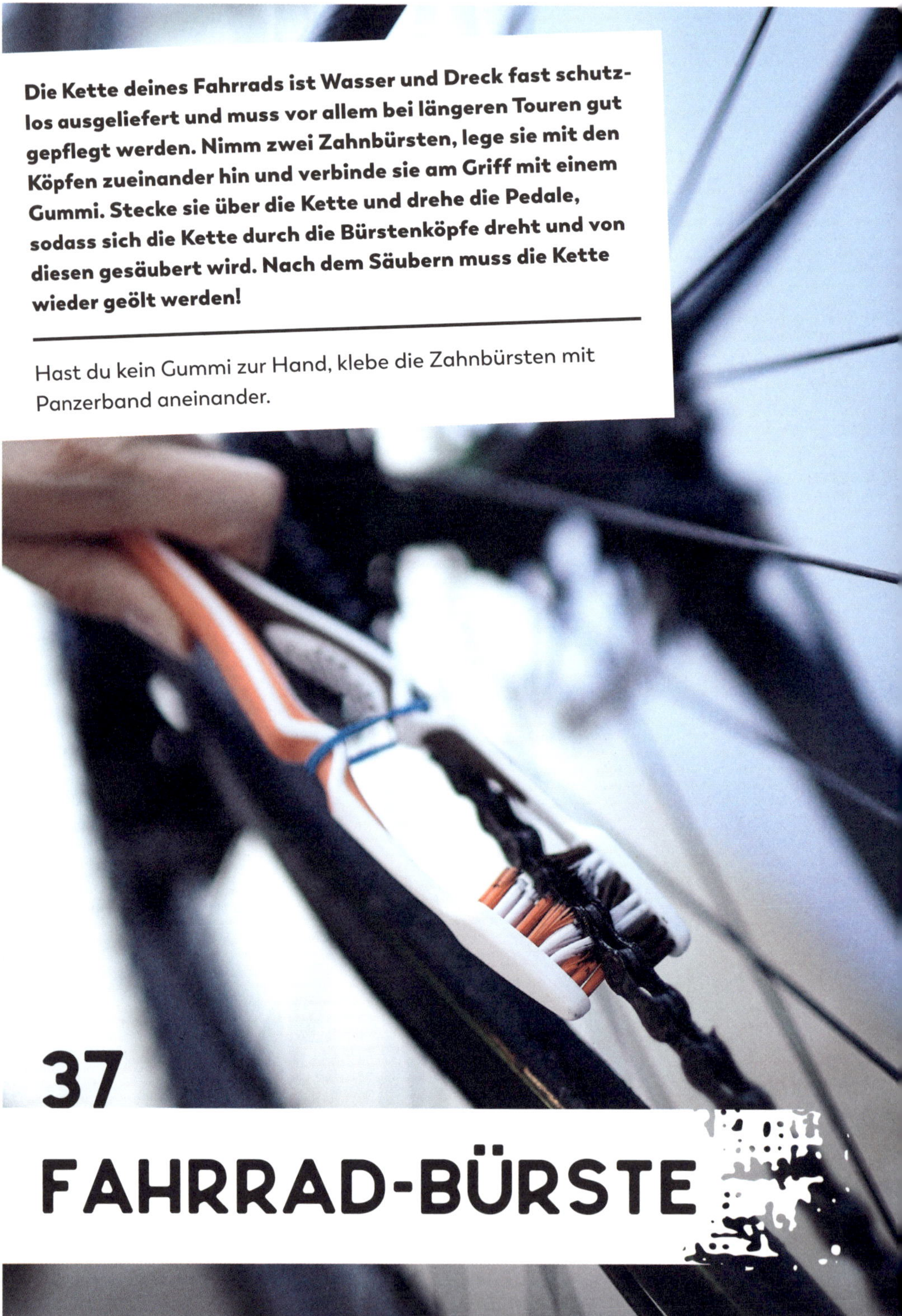

37 FAHRRAD-BÜRSTE

Dein Fahrrad wurde gestohlen? Im Falle eines Wiederauffindens kannst du es eindeutig wiedererkennen, wenn du vorher in den Lenker einen Zettel mit deinem Namen gelegt hast. Dazu musst du einen Lenkergriff entfernen oder die seitliche Kappe an einer Seite abziehen, Zettel beschriften und einrollen und in die hohle Lenkerstange stecken. Anschließend den Griff bzw. die Kappe wieder aufstecken.

Wer auf Nummer sicher gehen will, sollte sein Fahrrad codieren lassen. Das kann man bei Fahrradhändlern, bei der Polizei oder beim ADFC schon für wenig Geld machen lassen.

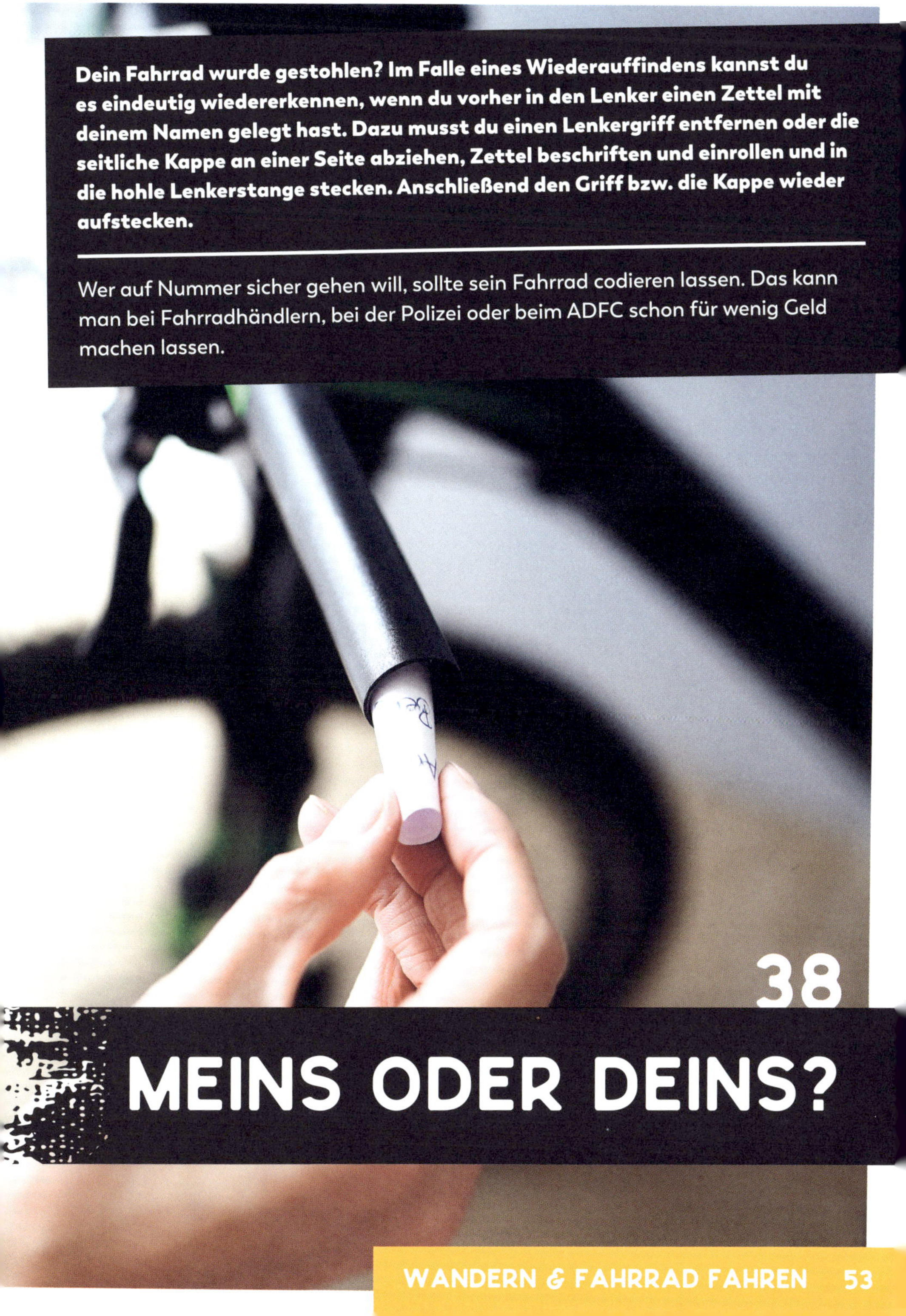

38

MEINS ODER DEINS?

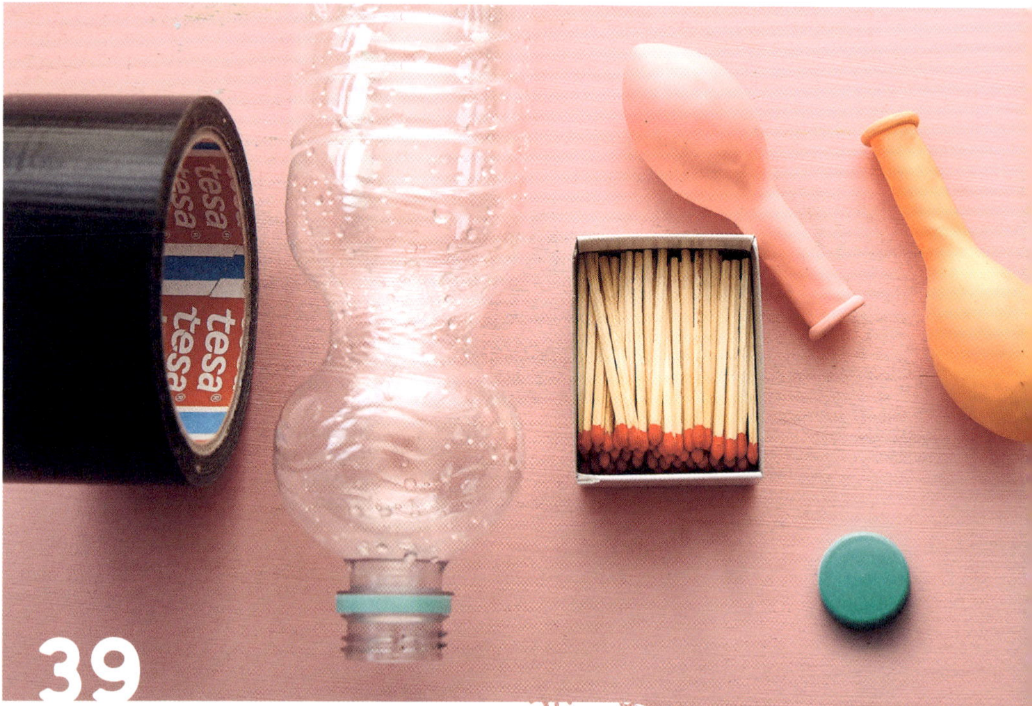

39

BLASEBALG

1 **Schneide in den Deckel einer PET-Flasche ein rechteckiges Loch.**

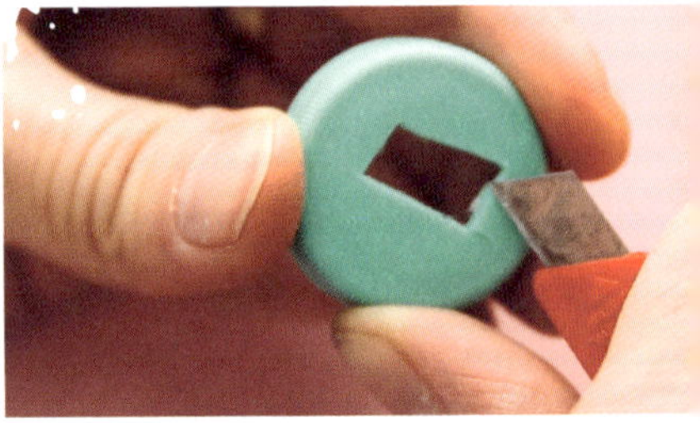

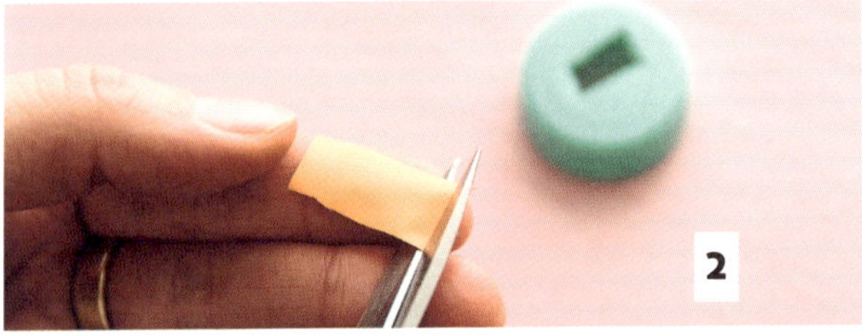

2

2 **Von einem Luftballon schneide ebenfalls ein rechteckiges Stü heraus, das ein bisschen größe muss als das Loch im Deckel.**

3 **Lege das Ballon-Gummistück über das Deckelloch und fixiere es an den beiden kurzen und einer langen Seite mit Panzerband.**

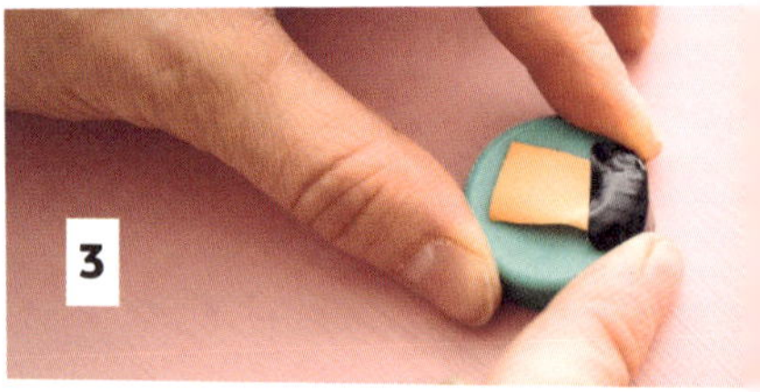

3

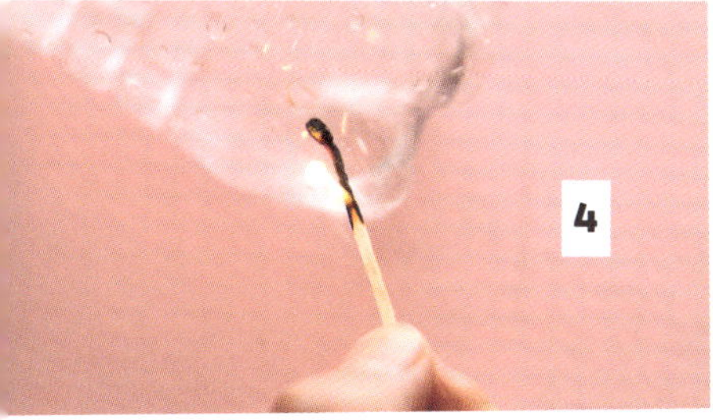

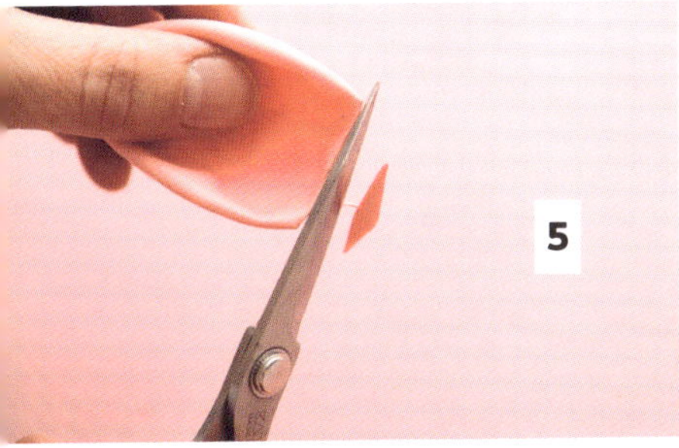

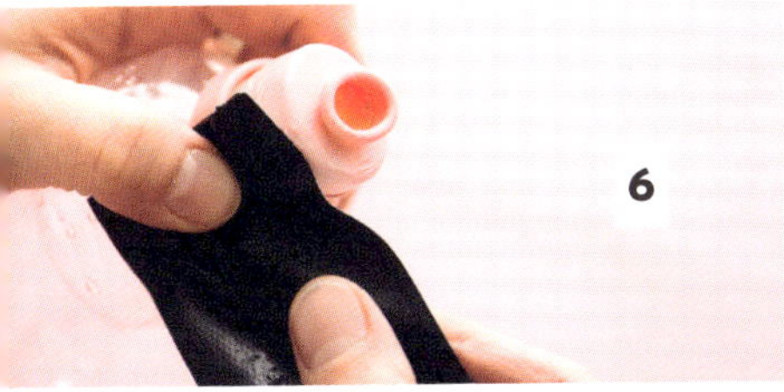

4 **Zünde ein Streichholz an und brenne damit vorsichtig ein Loch in den unteren Teil der Flasche.**

5 **Schneide von einem weiteren Ballon das untere Stück ab.**

6 **Stülpe ihn über den Flaschenkopf und klebe ihn mit Panzerband fest.**

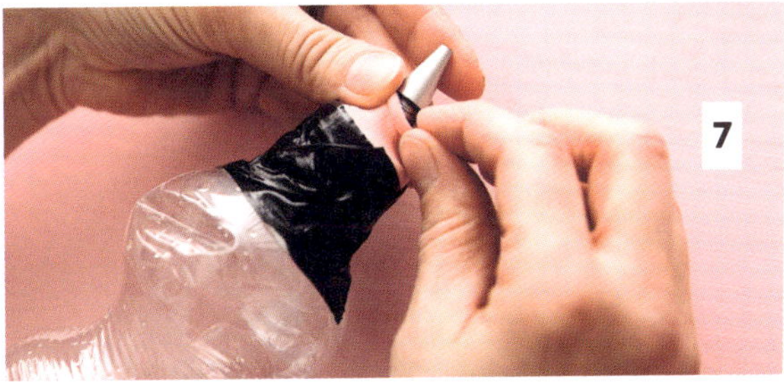

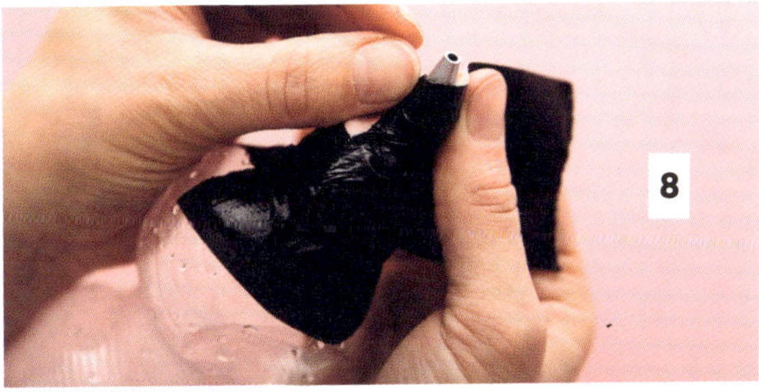

raube die Metallspitze von einem gelschreiber ab und stecke ihn in Ballonhals, sodass er noch heraus-aut.

iere auch diese Spitze mit Panzer-nd.

eit für den Einsatz!

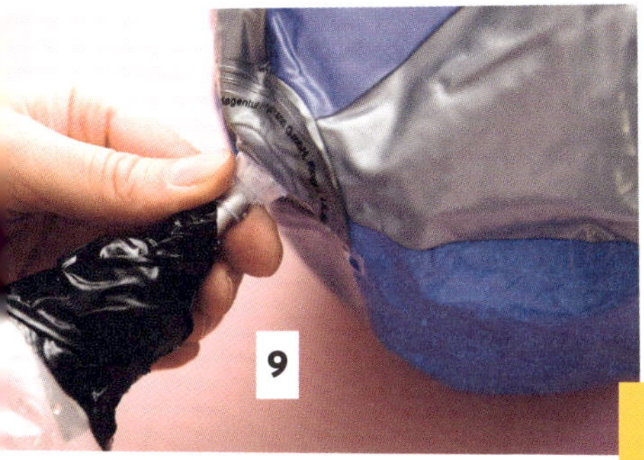

Zum Aufpusten einer Luftmatratze mit kleinem Ventil, eines Wasserballes oder Schwimmflügeln steckst du die Kugelschreiberspitze ins Ventil. Während du die Flasche zusammendrückst, musst du gleichzeitig mit dem Daumen das Loch in der Flasche zuhalten und dann das Loch wieder freimachen, damit die Flasche hierdurch Luft ziehen kann.

40

ZAHN-ERSATZ

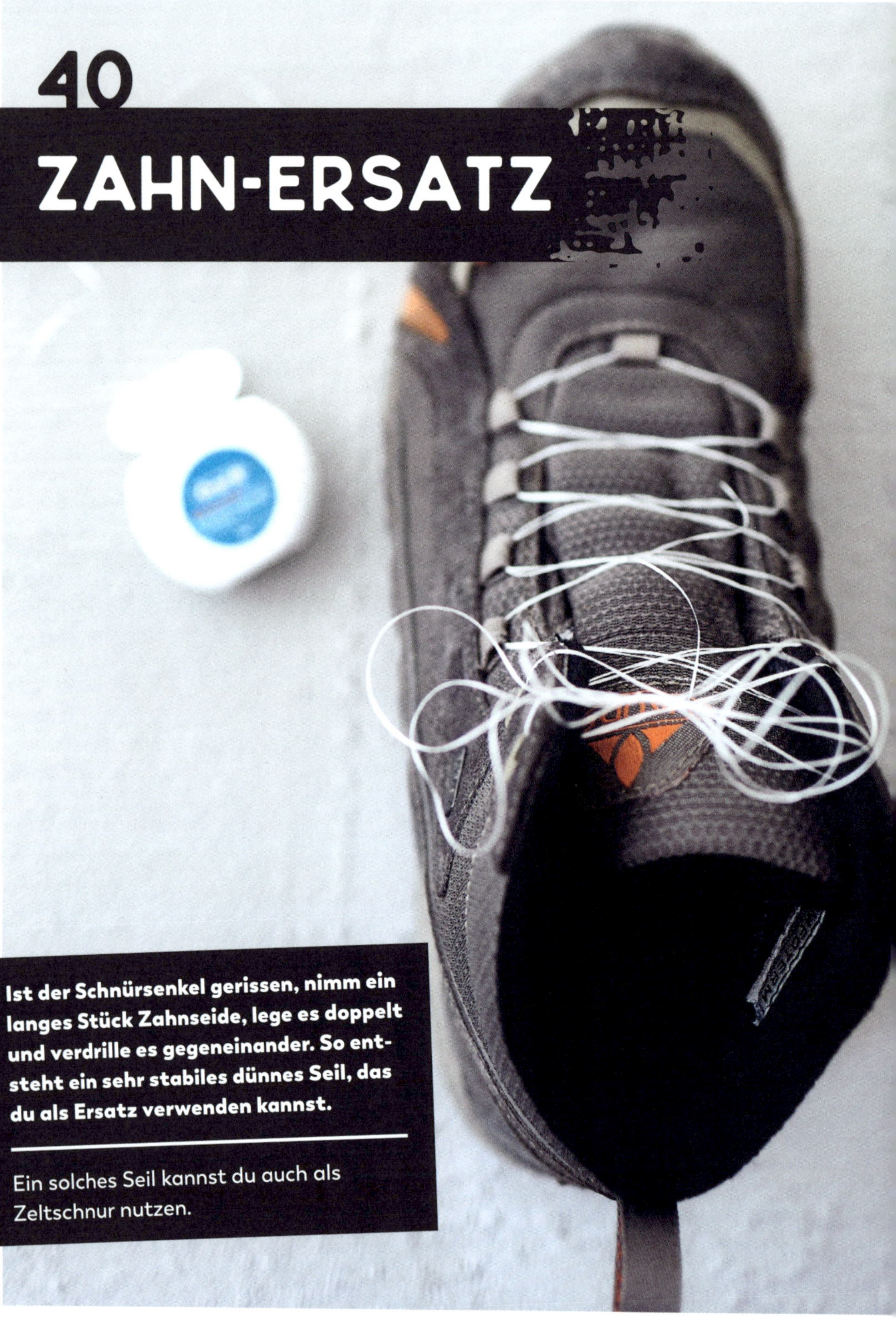

Ist der Schnürsenkel gerissen, nimm ein langes Stück Zahnseide, lege es doppelt und verdrille es gegeneinander. So entsteht ein sehr stabiles dünnes Seil, das du als Ersatz verwenden kannst.

Ein solches Seil kannst du auch als Zeltschnur nutzen.

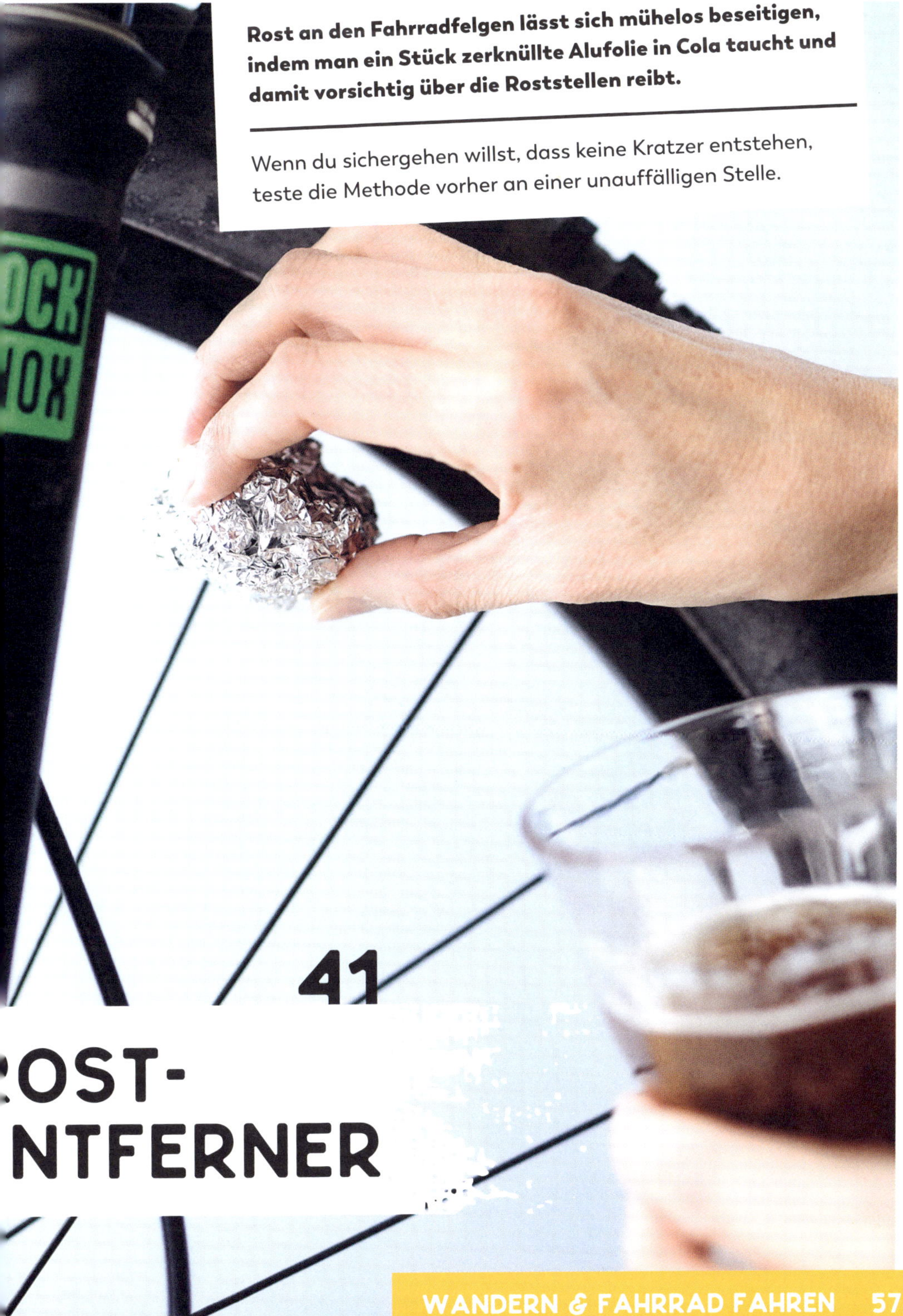

Rost an den Fahrradfelgen lässt sich mühelos beseitigen, indem man ein Stück zerknüllte Alufolie in Cola taucht und damit vorsichtig über die Roststellen reibt.

Wenn du sichergehen willst, dass keine Kratzer entstehen, teste die Methode vorher an einer unauffälligen Stelle.

41 ROST-ENTFERNER

42

ZWEI-KNOTEN-TASCHE

Ein Badetuch wird im Nu zu einer kleinen Tasche, in der du bequem einige Utensilien transportieren kannst.

Besonders gut lässt sich diese Tasche mit dünnen Tüchern binden, zum Beispiel Microfaser-Tüchern oder Hamamtüchern.

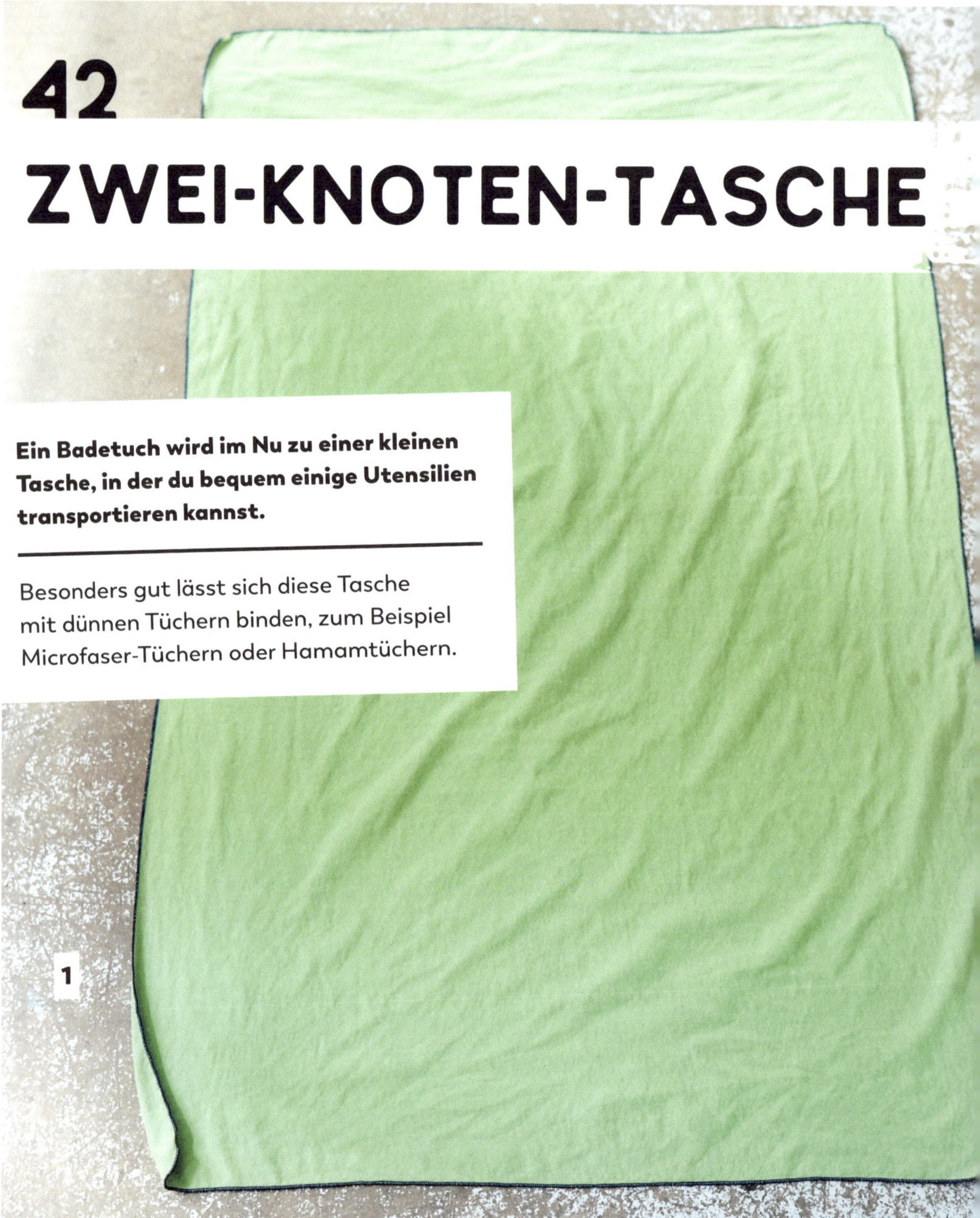

1 **Lege dazu das Handtuch vor dich hin.**

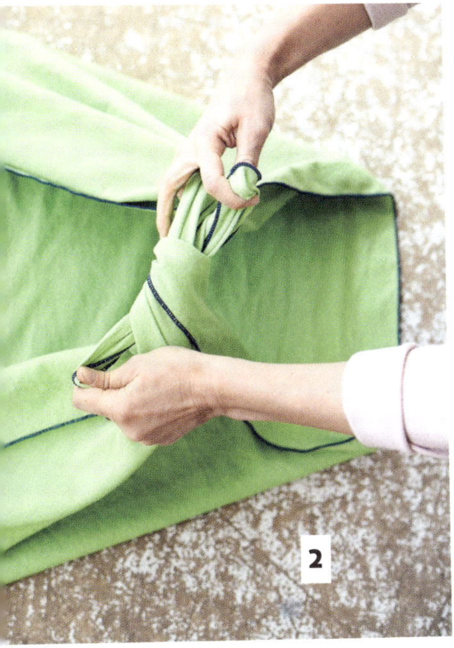

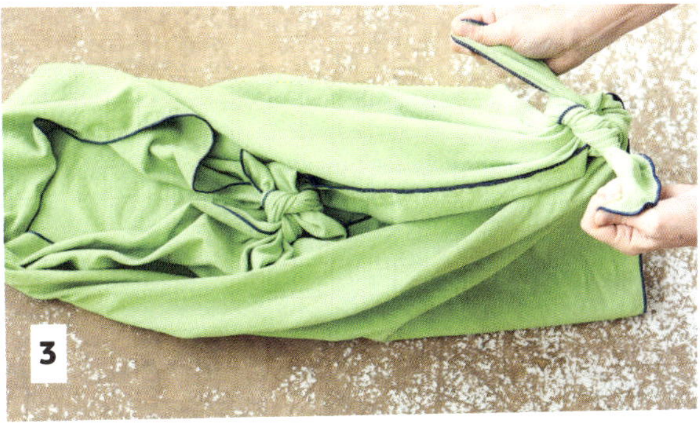

2 Knote erst an der einen …

3 … und danach an der anderen langen Seite die beiden Zipfel mit einem doppelten Knoten zusammen.

ge nun deine Sachen, die du in der sche transportieren willst, auf das detuch und ziehe dann den ersten oten unter dem zweiten Knoten ndurch.

durch wird der erste Knoten gleichitig zum Tragegriff der Tasche.

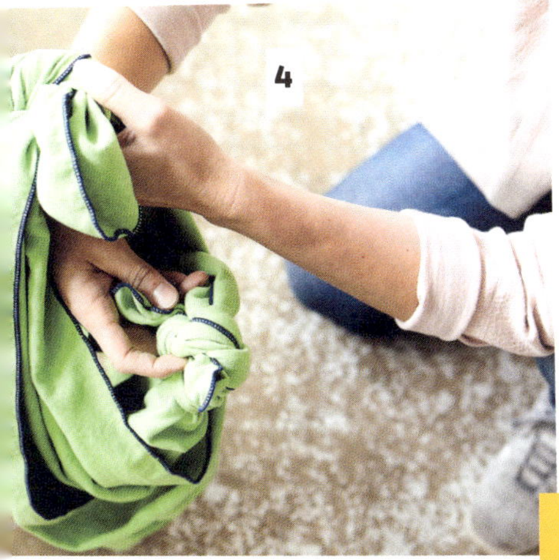

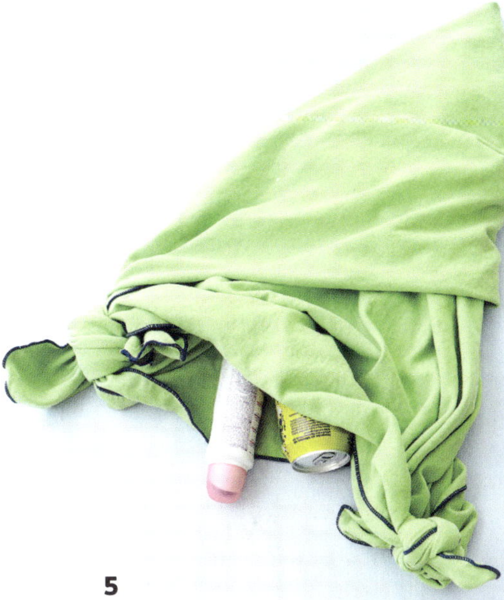

Fehlt bei einer Taschenlampe eine von mehreren Batterien (oder ist nur eine leer), suche nach einer Eisenschraube in etwa gleicher Größe und setze diese in das Batteriefach ein. Hast du nur eine zu kleine Batterie, fülle den Rest des Batteriefaches mit Alufolie aus.

Fast leere Batterien kann man kurzzeitig wiederbeleben, indem man sie im Batteriefach mehrmals hin- und herbewegt.

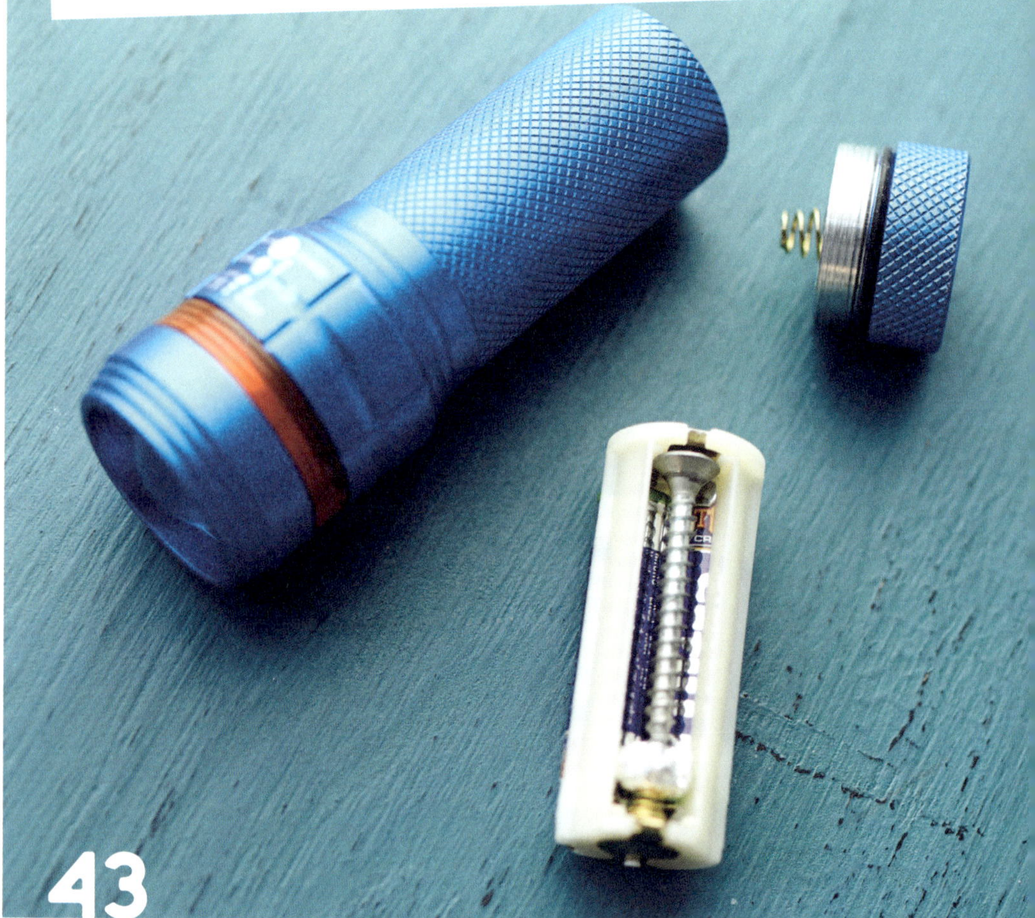

43

BATTERIE-ERSATZ

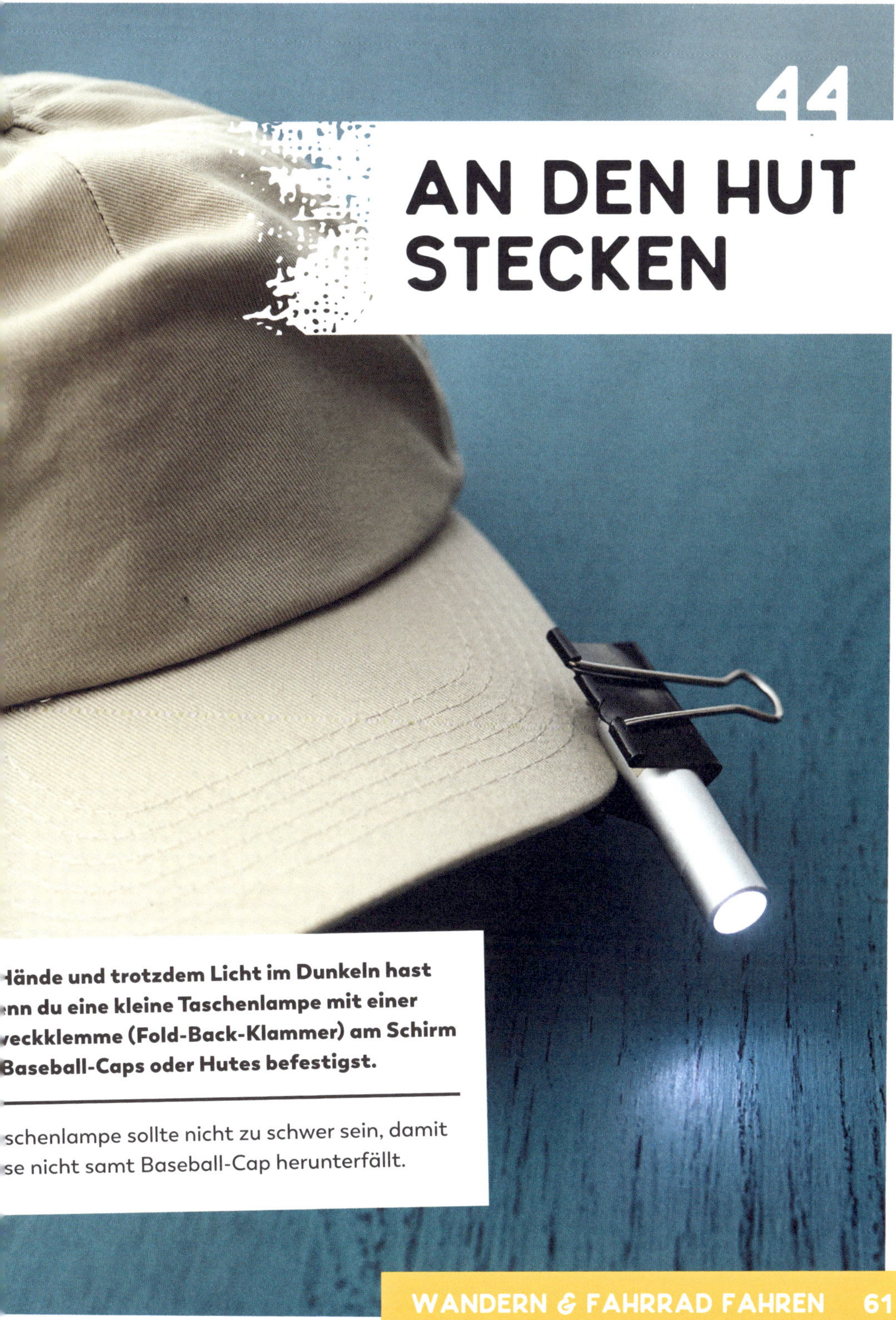

44

AN DEN HUT STECKEN

Hände und trotzdem Licht im Dunkeln hast nn du eine kleine Taschenlampe mit einer eckklemme (Fold-Back-Klammer) am Schirm Baseball-Caps oder Hutes befestigst.

---

schenlampe sollte nicht zu schwer sein, damit se nicht samt Baseball-Cap herunterfällt.

45
FESTE BINDUNG

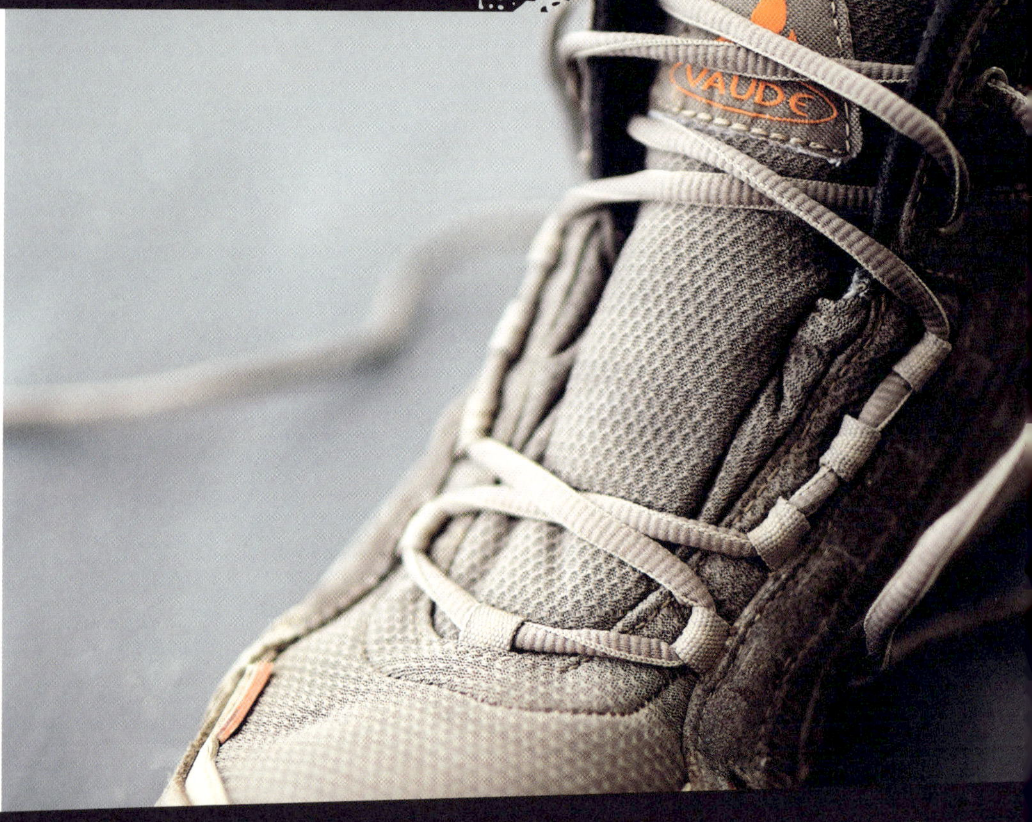

Wenn der Schuh beim Laufen seitlich unangenehm drückt, kannst du die Stelle entlasten, indem du dort die Schnürsenkel nicht über Kreuz bindest, sondern ohne die Seite zu wechseln den Senkel von Öse zu Öse führst.

Durch die stärkere Durchblutung des Fußes dehnt sich dieser nach kurzer Zeit aus. Oft hilft es deshalb schon, etwa 15 – 20 Minuten nach dem Start den Schuh noch einmal neu zu binden.

Wenn du Kleidungsstücke in Beutel sortierst – also zum Beispiel alle Unterhosen in einen Beutel, alle T-Shirts in einen anderen usw. – kannst du die einzelnen Sachen leichter wieder auffinden.

Du kannst dafür zwar auch Stoffbeutel verwenden, Plastiktüten jedoch sind wasserdicht verschließbar und gleichzeitig durchsichtig, wenn du auf Gefrierbeutel zurückgreifst. Die Beutel kannst du immer wieder verwenden.

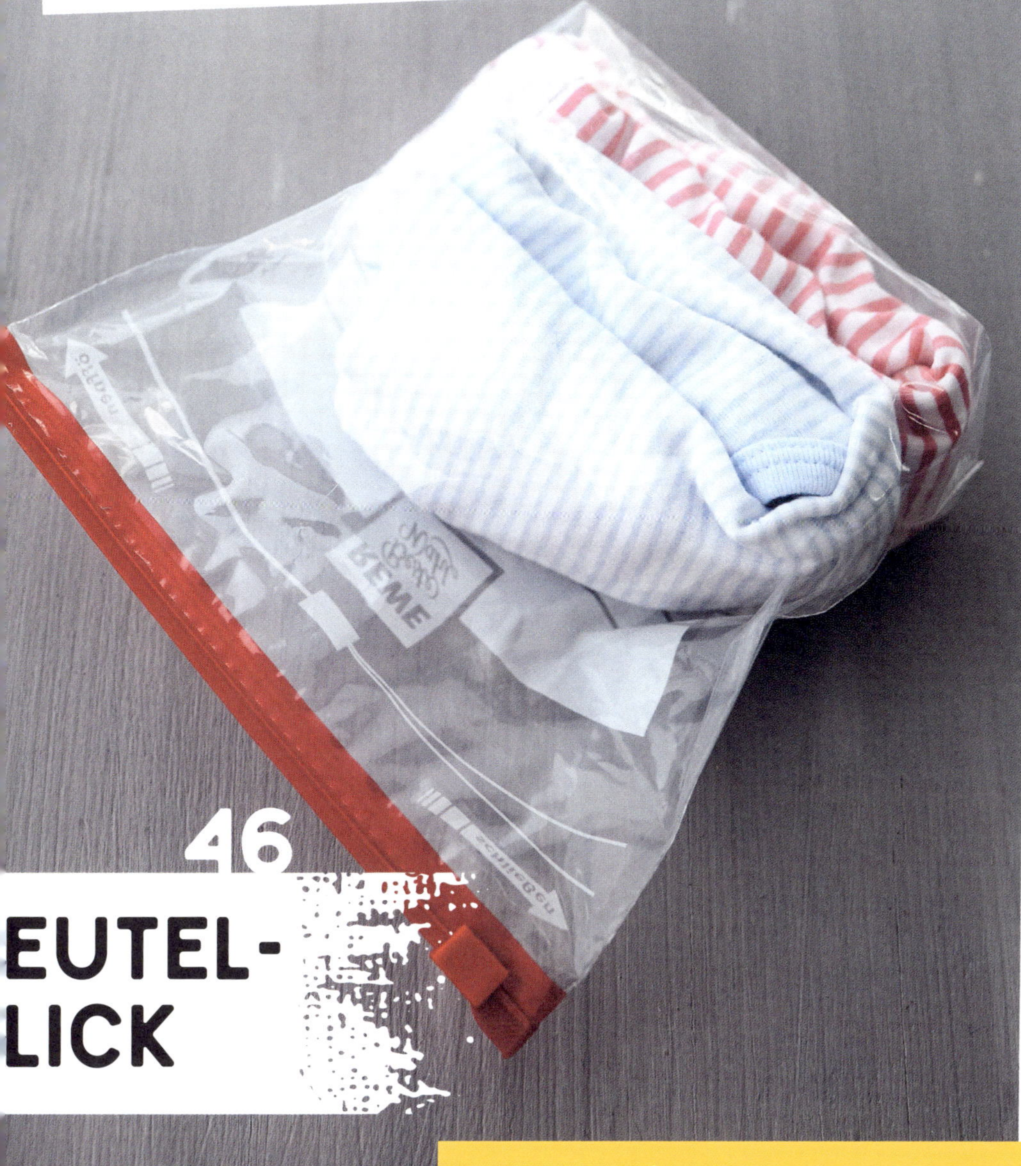

46 EUTEL-LICK

Statt eine Isomatte mitzuschleppen, kannst du abends auch einen großen 240-Liter-Müllsack mit Laub füllen und diesen mit einer Schnur verschließen. Die Luftschichten i Laub isolieren sehr gut gegen aufsteigende Kälte. Ein Bettbezug (mit Reißverschluss) funktioniert auch gut, allerdings muss das Laub richtig trocken sein. Am nächsten Morgen schüttelst du den Sack aus und packst ihn wieder ein.

Bedenke, dass es einige Zeit dauern kann, bis du den Sack bzw. den Bettbezug mit genügend Laub gefüllt hast. Rechne diese Zeit also ein, denn dein Lager sollte vor Sonnenunt gang fertig sein!

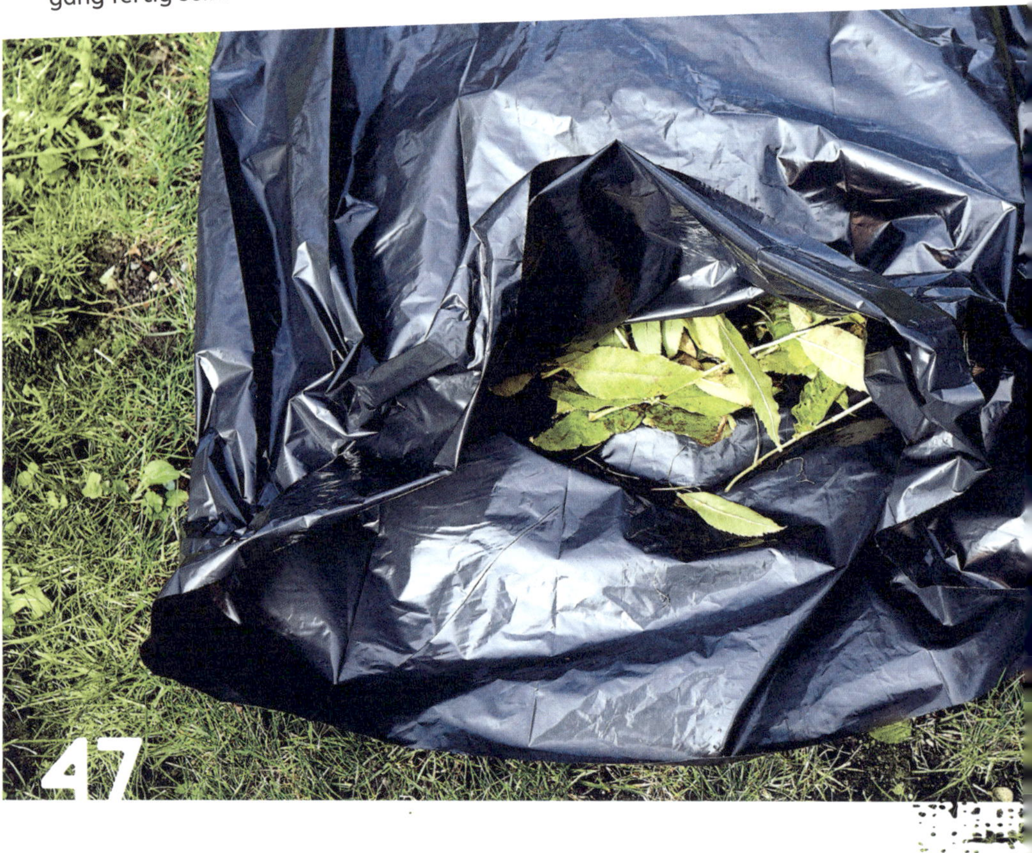

47 AUF LAUB GEBETTET

ECHT SMART

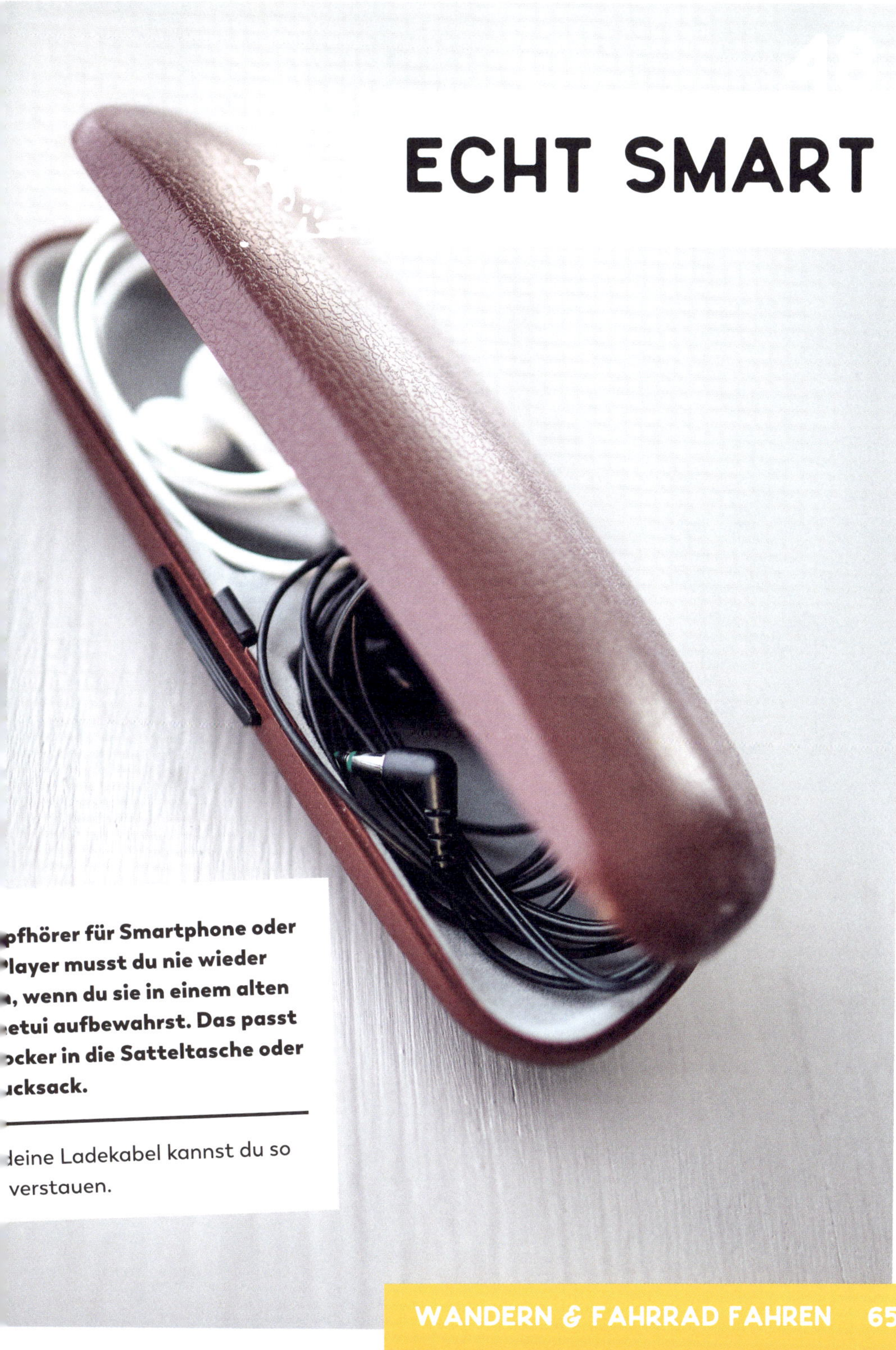

pfhörer für Smartphone oder
'layer musst du nie wieder
, wenn du sie in einem alten
etui aufbewahrst. Das passt
ocker in die Satteltasche oder
ucksack.

deine Ladekabel kannst du so
verstauen.

NOTIZEN

AHA!

Wenn du mit einem E-Bike unterwegs bist, informiere dich vorher, wo auf deiner Route Ladestationen angeboten werden. Übersichten gibt es im Internet oder mittlerweile sogar als App. Wenn du zum Beispiel mit kleinen Kindern eine Radtour machst, kannst du sie super im Chariot an dein E-Bike hängen – so haben alle etwas davon und du bist nicht völlig fertig.

Wohnwagen & Wohnmobil

Gib deiner Handkurbel für die Wohnwagenstützen einen festen Platz, indem du zum Beispiel im Kleiderschrank oder in der Heckgarage deines Fahrzeuges an passender Stelle zwei Besenhalter befestigst, an denen man sonst Gartenwerkzeuge aufhängt. Klemm die beiden Besenhalter zuerst an der Kurbel fest und zeichne dann ein, wo du sie befestigen musst.

Wähle eine Stelle aus, die du auch nach dem Packen noch gut erreichen kannst, denn die Handkurbel brauchst du am Zielort immer als Allererstes.

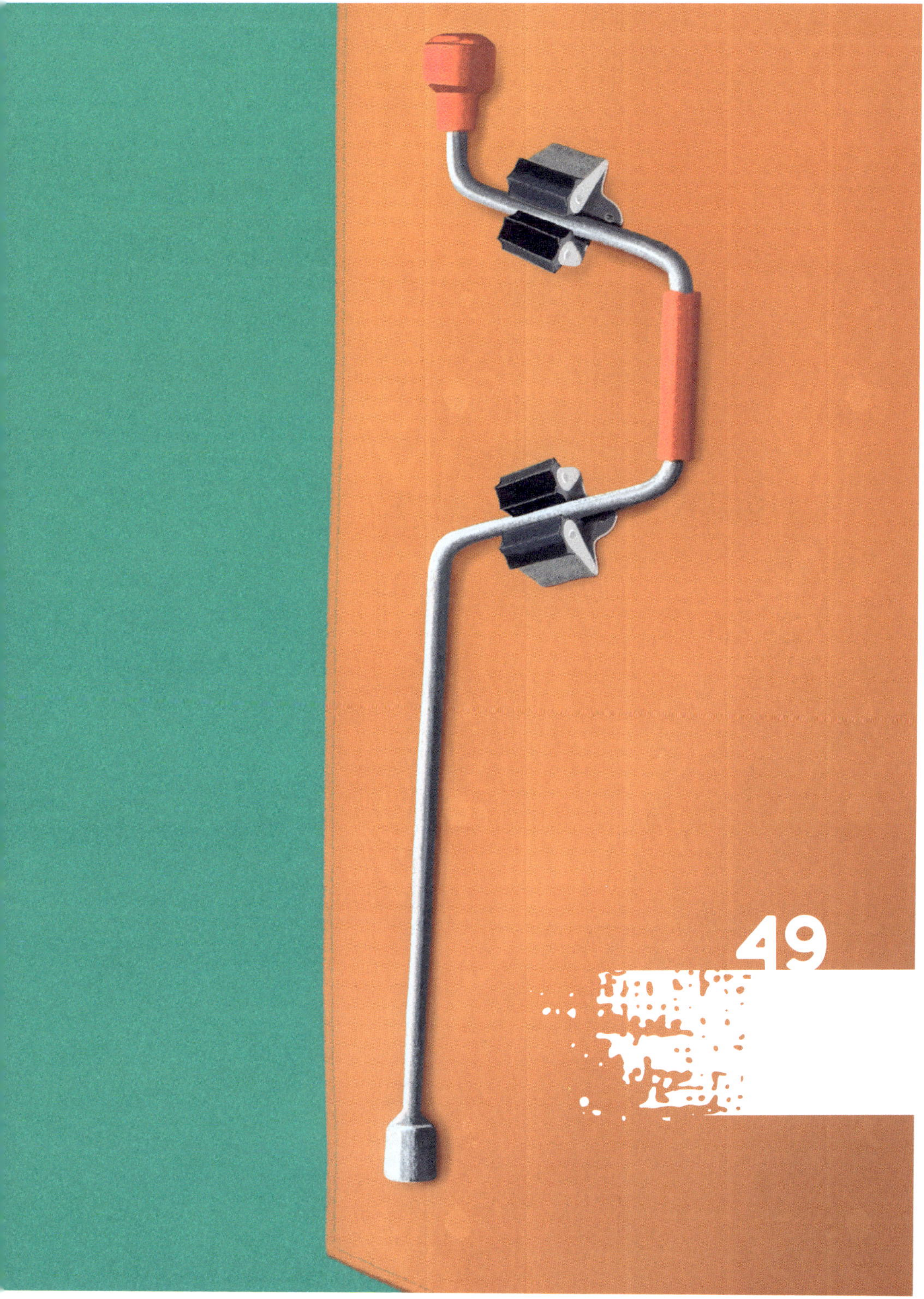
49

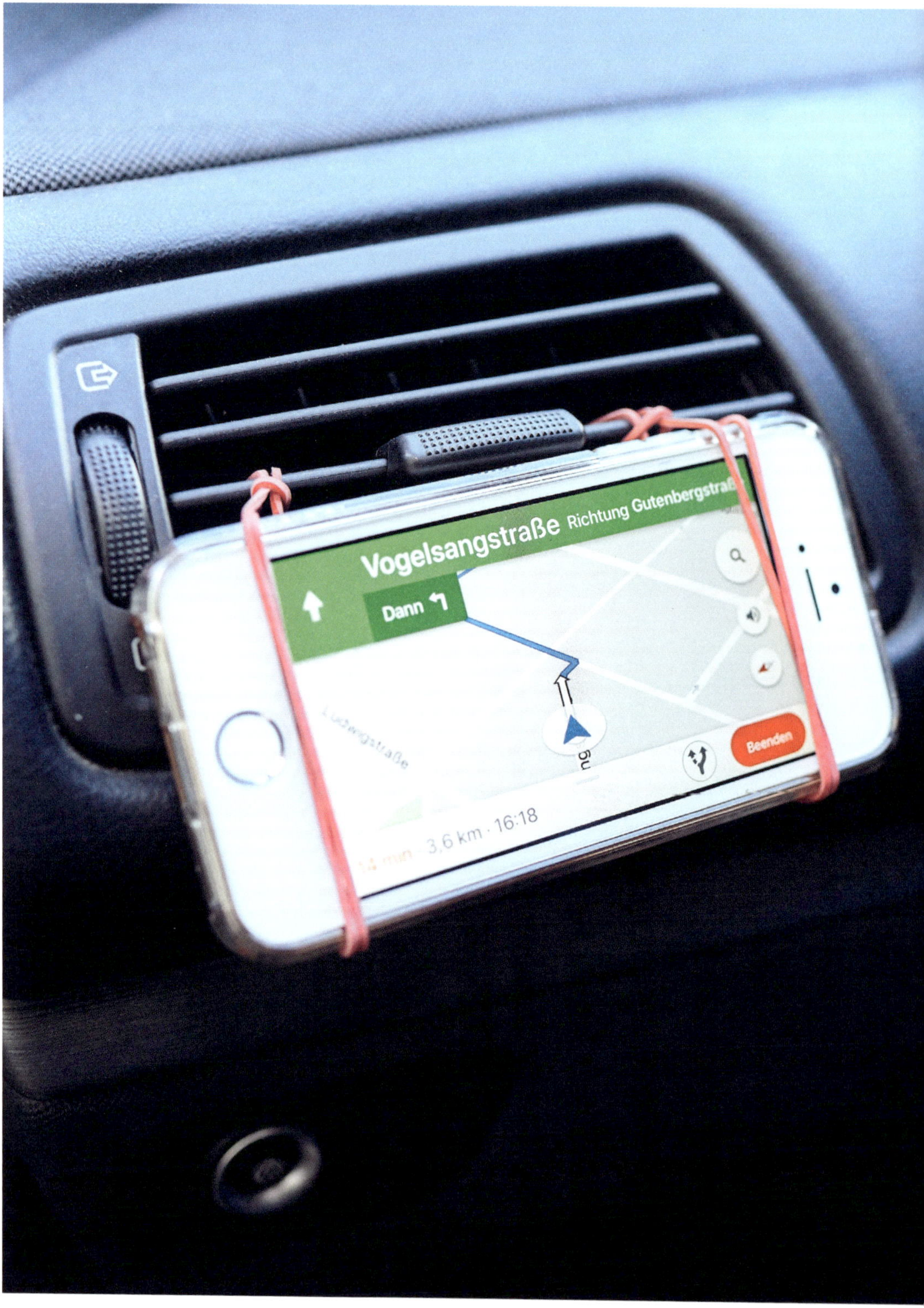
Vogelsangstraße Richtung Gutenbergstraß
Dann
Beenden
3,6 km · 16:18

Zugegeben, Lifehacks rund ums Heim auf vier Rädern sind eigentlich schon ein Luxusproblem. Aber wenn Armeen von Ameisen oder Mäusen sich deiner Schlafstätte bemächtigen wollen, hört der Spaß auf. Und auch Chaos im Hänger kann man nicht wirklich brauchen – dabei ist Ordnung halten viel leichter als du denkst, und das mit den einfachsten Mitteln.

50

RUTSCH-BREMSE

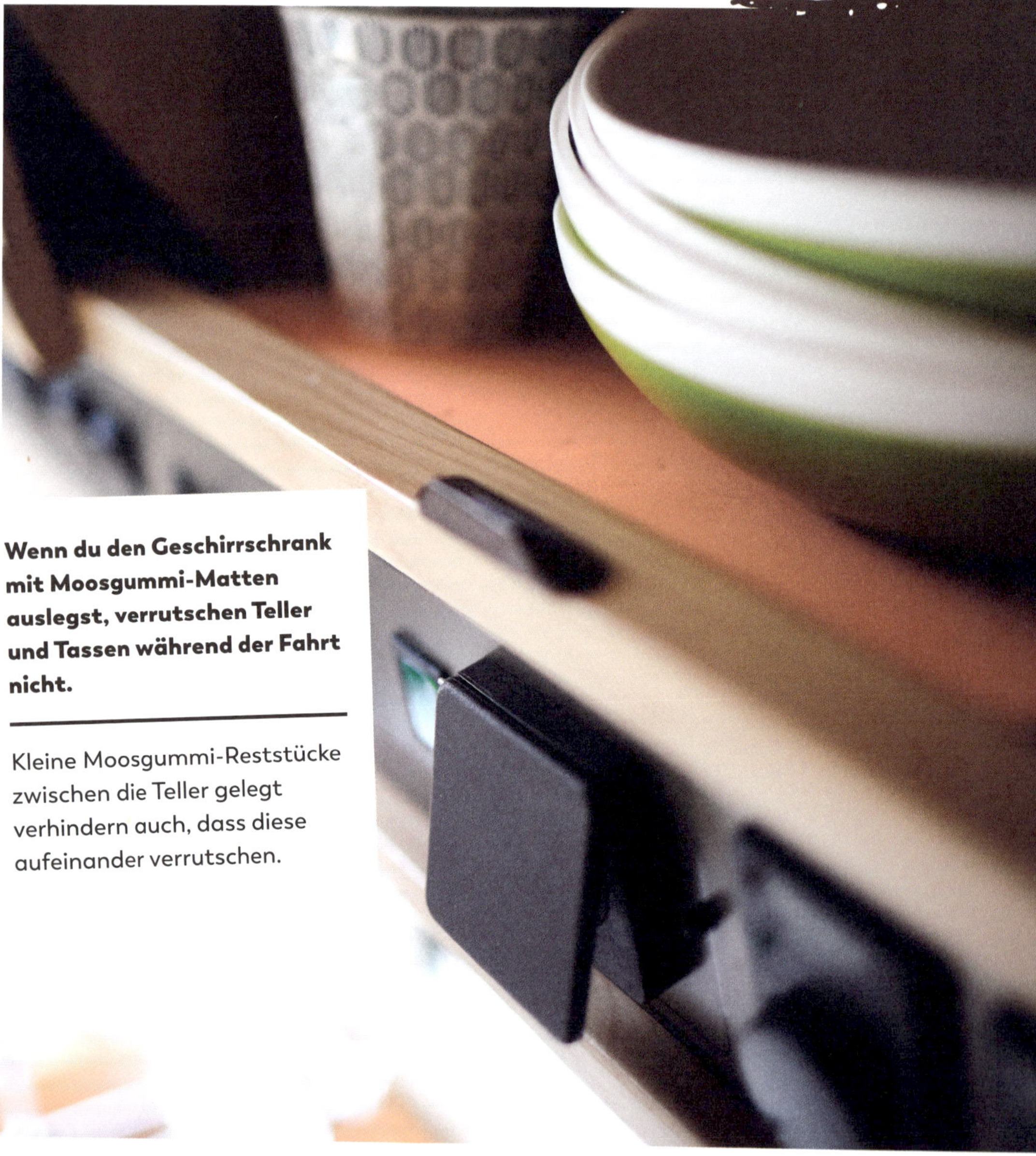

Wenn du den Geschirrschrank mit Moosgummi-Matten auslegst, verrutschen Teller und Tassen während der Fahrt nicht.

Kleine Moosgummi-Reststücke zwischen die Teller gelegt verhindern auch, dass diese aufeinander verrutschen.

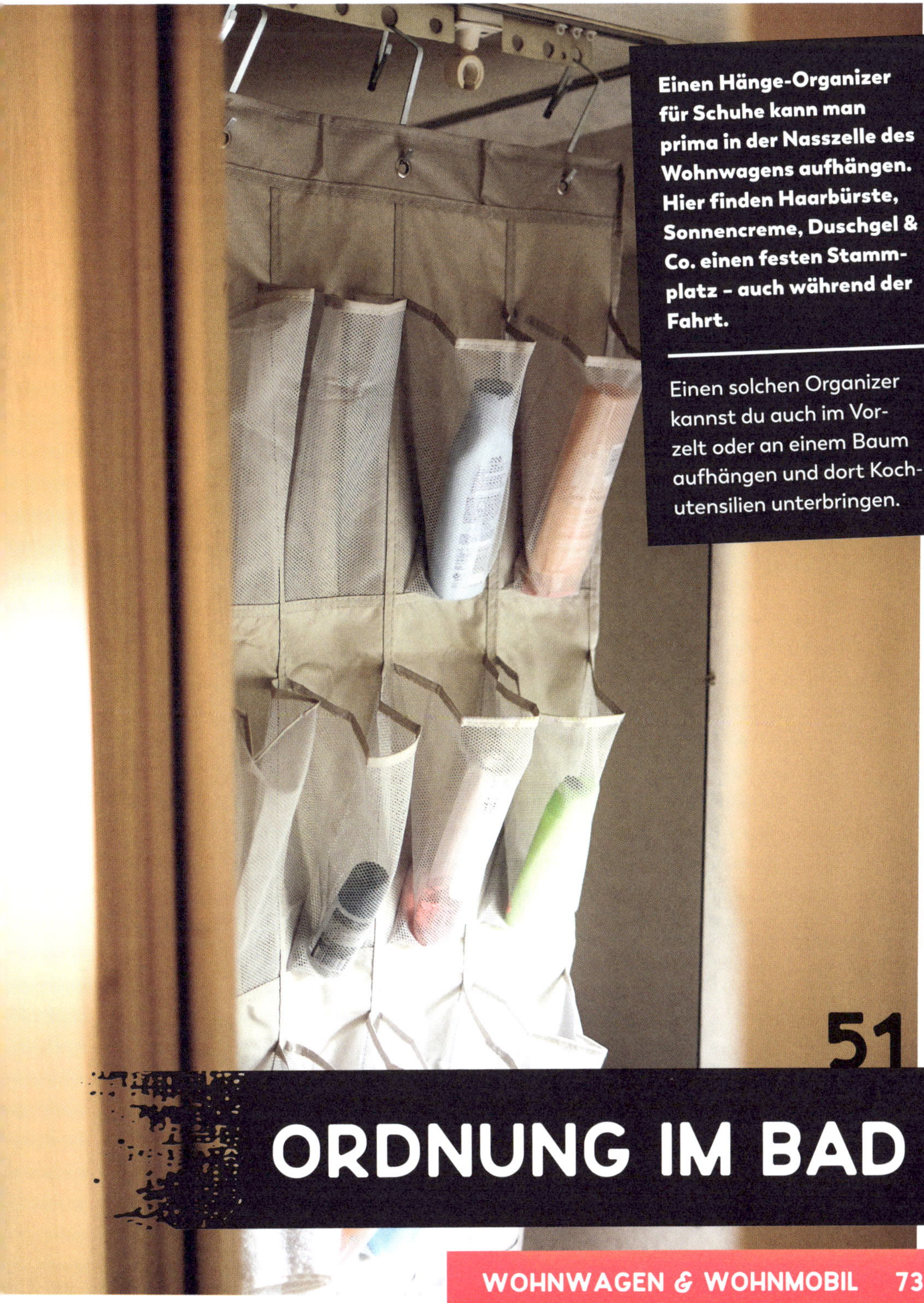

51 ORDNUNG IM BAD

Einen Hänge-Organizer für Schuhe kann man prima in der Nasszelle des Wohnwagens aufhängen. Hier finden Haarbürste, Sonnencreme, Duschgel & Co. einen festen Stammplatz – auch während der Fahrt.

Einen solchen Organizer kannst du auch im Vorzelt oder an einem Baum aufhängen und dort Kochutensilien unterbringen.

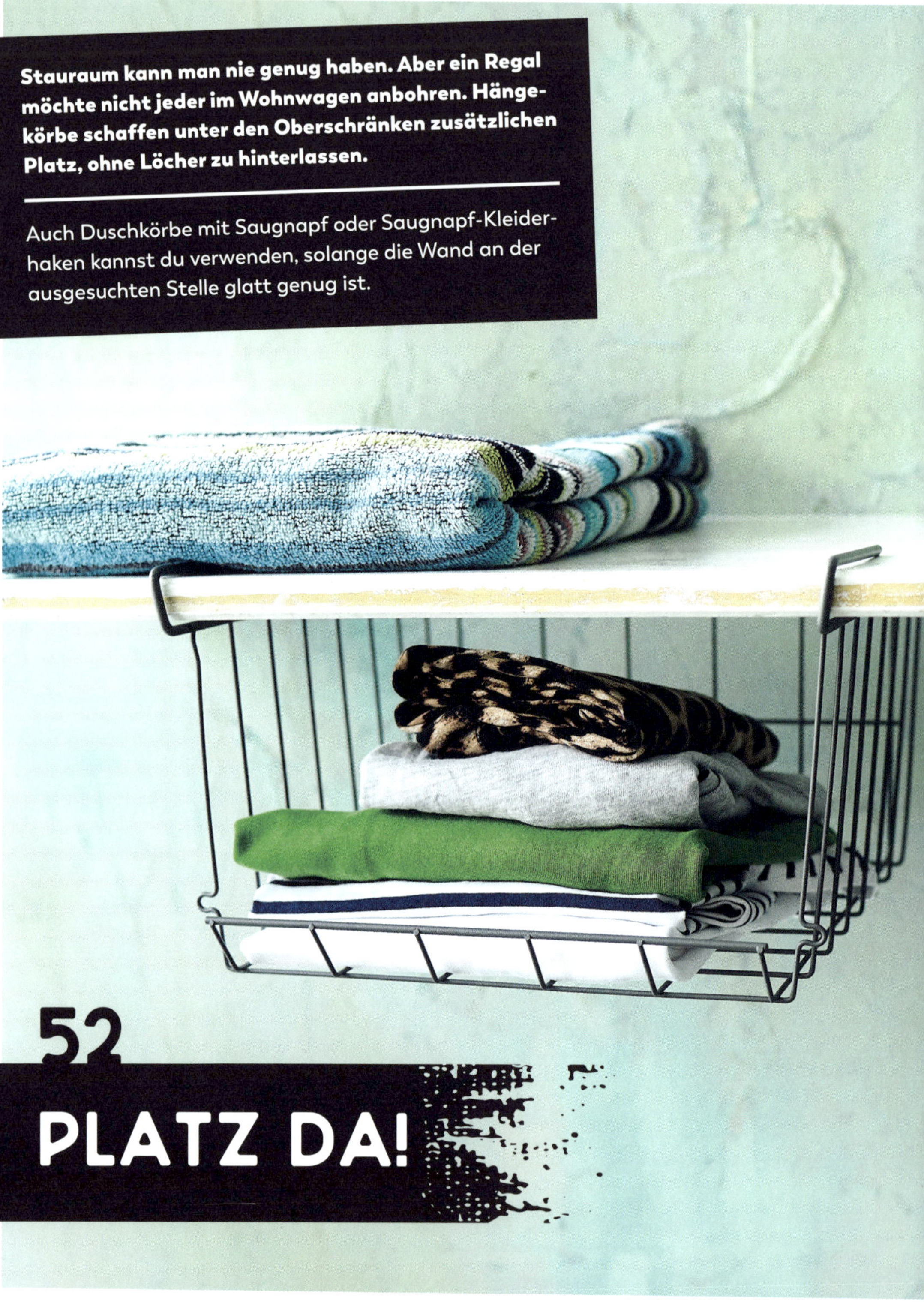

52 PLATZ DA!

Stauraum kann man nie genug haben. Aber ein Regal möchte nicht jeder im Wohnwagen anbohren. Hängekörbe schaffen unter den Oberschränken zusätzlichen Platz, ohne Löcher zu hinterlassen.

Auch Duschkörbe mit Saugnapf oder Saugnapf-Kleiderhaken kannst du verwenden, solange die Wand an der ausgesuchten Stelle glatt genug ist.

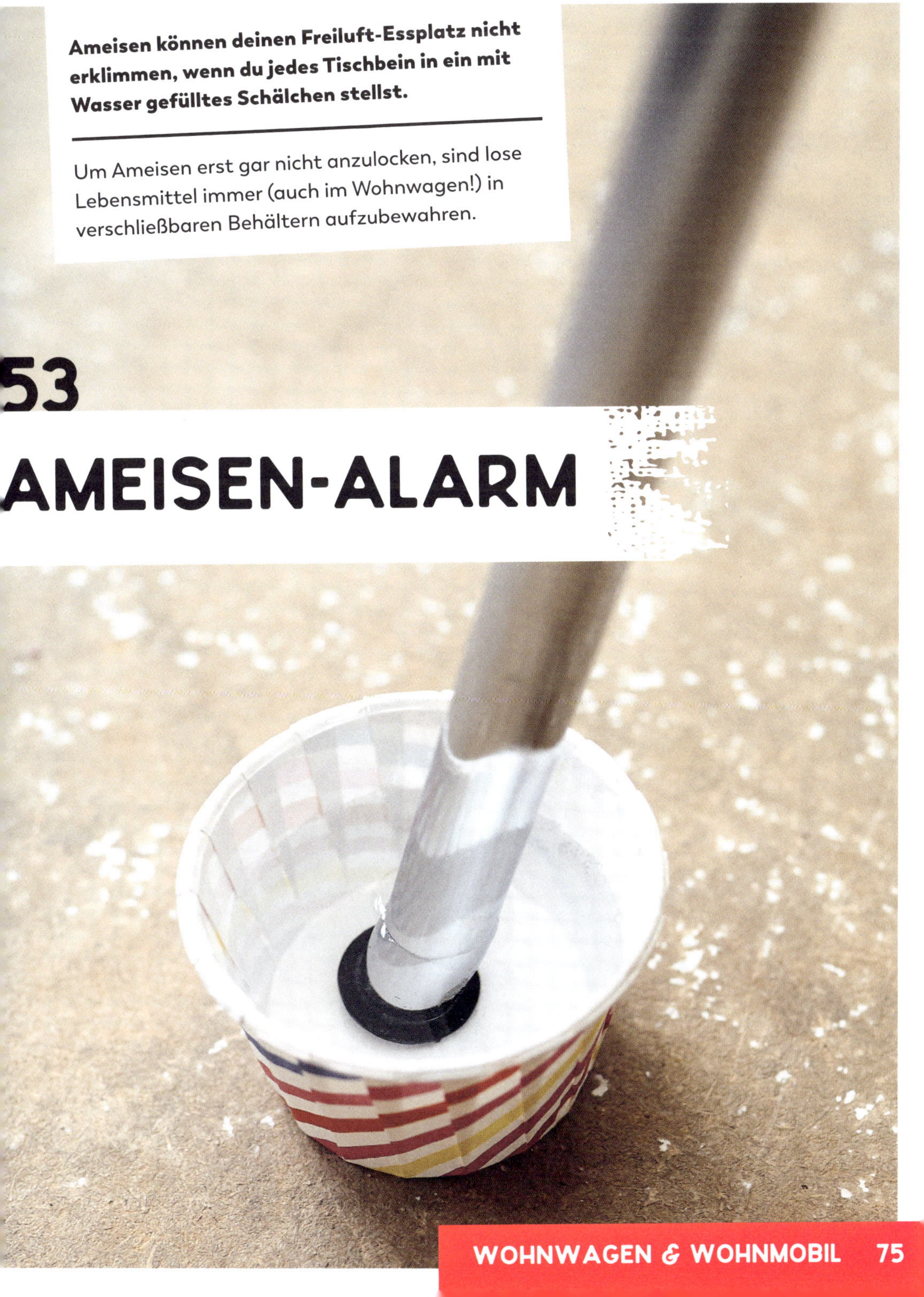

Ameisen können deinen Freiluft-Essplatz nicht erklimmen, wenn du jedes Tischbein in ein mit Wasser gefülltes Schälchen stellst.

Um Ameisen erst gar nicht anzulocken, sind lose Lebensmittel immer (auch im Wohnwagen!) in verschließbaren Behältern aufzubewahren.

53 AMEISEN-ALARM

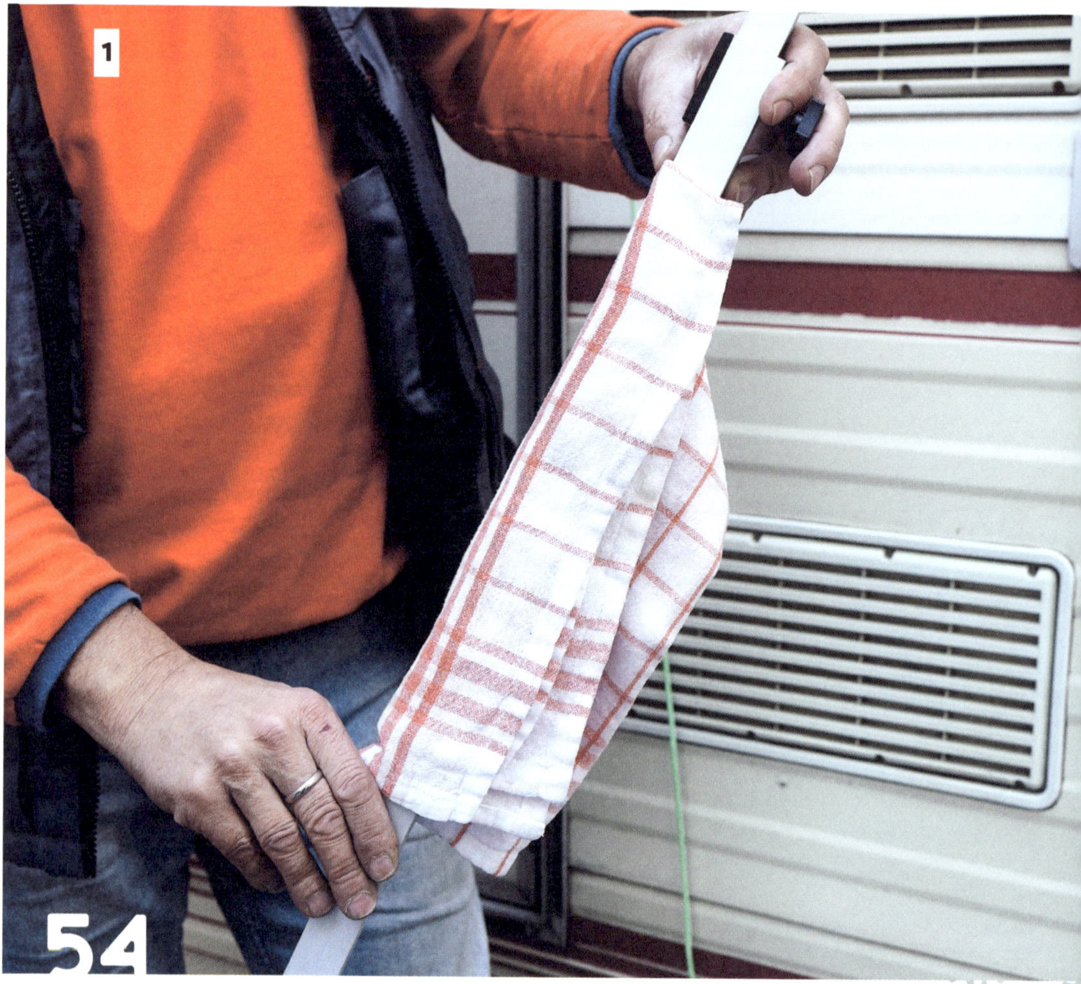

54

WINDFESTE MARKISE

Das Tuch einer Markise kann bei starkem Wind um einige Zentimeter nach oben oder unten schlagen. Um diese Bewegung zu unterbinden und die Schlaggeräusche zu minimieren …

Natürlich sollte die Markise richtig abgespannt sein. Bei Sturm haben sich Spanngurte bewährt. Im Zweifelsfall ziehe die Markise aber lieber ein, bevor sie dir um die Ohren fliegt.

1 **… wickle Küchentücher um die Mittelstange.**

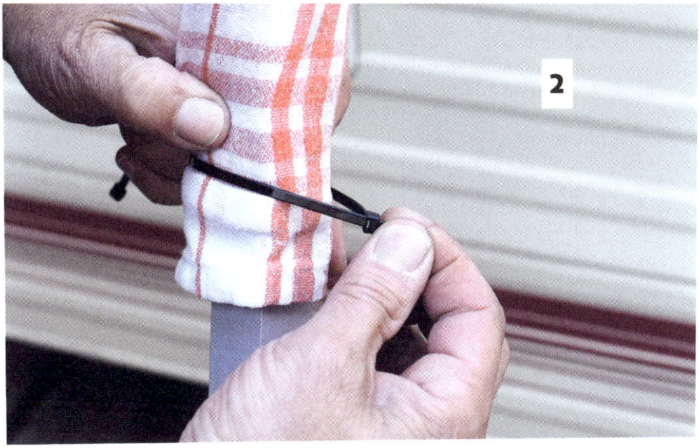

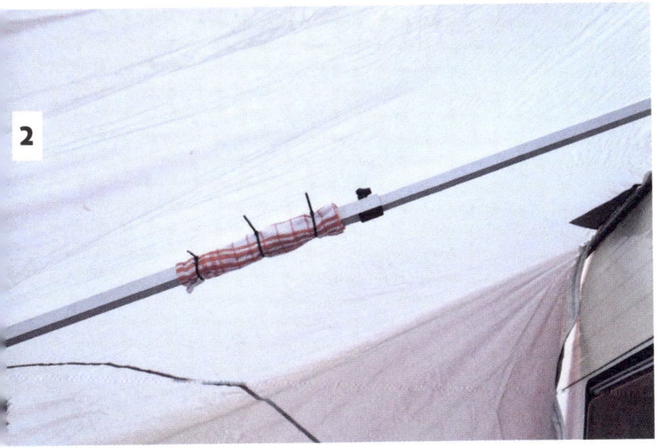

2 **… fixiere die Tücher mit (wiederverwendbaren) Kabelbindern.**

3 **Damit das Markisentuch sich seitlich möglichst wenig bewegt, kannst du es mit Schraubklemmen an den Seitenarmen befestigen.**

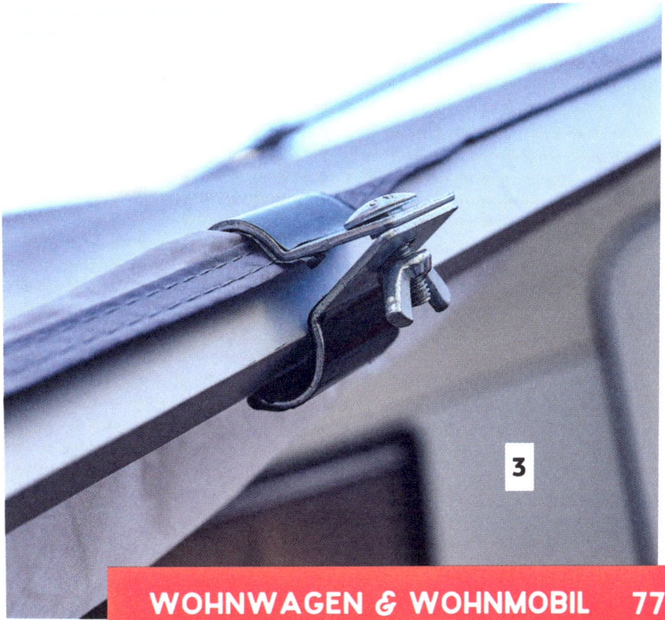

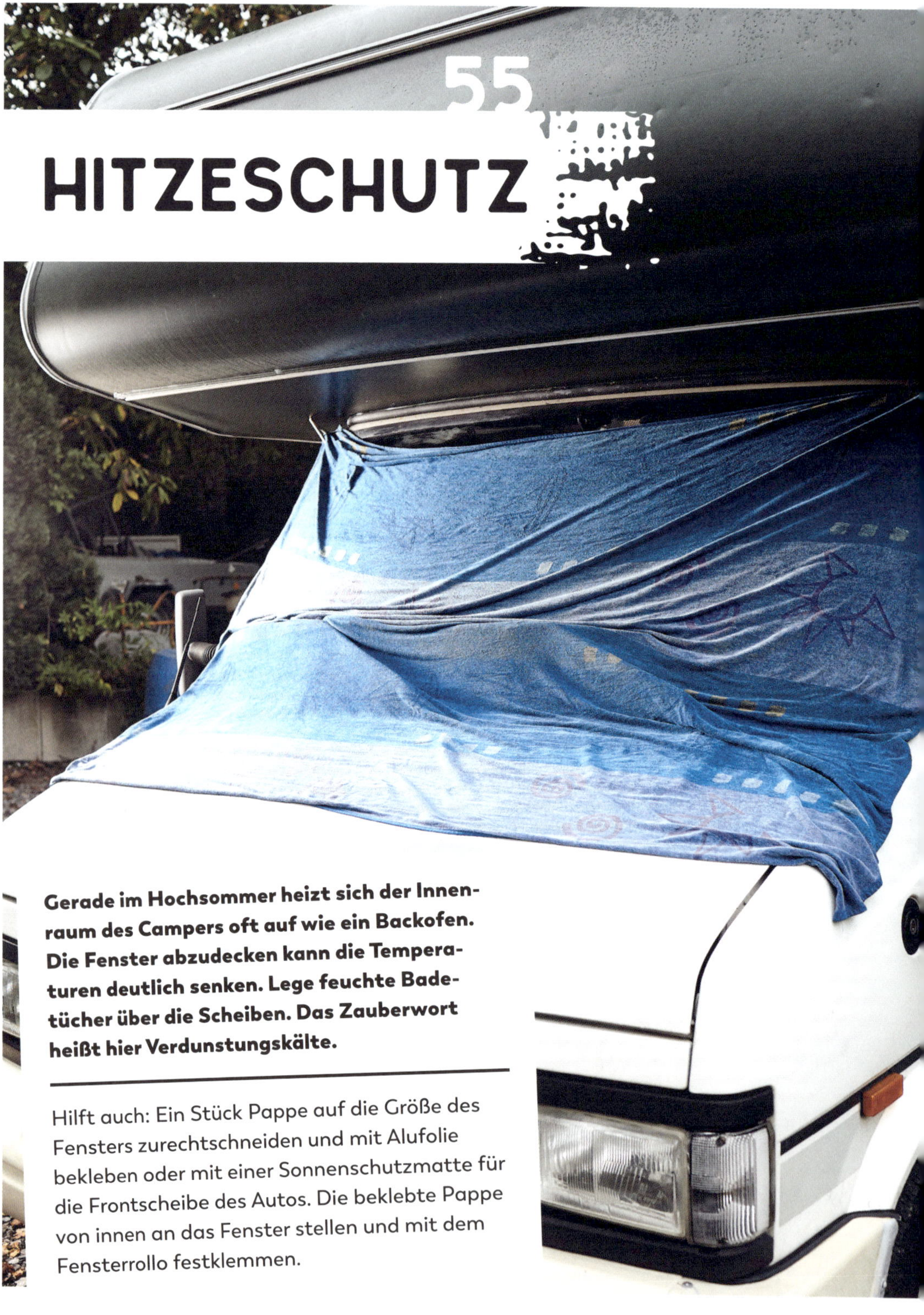

55

HITZESCHUTZ

Gerade im Hochsommer heizt sich der Innenraum des Campers oft auf wie ein Backofen. Die Fenster abzudecken kann die Temperaturen deutlich senken. Lege feuchte Badetücher über die Scheiben. Das Zauberwort heißt hier Verdunstungskälte.

Hilft auch: Ein Stück Pappe auf die Größe des Fensters zurechtschneiden und mit Alufolie bekleben oder mit einer Sonnenschutzmatte für die Frontscheibe des Autos. Die beklebte Pappe von innen an das Fenster stellen und mit dem Fensterrollo festklemmen.

Fliegengitter an den Wohnwagenfenstern bringst du mit Magnetband an und kannst sie so jederzeit wieder abnehmen. Das Fliegengitter auf die gewünschte Größe plus eine Nahtzugabe zurechtschneiden. Ringsum eine Hälfte des Magnetbandes aufkleben und einmal mit der Nähmaschine umnähen. Nun den Rest des Magnetbandes auf den eingenähten Magnetstreifen legen, sodass sich die Magnete gegenseitig anziehen, und den Schutzstreifen vom selbstklebenden Band abziehen. Das Ganze vorsichtig im Wohnwagen anbringen.

Auch wenn du das Fliegengitter mit Klettband befestigen möchtest, solltest du es einmal umnähen, da es sonst leicht ausfransen kann.

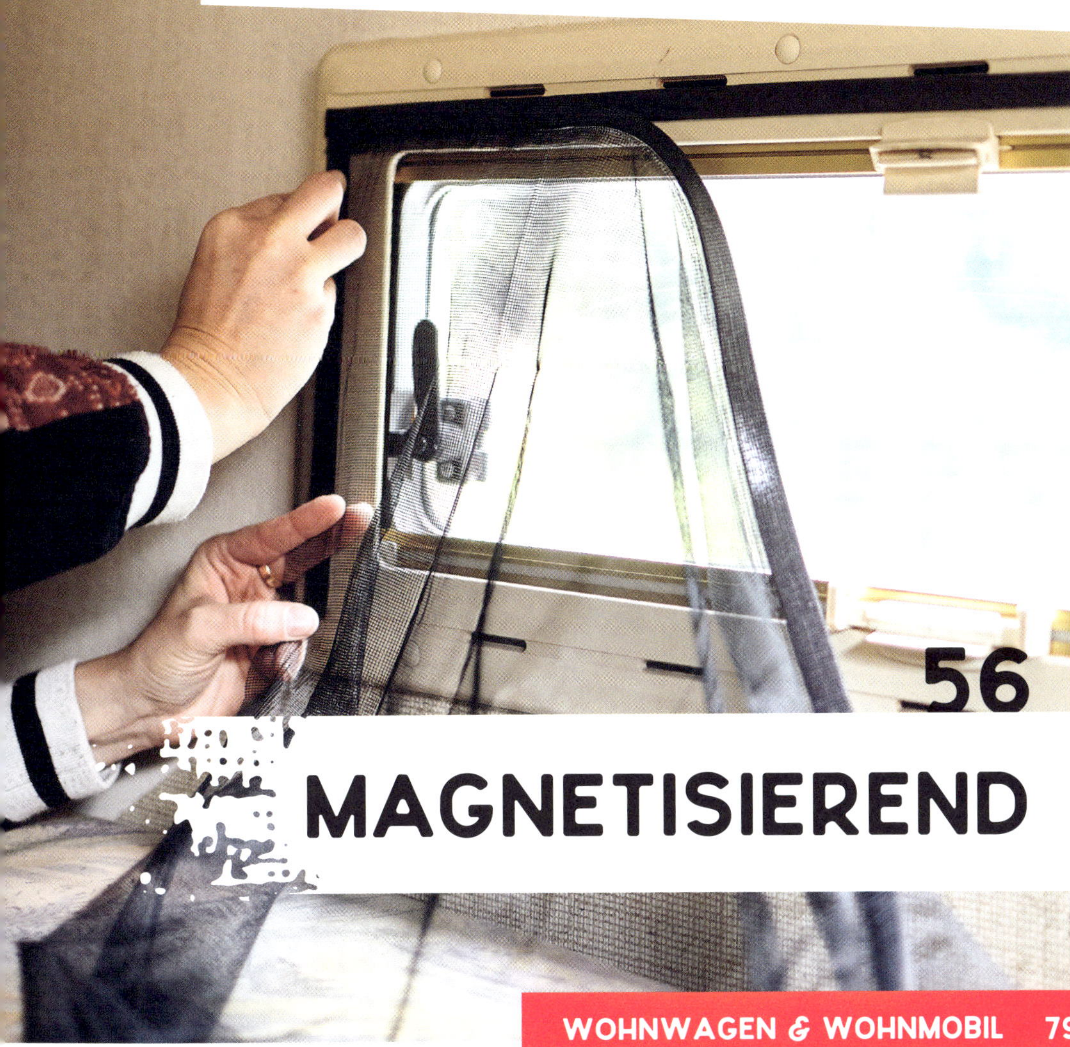

56 MAGNETISIERENDE

57 MÄUSE-BEFALL VORBEUGEN

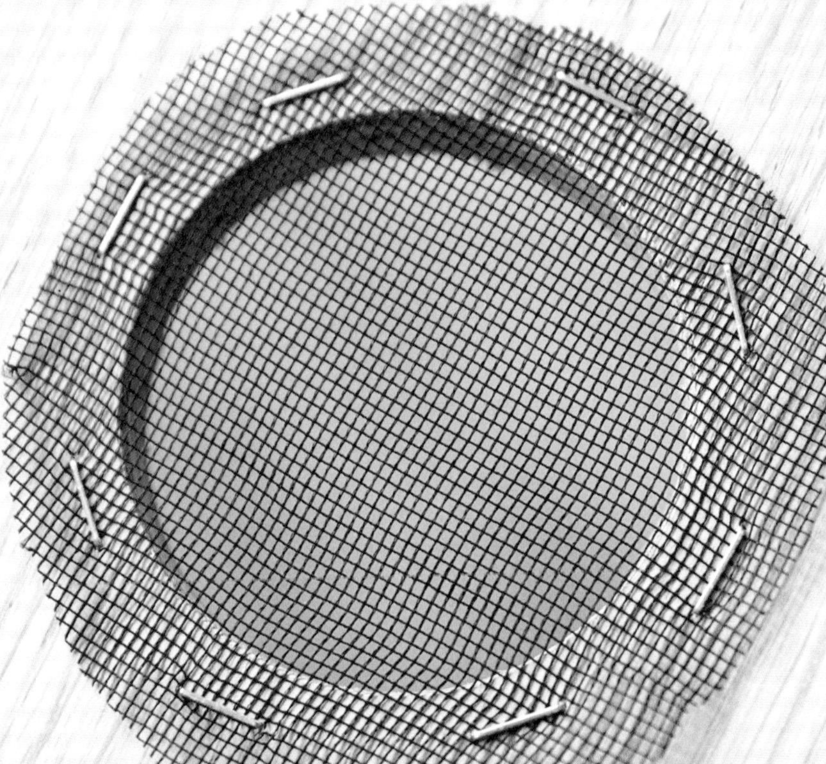

Wenn du die Lüftungslöcher im Boden des Wohnwagens mit Lichtschacht-Draht abdeckst, haben Mäuse auf der Suche nach einem Quartier so gut wie keine Chance.

Du solltest trotzdem regelmäßig überprüfen, ob die Abdeckungen noch fest sitzen und unbeschädigt sind.

58

SICHER VERZURRT

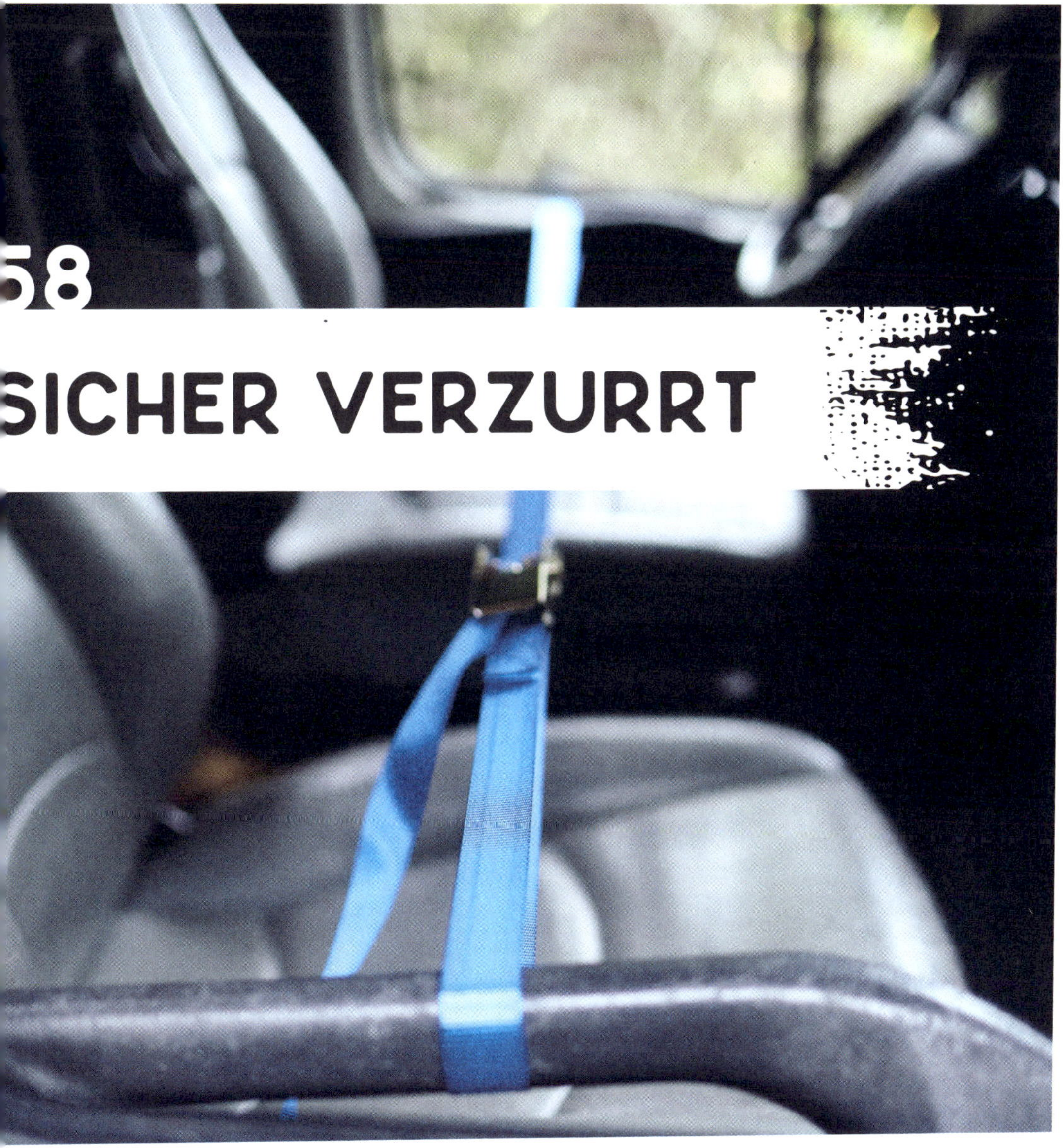

Ein guter Schutz gegen das Aufhebeln der Türen der Fahrzeugkabine ist es, rechts und links um die Innengriffe der Türen einen Endlos-Spanngurt mit Ratsche festzuzurren.

Grundsätzlich kannst du das auch beim Auto machen, musst dann aber das Fahrzeug durch den Kofferraum verlassen oder betreten.

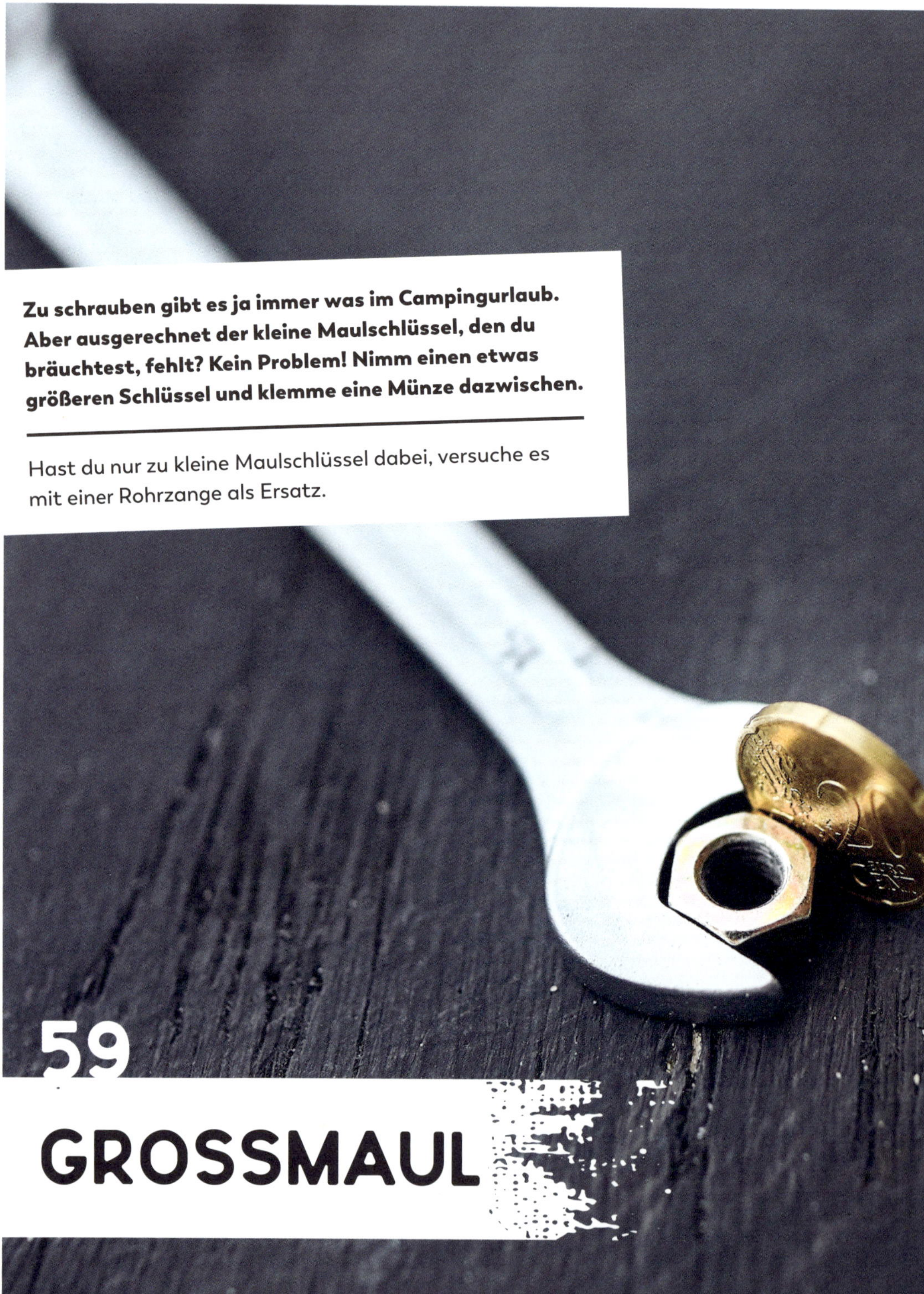

Zu schrauben gibt es ja immer was im Campingurlaub. Aber ausgerechnet der kleine Maulschlüssel, den du bräuchtest, fehlt? Kein Problem! Nimm einen etwas größeren Schlüssel und klemme eine Münze dazwischen.

Hast du nur zu kleine Maulschlüssel dabei, versuche es mit einer Rohrzange als Ersatz.

59 GROSSMAUL

Klappboxen sind ungemein praktisch, um deine Schuhe darin aufzubewahren. So fliegen sie nicht durch den ganzen Wohnwagen und können bei Bedarf auch einfach vor die Tür oder unter das Fahrzeug gestellt werden.

Auch Kinderspielzeug findet in Klappboxen einen dankbaren Aufenthaltsort im Wohnwagen. Abends unter das Bett geschoben, ist alles schnell aufgeräumt.

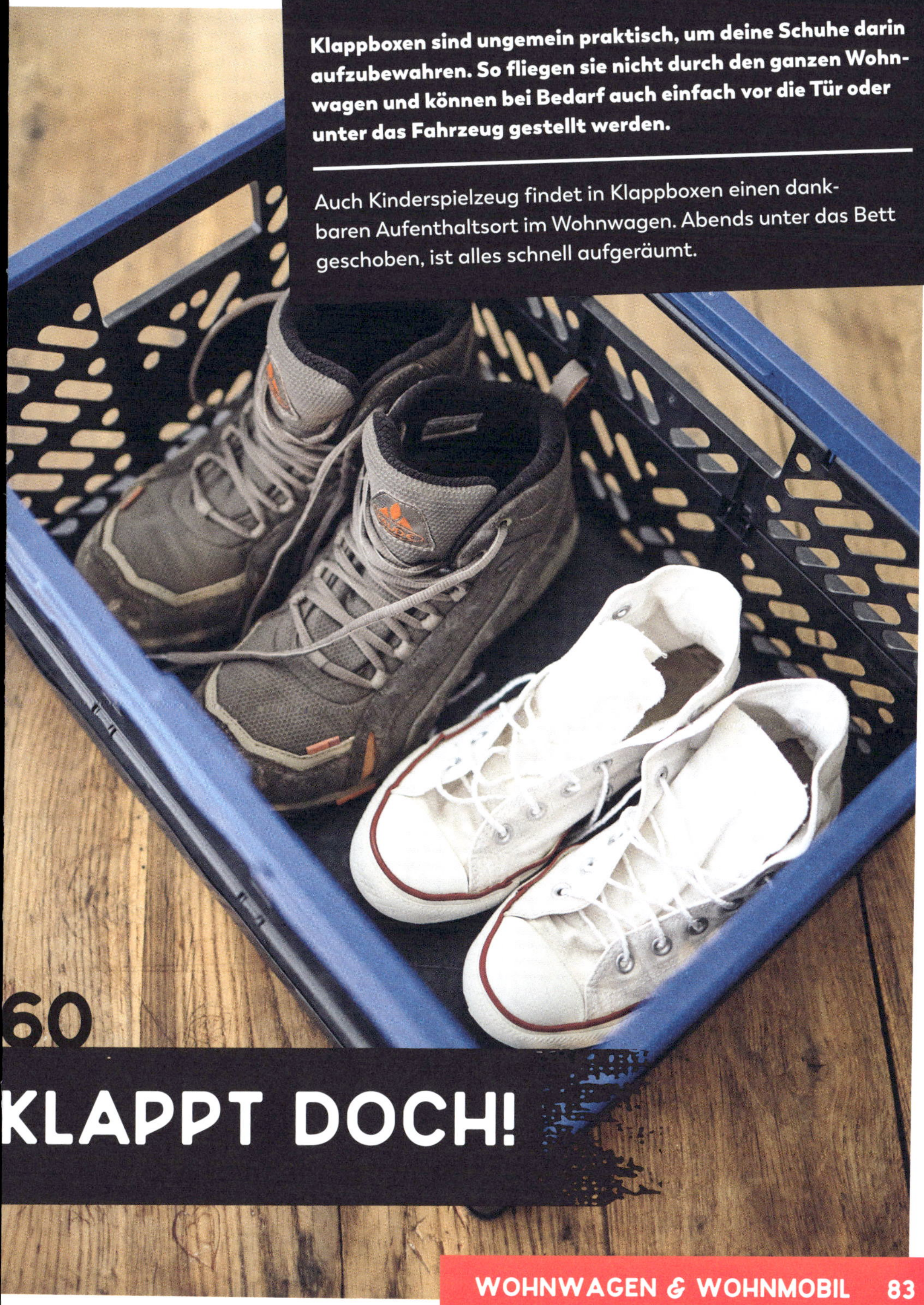

60 KLAPPT DOCH!

61

SO SCHÖN RUHIG ...

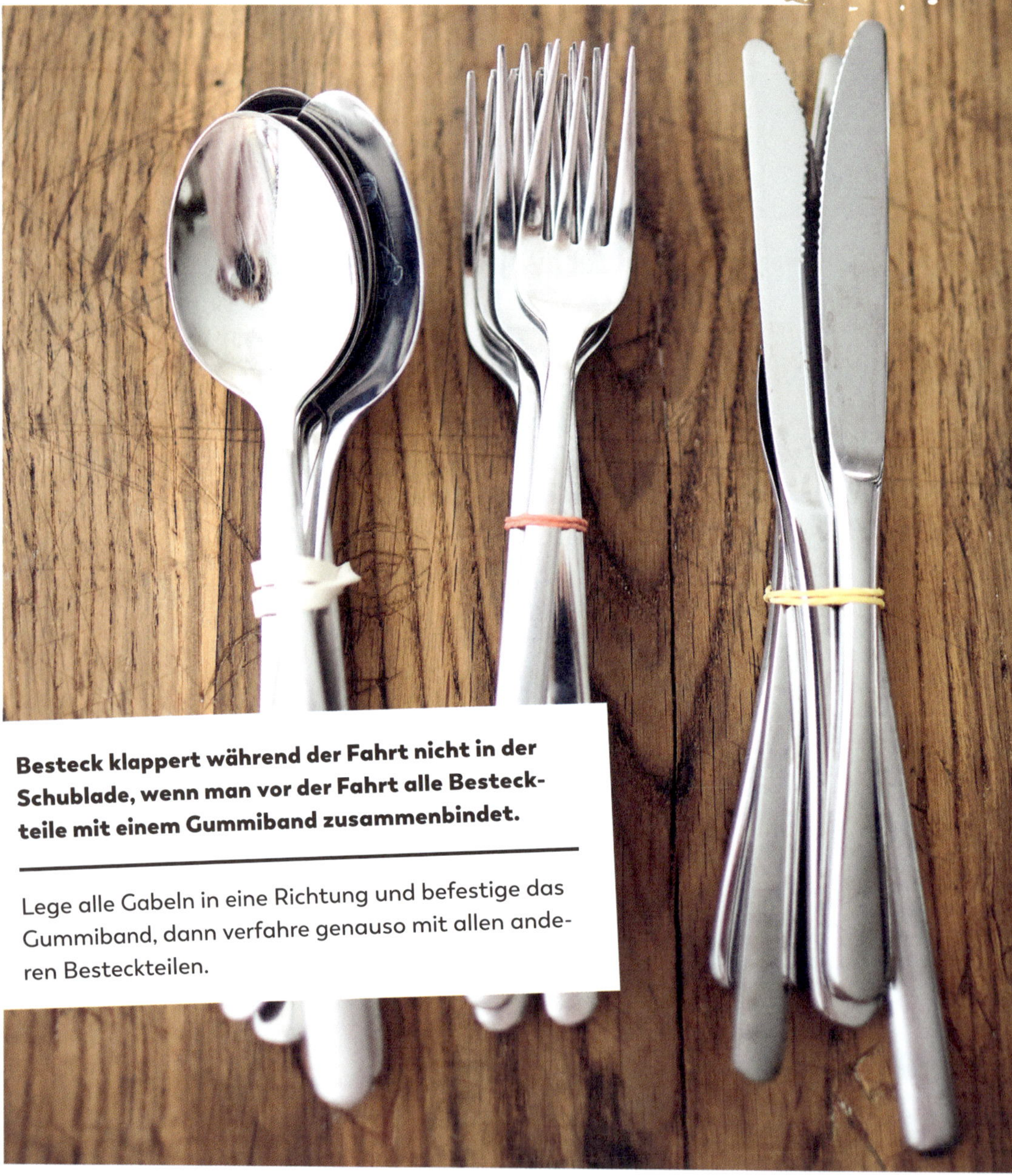

Besteck klappert während der Fahrt nicht in der Schublade, wenn man vor der Fahrt alle Besteckteile mit einem Gummiband zusammenbindet.

Lege alle Gabeln in eine Richtung und befestige das Gummiband, dann verfahre genauso mit allen anderen Besteckteilen.

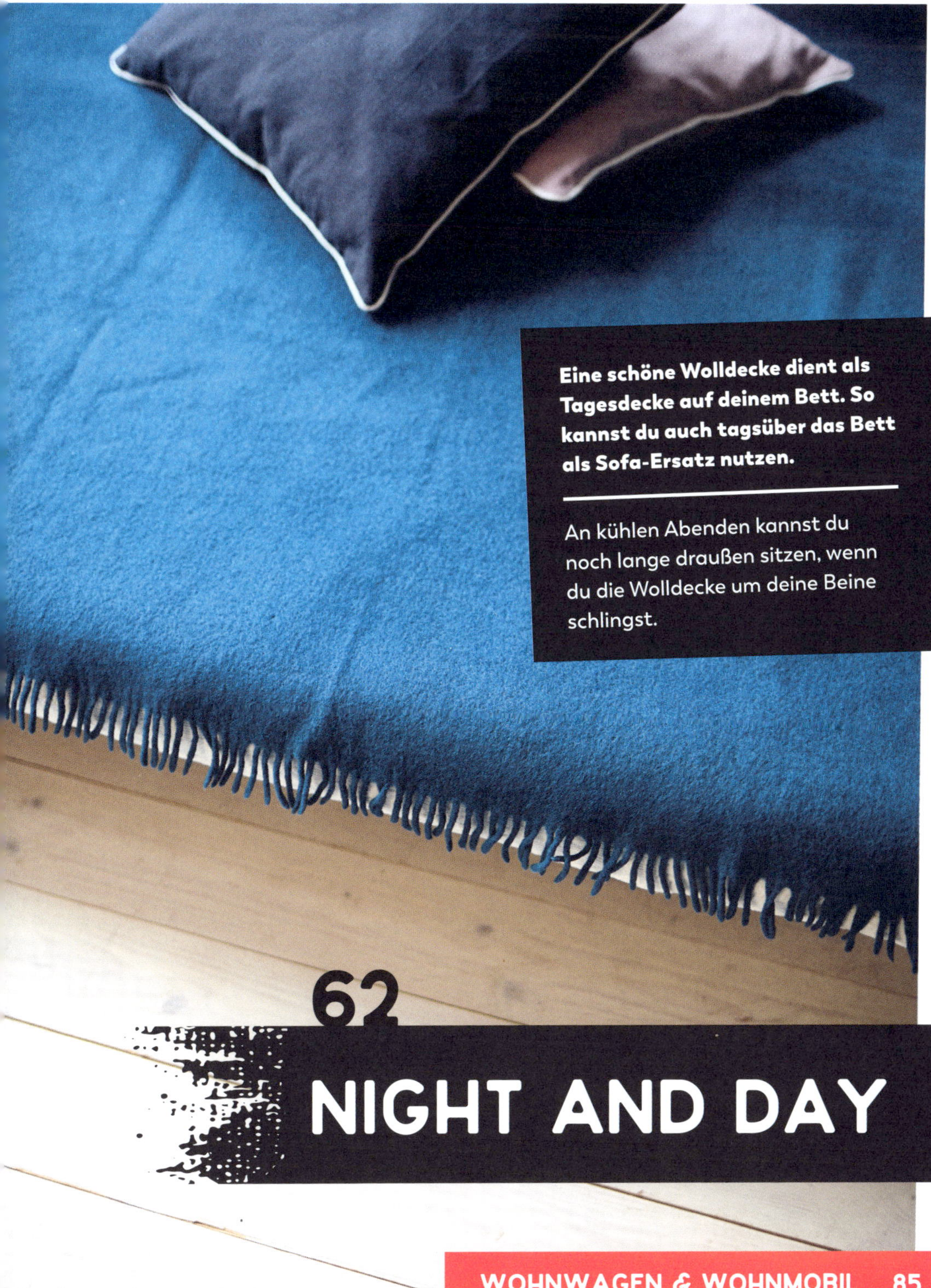

62

NIGHT AND DAY

Eine schöne Wolldecke dient als Tagesdecke auf deinem Bett. So kannst du auch tagsüber das Bett als Sofa-Ersatz nutzen.

An kühlen Abenden kannst du noch lange draußen sitzen, wenn du die Wolldecke um deine Beine schlingst.

63

FIXE IDEE

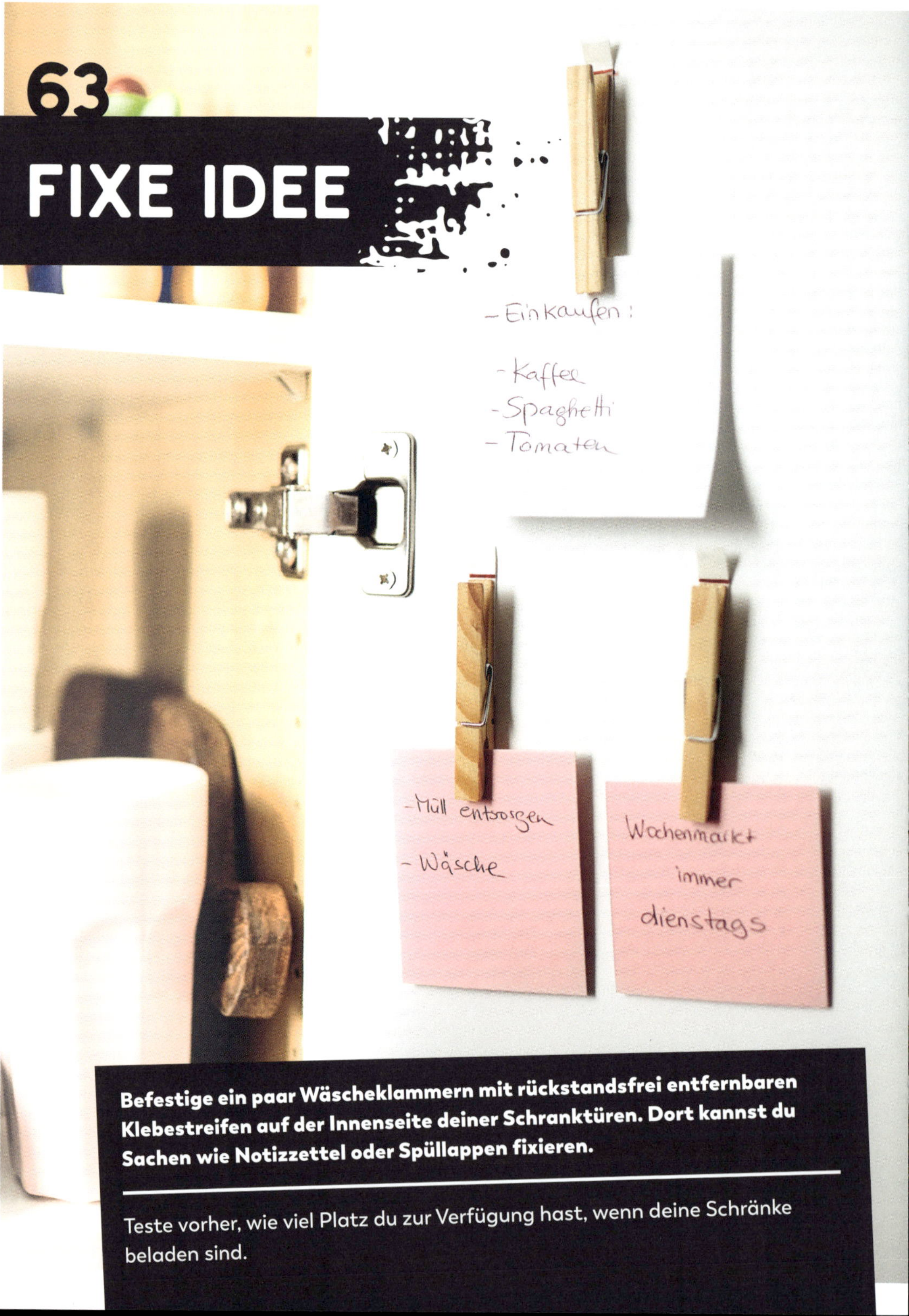

Befestige ein paar Wäscheklammern mit rückstandsfrei entfernbaren Klebestreifen auf der Innenseite deiner Schranktüren. Dort kannst du Sachen wie Notizzettel oder Spüllappen fixieren.

Teste vorher, wie viel Platz du zur Verfügung hast, wenn deine Schränke beladen sind.

64

WEGWEISEND

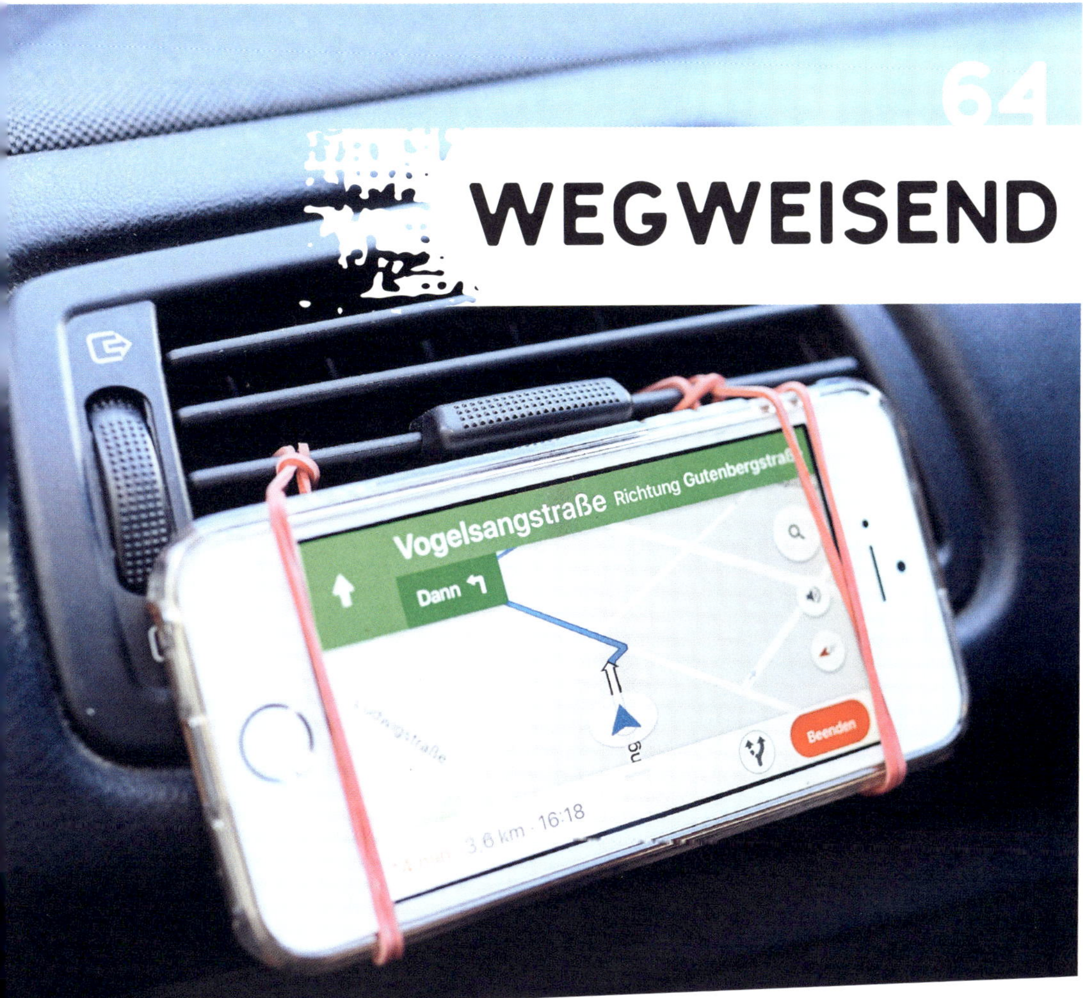

Du möchtest dein Smartphone als Navigationsgerät einsetzen, hast aber keine Halterung für das Auto? Nimm einfach zwei Gummibänder, die nicht zu klein und nicht ausgeleiert sein dürfen. Fädele ein Gummi von oben durch die Lüftungsgitter. Halte es dabei gut fest, damit es nicht im Lüftungsschlitz verschwindet. Das untere Ende des Gummibandes ziehst du mit einem Kugelschreiber wieder nach vorne. Das zweite Gummi fädelst du auf dieselbe Weise neben dem ersten durch und spannst dein Smartphone ein.

Der Lüftungsschlitz, an dem du dein Smartphone angebracht hast, sollte während der Fahrt ausgeschaltet bleiben.

Ein paar Wäscheklammern an einem Kleiderbügel festgeklemmt, sind das neue Zuhause für kleinteilige Wäsche wie Schal, Mütze oder Handschuhe.

Die Querstange des Kleiderbügels darf nicht zu dick sein, sonst passen die Klammern nicht darauf. Am besten eignen sich Kleiderbügel aus Draht oder Stahl.

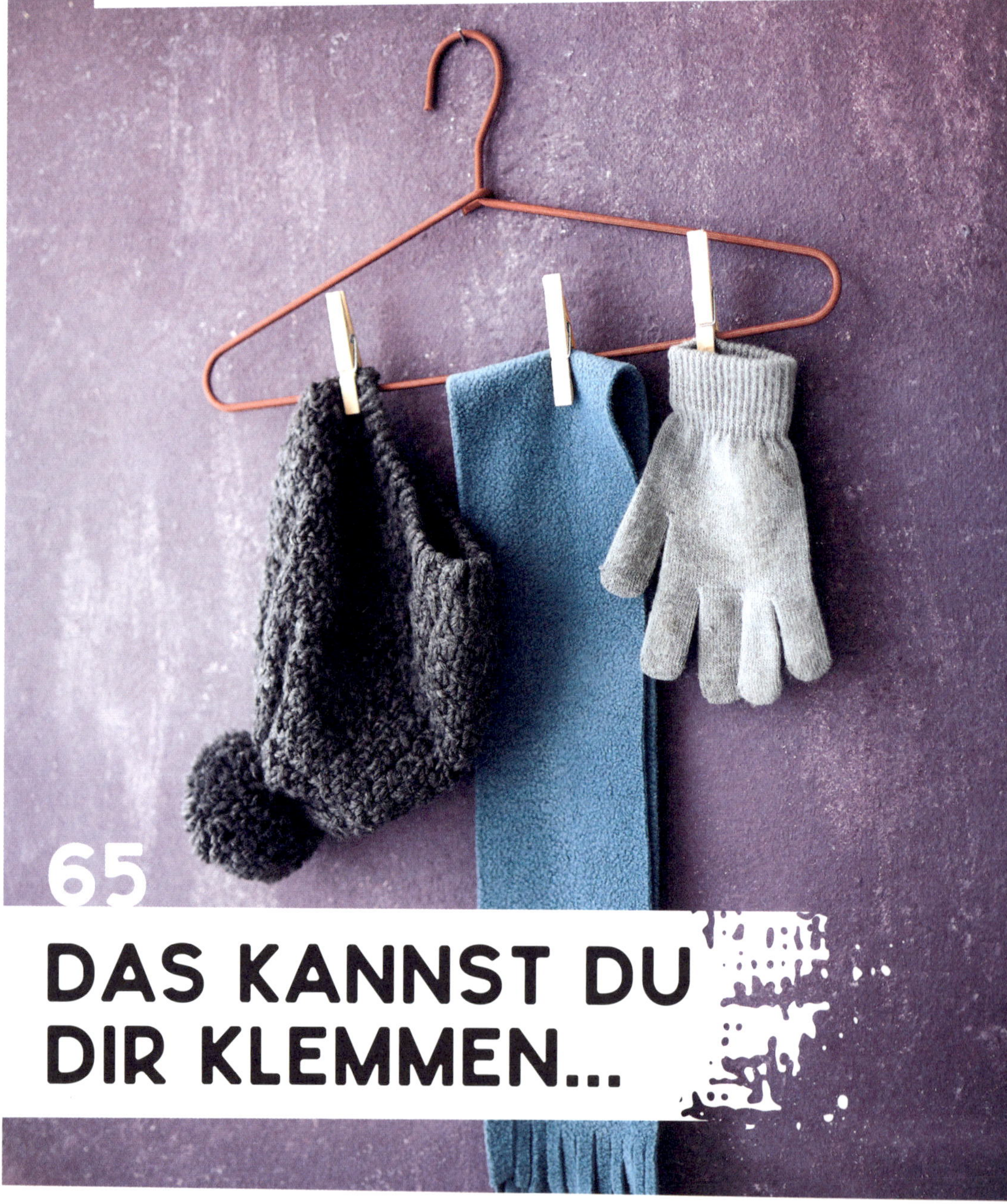

65

DAS KANNST DU DIR KLEMMEN…

66

COFFEE TO GO

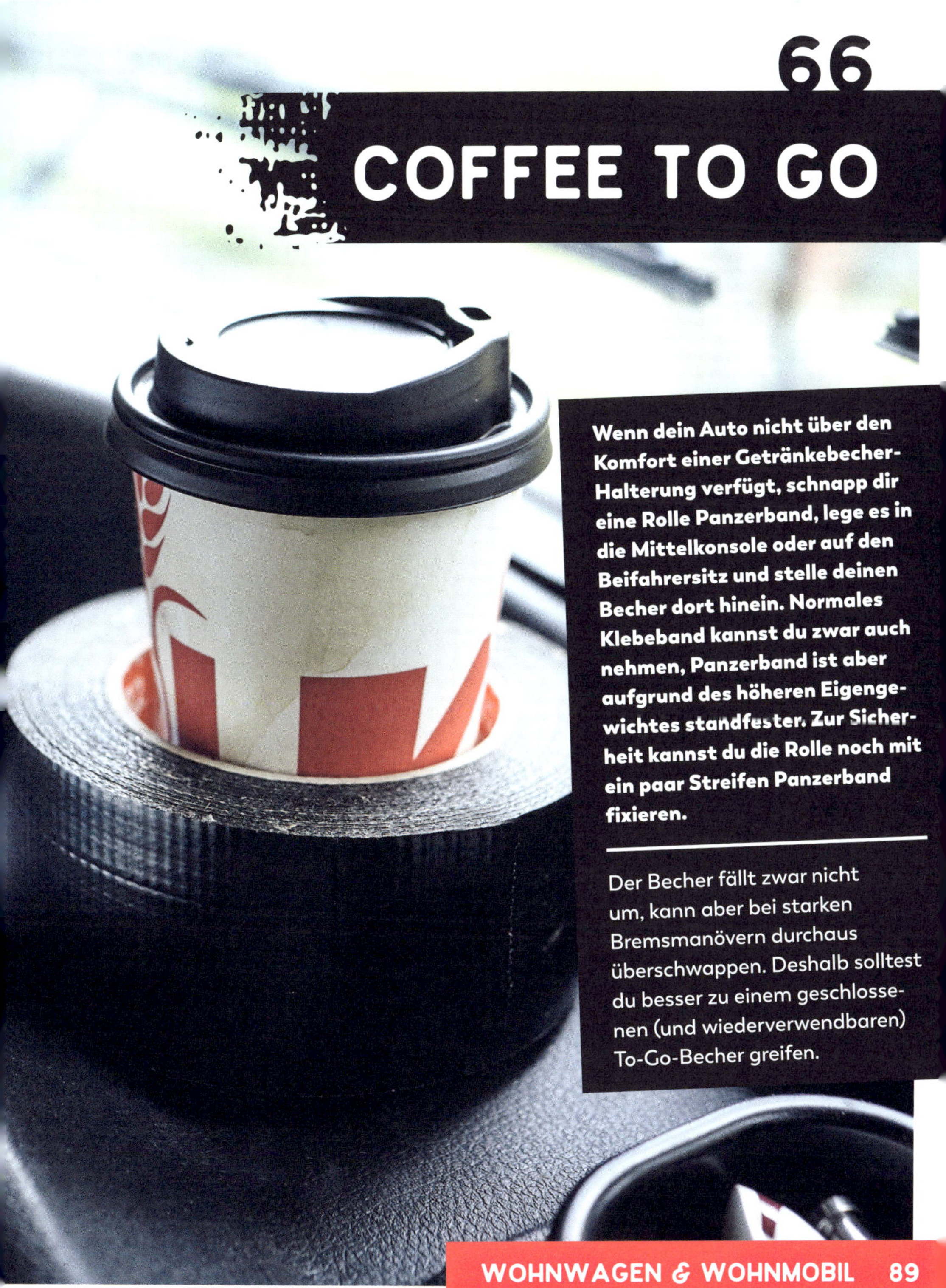

Wenn dein Auto nicht über den Komfort einer Getränkebecher-Halterung verfügt, schnapp dir eine Rolle Panzerband, lege es in die Mittelkonsole oder auf den Beifahrersitz und stelle deinen Becher dort hinein. Normales Klebeband kannst du zwar auch nehmen, Panzerband ist aber aufgrund des höheren Eigengewichtes standfester. Zur Sicherheit kannst du die Rolle noch mit ein paar Streifen Panzerband fixieren.

Der Becher fällt zwar nicht um, kann aber bei starken Bremsmanövern durchaus überschwappen. Deshalb solltest du besser zu einem geschlossenen (und wiederverwendbaren) To-Go-Becher greifen.

67

JEDEM TOPF SEIN DECKELCHEN

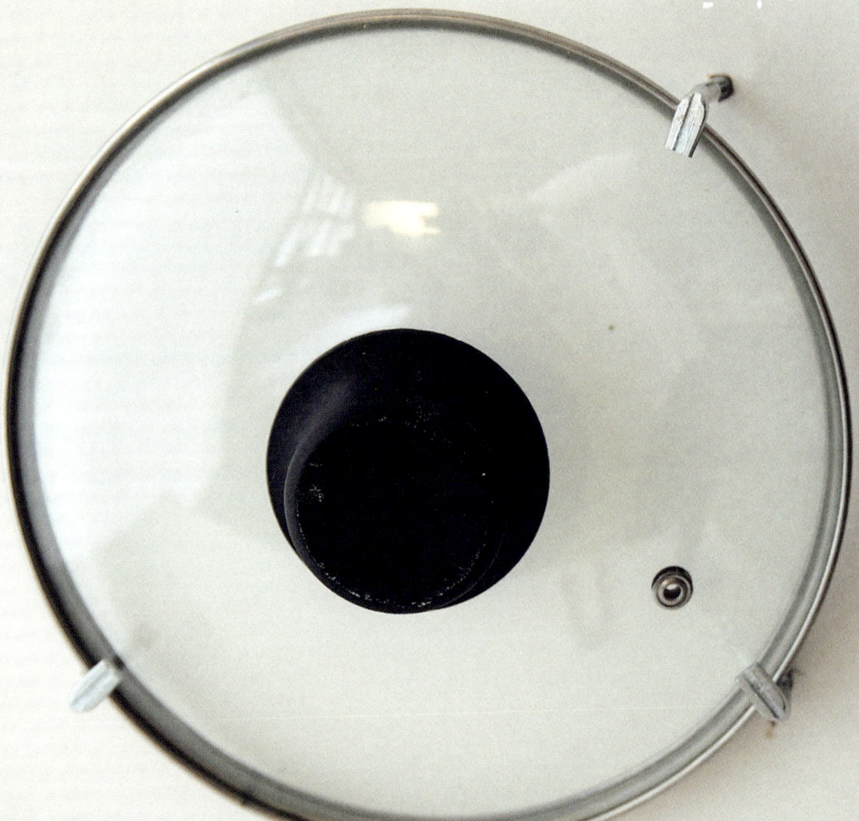

An der Innenseite der Schranktür kannst du mit Schlitz-Schraubhaken deine Topfdeckel sicher deponieren – auch während der Fahrt. Zwei Haken bringst du unterhalb des Deckels an und einen dritten im oberen Bereich. Pro Schranktür kannst du so zwei Topfdeckel anbringen.

Auch Untertassen oder Teller kannst du auf diese Weise sichern.

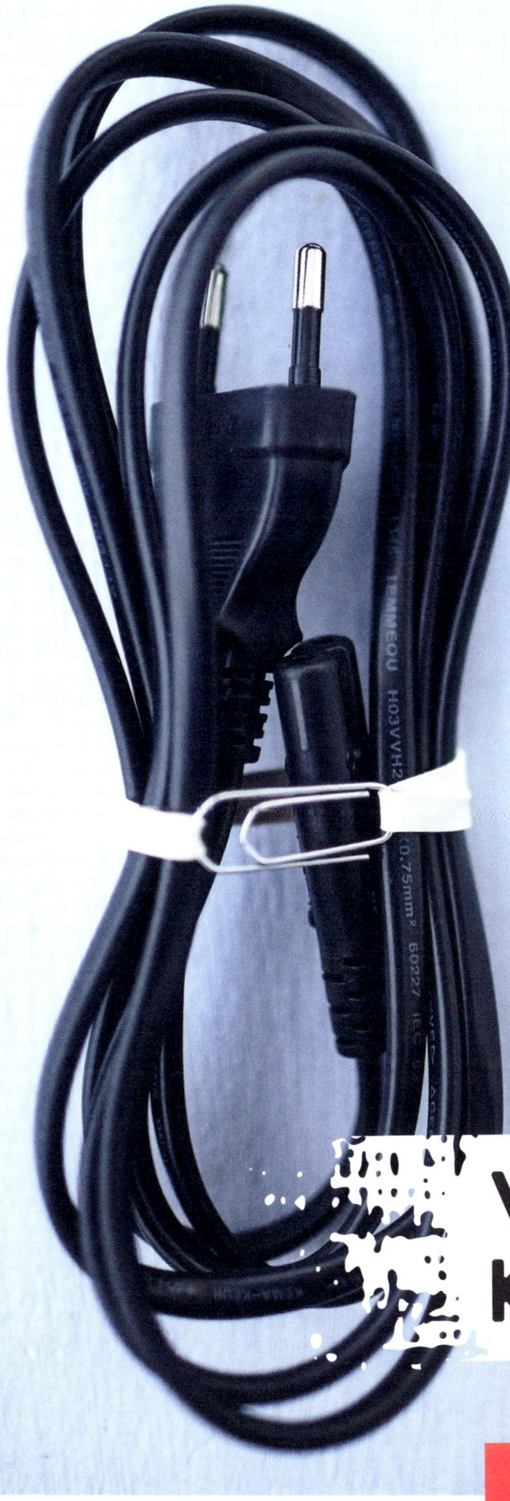

68

VON WEGEN KABELSALAT

Stromkabel, Lampenkabel, Ladekabel ... Man kann Kabel noch so gut aufrollen, nach der nächsten Fahrt liegen sie doch wieder wild durcheinander im Staufach. Nicht jedoch, wenn du die Kabel mit einem Trick bündelst. Befestige ein Gummiband an einer Büroklammer, wickle das Kabel locker auf, spanne das Gummiband um es herum und hake es auf der anderen Seite der Büroklammer wieder ein.

Bei dickeren bzw. längeren Kabeln verwende eine große Aktenklammer und ein Einmachgummi.

69

NICHT FÜR DEN PO!

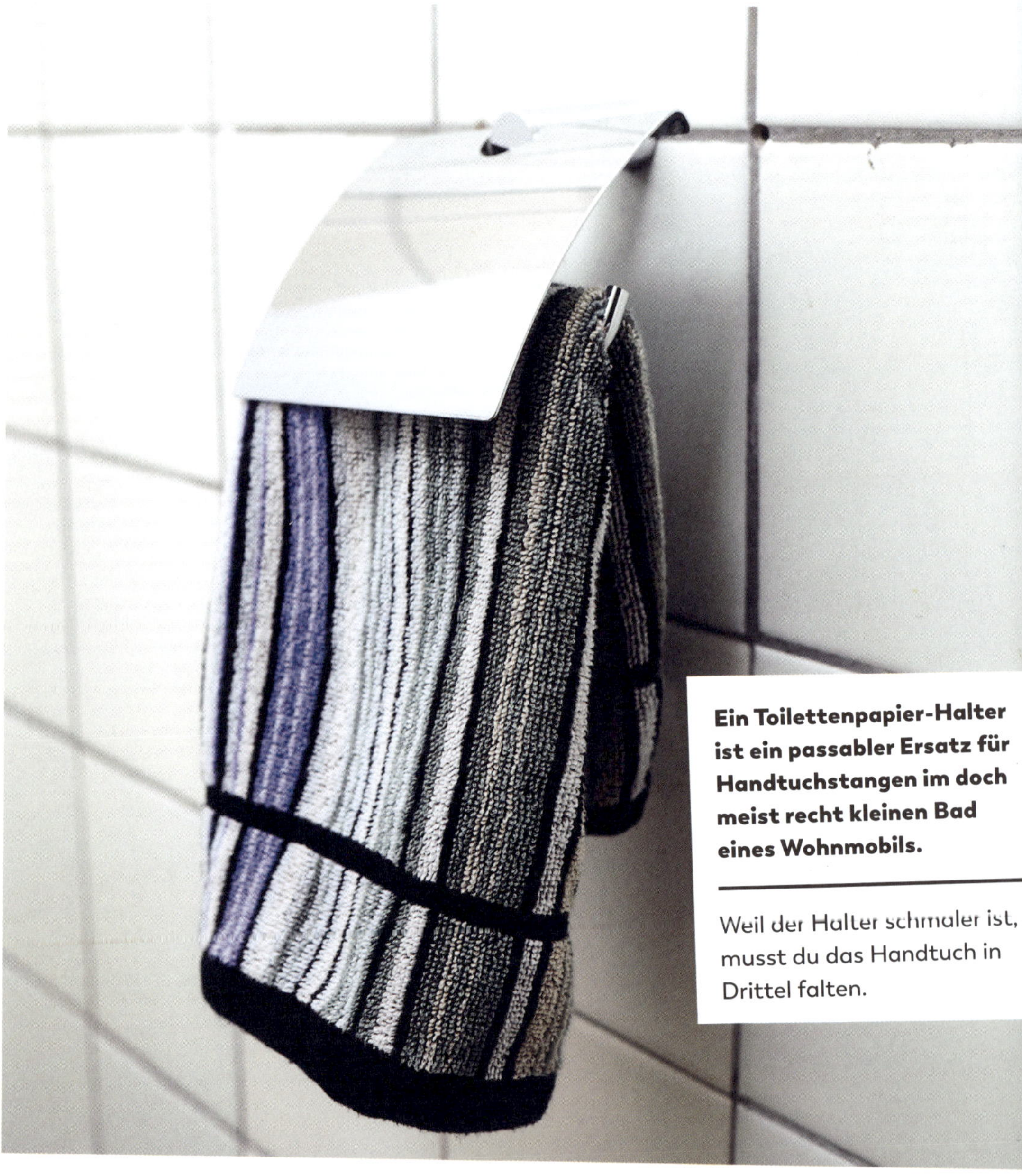

Ein Toilettenpapier-Halter ist ein passabler Ersatz für Handtuchstangen im doch meist recht kleinen Bad eines Wohnmobils.

Weil der Halter schmaler ist, musst du das Handtuch in Drittel falten.

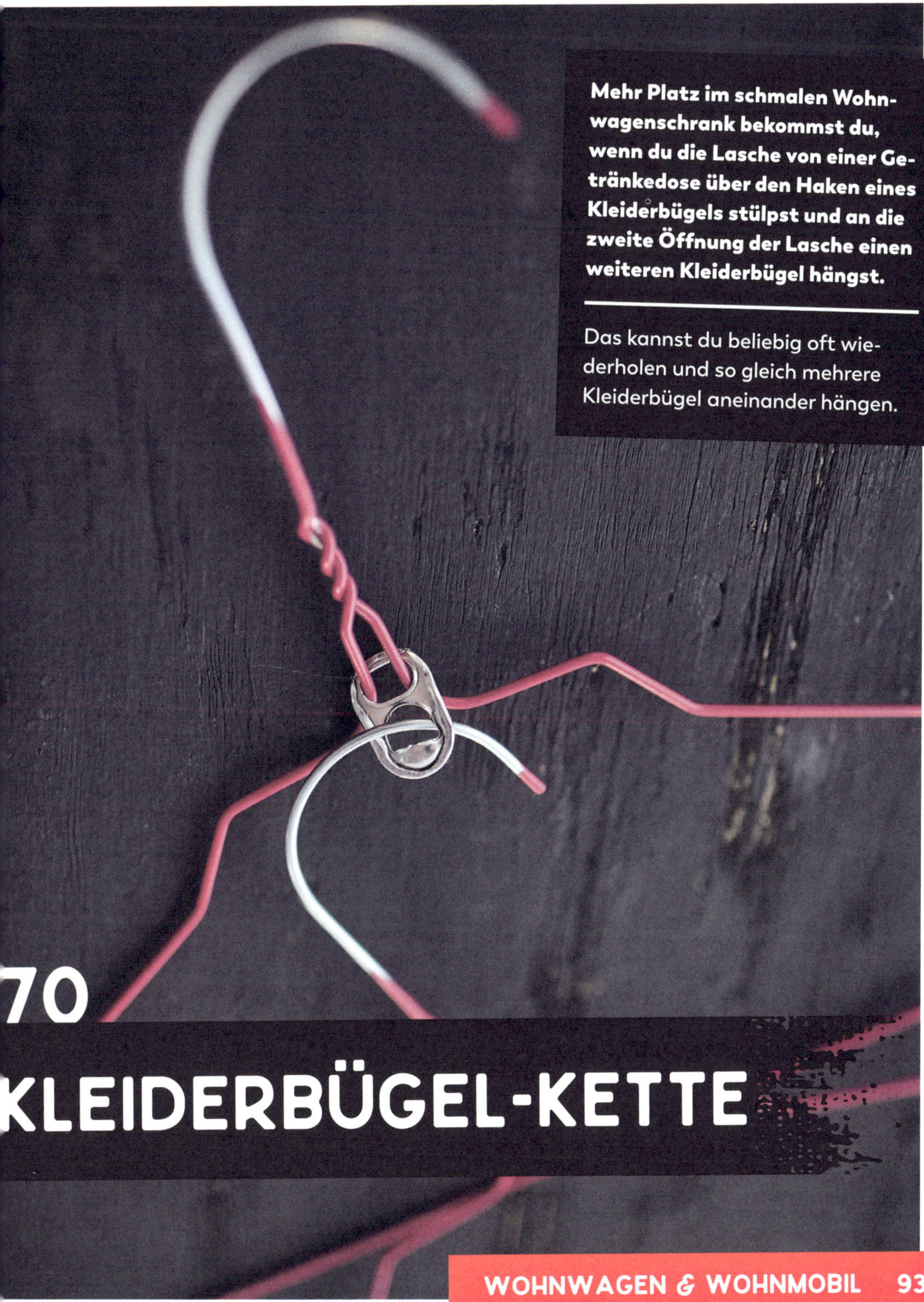

70 KLEIDERBÜGEL-KETTE

Mehr Platz im schmalen Wohnwagenschrank bekommst du, wenn du die Lasche von einer Getränkedose über den Haken eines Kleiderbügels stülpst und an die zweite Öffnung der Lasche einen weiteren Kleiderbügel hängst.

Das kannst du beliebig oft wiederholen und so gleich mehrere Kleiderbügel aneinander hängen.

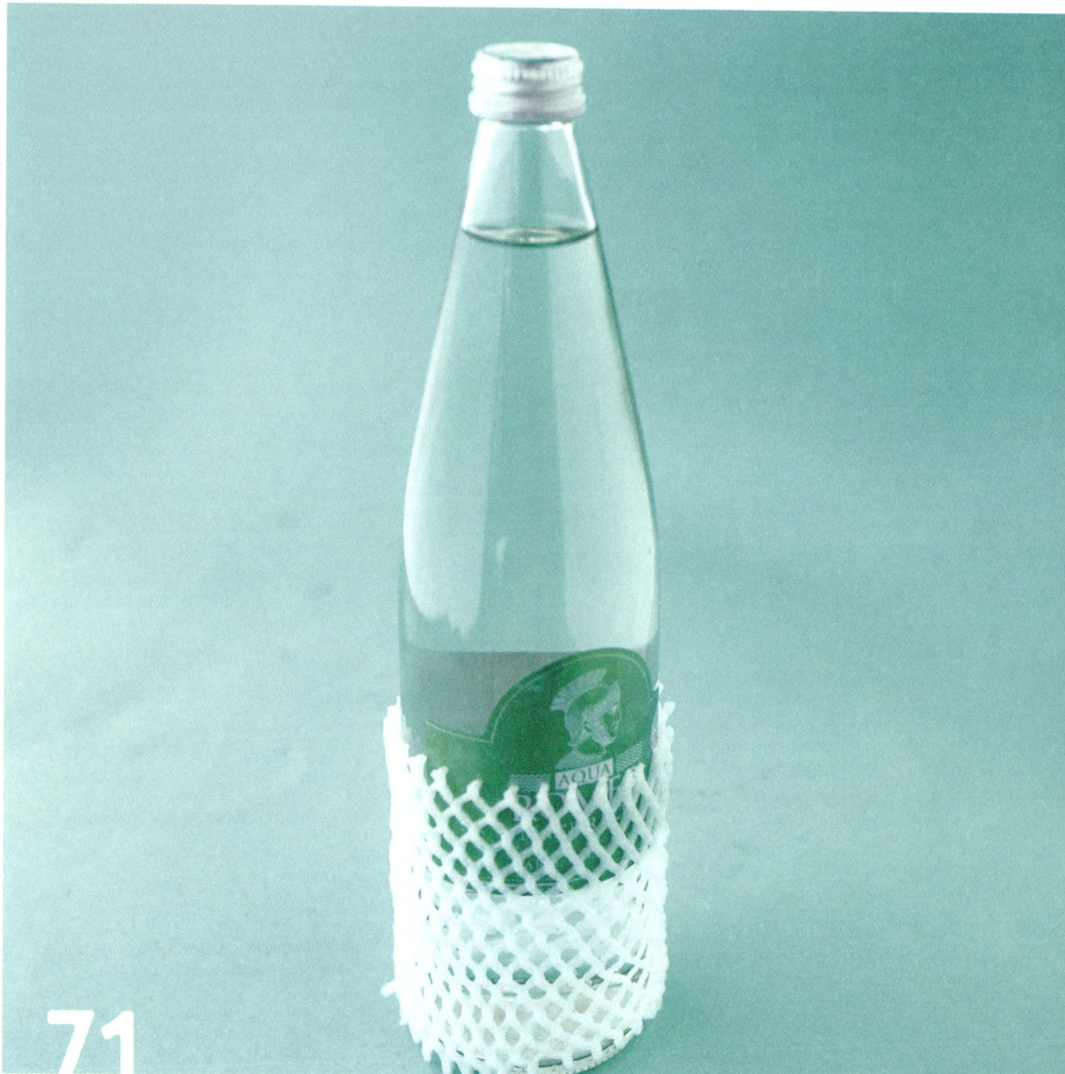

71

NETZ-SICHERUNG

Weiche, weiße Netze, die empfindliches Obst vor Druckstellen schützen, bewahren auch Porzellantassen oder Glasflaschen beim Fahren vor Schäden.

Du kannst auch Luftpolsterfolie um die Flaschen wickeln. Das sieht allerdings nicht so elegant aus.

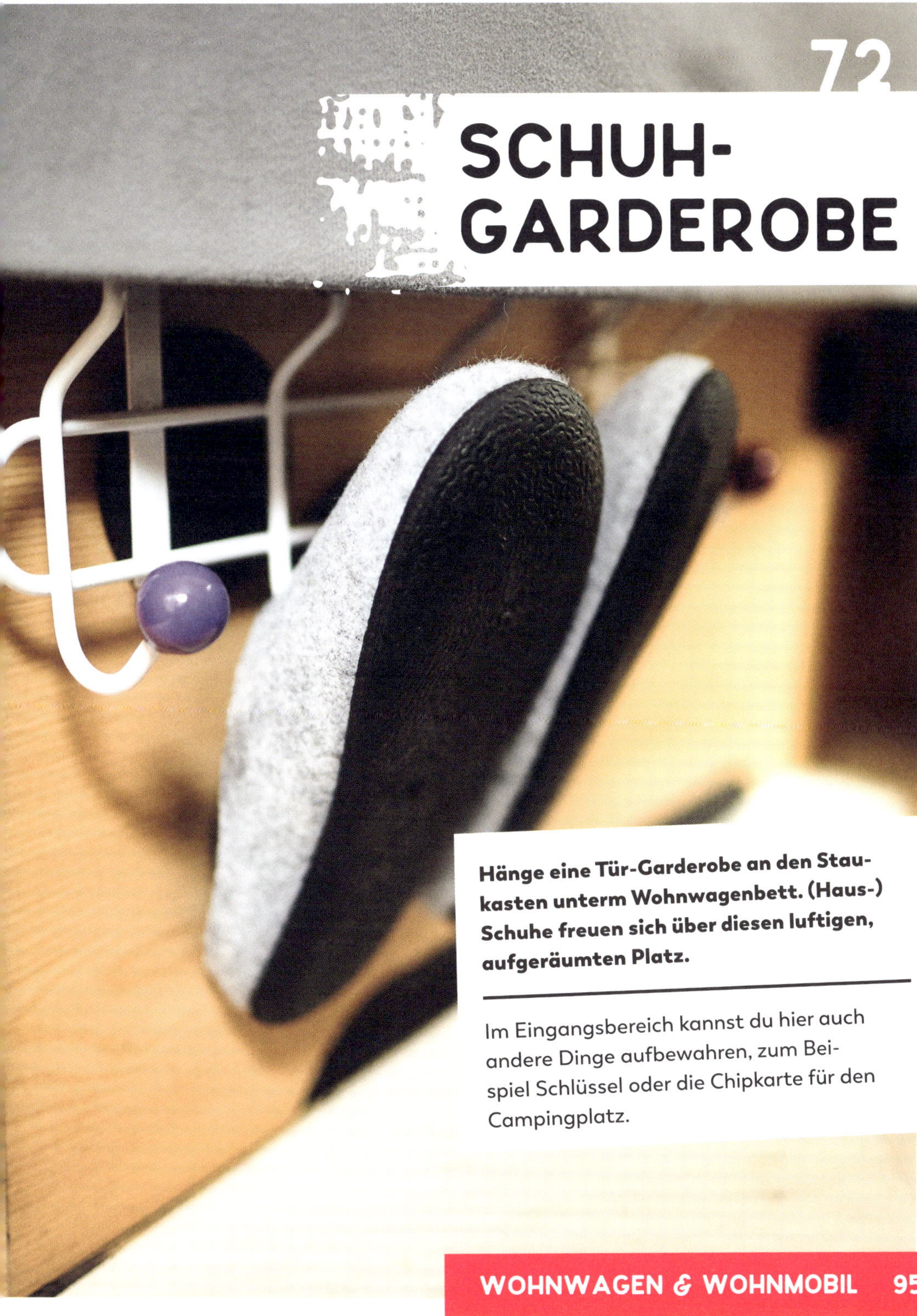

72

SCHUH-GARDEROBE

Hänge eine Tür-Garderobe an den Staukasten unterm Wohnwagenbett. (Haus-) Schuhe freuen sich über diesen luftigen, aufgeräumten Platz.

Im Eingangsbereich kannst du hier auch andere Dinge aufbewahren, zum Beispiel Schlüssel oder die Chipkarte für den Campingplatz.

73

KLO-PUTZER

Die Toilettenschüsseln der mobilen Toiletten sind viel kleiner als der Porzellan-Thron zu Hause. Deshalb ist auch eine normale WC-Bürste völlig überdimensioniert. Anstatt einer teuren Spezialbürste aus dem Camping-Zubehör tut es aber auch eine günstige Spülbürste für die Geschirrwäsche.

Diese Bürsten haben meist eine Aufhängevorrichtung, sodass du sie nach der Benutzung zum Trocknen an einen Klebehaken neben die Toilette hängen kannst.

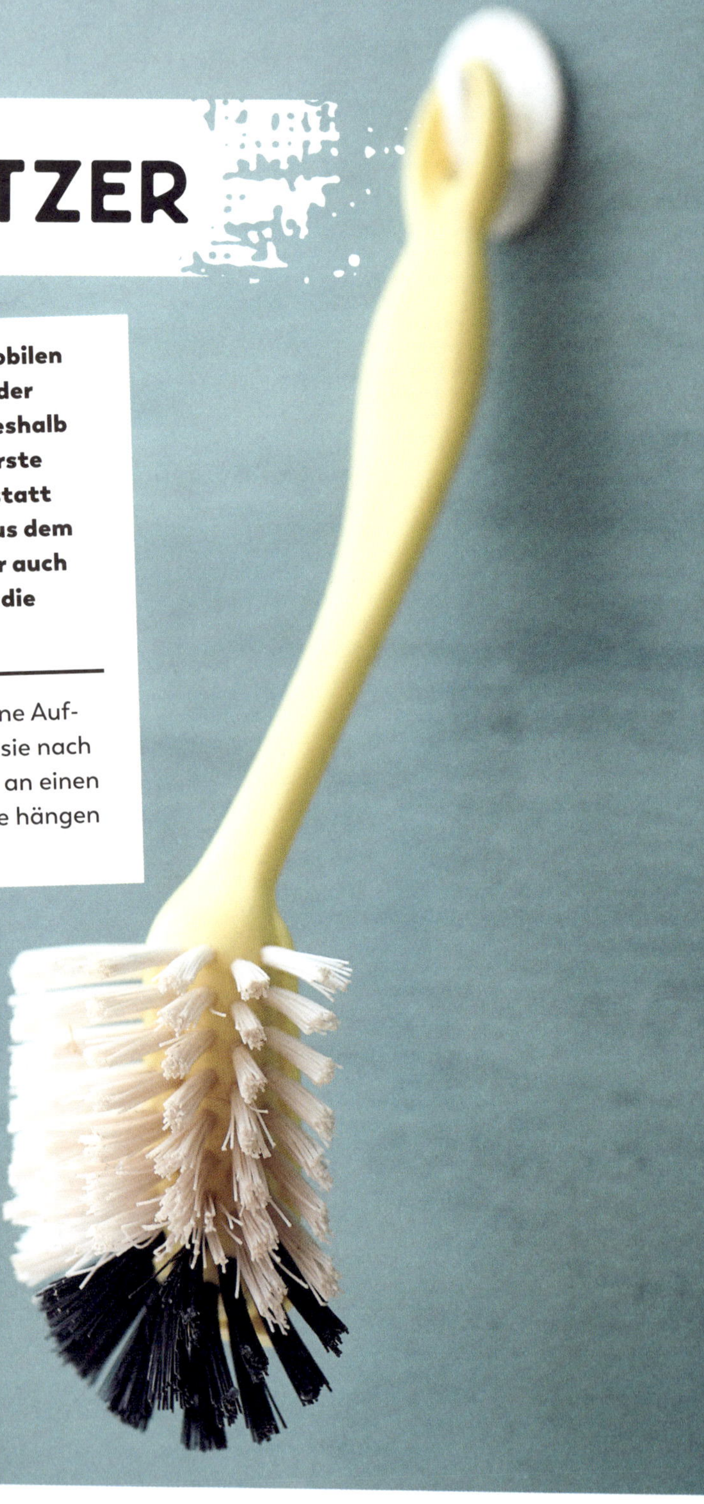

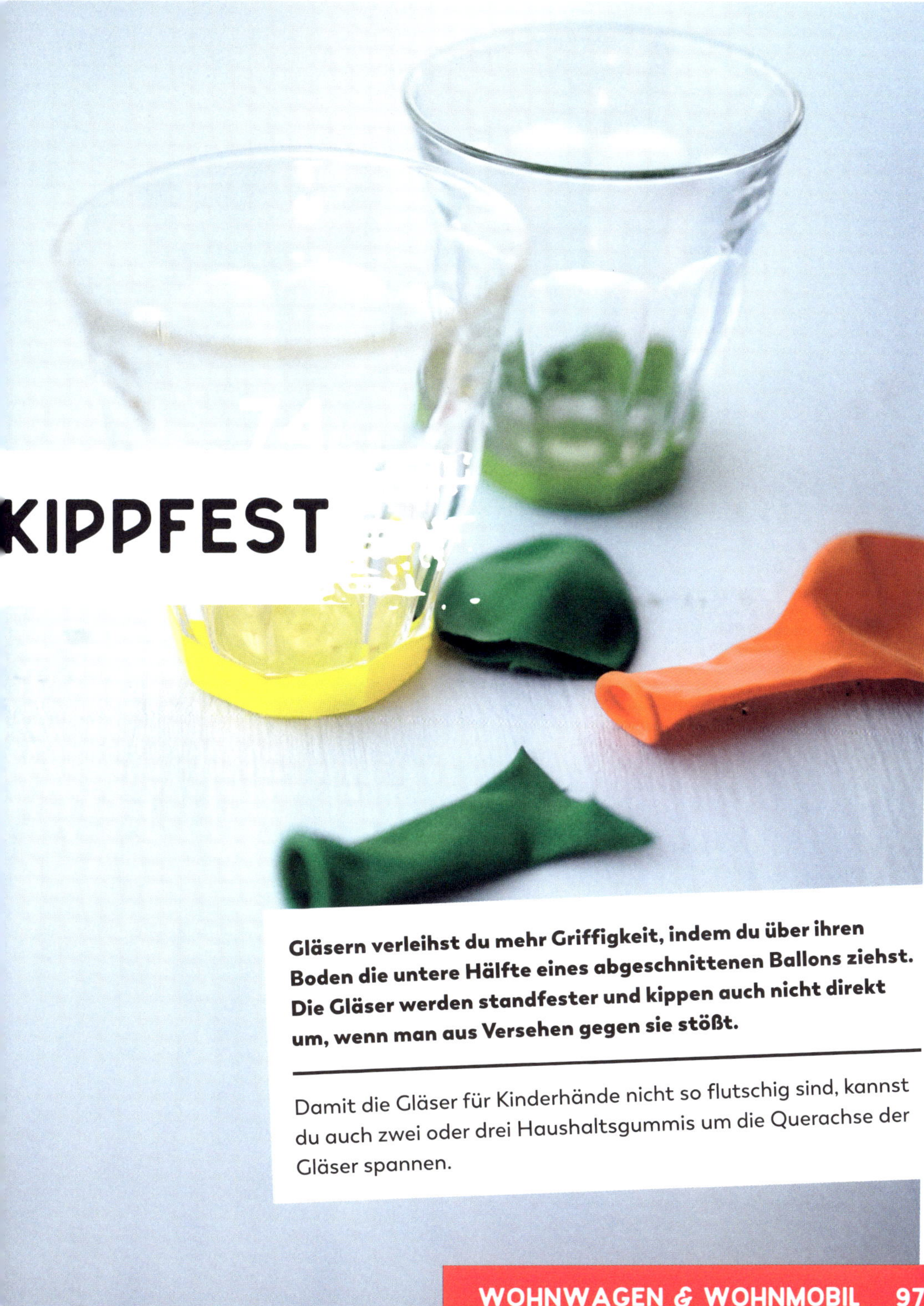

KIPPFEST

Gläsern verleihst du mehr Griffigkeit, indem du über ihren Boden die untere Hälfte eines abgeschnittenen Ballons ziehst. Die Gläser werden standfester und kippen auch nicht direkt um, wenn man aus Versehen gegen sie stößt.

Damit die Gläser für Kinderhände nicht so flutschig sind, kannst du auch zwei oder drei Haushaltsgummis um die Querachse der Gläser spannen.

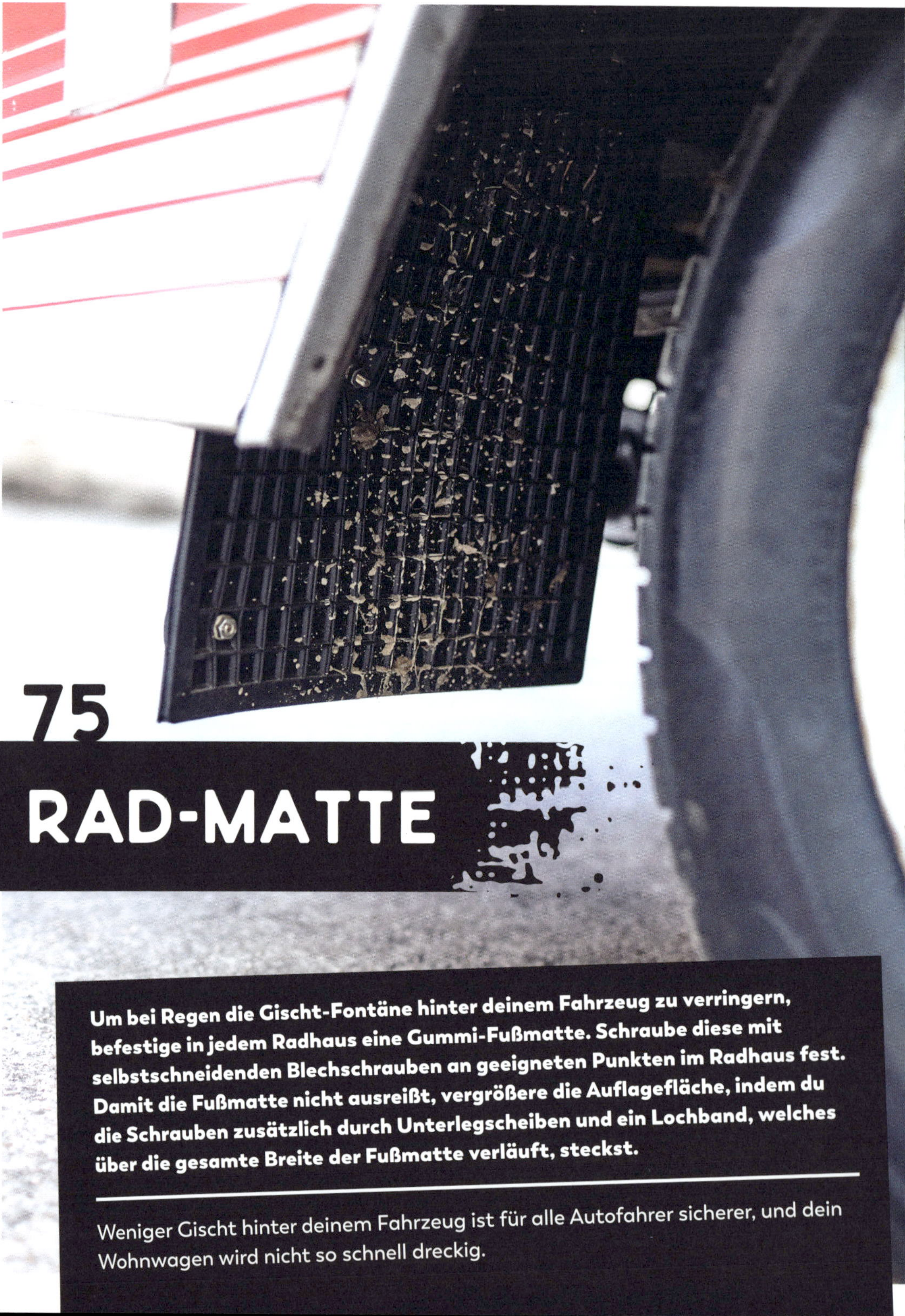

75
RAD-MATTE

Um bei Regen die Gischt-Fontäne hinter deinem Fahrzeug zu verringern, befestige in jedem Radhaus eine Gummi-Fußmatte. Schraube diese mit selbstschneidenden Blechschrauben an geeigneten Punkten im Radhaus fest. Damit die Fußmatte nicht ausreißt, vergrößere die Auflagefläche, indem du die Schrauben zusätzlich durch Unterlegscheiben und ein Lochband, welches über die gesamte Breite der Fußmatte verläuft, steckst.

Weniger Gischt hinter deinem Fahrzeug ist für alle Autofahrer sicherer, und dein Wohnwagen wird nicht so schnell dreckig.

76

APFEL-TRICK

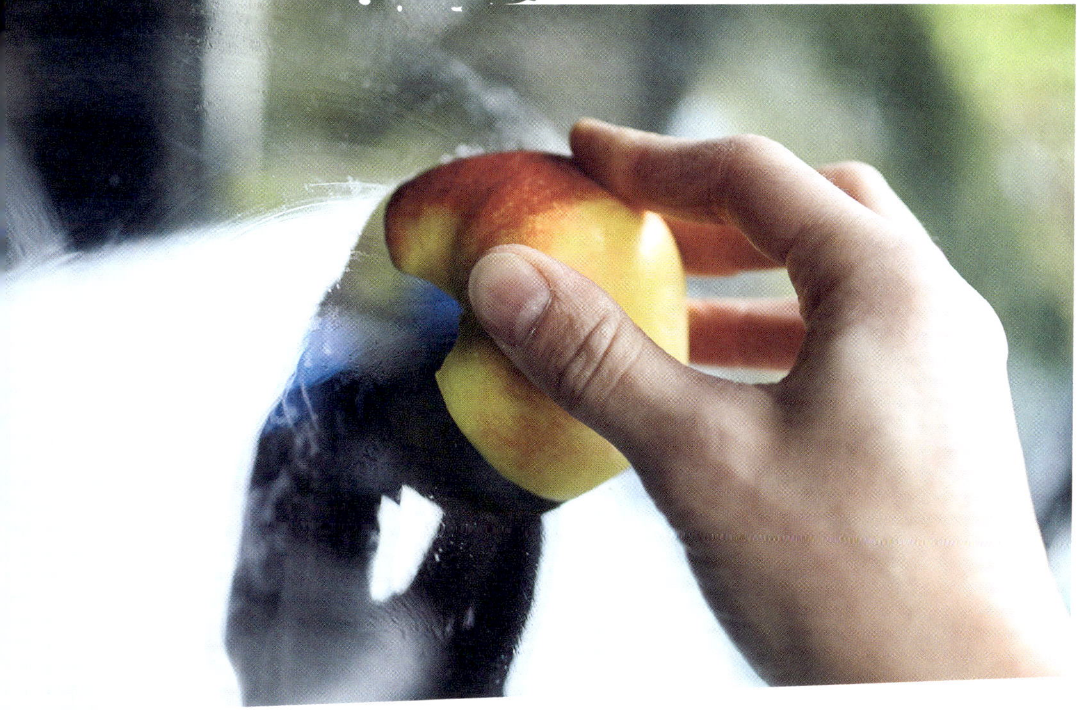

Du bist im Regen unterwegs und dein Scheibenwischer versagt dir den Dienst? Kontrolliere zunächst, ob es an einer defekten Sicherung liegt und tausche diese gegebenenfalls aus. Liegt es nicht daran, kommst du wenigstens bis nach Hause oder zur nächsten Werkstatt, indem du einen Apfel mittig durchschneidest und die Frontscheibe mit ihm abreibst. Das Wasser perlt ab.

Diesen Tipp solltest du wirklich nur im Notfall anwenden und deinen Scheibenwischer umgehend reparieren lassen, sonst kann das mit einem Bußgeld belegt werden.

77

KINDERKINO

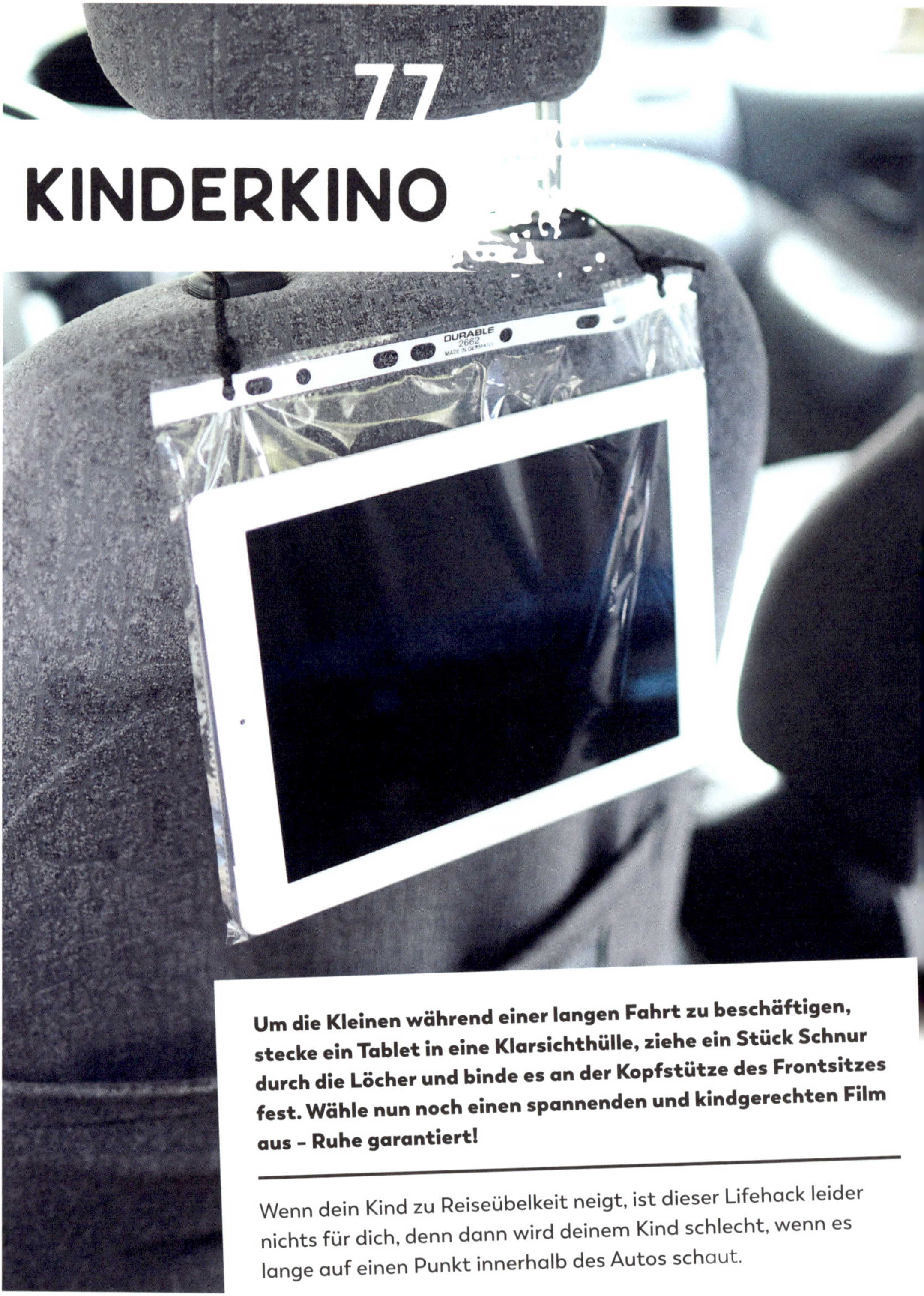

Um die Kleinen während einer langen Fahrt zu beschäftigen, stecke ein Tablet in eine Klarsichthülle, ziehe ein Stück Schnur durch die Löcher und binde es an der Kopfstütze des Frontsitzes fest. Wähle nun noch einen spannenden und kindgerechten Film aus – Ruhe garantiert!

Wenn dein Kind zu Reiseübelkeit neigt, ist dieser Lifehack leider nichts für dich, denn dann wird deinem Kind schlecht, wenn es lange auf einen Punkt innerhalb des Autos schaut.

78 GRIFFIG

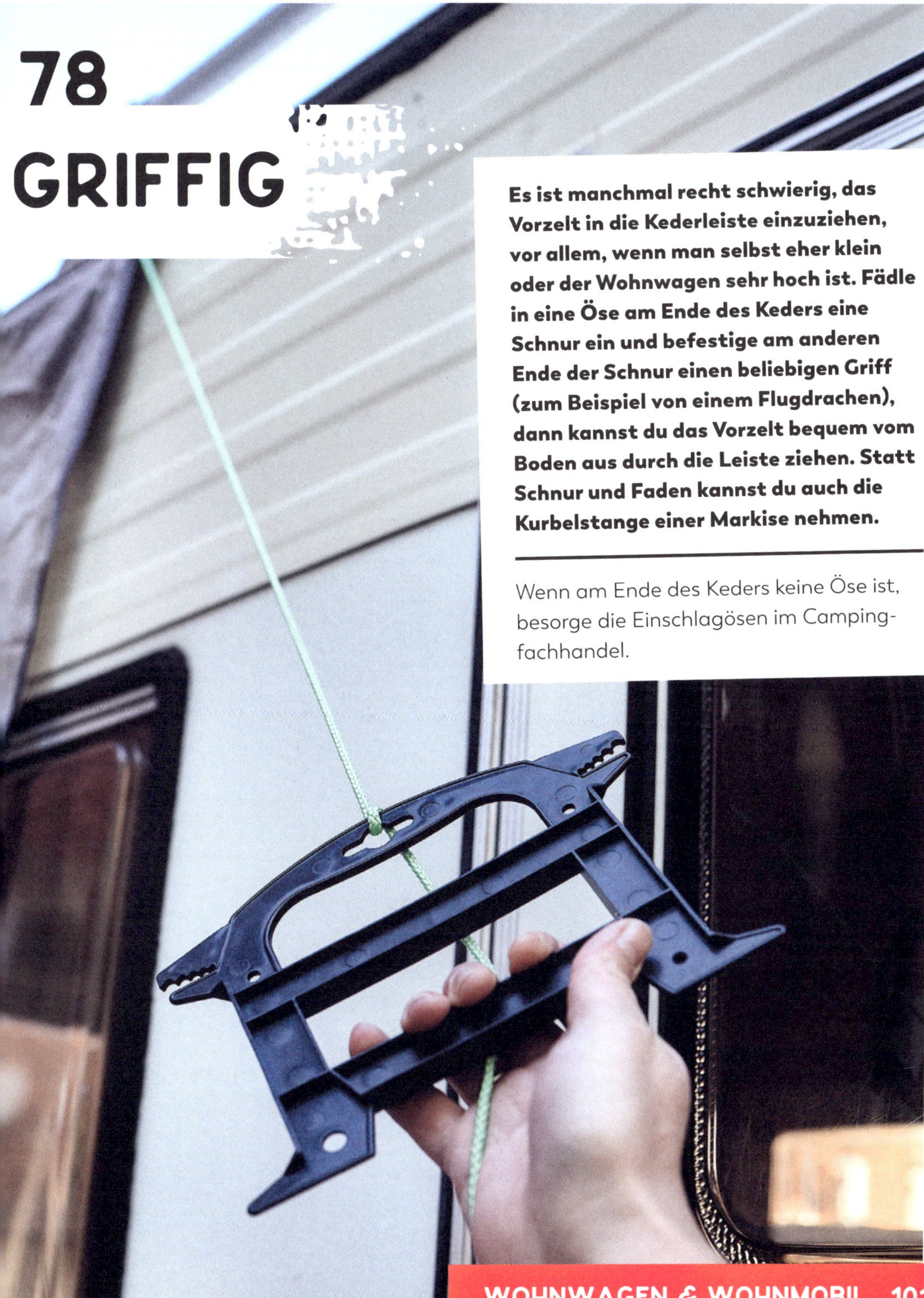

Es ist manchmal recht schwierig, das Vorzelt in die Kederleiste einzuziehen, vor allem, wenn man selbst eher klein oder der Wohnwagen sehr hoch ist. Fädle in eine Öse am Ende des Keders eine Schnur ein und befestige am anderen Ende der Schnur einen beliebigen Griff (zum Beispiel von einem Flugdrachen), dann kannst du das Vorzelt bequem vom Boden aus durch die Leiste ziehen. Statt Schnur und Faden kannst du auch die Kurbelstange einer Markise nehmen.

Wenn am Ende des Keders keine Öse ist, besorge die Einschlagösen im Campingfachhandel.

79

WASSER STOPP!

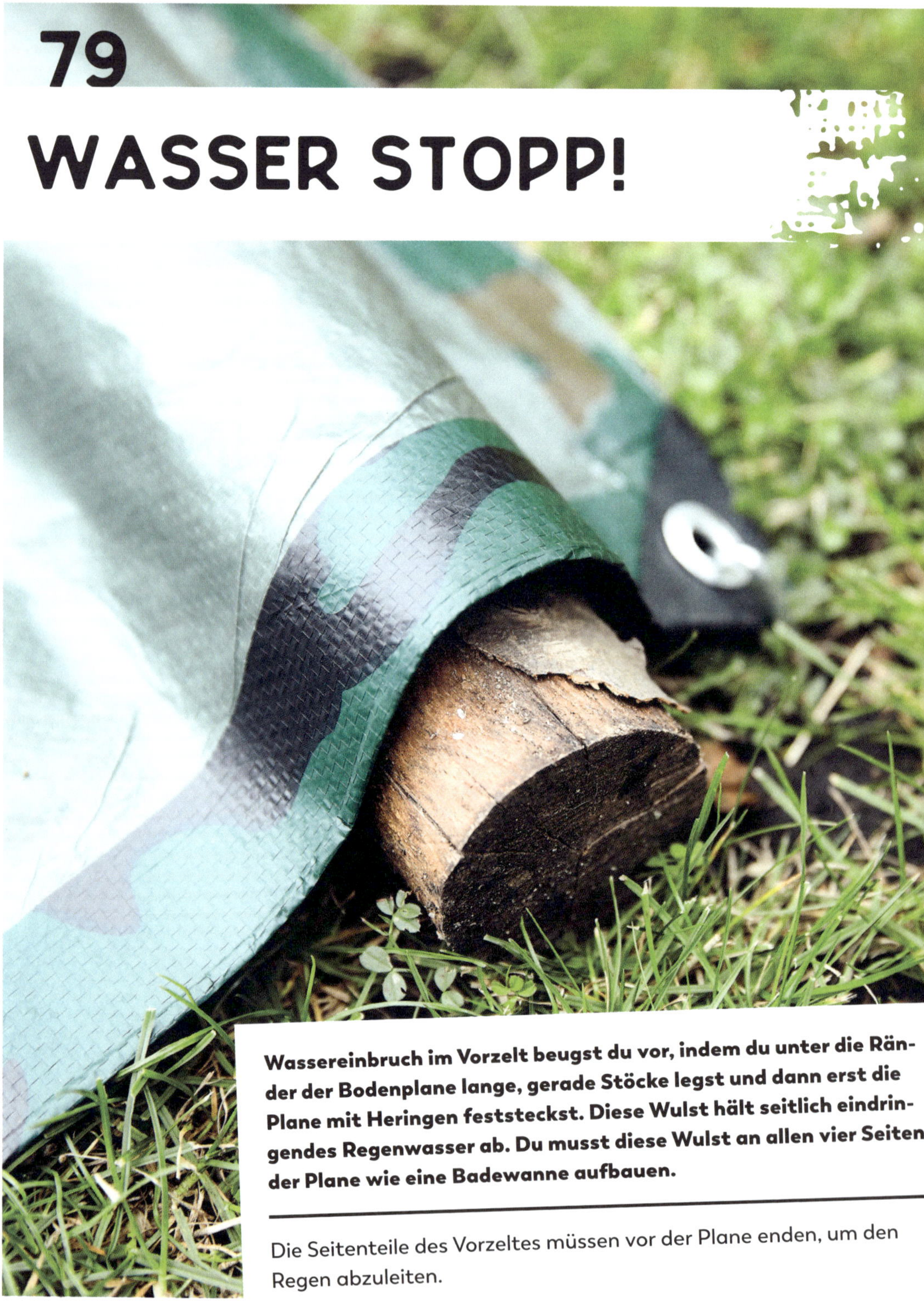

Wassereinbruch im Vorzelt beugst du vor, indem du unter die Ränder der Bodenplane lange, gerade Stöcke legst und dann erst die Plane mit Heringen feststeckst. Diese Wulst hält seitlich eindringendes Regenwasser ab. Du musst diese Wulst an allen vier Seiten der Plane wie eine Badewanne aufbauen.

Die Seitenteile des Vorzeltes müssen vor der Plane enden, um den Regen abzuleiten.

NOTIZEN

AHA!

Wusstest du, dass …
- im Jahr 2019 ca. 1,6 Millionen Deutsche ein Wohnmobil oder einen Wohnwagen besessen haben?
- es in Deutschland derzeit knapp 3000 Campingplätze und ca. 3600 Wohnmobil-Stellplätze gibt?
- das bisher teuerste Wohnmobil der Welt für schlappe 2,3 Millionen Euro über den Ladentisch ging?
- die Deutschen laut einer Umfrage des ADAC tatsächlich am liebsten in Deutschland Campingurlaub machen?

Outdoor-Aktivitäten

Aus einer Abdeckplane und ein paar Schnüren ist schnell ein Unterschlupf gebaut, wenn das Wetter auf einer Wanderung umschlägt. Lege die Plane auf dem Boden aus und stecke sie an der wetterzugewandten Seite fest. Dreh die Trekkingstöcke um, sodass der Griff auf dem Boden aufsteht, und stecke die Spitze der Stöcke jeweils rechts und links in die Ösen der Plane. Das Ganze spannst du an jedem Treckingstock mit zwei Schnüren – einer nach vorne und einer zur Seite – ab.

Teurer, aber auch viel leichter und platzsparender sind Sonnensegel oder Tarps. Die mitgelieferten Stangen kannst du zu Hause lassen und damit nochmal ordentlich Gewicht sparen.

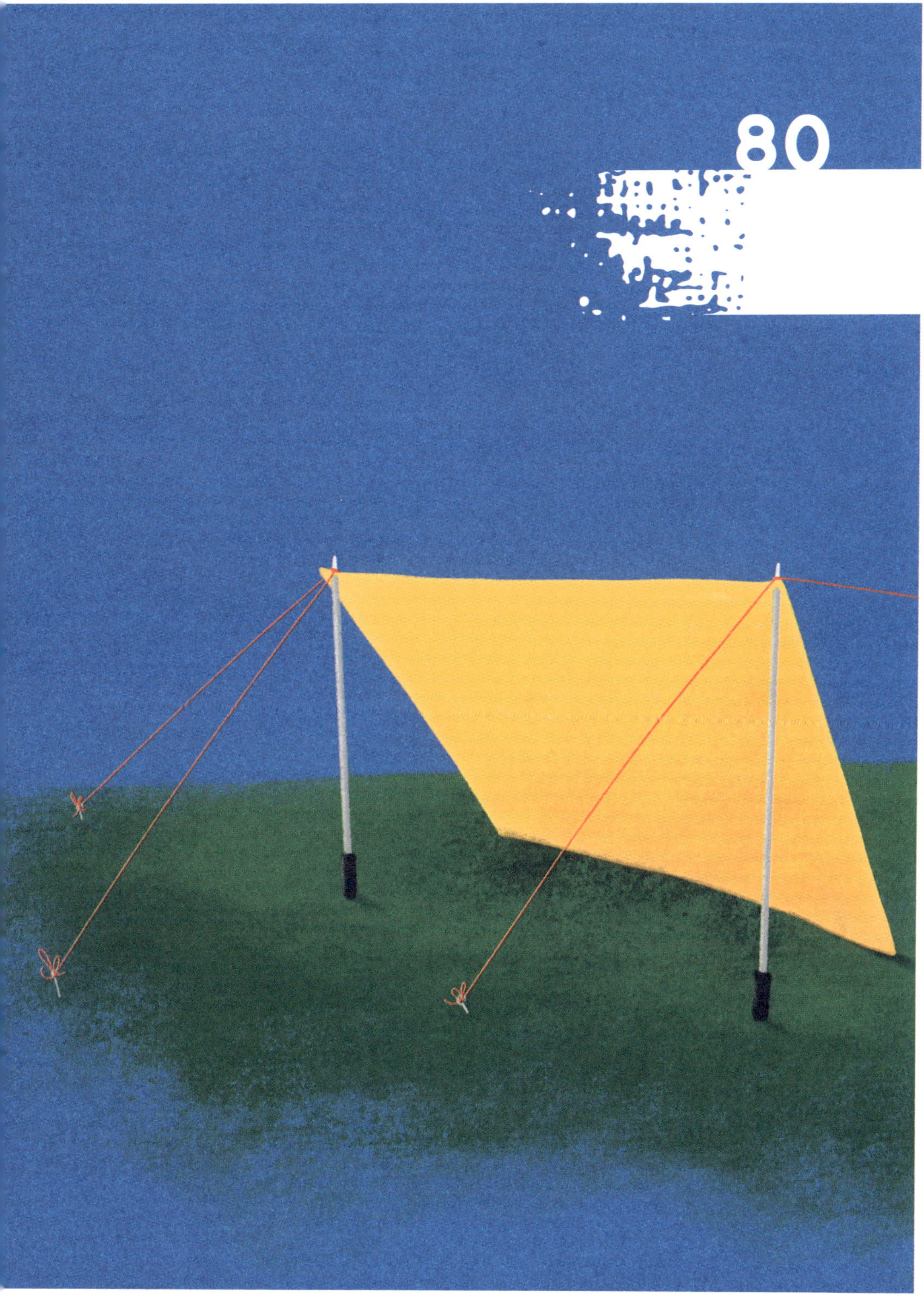
80

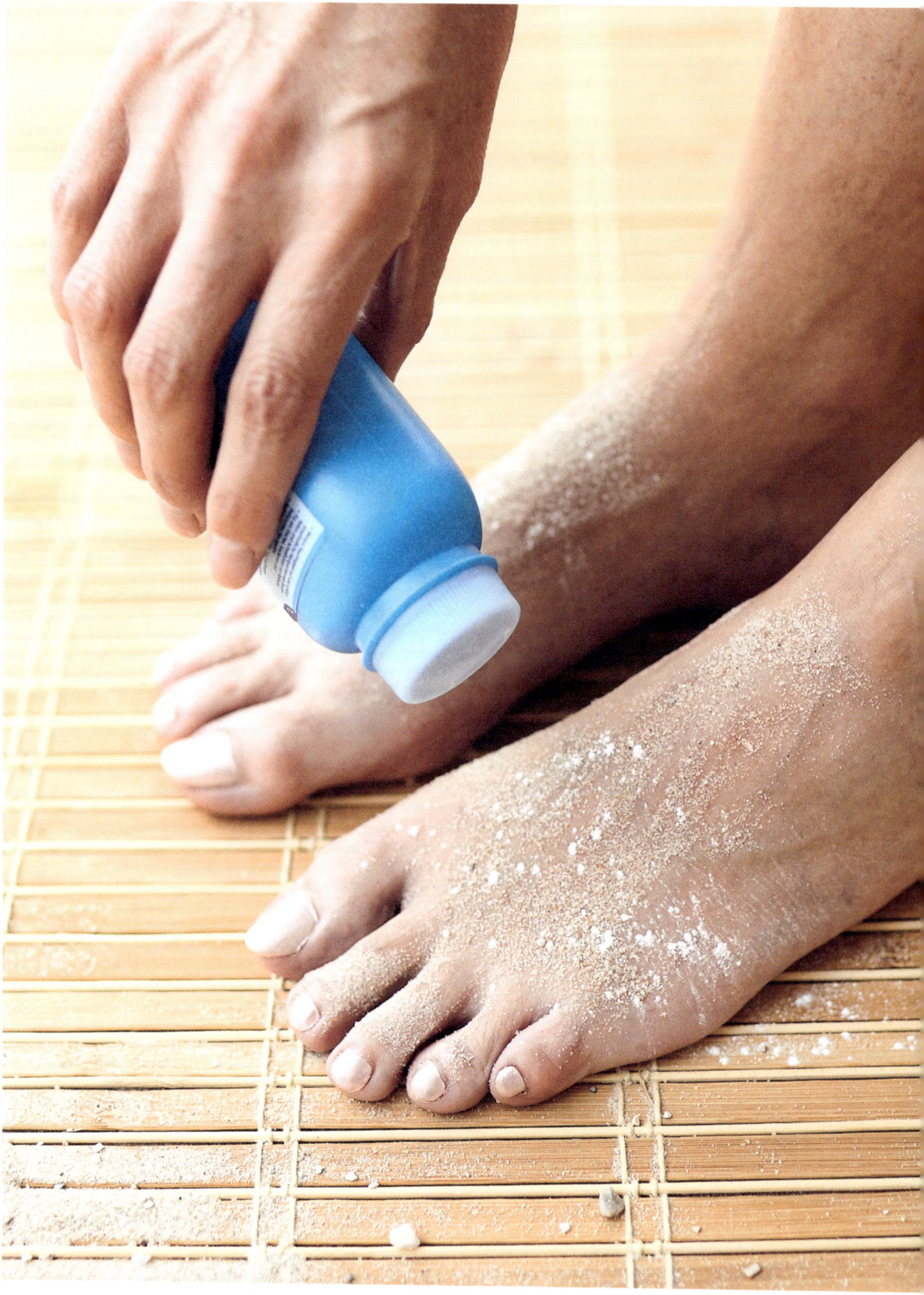

Für den Strandtag zwischendurch solltest du mit dabei haben: Babypuder, eine leere Flasche Sonnencreme, einen Ballon und einen Weinkorken ... Hört sich verrückt an? Macht aber durchaus Sinn, vor allem, wenn man sich auch mal ein paar Minuten länger von seiner Strandmuschel entfernen will und Sand zwischen den Zehen nur so lange toll findet, bis man sich die Schuhe für den Rückweg anziehen muss.

81 AUFGESPIESST

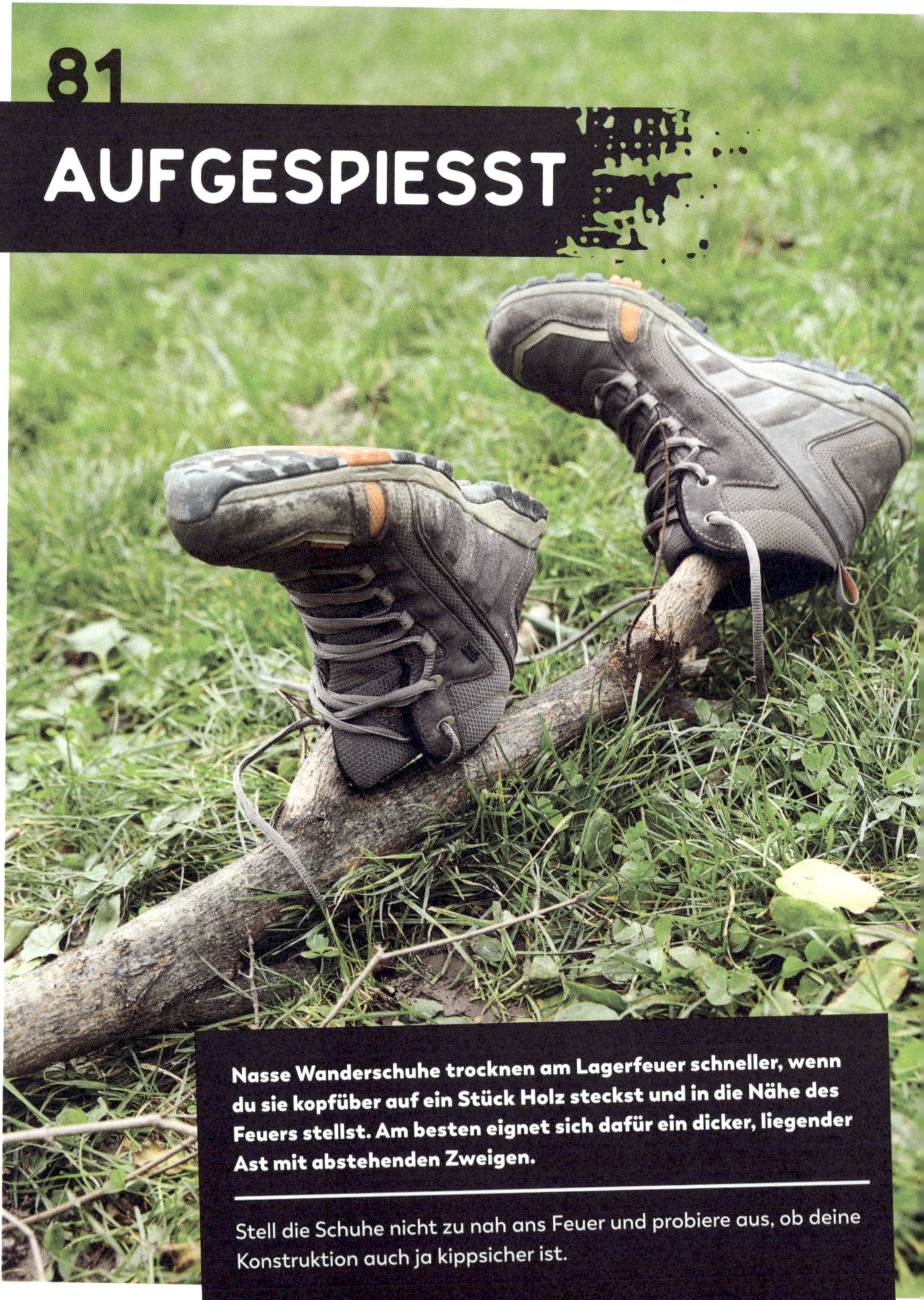

Nasse Wanderschuhe trocknen am Lagerfeuer schneller, wenn du sie kopfüber auf ein Stück Holz steckst und in die Nähe des Feuers stellst. Am besten eignet sich dafür ein dicker, liegender Ast mit abstehenden Zweigen.

Stell die Schuhe nicht zu nah ans Feuer und probiere aus, ob deine Konstruktion auch ja kippsicher ist.

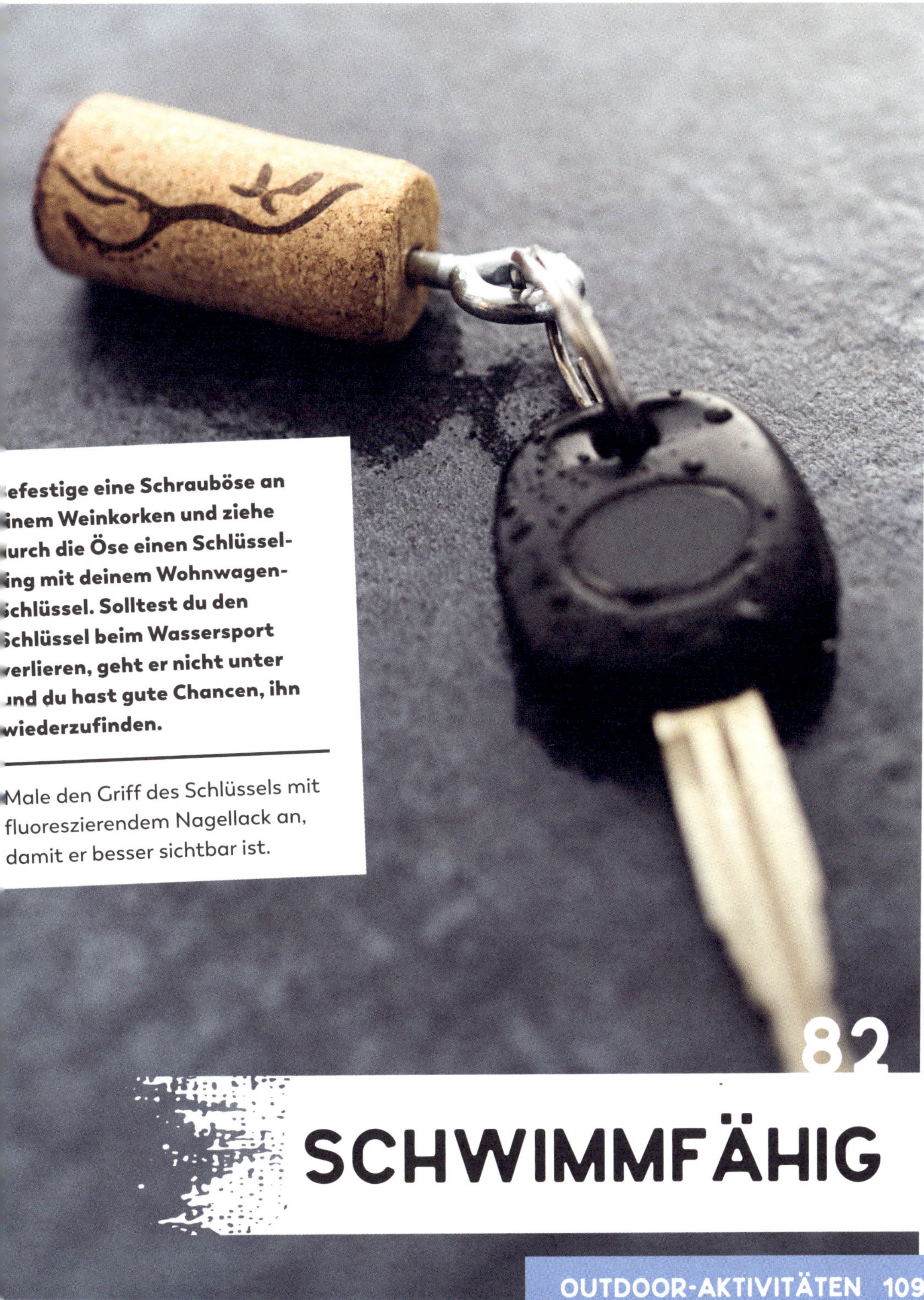

efestige eine Schrauböse an inem Weinkorken und ziehe urch die Öse einen Schlüssel-ing mit deinem Wohnwagen-chlüssel. Solltest du den Schlüssel beim Wassersport erlieren, geht er nicht unter nd du hast gute Chancen, ihn wiederzufinden.

Male den Griff des Schlüssels mit fluoreszierendem Nagellack an, damit er besser sichtbar ist.

82 SCHWIMMFÄHIG

Nasse Handschuhe trocknen schneller, wenn du in jeden Finger einen Tampon steckst. Achte darauf, die Rückholfäden der Tampons auszuwickeln und aus dem Handschuh schauen zu lassen.

Die Handfläche des Handschuhs kannst du zusätzlich mit Zeitung ausstopfen.

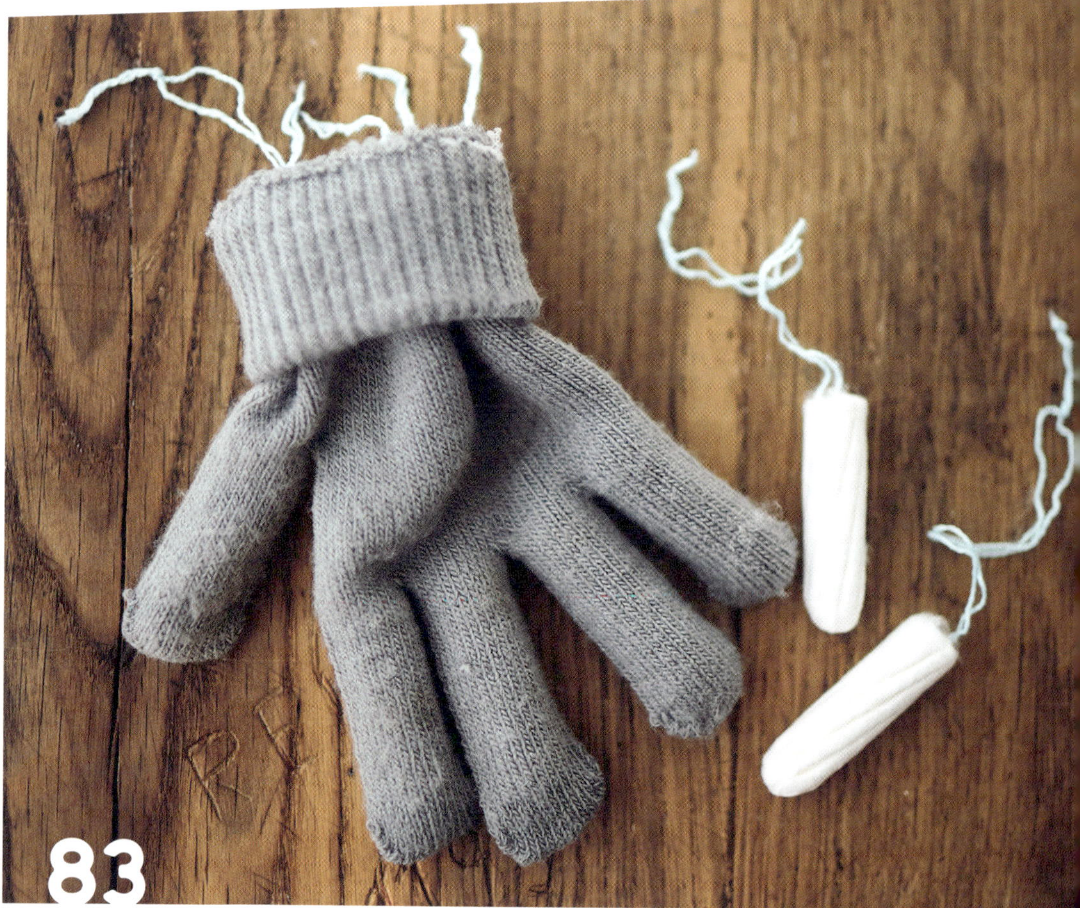

83

NASS-SAUGER

Nach einem Outdoor-Abenteuer sind Zecken, die sich noch nicht festgebissen haben, schnell abgesammelt, indem man über Haut und Kleidung – bei Tieren über das Fell – mit einem Fusselroller fährt. Die Zecken bleiben an der Klebefläche haften.

Wenn du keinen Fusselroller zur Hand hast, wickele dir Klebeband mit der Klebefläche nach außen um die Hand und fahre hiermit über die Kleidung.

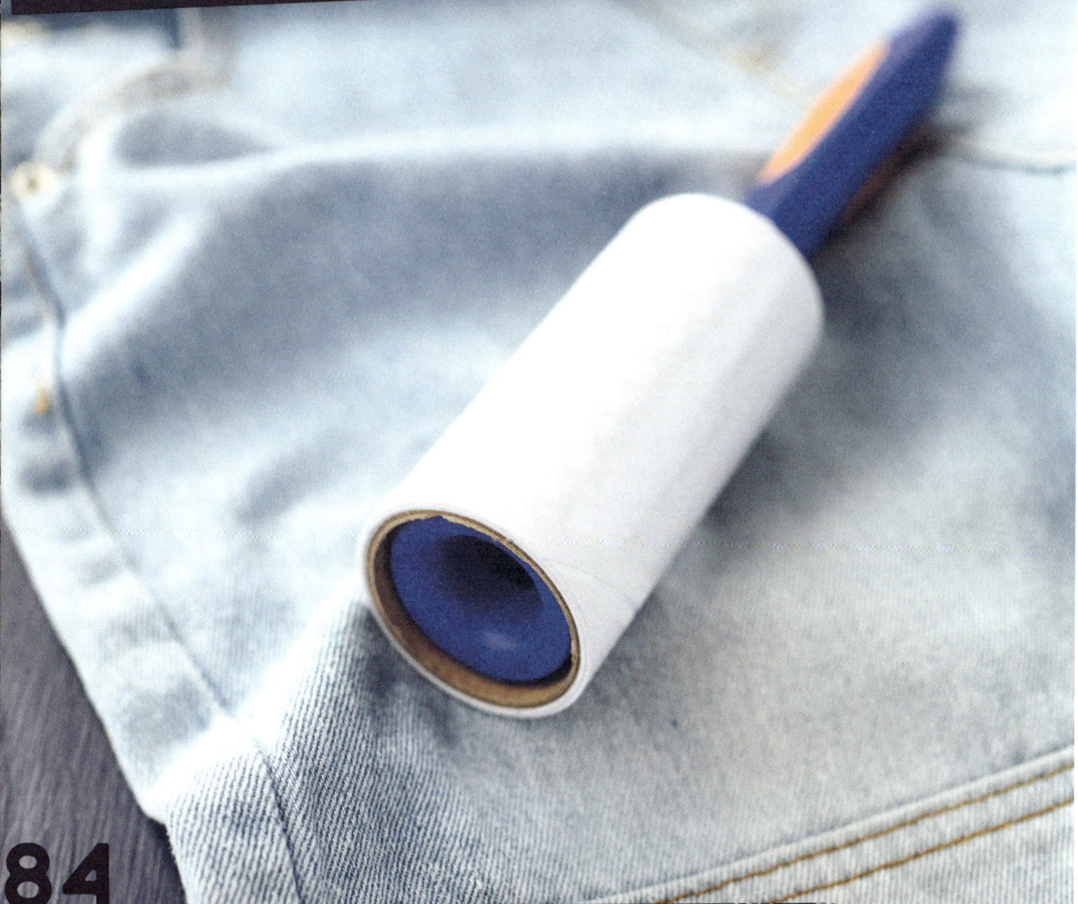

84 ZECKEN-ROLLER

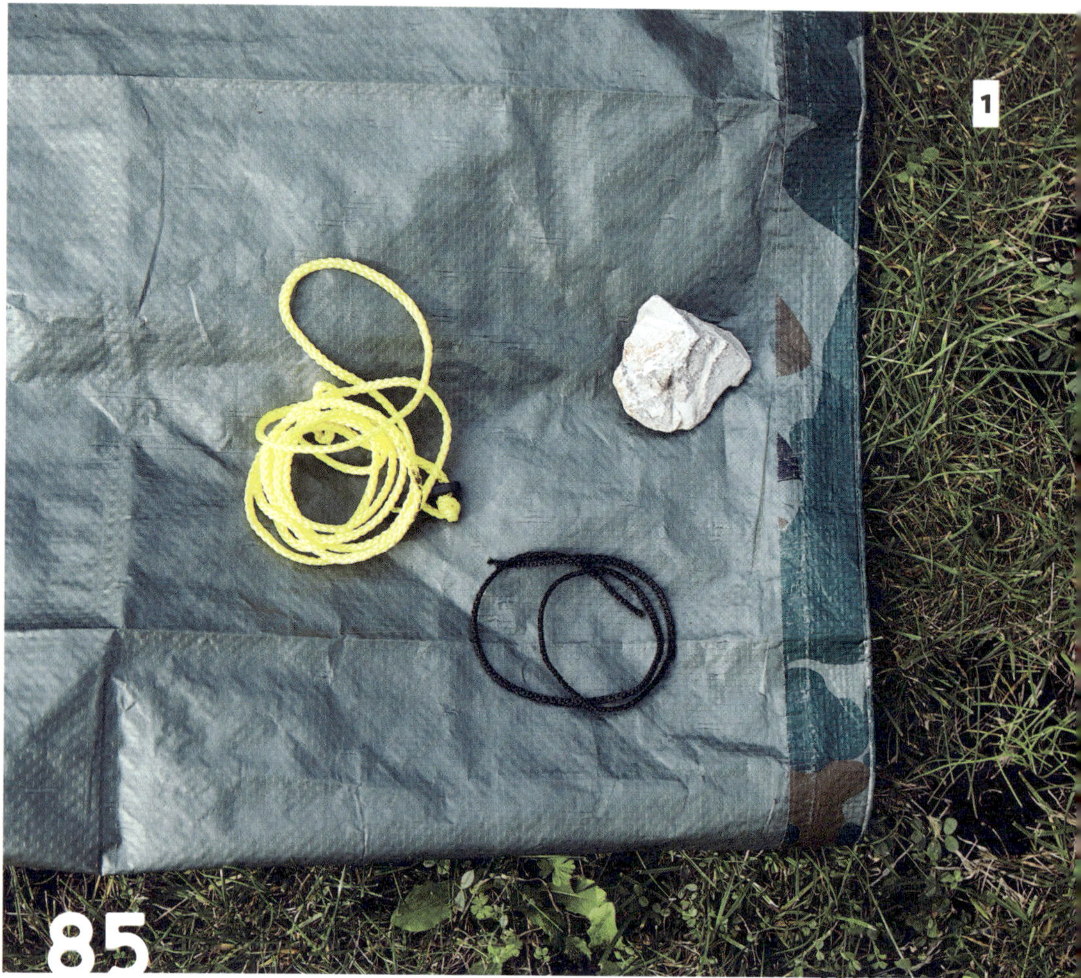

85

STEIN DER WEISEN

Hat deine Plane keine Ösen oder sind diese ausgerissen …

1 **suche einen Stein, der etwa die Größe eines Golfballs hat.**

Es gibt im Fachhandel auch Einschlagösen, mit denen du deine Plane reparieren kannst.

2 Stülpe die Plane an der gewünschten Stelle über den Stein.

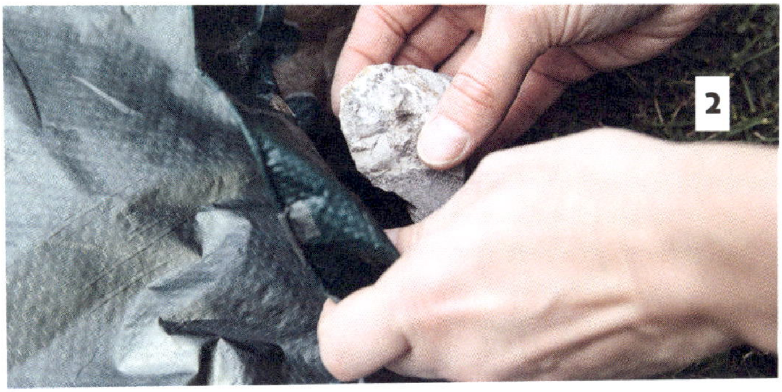

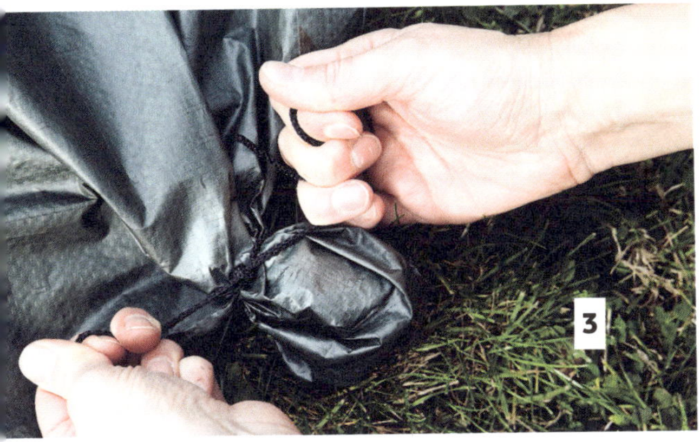

3 Binde den eingewickelten Stein mit einem Stück Schnur fest darin ein.

4 Nun kannst du die Spannschnur an der Einschnürung befestigen…

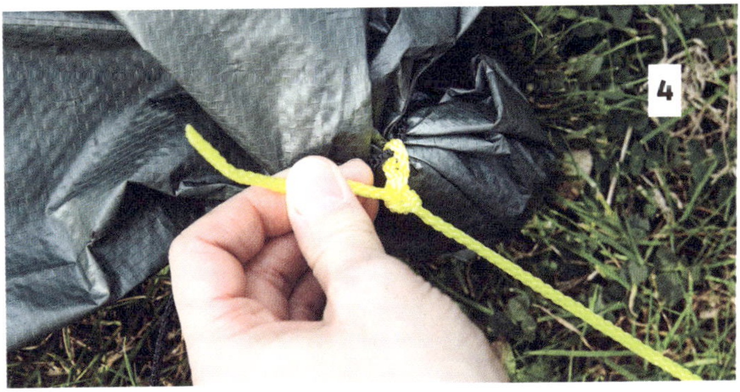

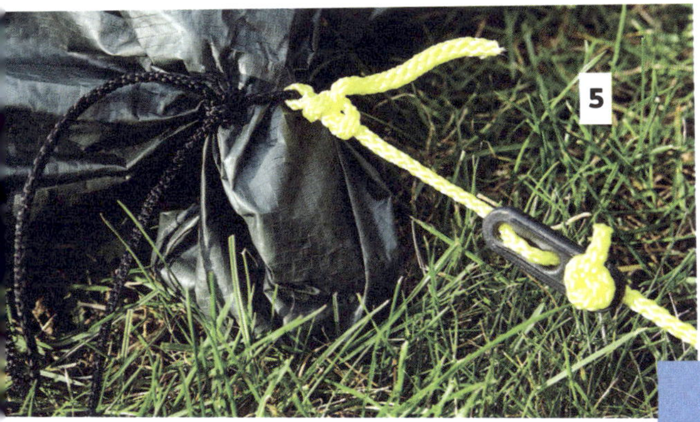

5 … und die Plane abspannen.

Hat sich eine Zecke trotz aller Vorsichtsmaßnahmen bereits festgebissen, muss diese so schnell wie möglich entfernt werden. Hast du keine Zeckenzange oder Zeckenschlinge dabei, kannst du dir mit einem Strohhalm behelfen. Schneide auf die Längsseite ein rautenförmiges Loch von ca. 1 cm Länge, stülpe den Strohhalm mit diesem Loch über die Zecke und ziehe ihn langsam zu einer Seite. Die Zecke sollte sich nun in der spitz zulaufenden Ecke des Loches befinden. Nun vorsichtig mit ein wenig Druck weiterziehen, bis die Zecke entfernt ist. Anschließend die Stelle desinfizieren oder zumindest mit Seifenwasser abwaschen.

Zecken können gefährliche Viren und Bakterien übertragen. Deshalb sollte eine Zeckenzange unbedingt zur Grundausrüstung gehören. Lass dir die Zecke im Zweifelsfall von einem Arzt entfernen.

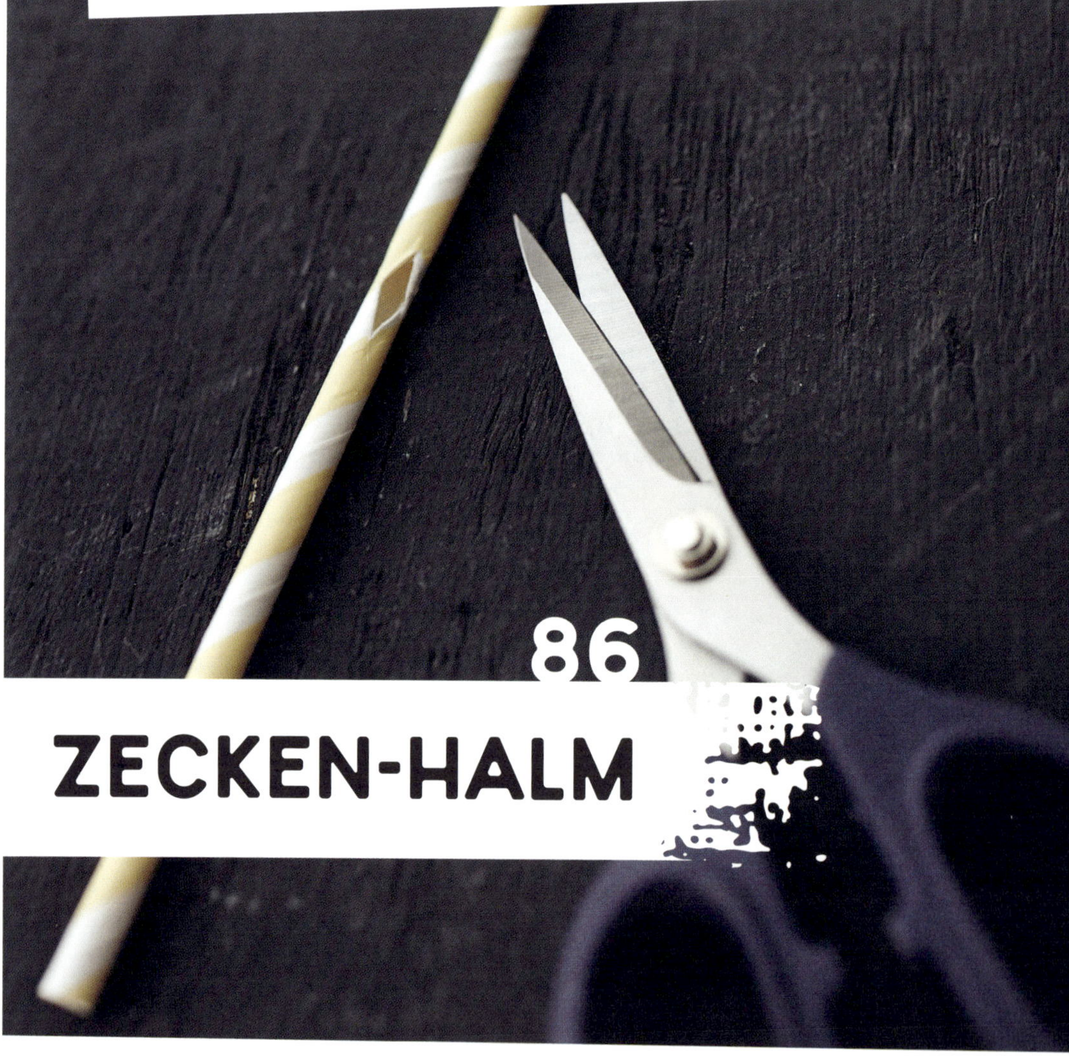

86

ZECKEN-HALM

87

SCHEIN-VERSTECK

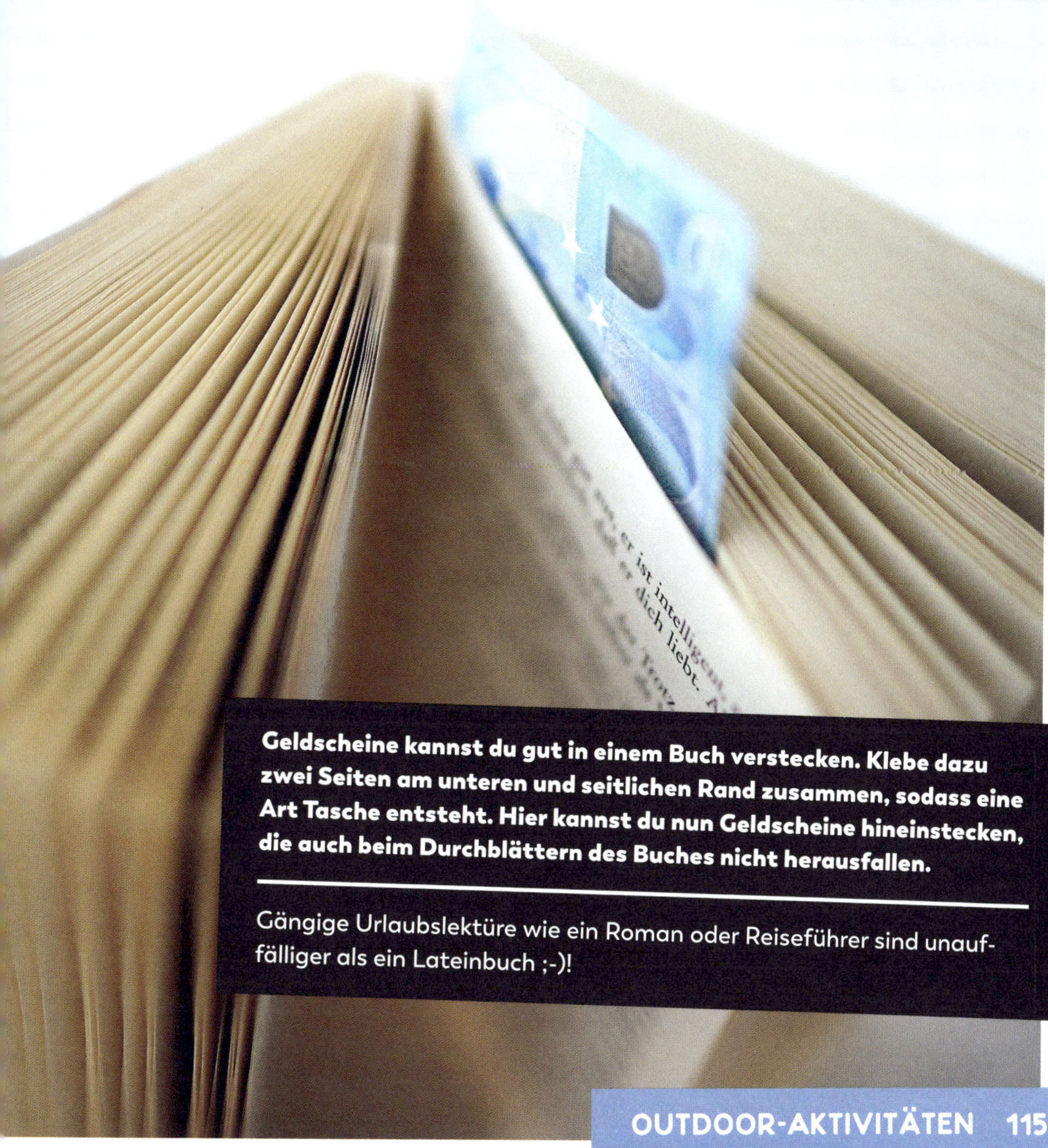

Geldscheine kannst du gut in einem Buch verstecken. Klebe dazu zwei Seiten am unteren und seitlichen Rand zusammen, sodass eine Art Tasche entsteht. Hier kannst du nun Geldscheine hineinstecken, die auch beim Durchblättern des Buches nicht herausfallen.

Gängige Urlaubslektüre wie ein Roman oder Reiseführer sind unauffälliger als ein Lateinbuch ;-)!

88 GEHEIMVERSTECK

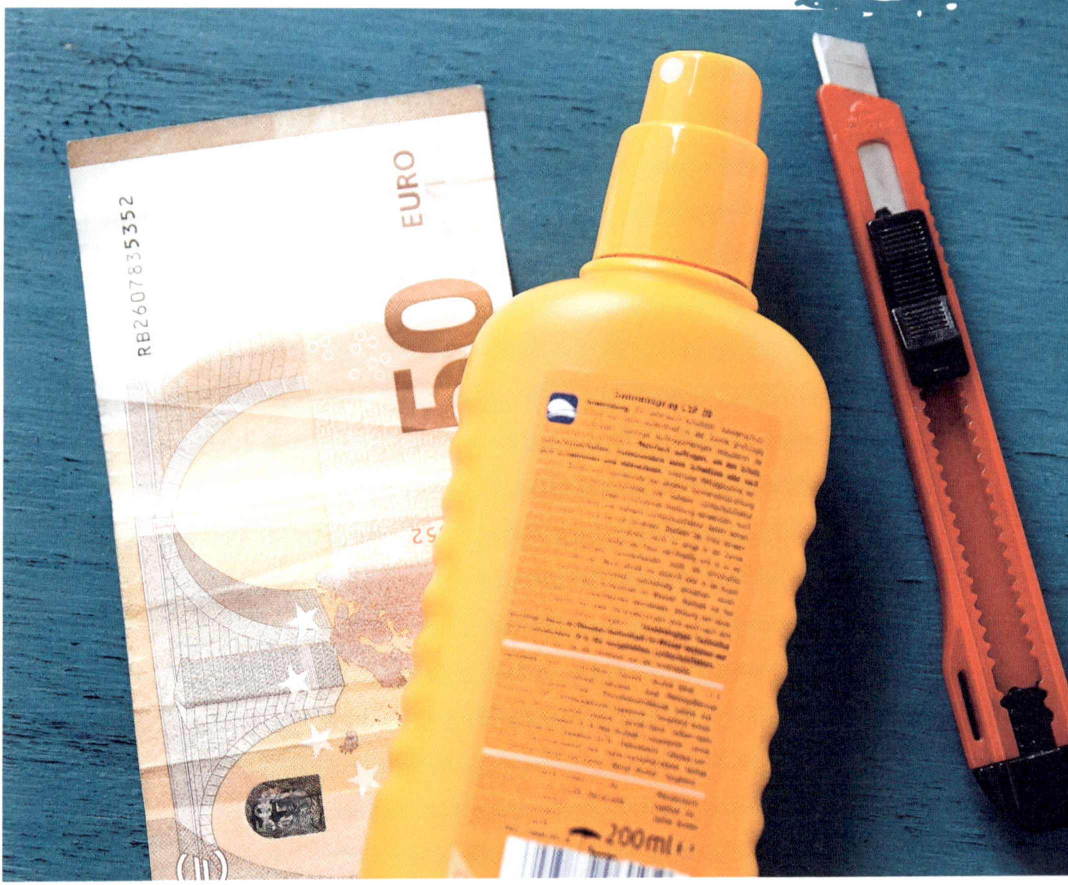

Geld, Handy und andere Wertsachen wollen am Strand gut versteckt sein. Eine Idee ist es, die Wertsachen in einer leeren Sonnencreme-Flasche zu verstauen.

Einen hundertprozentigen Schutz vor Diebstahl gibt es natürlich nicht, deshalb solltest du nur das Nötigste mit an den Strand nehmen.

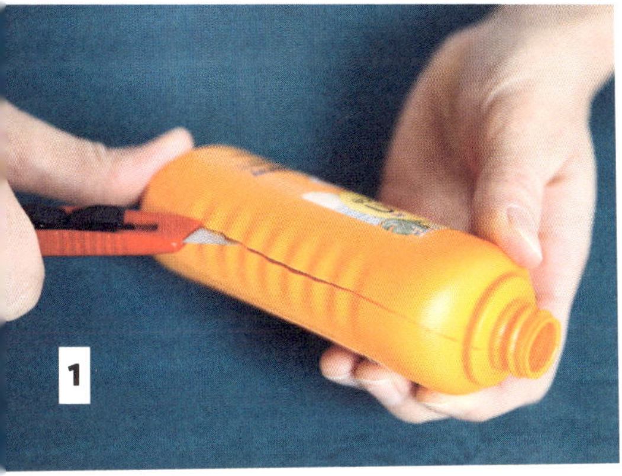

Dazu eine leere Sonnencreme-Flasche, die einen Schraubverschluss haben muss, …

1 **an den Seitennähten vorsichtig aufschneiden. Den Boden dabei nicht beschädigen.**

2 **Wertsachen hineinlegen,**

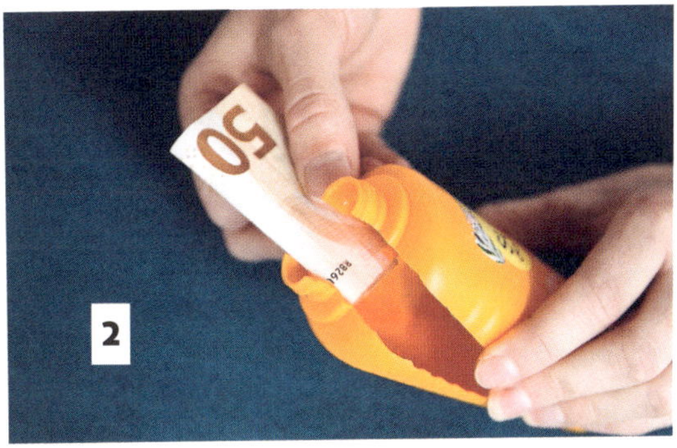

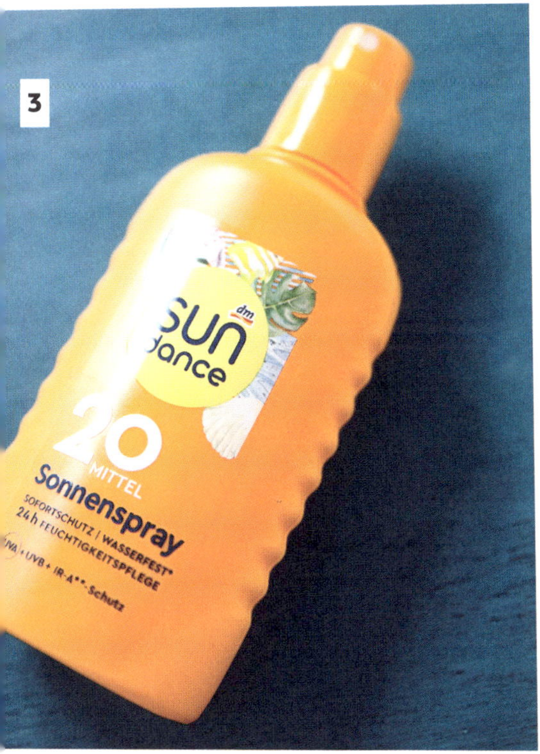

3 **zuklappen und Verschluss wieder aufschrauben.**

89 STRANDSAND

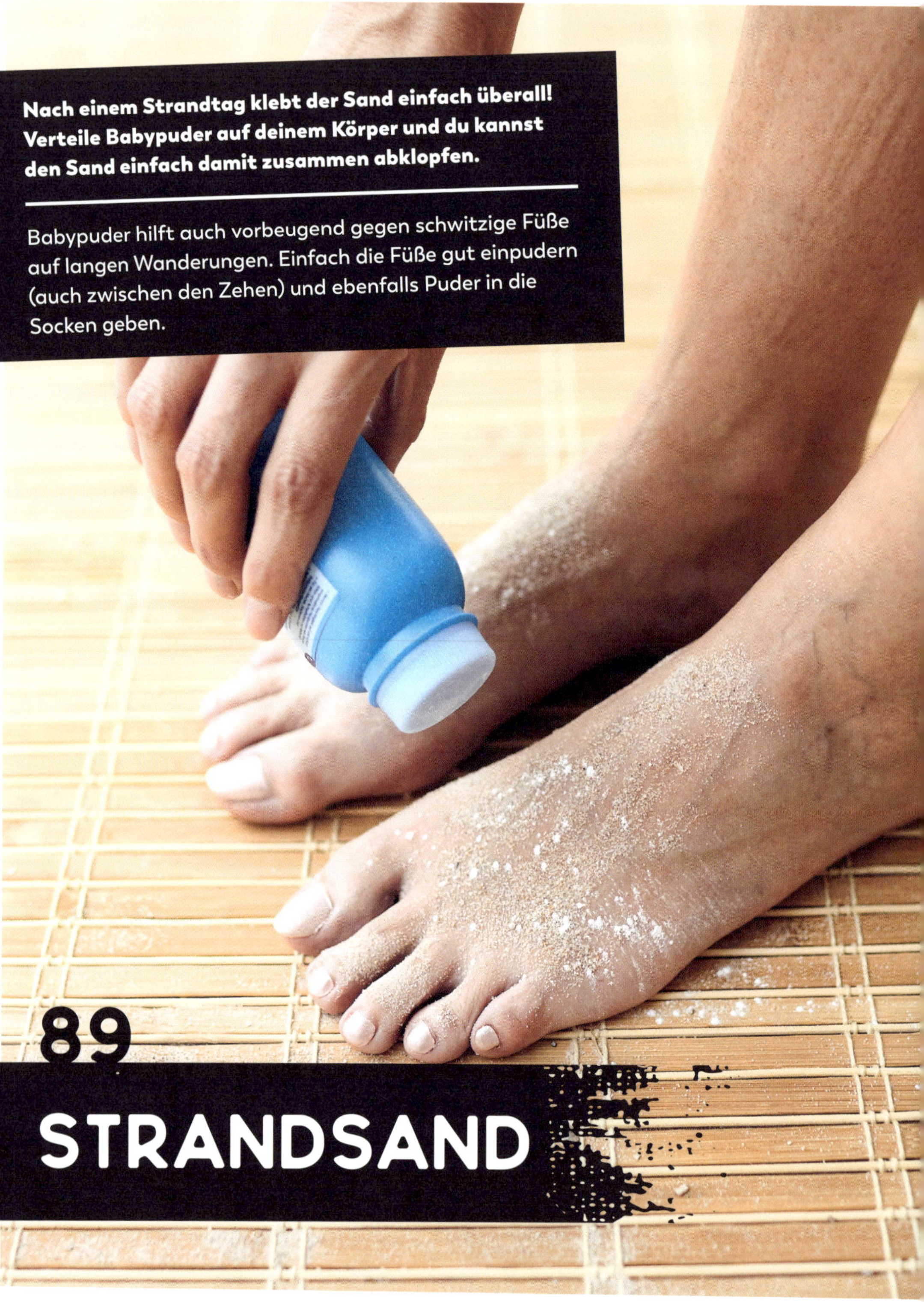

Nach einem Strandtag klebt der Sand einfach überall! Verteile Babypuder auf deinem Körper und du kannst den Sand einfach damit zusammen abklopfen.

Babypuder hilft auch vorbeugend gegen schwitzige Füße auf langen Wanderungen. Einfach die Füße gut einpudern (auch zwischen den Zehen) und ebenfalls Puder in die Socken geben.

90 BALLON-RING

Du willst deinen nicht ganz festsitzenden Ring beim Schwimmen nicht verlieren? Schneide die Öffnung eines Luftballons ab und ziehe dir dieses Stückchen Gummi über den Finger, sodass das Gummi vor dem Ring sitzt.

Den Rest des Ballons kannst du prima für Hack 74 verwenden.

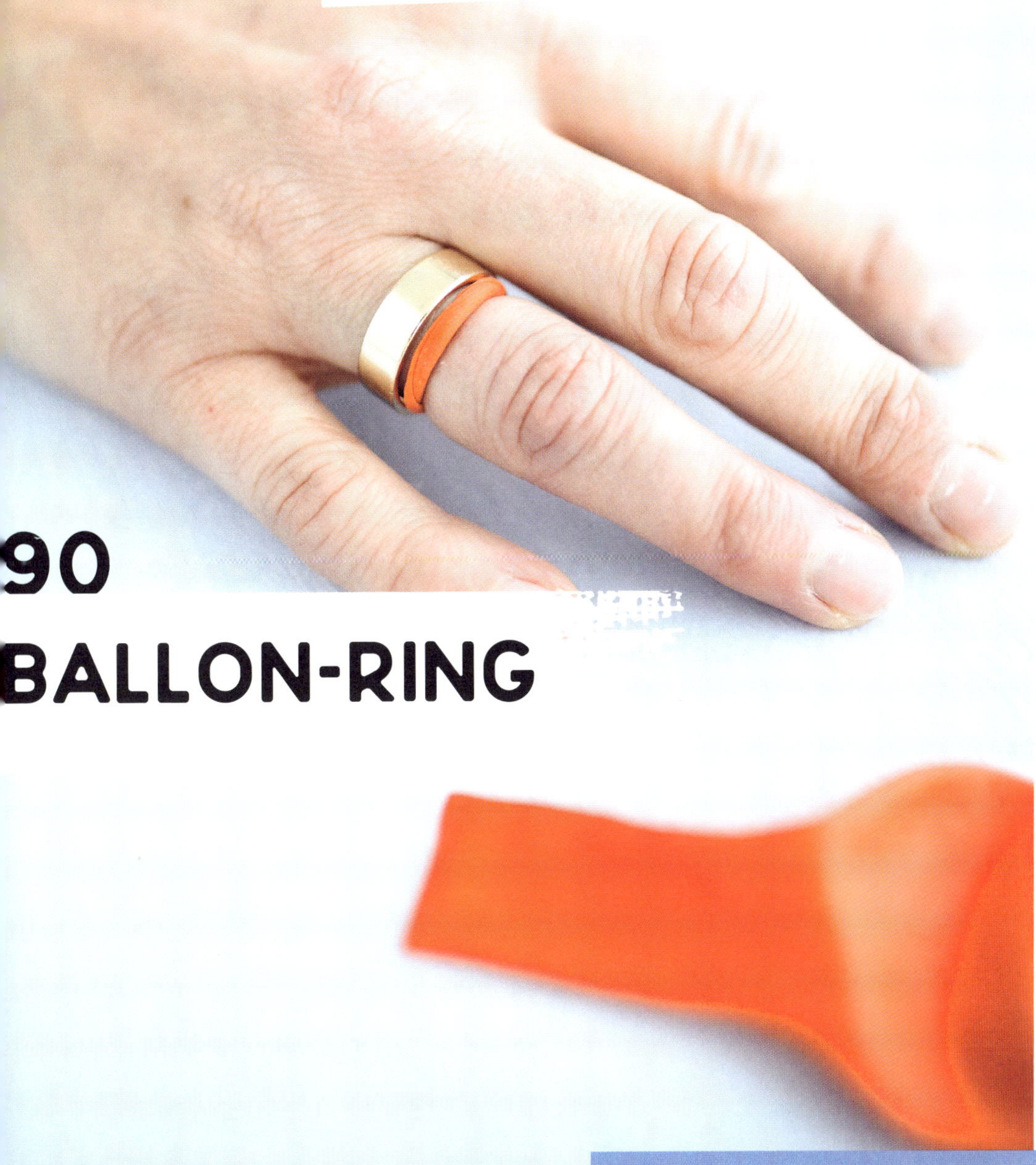

NOTIZEN

AHA!

Teste doch im nächsten Sommerurlaub mal eine neue Sportart. Im Trend liegen zum Beispiel Stand-Up-Paddling, Skimboard oder Spikeball. Aber auch Jogging in neuer Umgebung oder bekannte Sportarten wie Surfen, Beachvolleyball oder Wasserski sind reizvoll, wenn du sie das erste Mal ausprobierst.

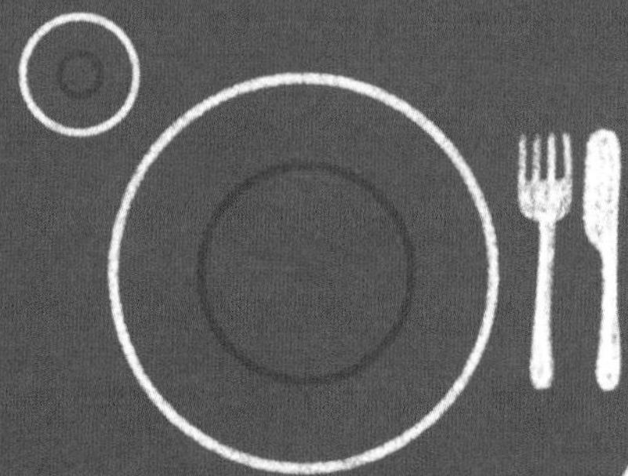

Essen und Trinken

Du musst spontan einen Fisch entschuppen? Nichts leichter als das! Nagel einfach zwei Kronkorken an ein Stück Holz, halte den Fisch gut fest und fahre mit deinem DIY-Entschupper vom Schwanz zum Kopf des Fisches.

Die Schuppen gehen auf diese Weise gut ab, aber sie verteilen sich dabei auch in der näheren Umgebung. Mache das also am besten etwas weiter weg von deinem Kochplatz.

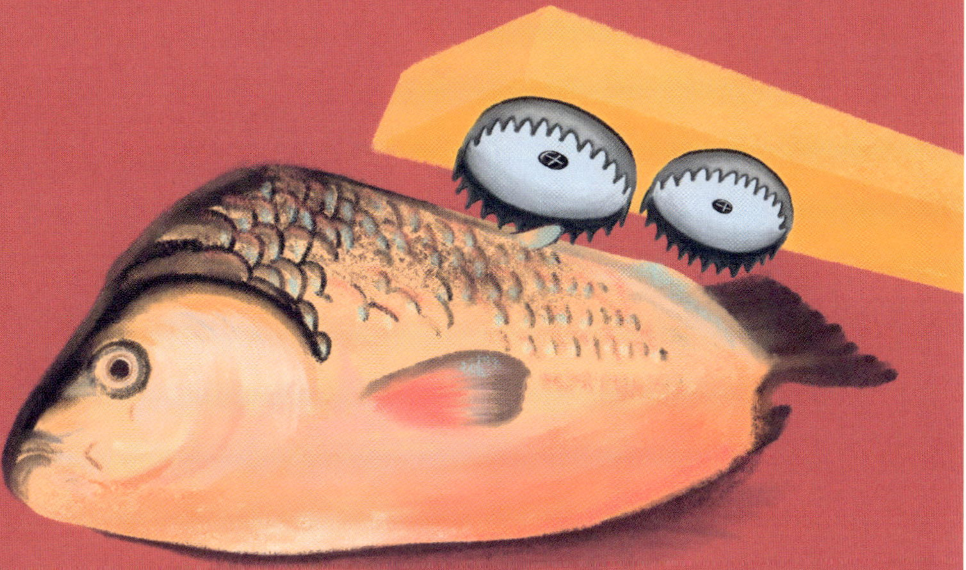

91

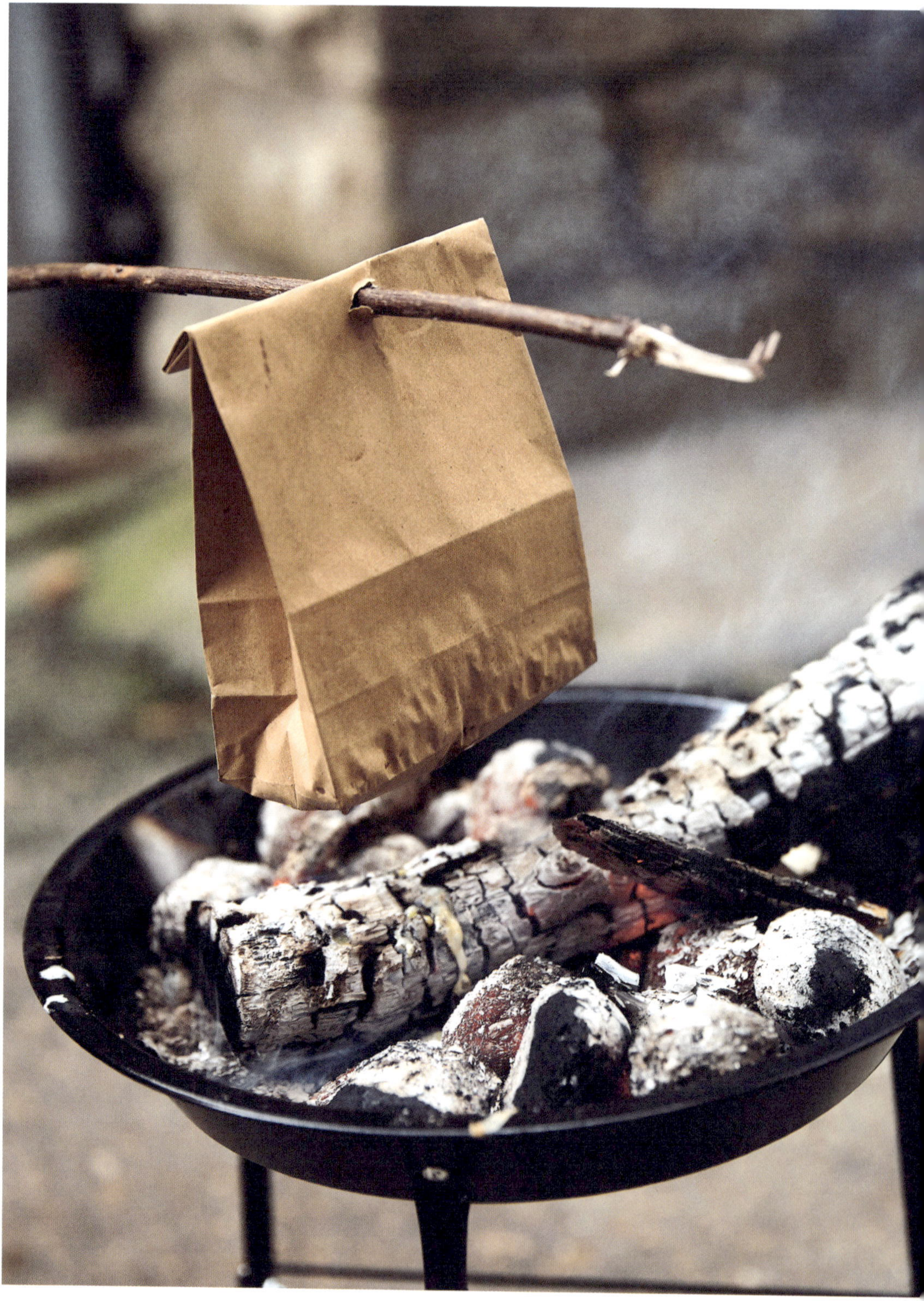

Beim Camping hast du weder viel Platz noch viele Utensilien, auf die du beim Rühren, Schneiden, Braten oder Grillen zurückgreifen kannst. Und wahrscheinlich auch nicht die größte Lust, ein 5-Gänge-Menü für zehn Personen zu kochen. Aber schmackhaftes Essen kann man selbst in der kleinsten Küche zaubern – auch, wenn es dabei manchmal nur um das Öffnen einer Dose oder Weinflasche geht. Und wenn alles nicht weiterhilft, bereite dir einen leckeren Kaffee auf dem Gaskocher zu und lies dir das folgende Kapitel noch einmal genauer durch. Bei der nächsten Mahlzeit bist du dann perfekt gerüstet.

92

RÜHREI TO GO

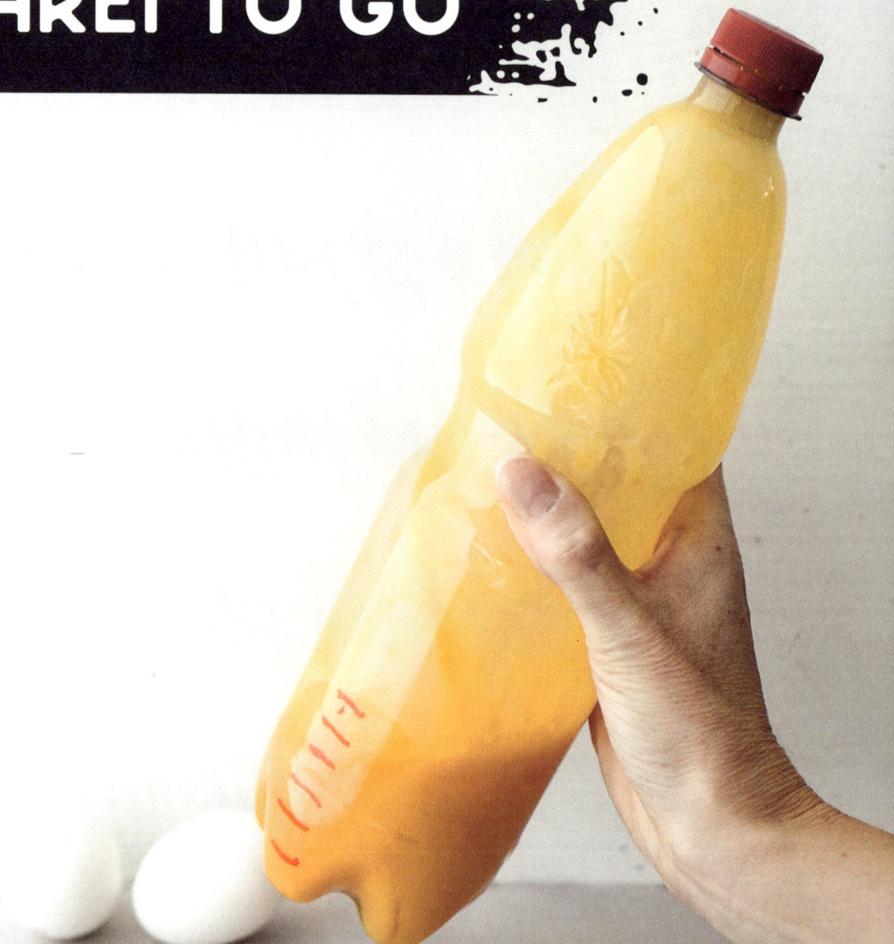

Eier lassen sich besser transportieren, wenn du sie bereits zu Hause aufschlägst, verquirlst und in eine Flasche füllst. Wenn du nicht alle Eier auf einmal verbrauchen willst, fülle die Eier einzeln ein und mache dir auf der Flasche eine Markierung.

Die Eier in der Flasche solltest du gut kühlen und innerhalb von 2 Tagen aufbrauchen.

93 TROCKEN-EI

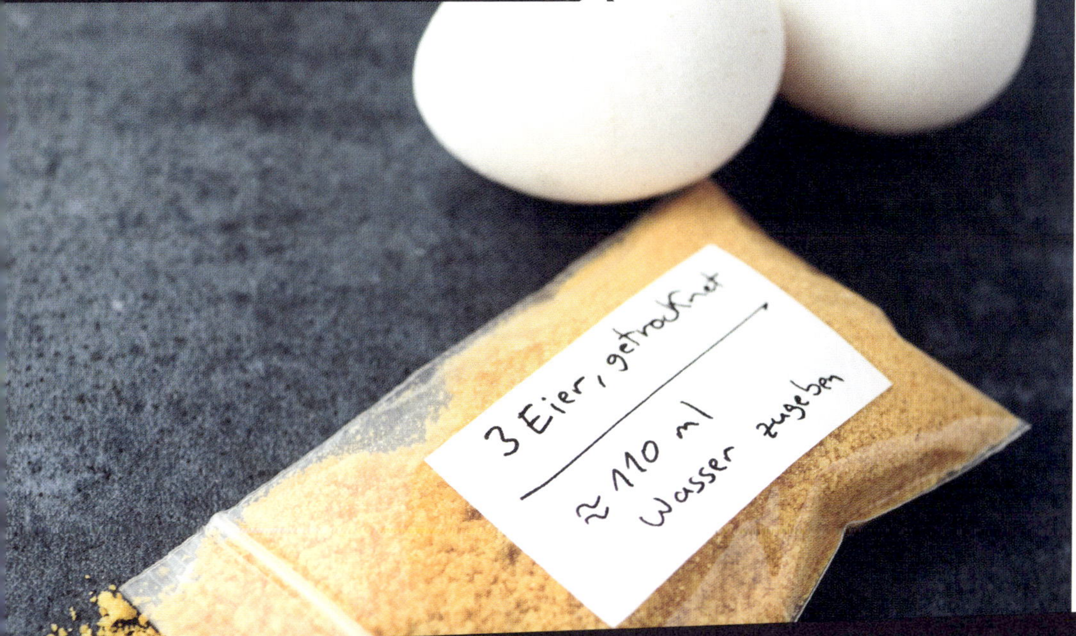

Eier lassen sich für längere Touren dehydrieren. Schlage diese auf, verquirle sie und gib die Masse auf ein mit Backpapier bedecktes Backblech. Schiebe das Blech bei etwa 70 °C für vier bis fünf Stunden in den Backofen bei leicht geöffneter Tür (Kochlöffel dazwischen klemmen). Das getrocknete Ei vom Backpapier abnehmen und in einen Behälter füllen.

Wenn du wissen willst, wieviel Wasser du bei der Zubereitung zufügen musst, wiege die Eimasse vor und nach der Trocknung und notiere dir die Differenz auf der Tüte. Getrocknete Eier halten auch ohne Kühlung zwei Wochen und länger.

EXPRESS-PRESSE

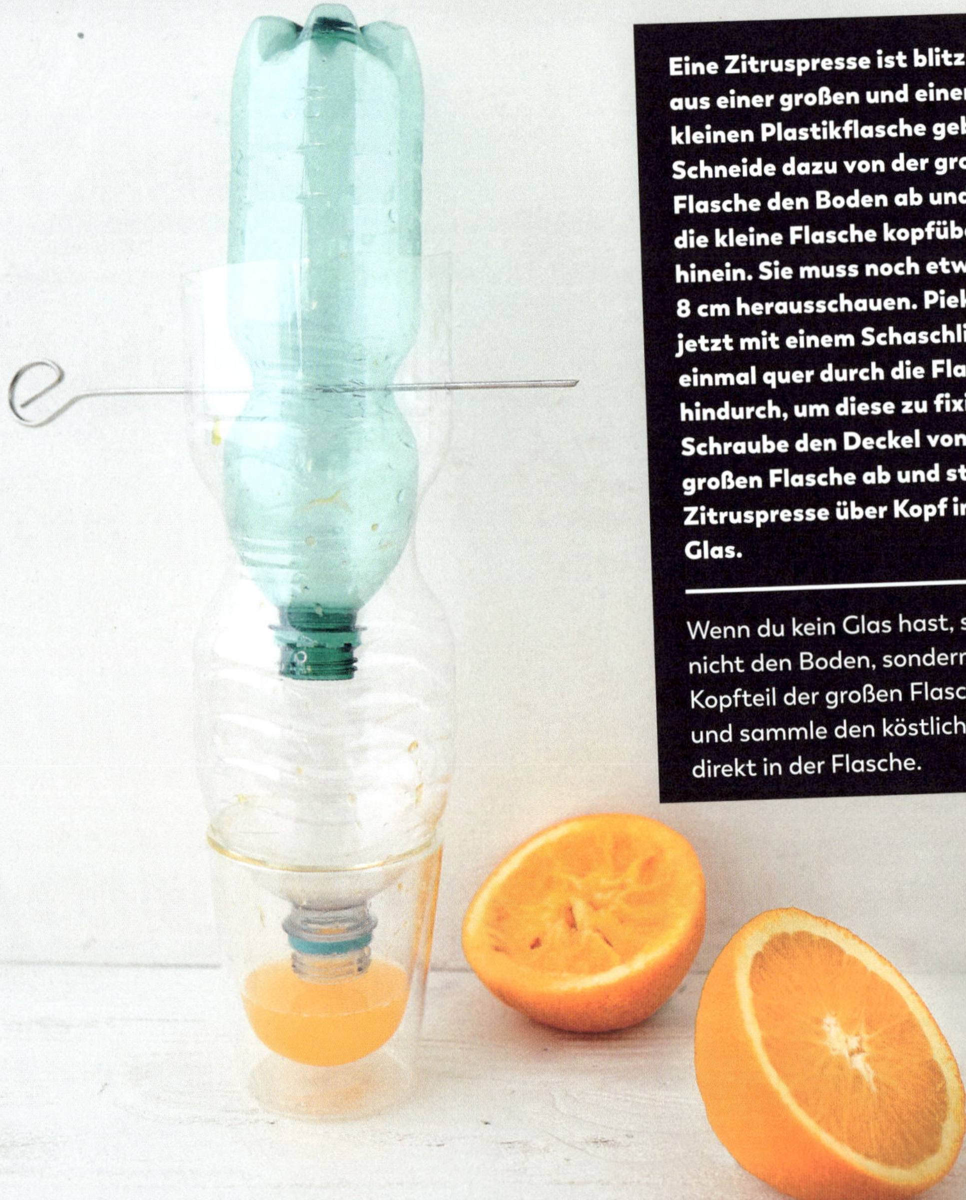

Eine Zitruspresse ist blitzschne aus einer großen und einer kleinen Plastikflasche gebaut. Schneide dazu von der großen Flasche den Boden ab und stell die kleine Flasche kopfüber hinein. Sie muss noch etwa 8 cm herausschauen. Piekse jetzt mit einem Schaschlikspie einmal quer durch die Flaschen hindurch, um diese zu fixieren. Schraube den Deckel von der großen Flasche ab und stelle d Zitruspresse über Kopf in ein Glas.

Wenn du kein Glas hast, schnei nicht den Boden, sondern das Kopfteil der großen Flasche ab und sammle den köstlichen Sa direkt in der Flasche.

Joghurt-Becher mit Abziehfolie, die man nicht mit einem Mal leert, kann man wieder verschließen, indem man von einem Strohhalm ein etwa 4 cm langes Stück am Knick herausschneidet. Dieses trennt man noch einmal längs auf und steckt es auf den Rand des Bechers.

Auch Wurst-Dosen, bei denen der Deckel fehlt, kann man so verschließen und die Streichwurst vor dem Austrocknen bewahren.

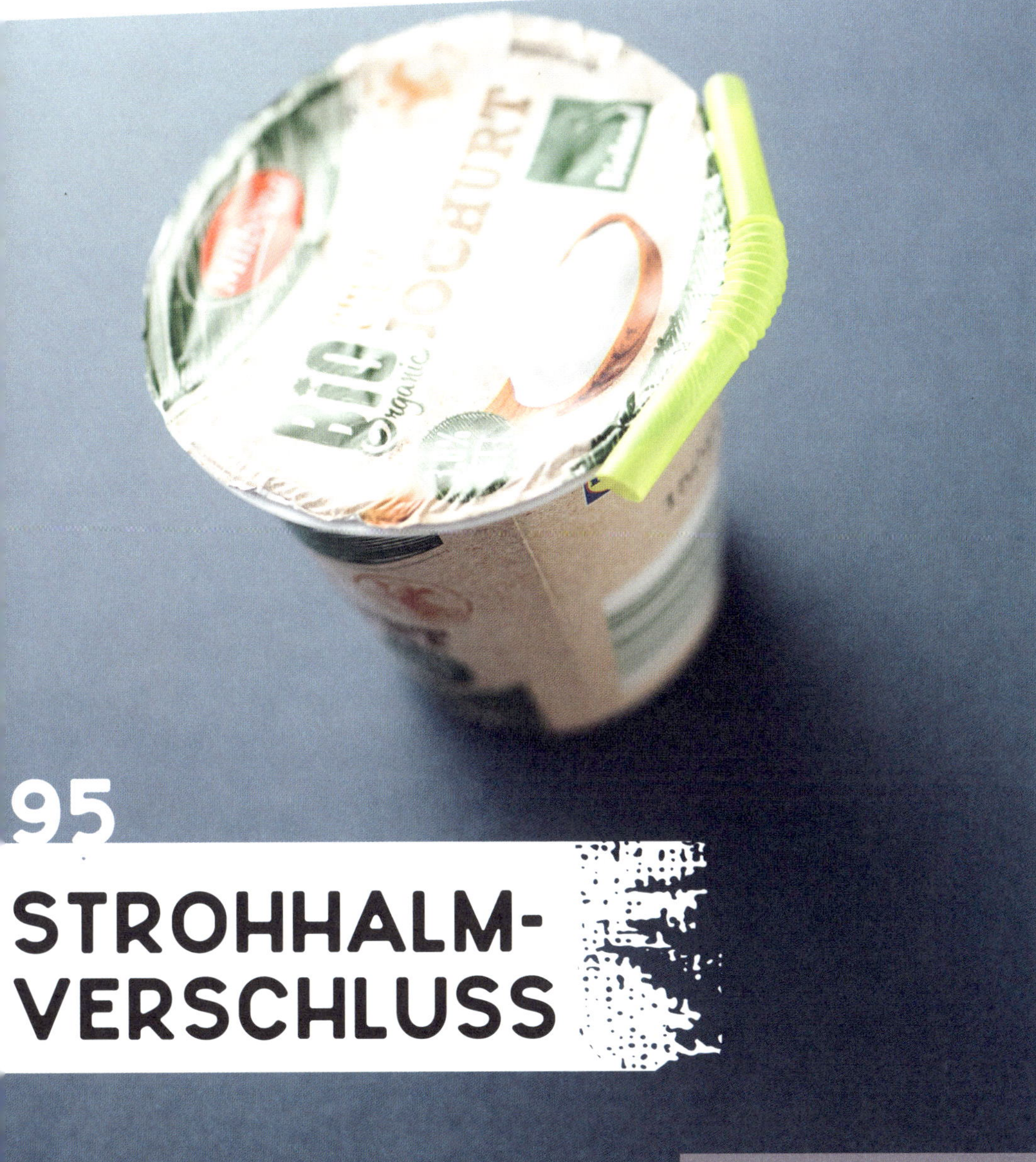

95

STROHHALM-VERSCHLUSS

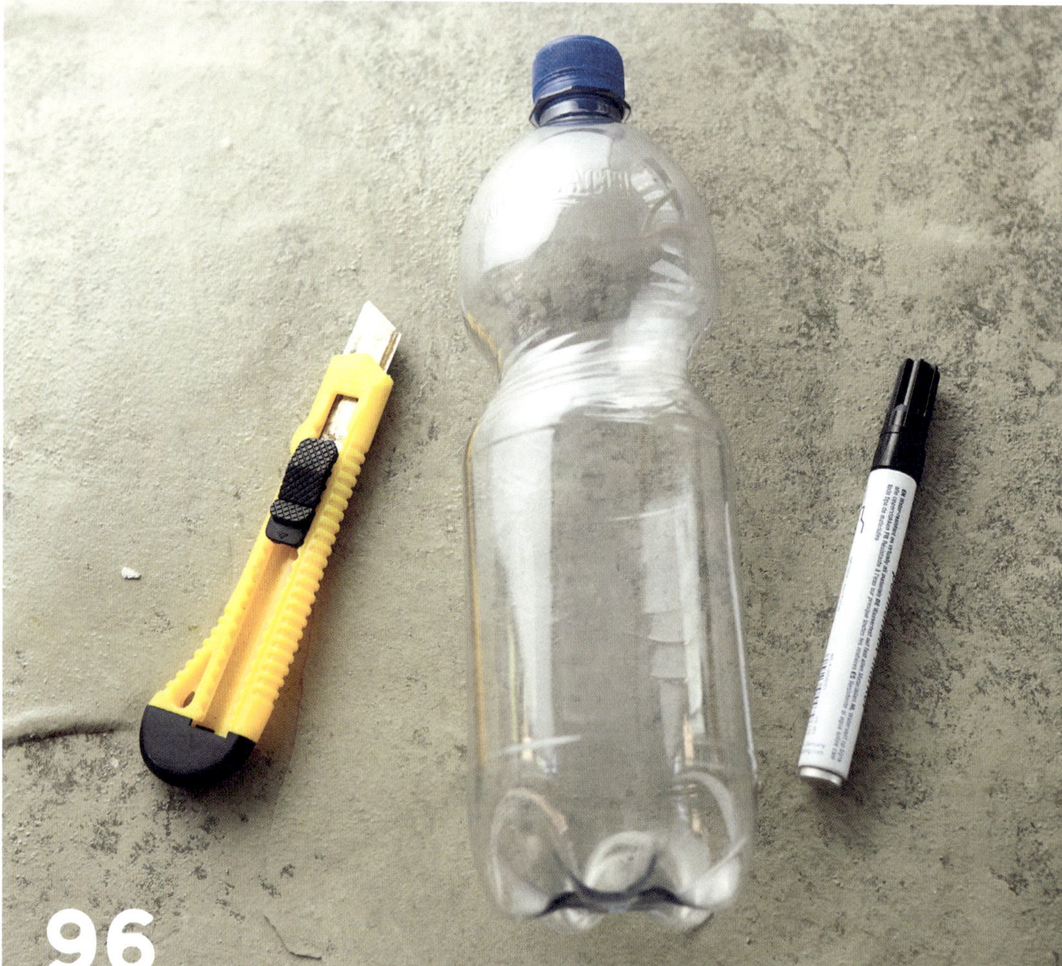

96

FLASCHEN-LÖFFEL

Schneide dir aus einer Plastikflasche einen Löffel, wenn du deinen vergessen hast!

Um die Kanten zu glätten, kannst du vorsichtig – aber nicht zu nahe, sonst deformiert sich der Löffel – ein Feuerzeug an ihnen entlang führen. Dadurch wird der Löffel härter und stabiler.

1 Zeichne den Umriss des Löffels auf eine Plastikflasche.

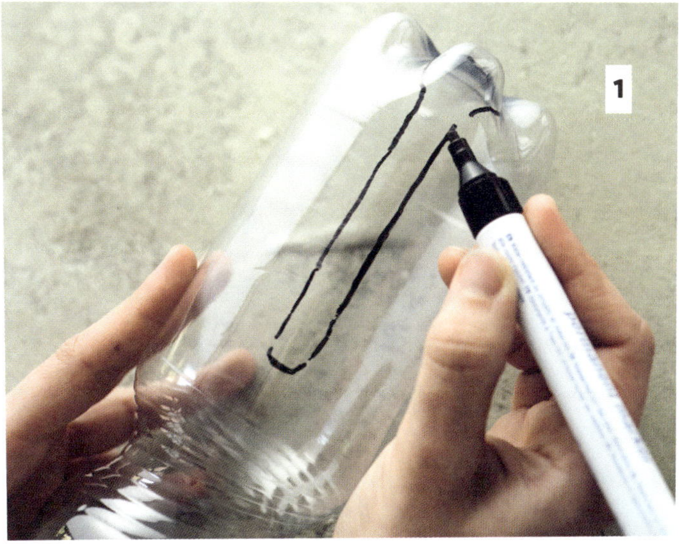

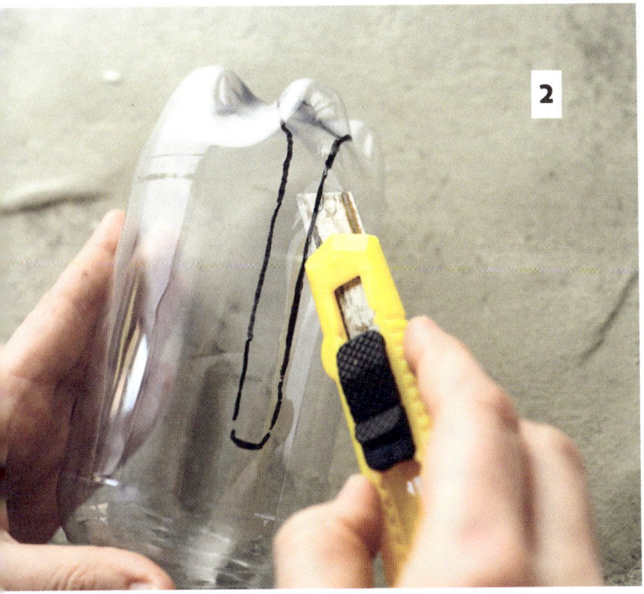

2 Schneide mithilfe eines Cutters entlang der Linie den Löffel aus.

3 Fertig ist der Löffel.

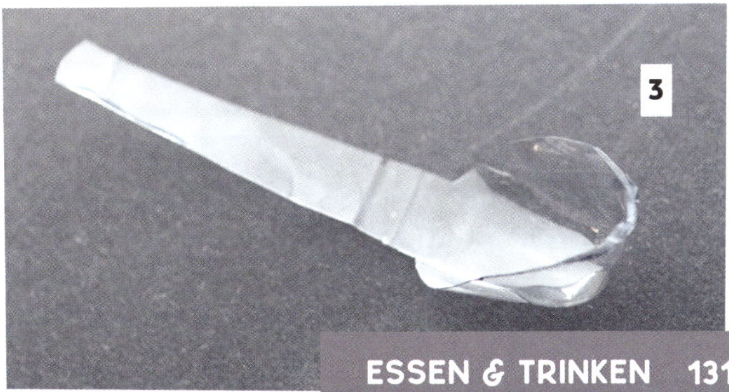

Portioniere deinen Kaffee für Kurztrips schon vorab in Papier-Teefiltern. Diese kannst du nach dem Befüllen falten und in eine Tüte oder eine Dose stecken. Um deinen Kaffee zuzubereiten, gibst du den Teebeutel in eine Tasse, übergießt ihn mit siedendem Wasser und wartest ein paar Minuten. Ab und zu den Kaffeebeutel ein wenig mit dem Löffel ausdrücken.

Wenn du sichergehen willst, dass kein Kaffeepulver herausrieselt, binde die Filter mit etwas Nähgarn zu.

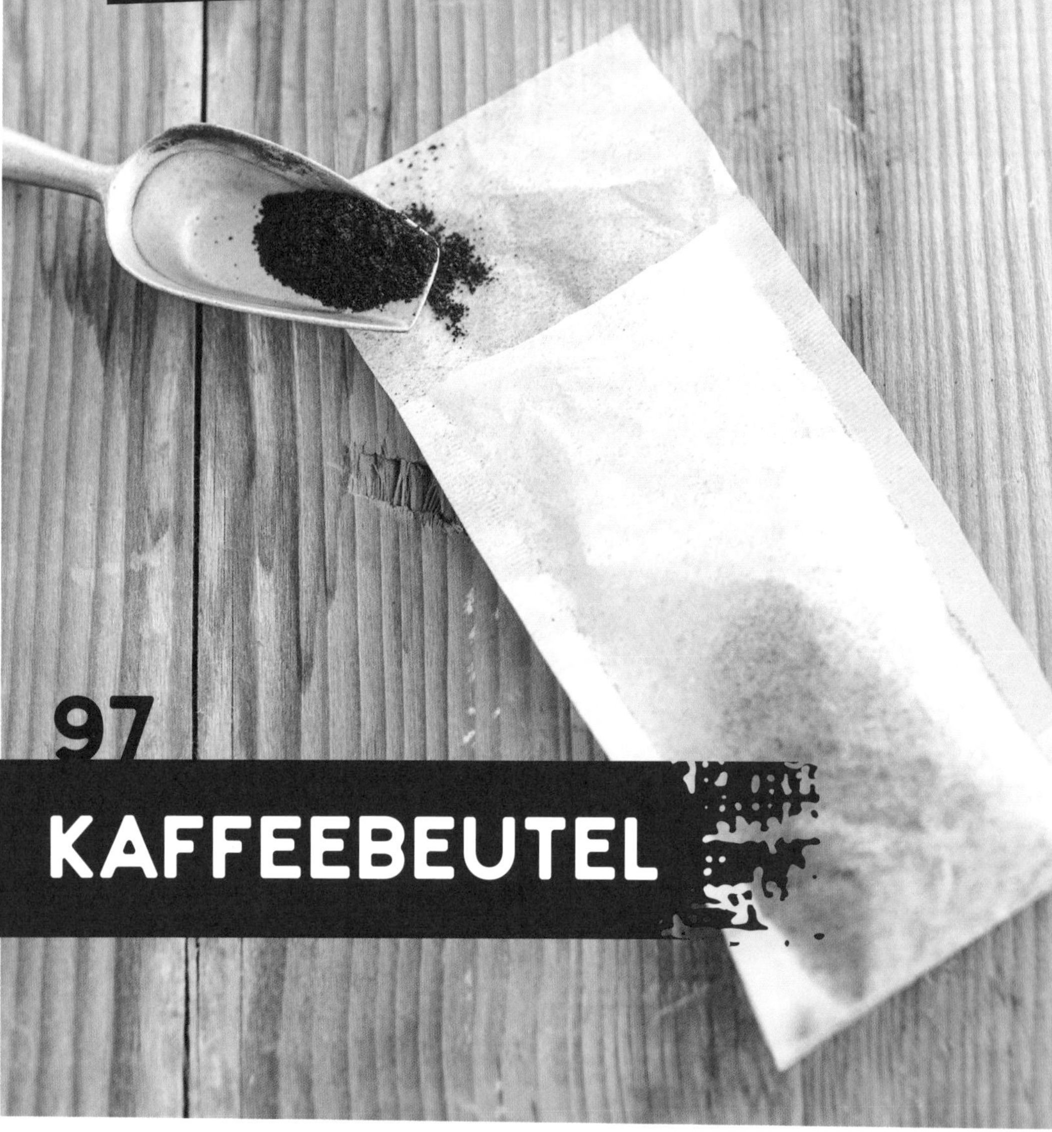

97 KAFFEEBEUTEL

98

PLATZSPARER

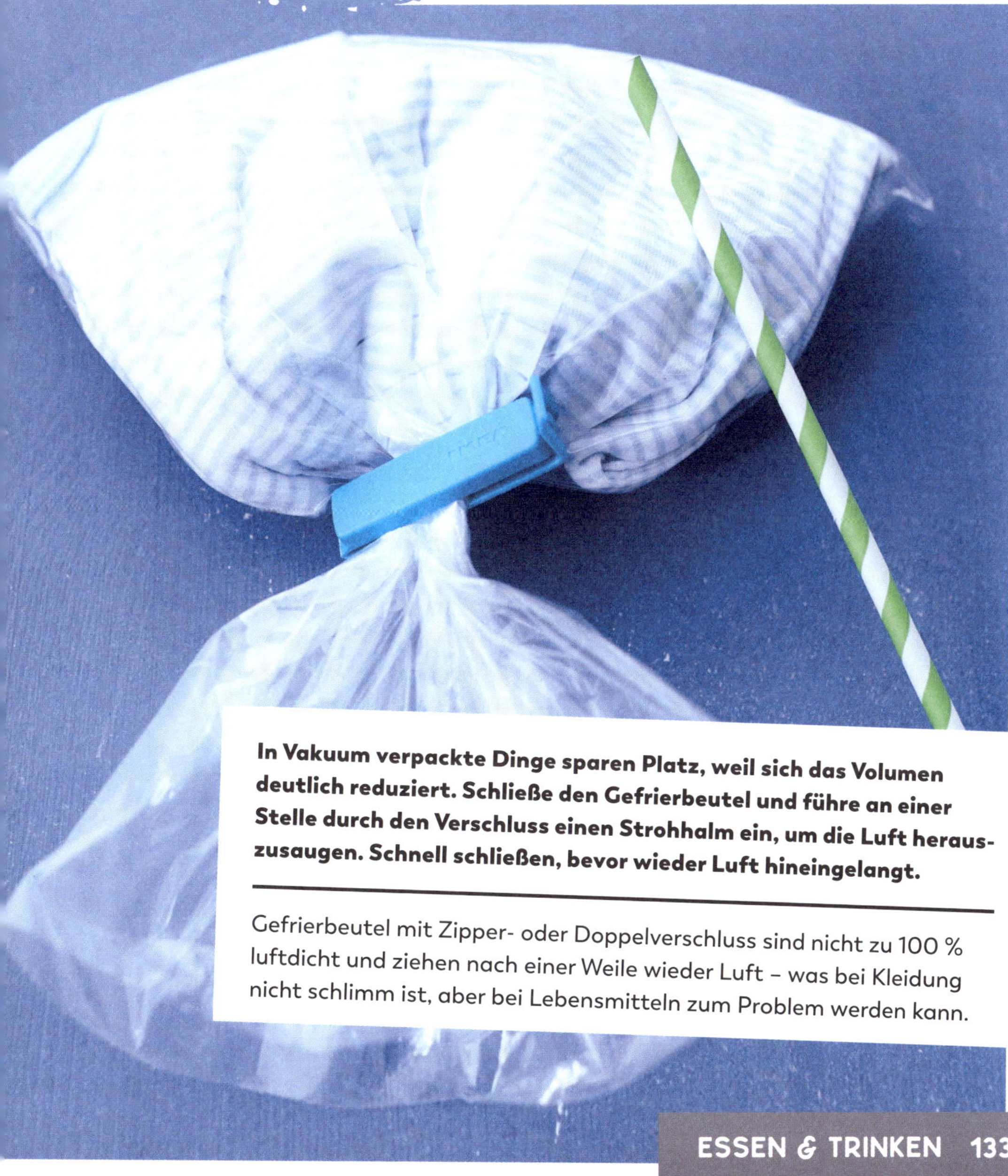

In Vakuum verpackte Dinge sparen Platz, weil sich das Volumen deutlich reduziert. Schließe den Gefrierbeutel und führe an einer Stelle durch den Verschluss einen Strohhalm ein, um die Luft heraus-zusaugen. Schnell schließen, bevor wieder Luft hineingelangt.

Gefrierbeutel mit Zipper- oder Doppelverschluss sind nicht zu 100 % luftdicht und ziehen nach einer Weile wieder Luft – was bei Kleidung nicht schlimm ist, aber bei Lebensmitteln zum Problem werden kann.

Wenn du keinen Dosenöffner hast, nutze einen Esslöffel, um deine Konserve zu öffnen. Setze dabei den Löffel mit der Spitze am Rand des Deckels an und wiege ihn unter Druck hin und her. Nach einer Weile wird an dieser Stelle das Blech weich und es entsteht ein Loch. Durch weiteres hin- und herbewegen des Löffels wird das Loch breiter. Verfahre so an drei bis vier Stellen des Deckels und bald kannst du dein Mittagessen löffeln.

Willst du dir die Mühe sparen, achte beim Kauf der Konservendosen darauf, dass sie mit einer Aufreißlasche versehen sind.

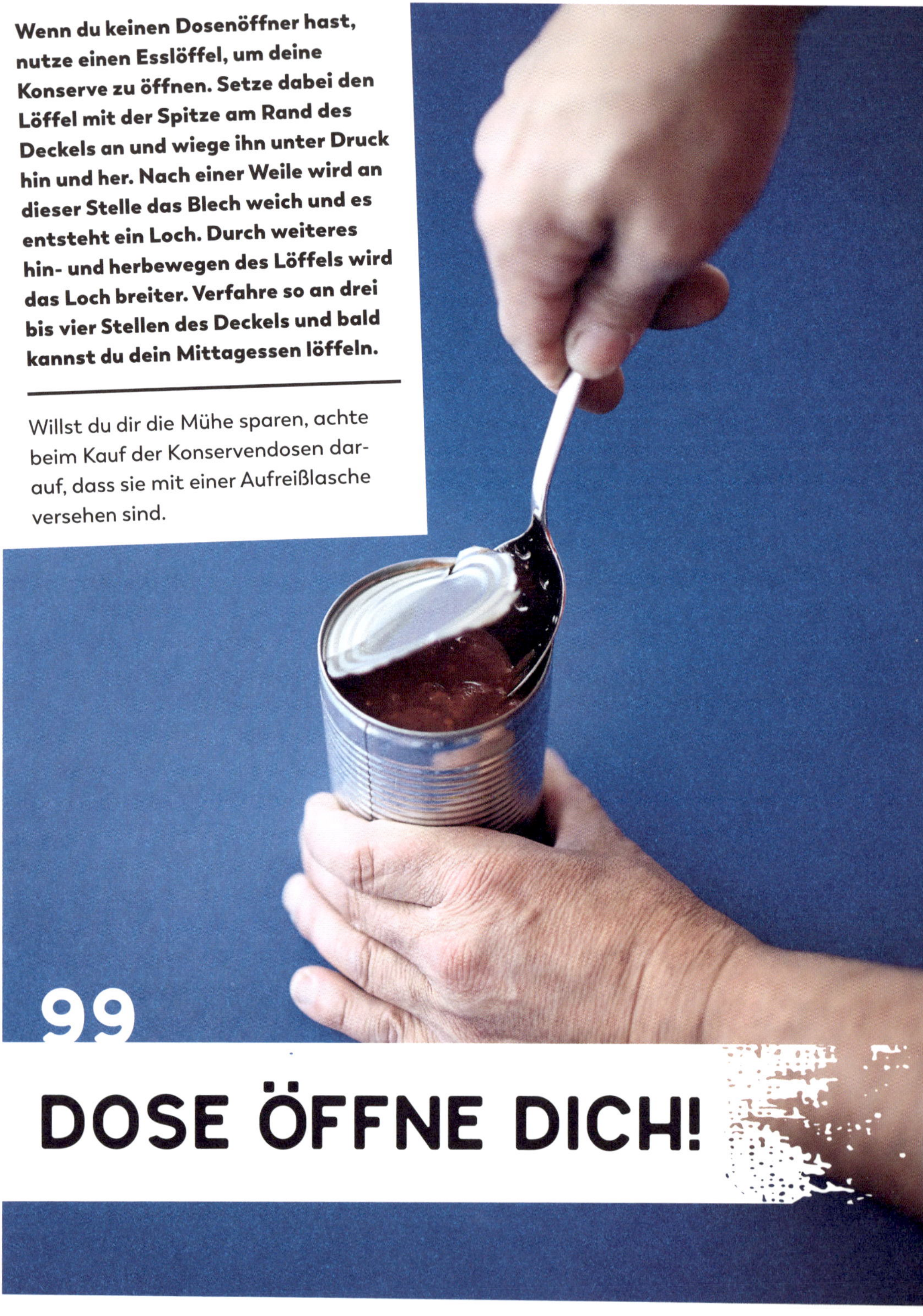

99

DOSE ÖFFNE DICH!

Konservendose kannst du auch öffnen, indem du sie auf einer rauen Unterlage reibst, zum Beispiel auf Asphalt oder auf einem Bordstein.

Wenn du merkst, dass etwas Flüssigkeit austritt, dreh die Dose schnell um, bevor dein Essen auf der Straße liegt!

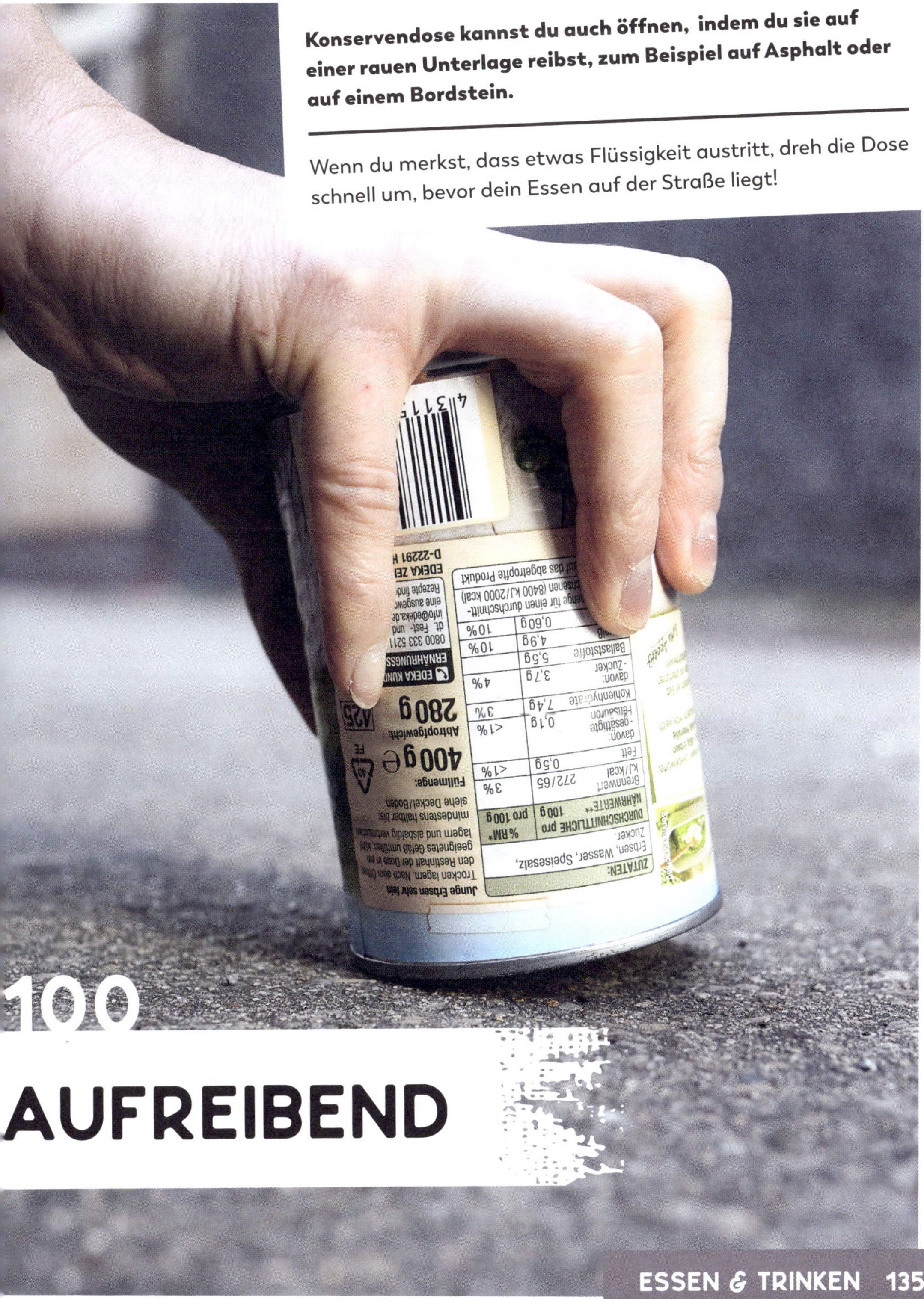

100 AUFREIBEND

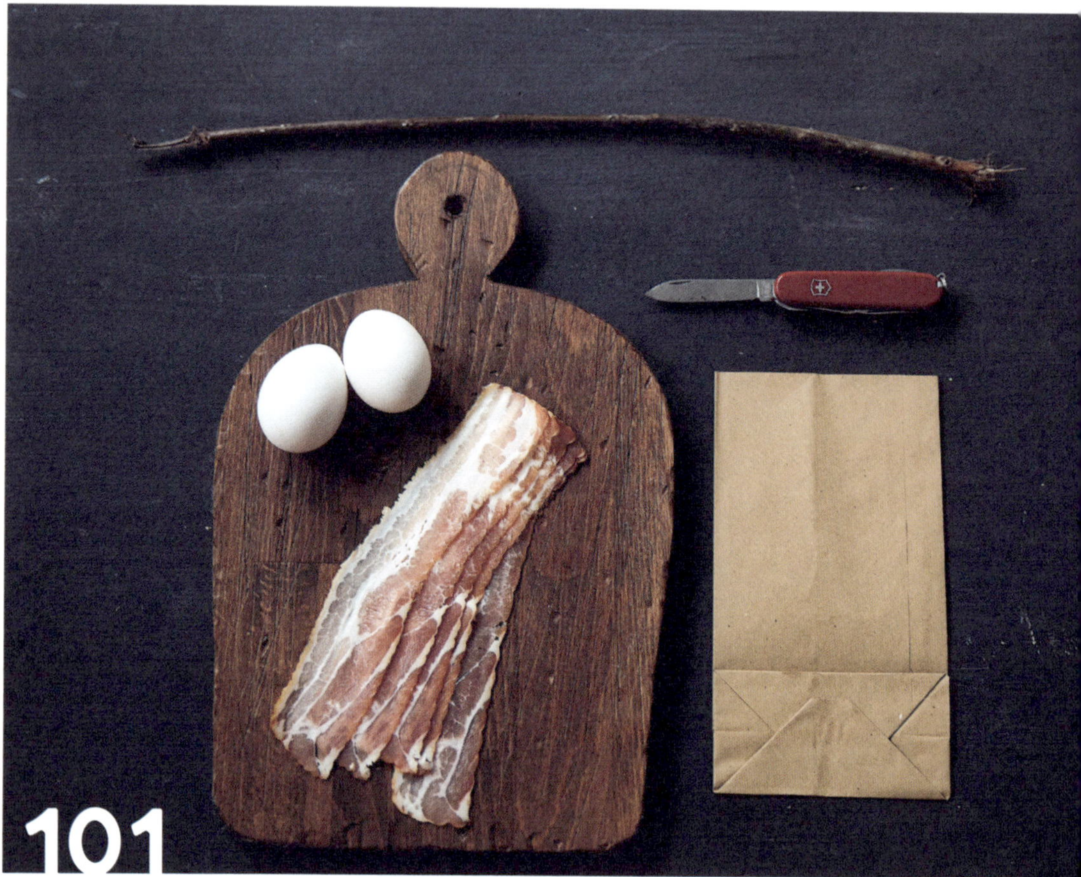

101

ESSEN AUS DER TÜTE

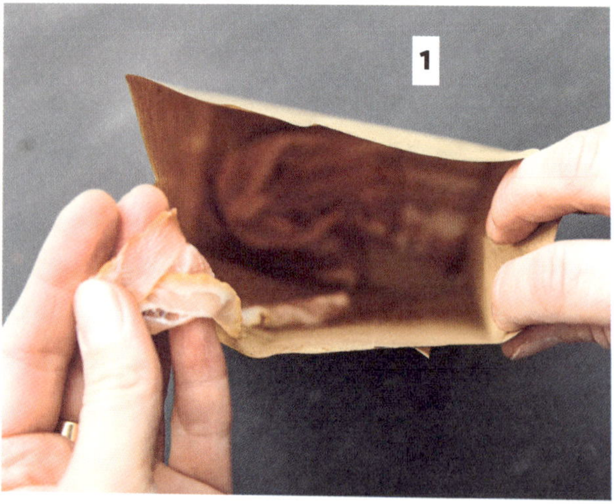

Lust auf ein herzhaftes Frühstück? Eier mit Speck lassen sich vorzüglich in einer Papiertüte garen.

1 **Lege den Boden der Papiertüte komplett mit Speckstreifen aus.**

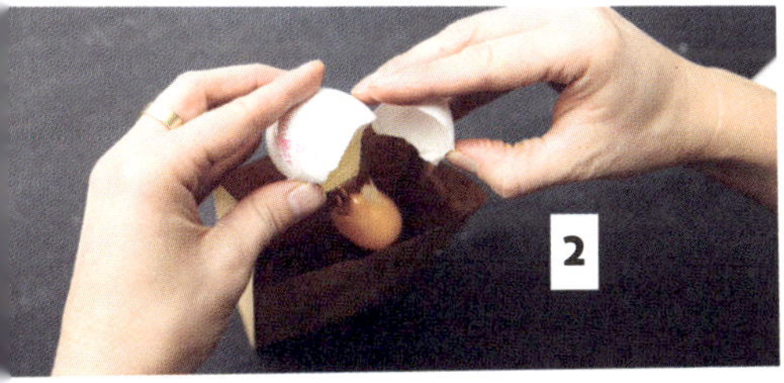

2 **Schlage ein Ei hinein.**

3 **Falte den oberen Rand der Tüte dreimal um.**

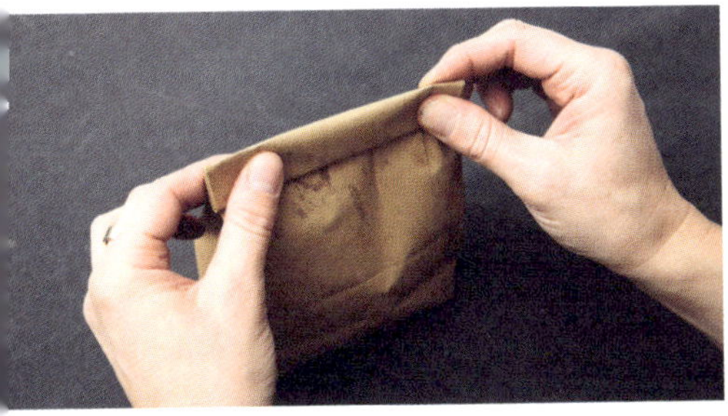

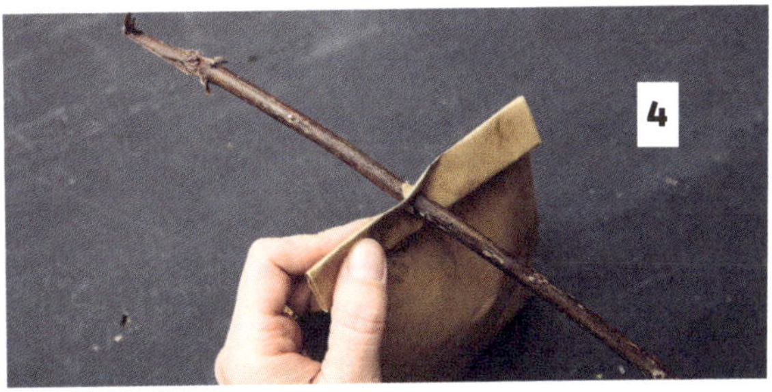

Stecke einen Stock durch diesen gefalteten Rand.

Jetzt musst du nur noch die Tüte vorsichtig über das Feuer, allerdings nicht in das Feuer halten. Wenn das ausgelassene Fett des Schinkenspecks bis auf halbe Höhe der Tüte aufgesaugt ist, ist dein Frühstück fertig.

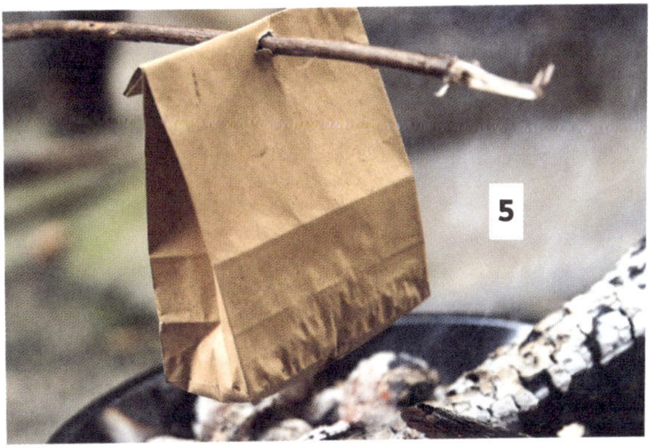

Essen kannst du direkt aus der Tüte, stelle diese aber auf einen Teller oder eine andere Unterlage.

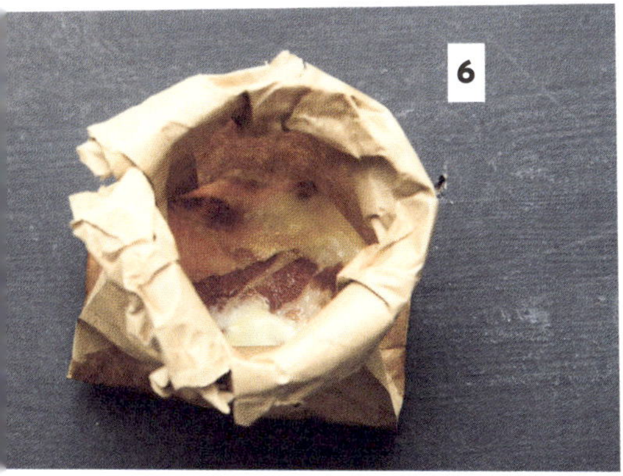

Am besten faltest du die Tüte und bohrst ein passendes Loch für den Stock, bevor du das Essen in die Tüte gibst.

102 KOCH-DUETT

Willst du Nudeln und Fertigsoße getrennt erwärmen, hast aber nur einen Topf, entferne zunächst das Etikett vom Soßenglas. Stelle das Glas nun ohne Deckel in den Topf, fülle Wasser ein und erhitze es. Gib die Nudeln um das Glas herum in den Topf und koche sie wie gewohnt.

Du kannst auch zuerst die Nudeln kochen, abgießen und wieder in den Topf zurückgeben. Dann die Nudelsoße darübergießen und noch einmal kurz erwärmen.

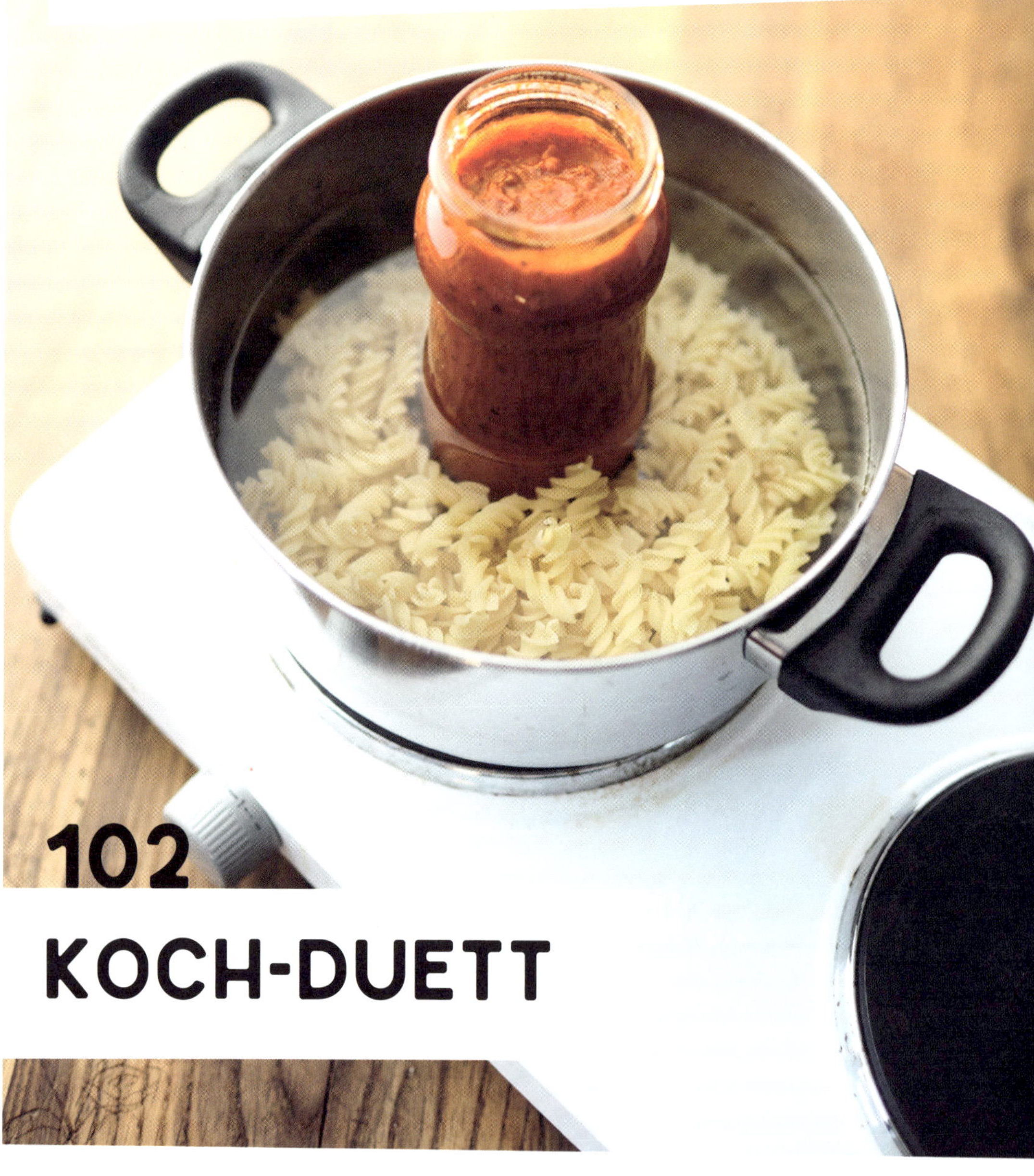

103

CLEVER GEWÜRZT!

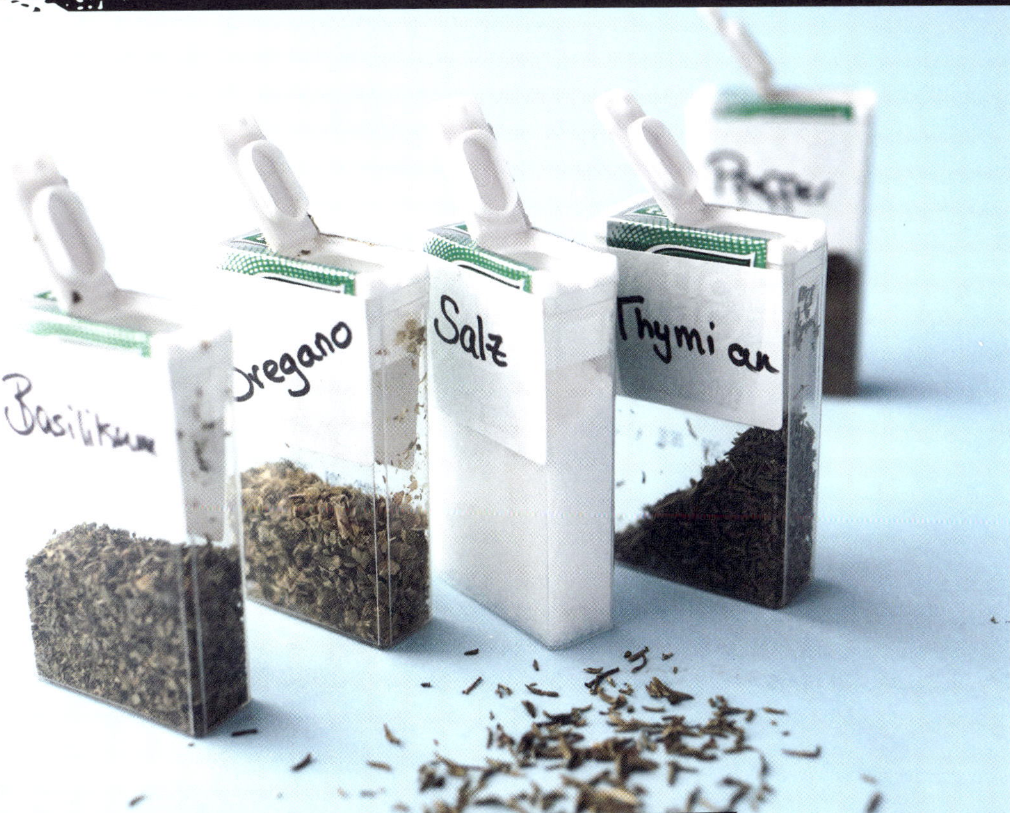

Schmeckt einfach besser mit: Fülle Kräuter und Gewürze in leere TicTac-Dosen und beschrifte sie.

Es gibt im Campingzubehör-Handel auch sogenannte Gewürzboxen, das sind Gläser mit 4 oder 6 Unterteilungen. Wenn du aber nach Entleerung die Streuvorrichtung des jeweiligen Gewürzes abschneidest, kannst du sie vorsichtig nachfüllen.

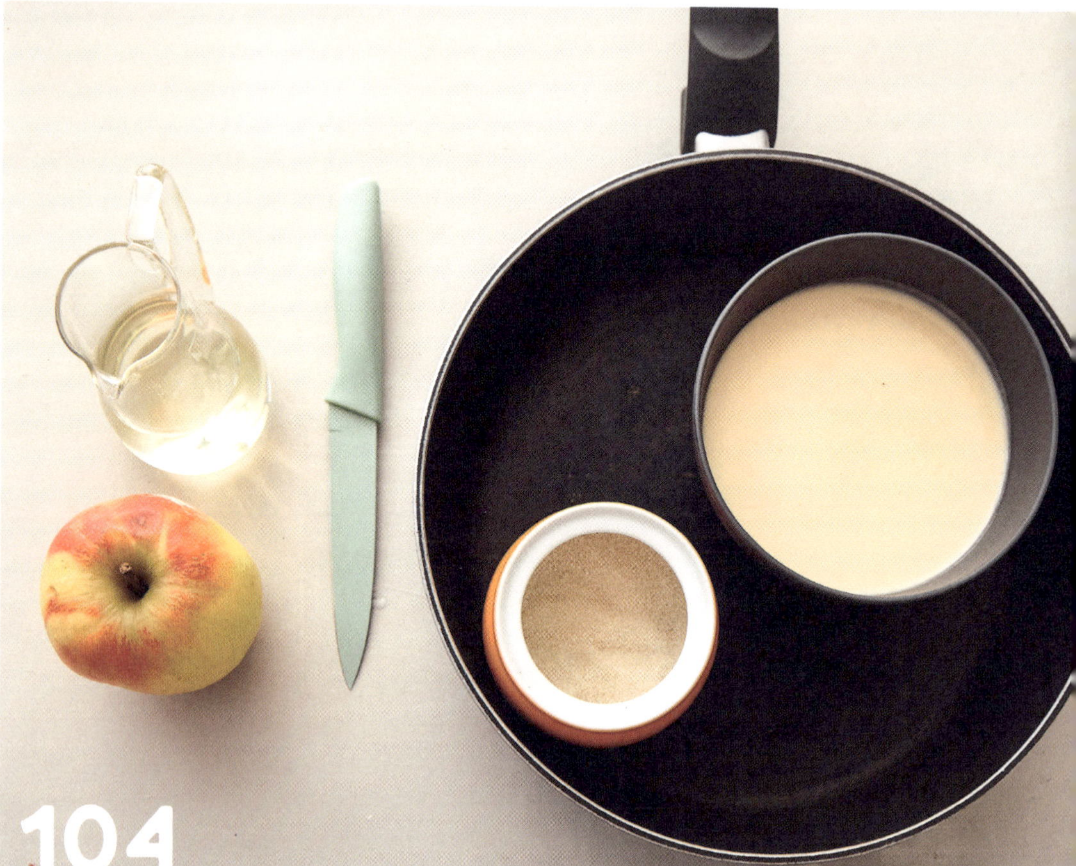

104 PFANNENKUCHEN

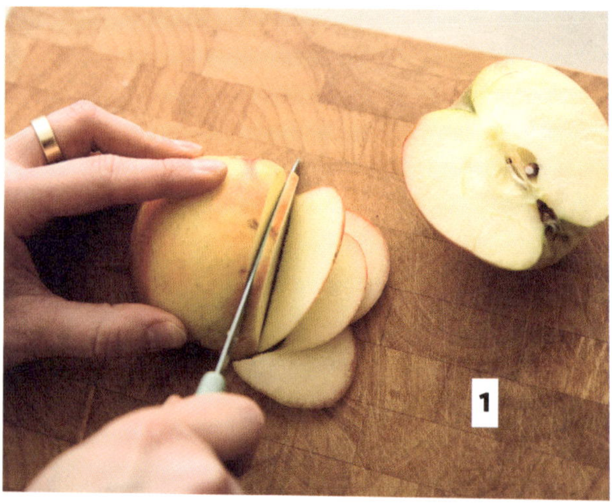

Es geht doch nichts über einen frisch gebackenen Kuchen! Und den kannst du ganz einfach auch im Campingurlaub backen – in einer Pfanne!

Du kannst auch jedes andere Obst für diesen Kuchen verwenden!

1 **Schneide dazu einen Apfel in Scheiben.**

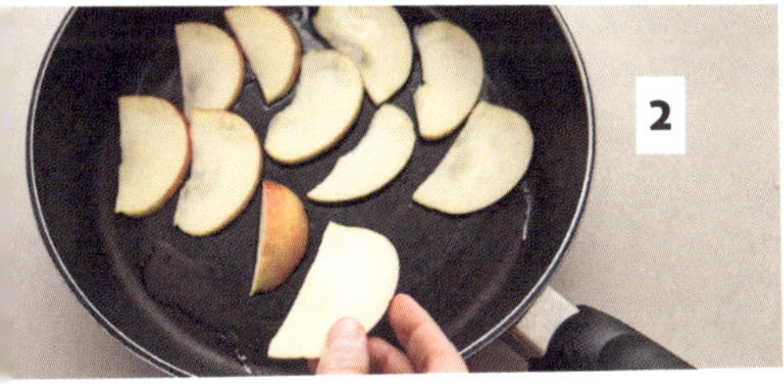

2 **Lege die Scheiben in der gefetteten Pfanne aus.**

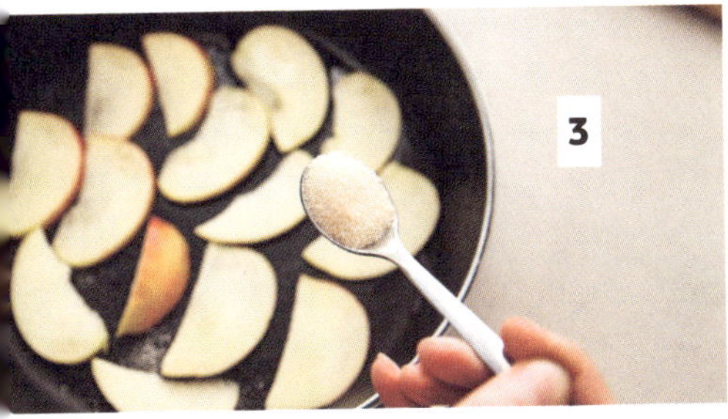

3 **Zuckere und dünste sie für ein paar Minuten auf kleiner Flamme.**

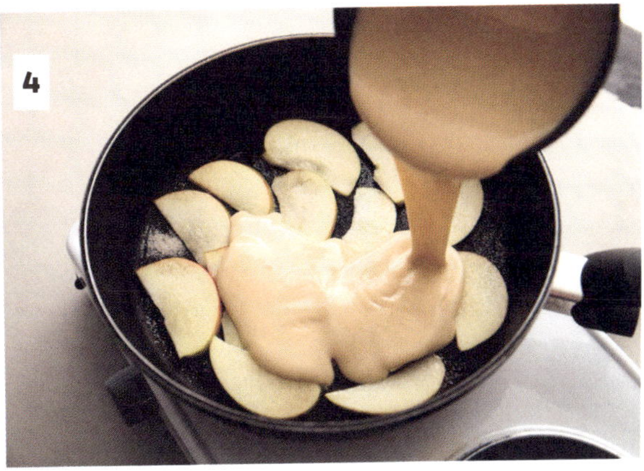

Gib anschließend einen Rührteig darüber. Für 10 Minuten auf mittlerer Hitze backen, danach für etwa 20 bis 30 Minuten auf kleiner Hitze ausbacken.

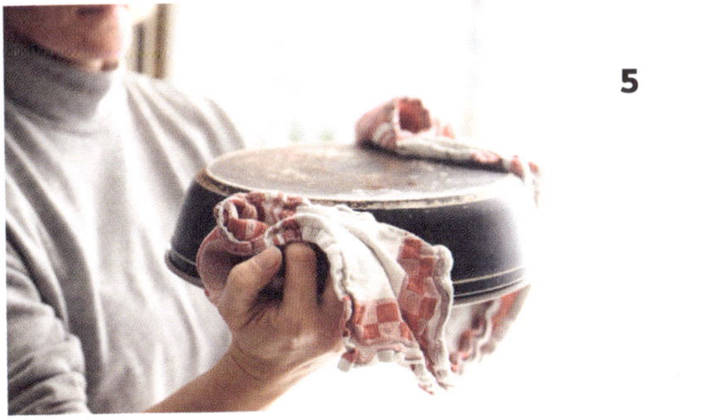

Nun einen Teller auf die Pfanne legen und so den Kuchen auf den Teller stürzen.

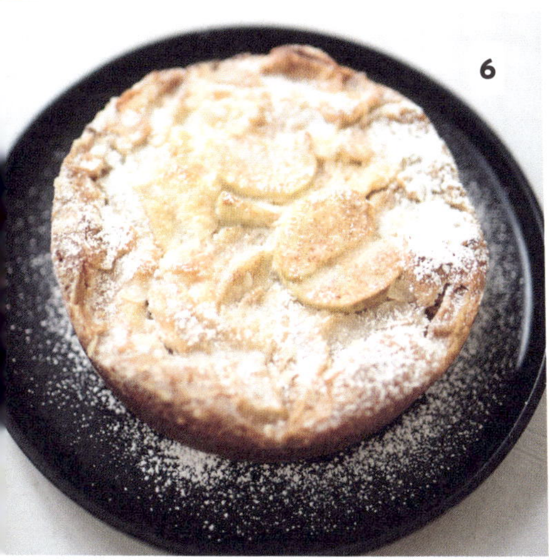

6 **Einen zweiten Teller zu Hilfe nehmen und das leckere Gebäck wenden. Bon Appétit!**

105

UNTER DRUCK

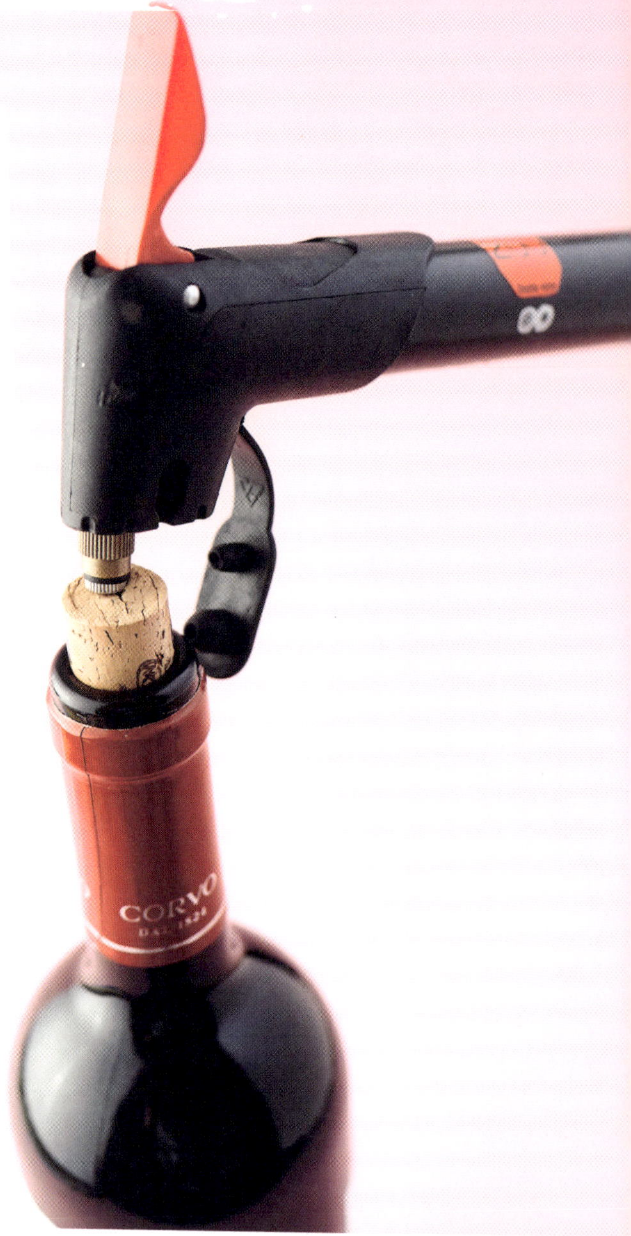

Den Korken einer Weinflasche bekommt man auch ohne Flaschenöffner raus, wenn man das Nadelventil einer Ballpumpe durch den Korken bohrt und dann Luft in die Flasche pumpt. Durch den entstehenden Überdruck in der Flasche drückt sich der Korken langsam heraus.

Du kannst auch eine Schraube in den Korken drehen und diese dann mit den Zinken einer Gabel umschließen. Die Gabel fasst du rechts am Griff und links an den Zinken und ziehst kräftig, bis der Korken sich löst. Die Luftschicht isoliert und du kannst den Härtegrad deines Nachtlagers ganz individuell bestimmen.

Ganze Mahlzeiten kann man bereits zu Hause vorbereiten, trocknen und portionsweise in Gefrierbeutel abfüllen. Dazu musst du nur die einzelnen Bestandteile klein schneiden, im Backofen auf dem Blech bei 50 bis 70 °C dörren und im gewünschten Verhältnis mischen. Neben Gemüse füllst du noch schnellgarende Kohlenhydrate wie beispielsweise Mie-Nudeln oder Couscous hinzu, Gewürze und Kräuter und eventuell dehydrierte Saucen.

Zur Zubereitung im Urlaub gibst du nur kochendes Wasser dazu, lässt das Ganze wenige Minuten köcheln und kannst genießen!

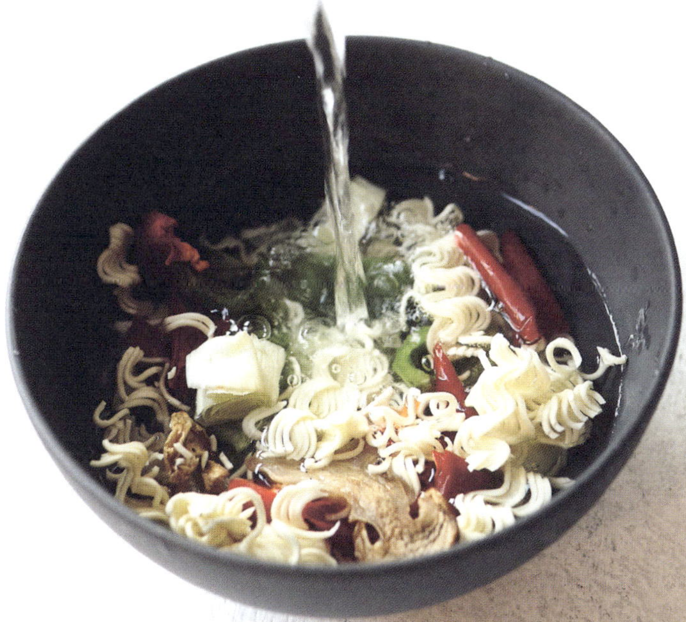

106 TROCKENNAHRUNG

Zwei Gabeln und ein Haushaltsgummi ergeben eine sehr gut funktionierende provisorische Grillzange.

Wenn du die Enden der Griffe mit Panzerband umwickelst, rutschen die Würstchen beim Wenden nicht so schnell weg.

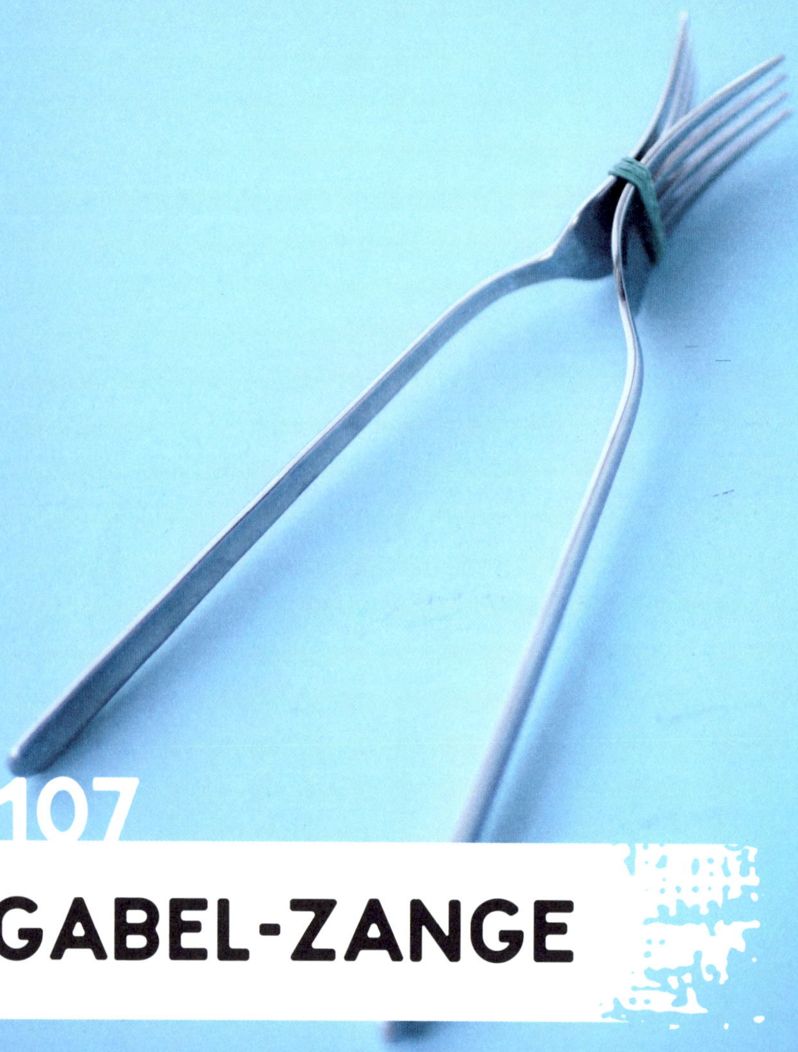

107

GABEL-ZANGE

108

GABEL-BESEN

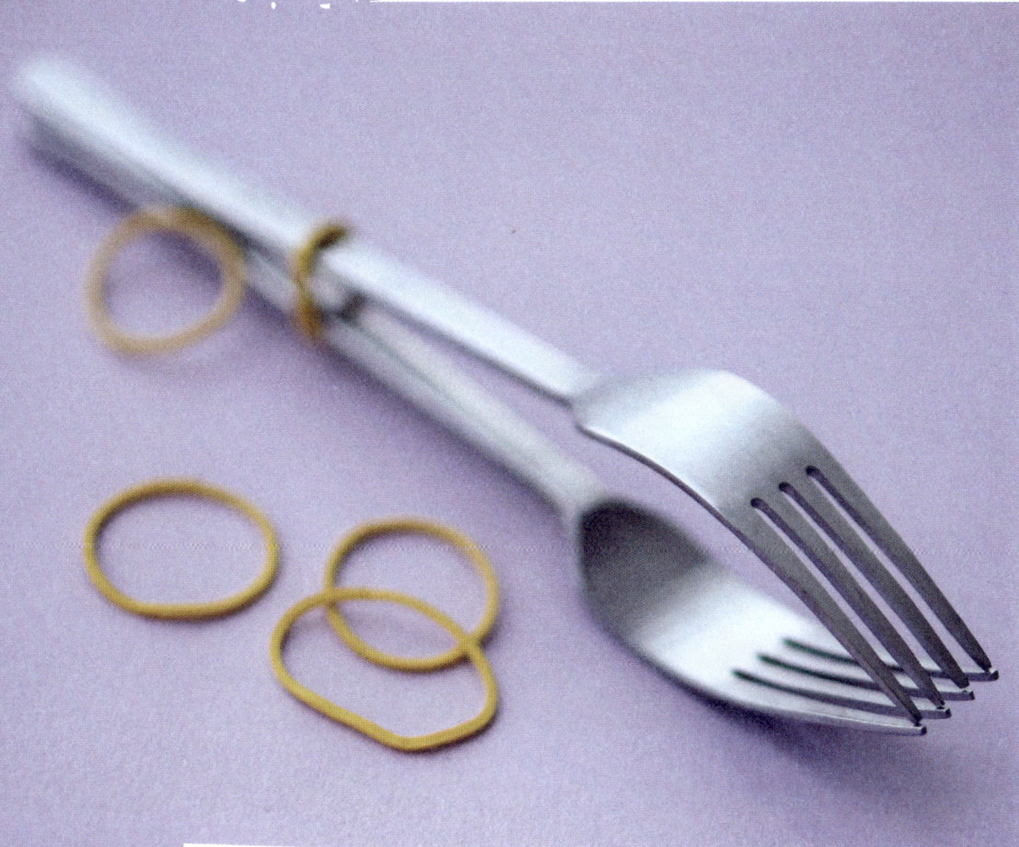

Drehst du die Gabeln aus dem vorigen Lifehack um und befestigst das Gummi an den Griffen, erhälst du einen DIY-Schneebesen.

Spanne das Gummi über eine längere Breite oder nimm zwei Gummis, damit der Schneebesen stabiler wird.

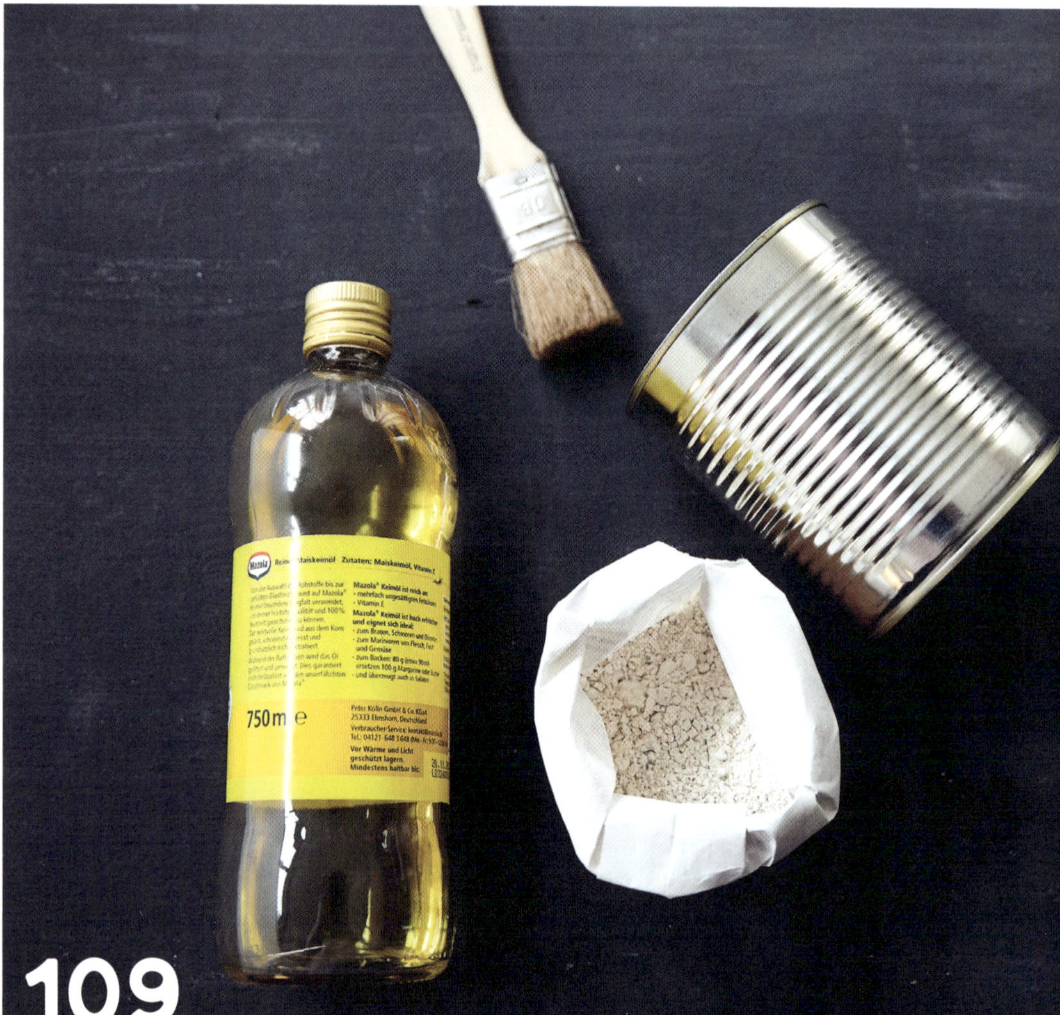

109 DOSENBROT

Eine leere Konservendose, die innen nicht beschichtet sein darf, ist im Prinzip nichts anderes als eine Backform.

Beim Auskühlen zieht sich das Brot etwas zusammen und lässt sich dann leichter aus der Dose entnehmen.

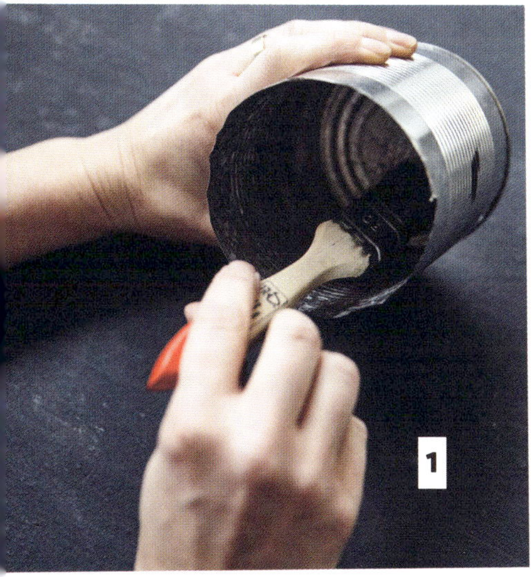

1 **Entweder fettest du die Dose gut aus oder du legst sie seitlich und am Boden mit Backpapier aus.**

2 **Fülle nun einen Brotteig deiner Wahl bis etwa 2 cm unterhalb des Randes ein, sobald dieser fertig aufgegangen ist.**

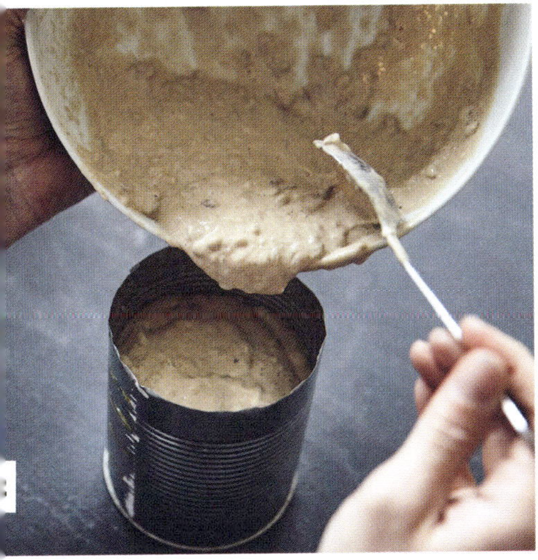

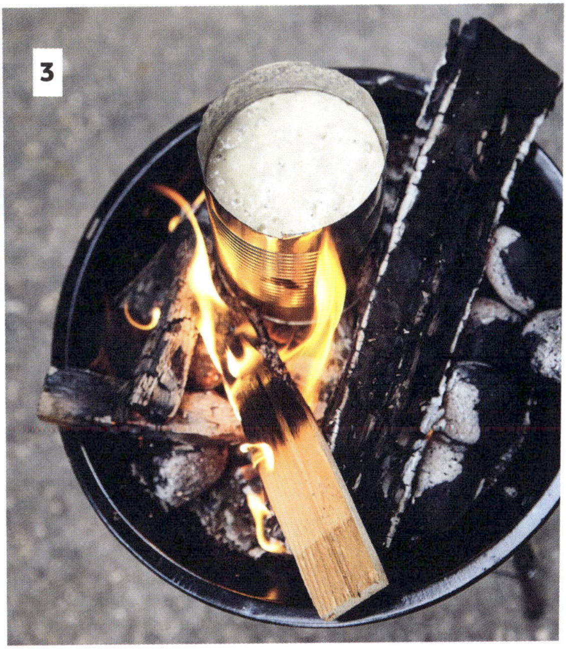

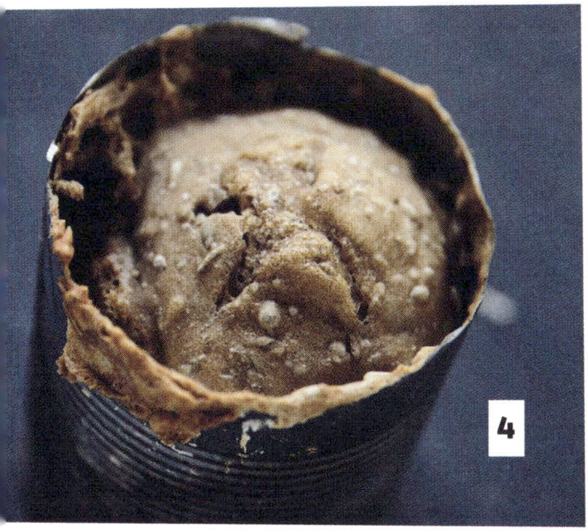

3 **Die Dose stellst du auf die Glut deines Feuers oder auf deinen Grillrost.**

4 **Nach etwa 20 Minuten ist das Brot fertig gebacken!**

110

BROT-FILTER

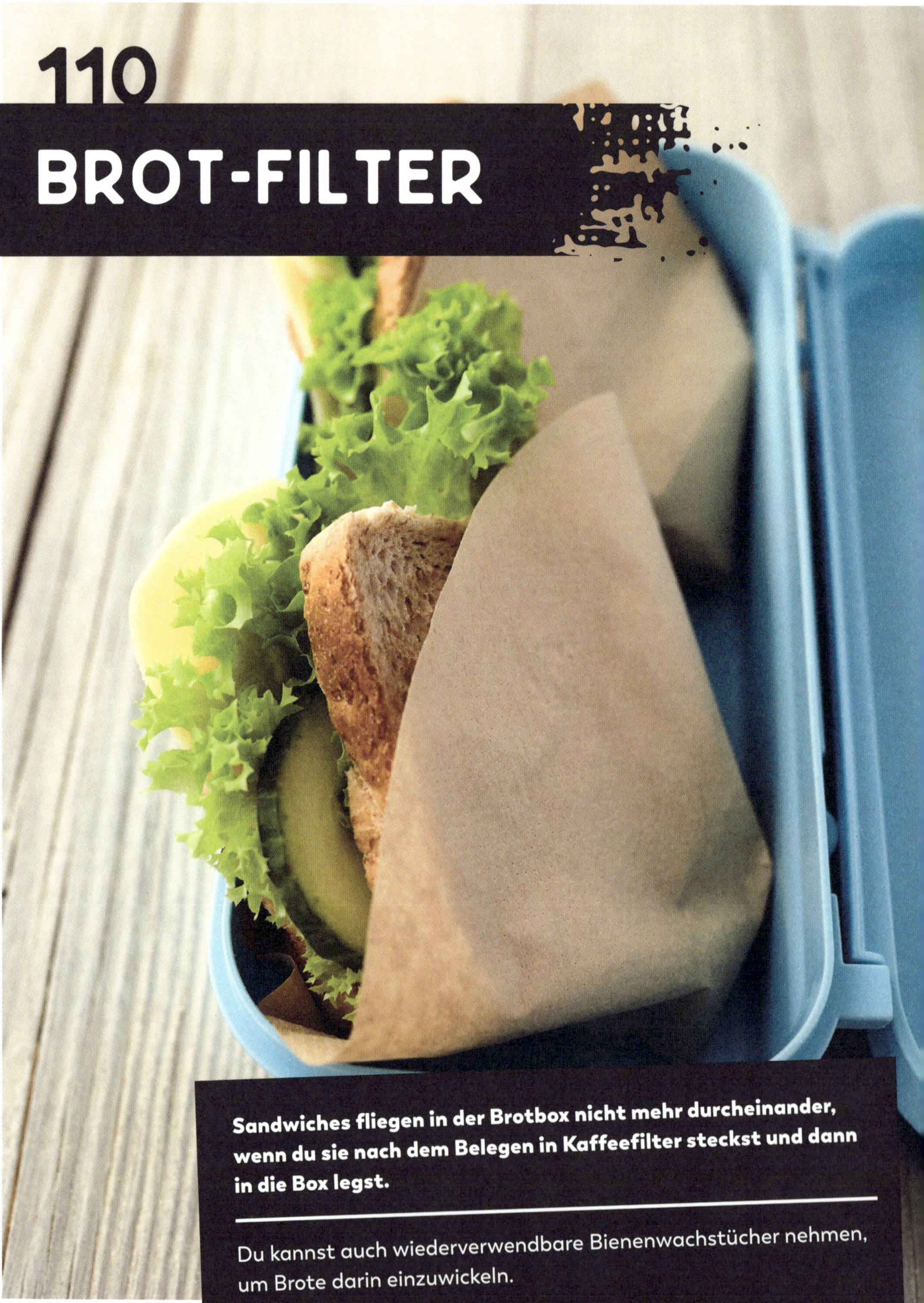

Sandwiches fliegen in der Brotbox nicht mehr durcheinander, wenn du sie nach dem Belegen in Kaffeefilter steckst und dann in die Box legst.

Du kannst auch wiederverwendbare Bienenwachstücher nehmen, um Brote darin einzuwickeln.

GEMÜSE-PACK

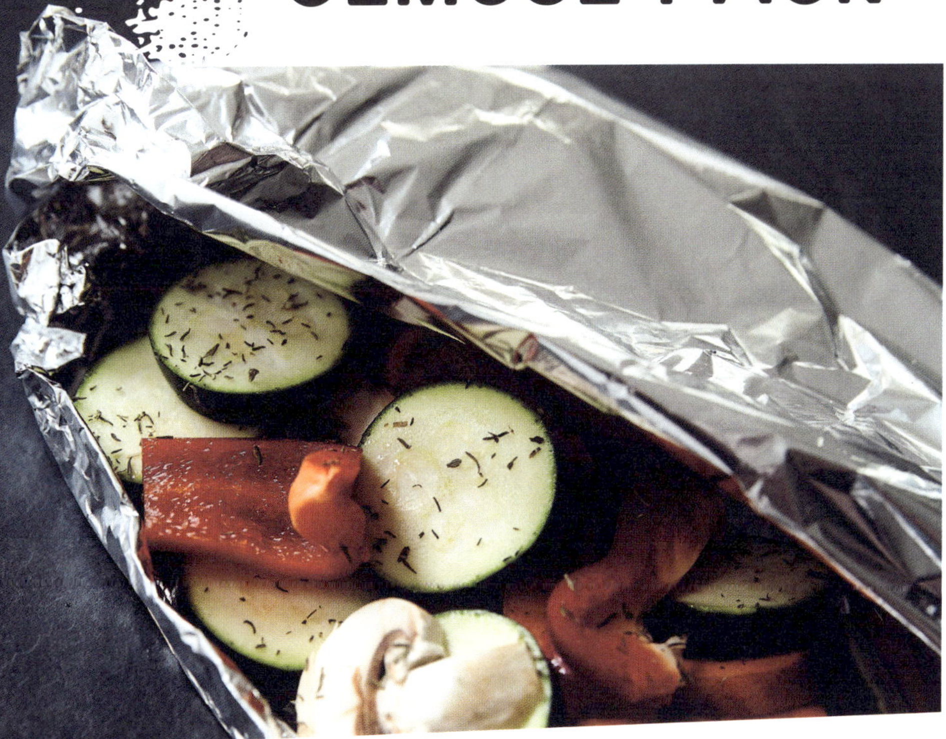

Gemüse kannst du – ähnlich wie Kartoffeln – direkt in der Glut garen. Ein Stück Alufolie knickst du an den Rändern etwas hoch, benetzt den Boden mit etwas Öl, gibst das Gemüse deiner Wahl hinein und würzt es. Dann verschließen und ab in die Glut. Nach 20 bis 30 Minuten sollte dein Essen fertig sein.

Wenn du als erstes eine Lage Zwiebeln in die Folie füllst, setzen wasserarme Gemüsesorten wie Kartoffeln oder Auberginen nicht an.

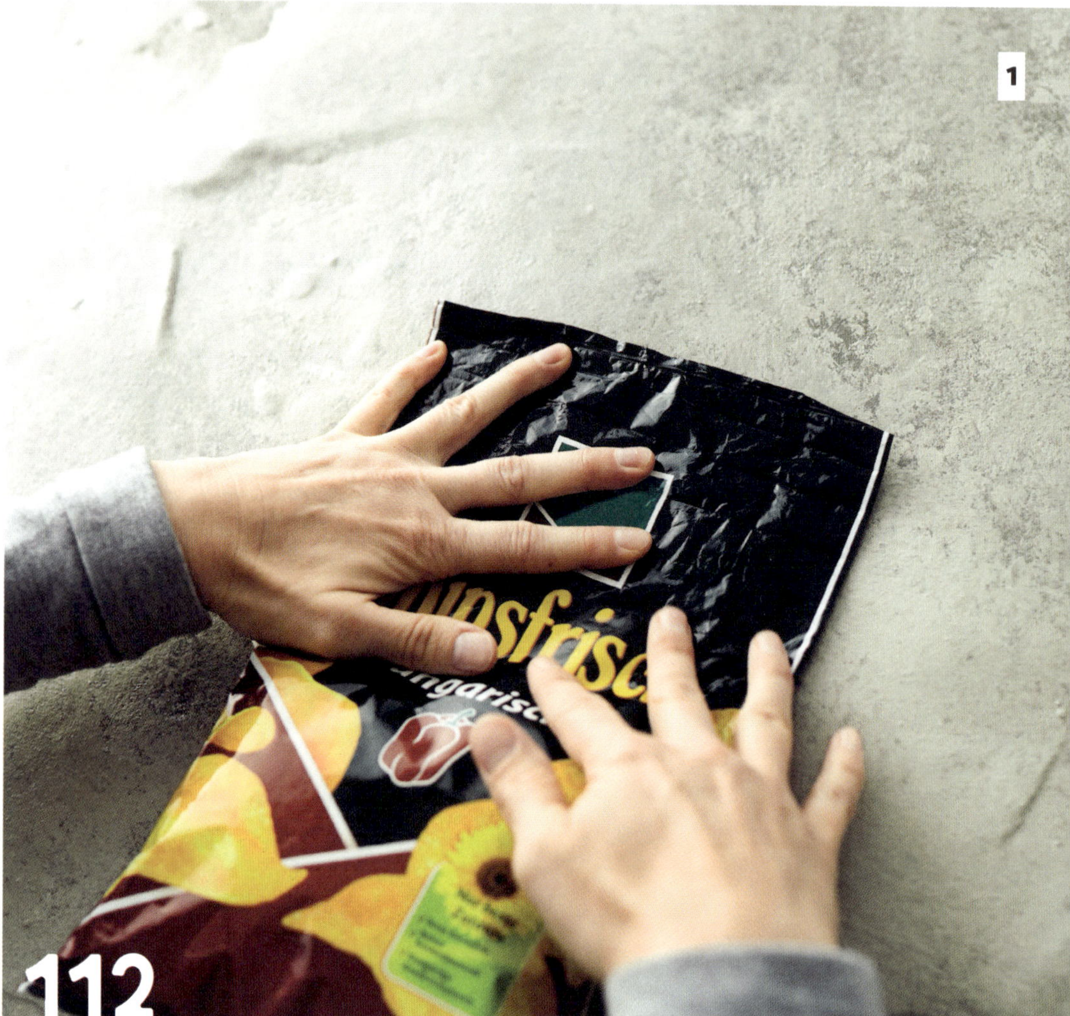

112

FALT-VERSCHLUSS

Angebrochene Chipstüten kannst du auch nur durch Falten gut verschließen.

Je besser du bei jeder Faltung die Kanten mit dem Fingernagel nachziehst, desto besser hält dein Verschluss.

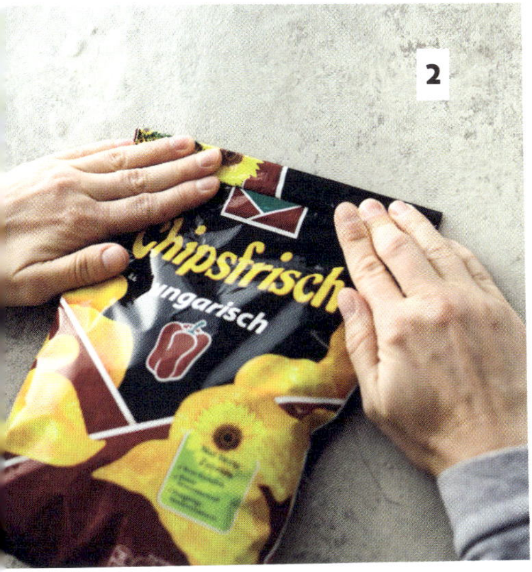

1 Drücke dazu die Luft ein wenig aus der Tüte und ziehe die offene Seite stramm.

2 Falte dreimal den Tütenrand um.

3 Drehe die Tüte auf die andere Seite und biege die Außenseiten dieses Faltrandes auf etwa 3 cm Länge zu dir um.

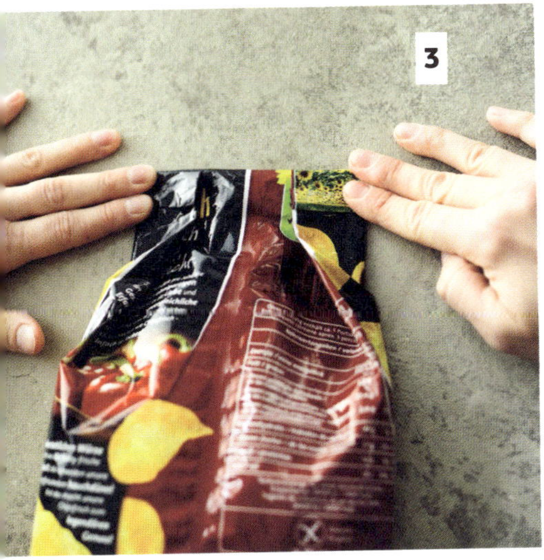

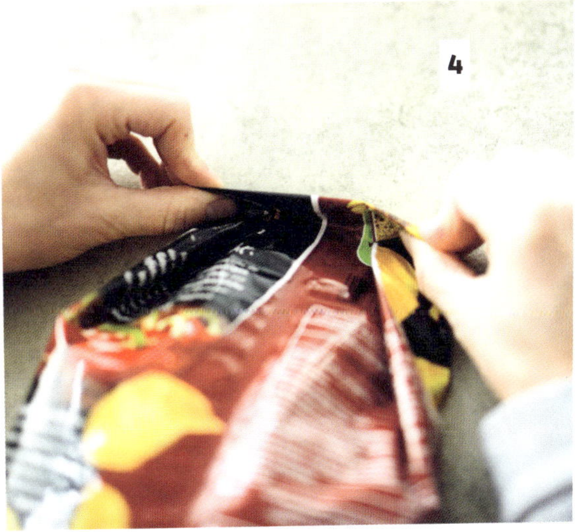

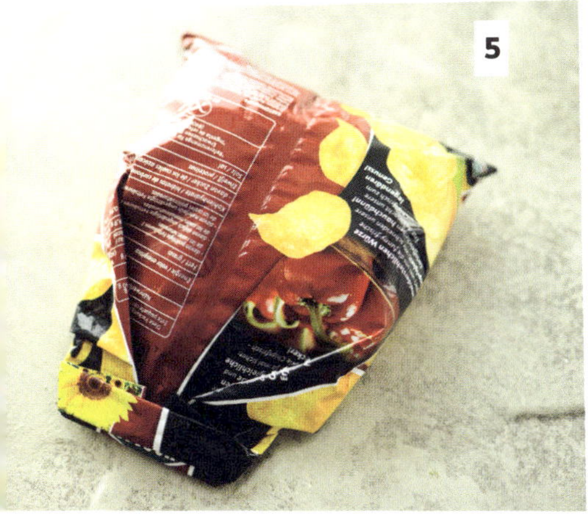

4 Nun musst du nur noch den hinteren Faltrand nach vorne stülpen und dabei die gerade eingeklappten Ecken darunter stecken.

5 Fertig!

113

KUCHEN IM GLAS

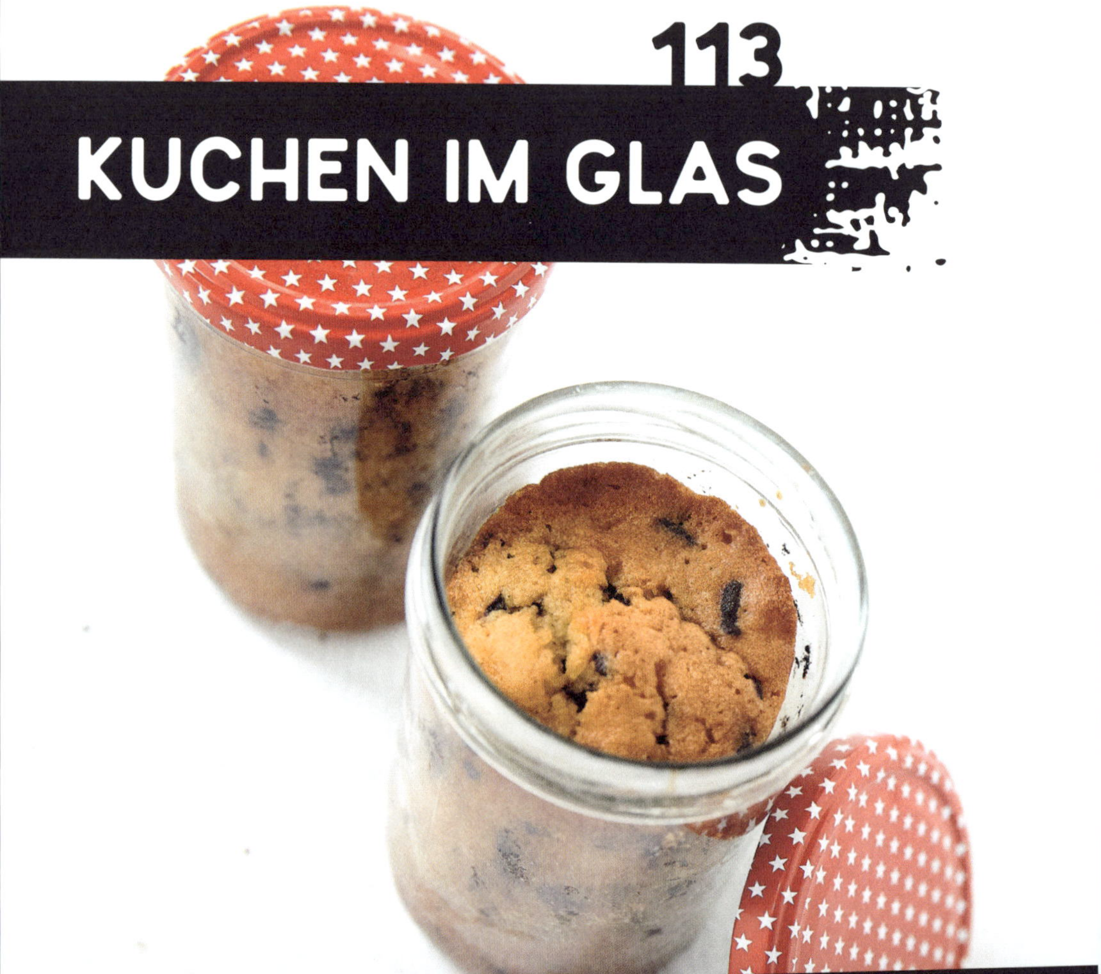

Selbstgebackenen Kuchen kannst du dir auf Vorrat mit in den Urlaub nehmen. In einem Einmachglas gebacken, hält er etwa 4 bis 6 Wochen!
Dazu brauchst du ein paar Marmeladengläser mit Schraubdeckel, die vor der Nutzung mit heißem Wasser ausgespült und abgetrocknet werden müssen. Diese fettest du wie eine normale Backform gut ein, gibst bis zur Hälfte des Glases einen Rührteig deiner Wahl hinein und backst ihn aus. Die Backzeit ist abhängig von der Größe der Gläser, deshalb die Kuchen im Auge behalten! Wenn sie fertig gebacken sind, direkt den Deckel aufschrauben, damit sich ein Vakuum bilden kann.

Wenn du das Glas nicht nur fettest, sondern auch mit Paniermehl ausstreust, löst sich der Kuchen später gut aus der Form. Achte bei der Wahl der Gläser darauf, dass diese nicht bauchig sind!

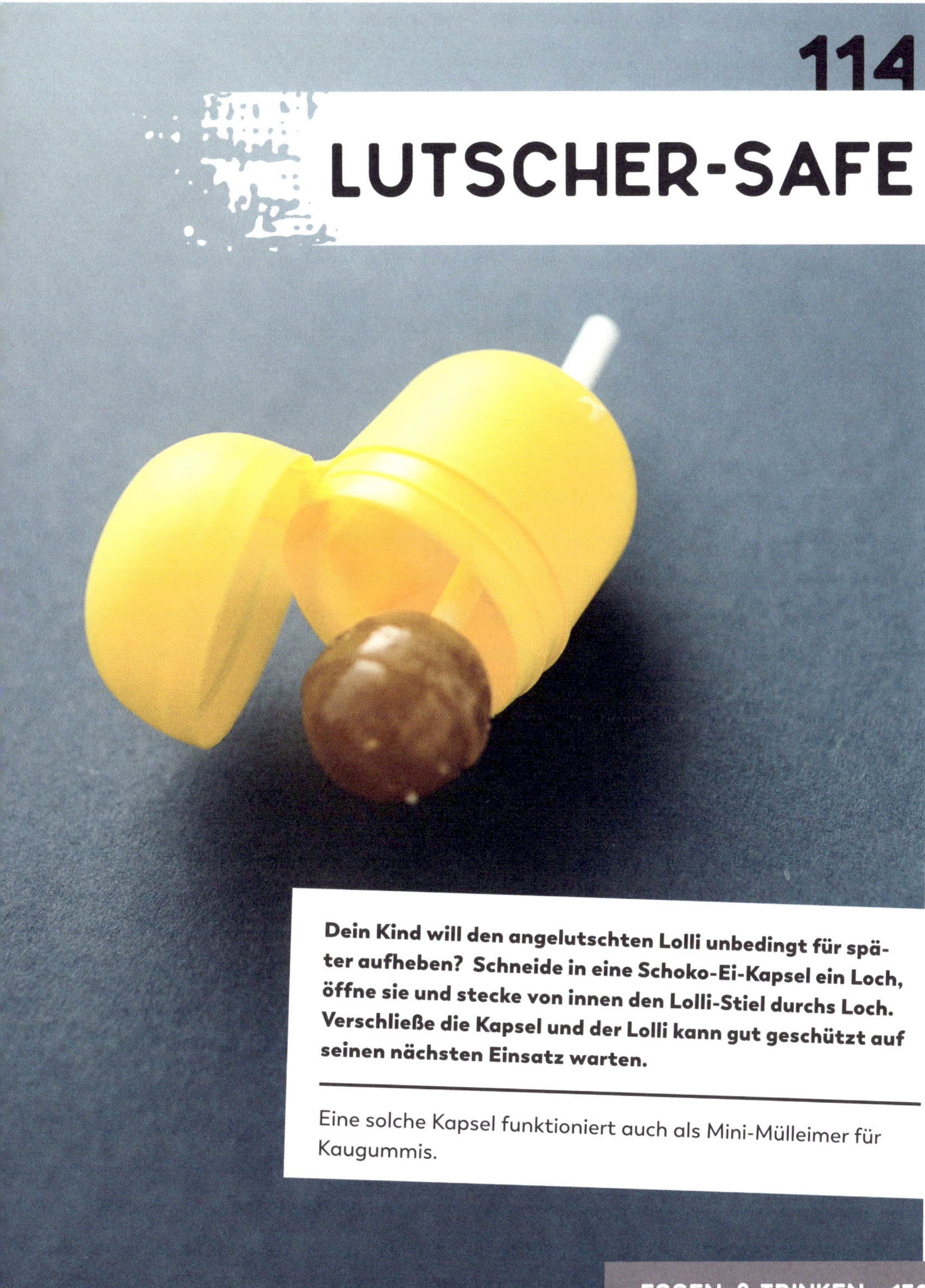

114

LUTSCHER-SAFE

Dein Kind will den angelutschten Lolli unbedingt für später aufheben? Schneide in eine Schoko-Ei-Kapsel ein Loch, öffne sie und stecke von innen den Lolli-Stiel durchs Loch. Verschließe die Kapsel und der Lolli kann gut geschützt auf seinen nächsten Einsatz warten.

Eine solche Kapsel funktioniert auch als Mini-Mülleimer für Kaugummis.

115 POPCORN VOM GRILL

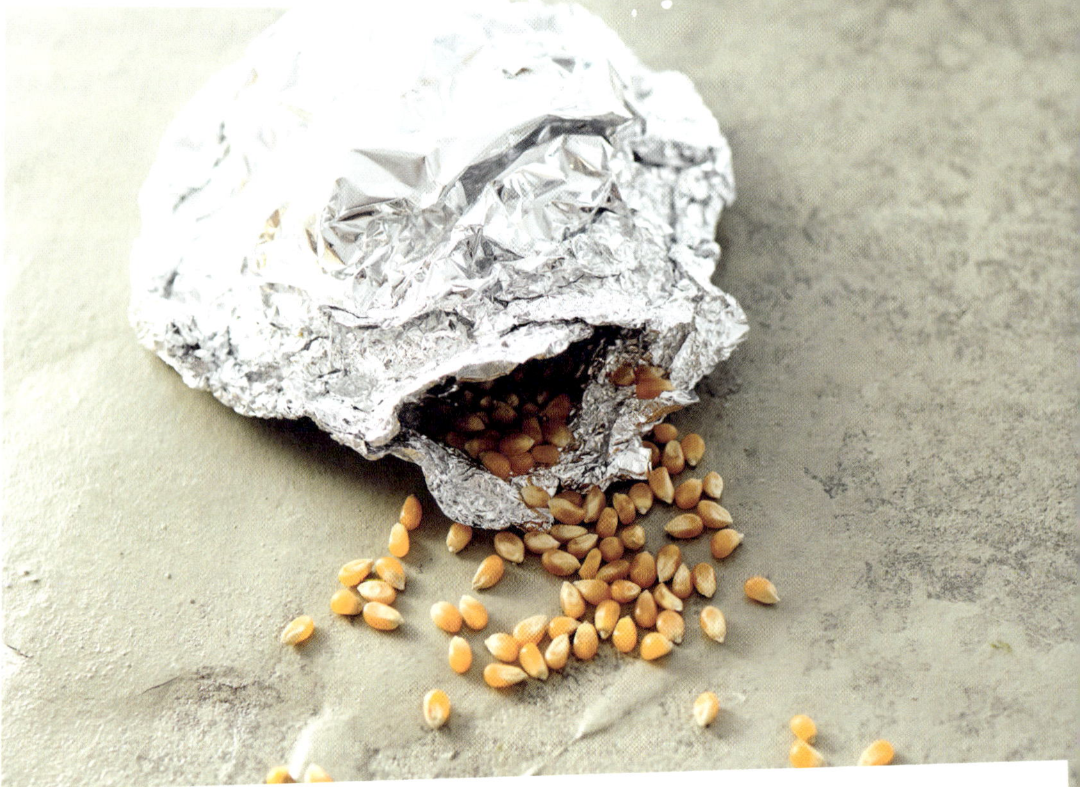

Du brauchst nur zwei Stücke Alufolie (jedes etwa 30 cm x 30 cm lang), um frisches Popcorn auf dem Grill zuzubereiten. Auf eines davon gibst du etwa 3 Esslöffel Popcorn-Mais und etwas Sonnenblumenöl, legst das zweite Stück Alufolie darauf und verschließt rundum den Rand, sodass du so etwas wie einen kleinen Ball erhälst. Diesen legst du auf den Grillrost. Wenn die Geräusche weniger werden, vorsichtig die Alu-Kugel vom Grill holen, öffnen und je nach Geschmack mit Zucker oder Salz abschmecken.

Du kannst das Popcorn auch auf der Glut eines Lagerfeuers zubereiten!

Um Salat bis zum Verzehr vor Insekten oder Staub zu schützen, deckst du die Salatschüssel mit einer Duschhaube ab.

Du kannst auch einen umgedrehten Teller nehmen, der etwas größer im Durchmesser sein muss als die Schüssel.

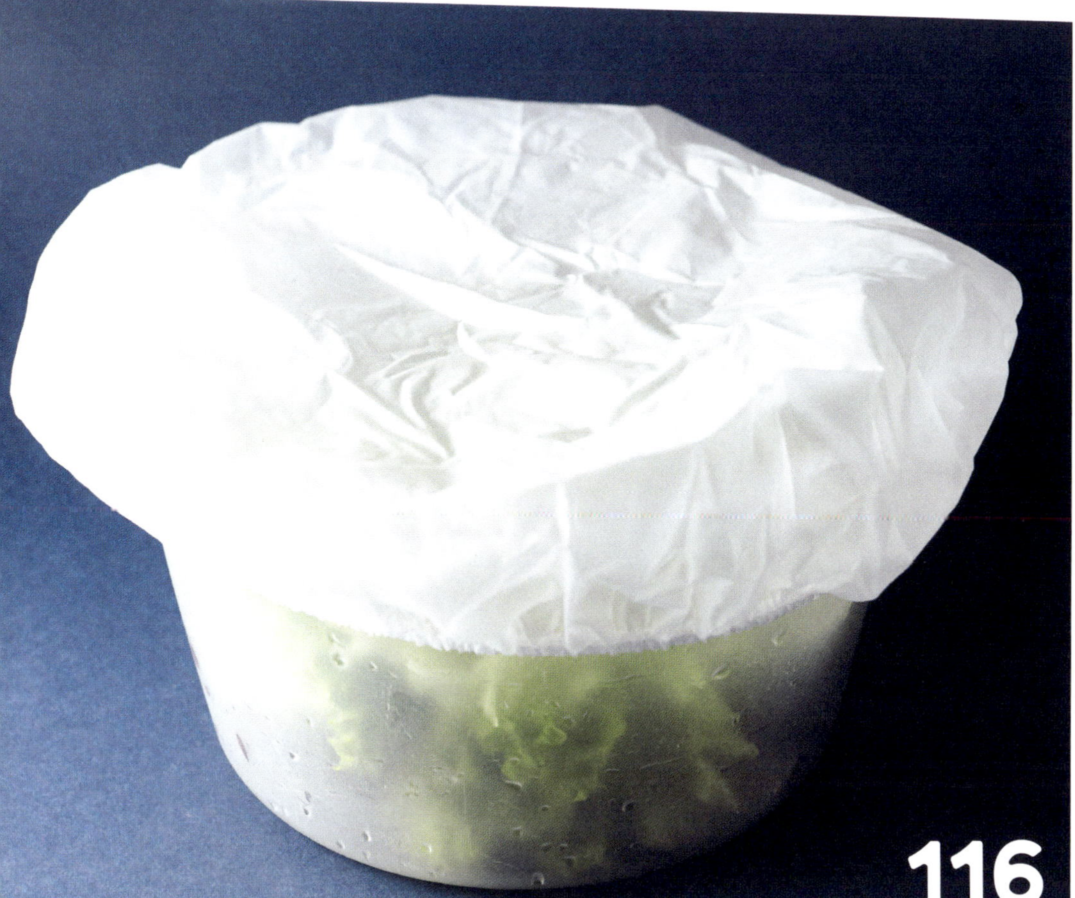

116

SALAT-HAUBE

Wenn du eine Schere dabei hast, kannst du jede Art von Tüte auch mit einem abgeschnittenen Rand dieser Tüte verschließen. Schneide von der offenen Seite einen Streifen von etwa 2 cm Breite ab. Drücke die obere Hälfte der Tüte zusammen und lege den abgeschnittenen Rand um diese Engstelle. Nun steckst du das eine Ende des Randes durch das andere Ende und ziehst das Ganze vorsichtig fest.

An der entstandenen Schlaufe kannst du die Tüte sogar aufhängen!

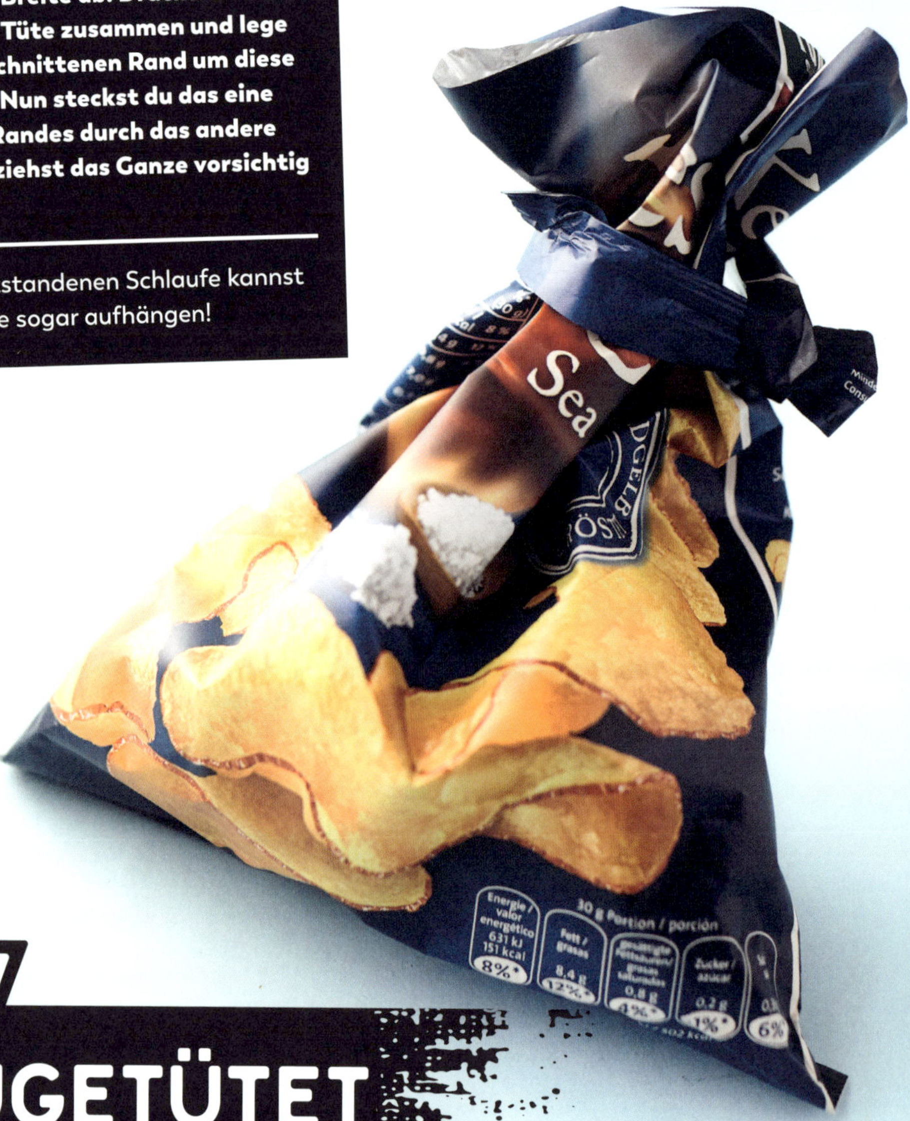

117 ZUGETÜTET

Die vielen verschiedenen Leckereien für das Picknick fliegen in der Brotdose nicht durcheinander, wenn du mehrere Muffin-Förmchen (aus Silikon) hineinstellst und befüllst.

Schnell saftendes Obst oder Gemüse solltest du besser in wasserdichte Behälter einpacken, da sie sonst den Rest der Brotdose vollsaften.

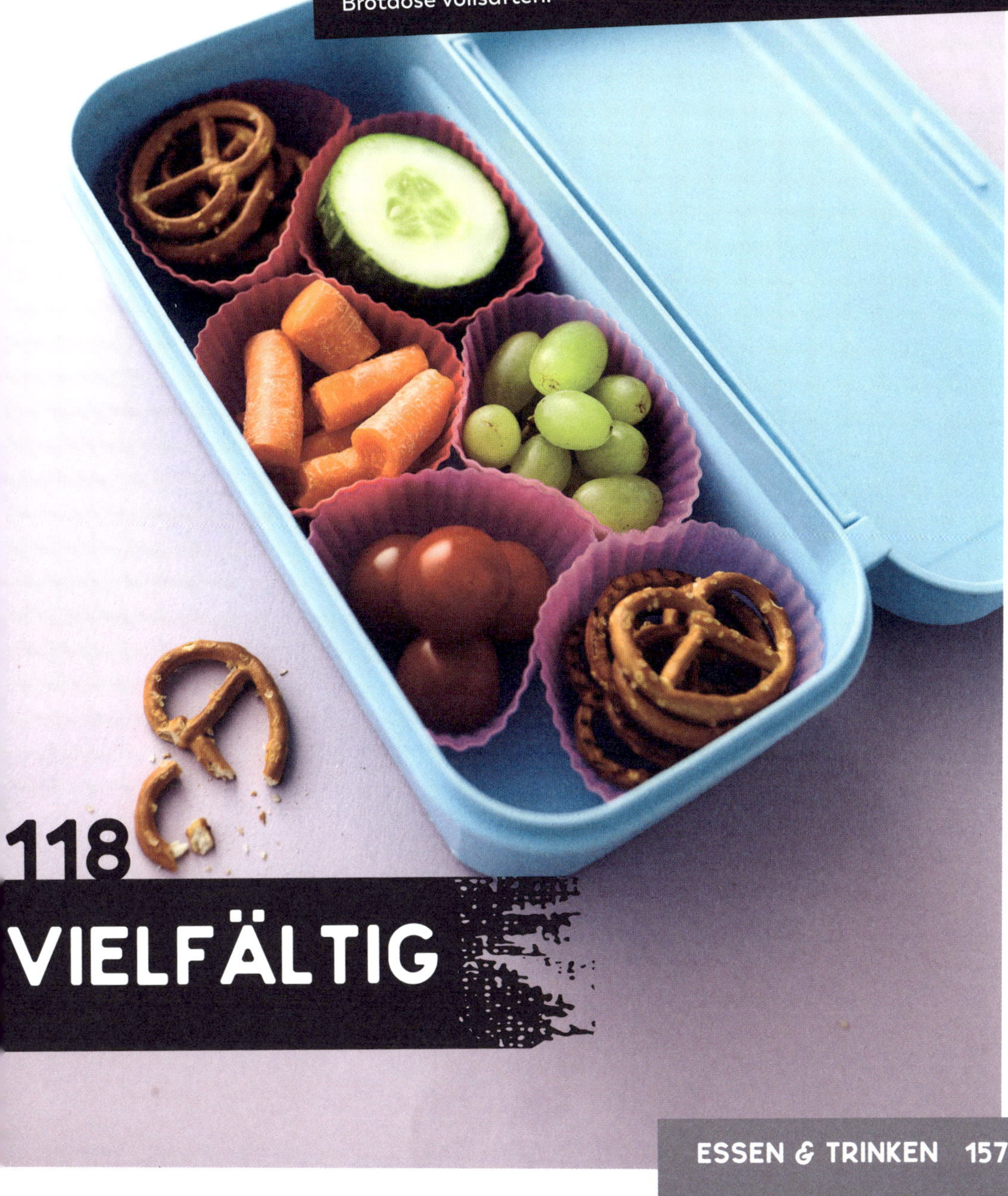

118 VIELFÄLTIG

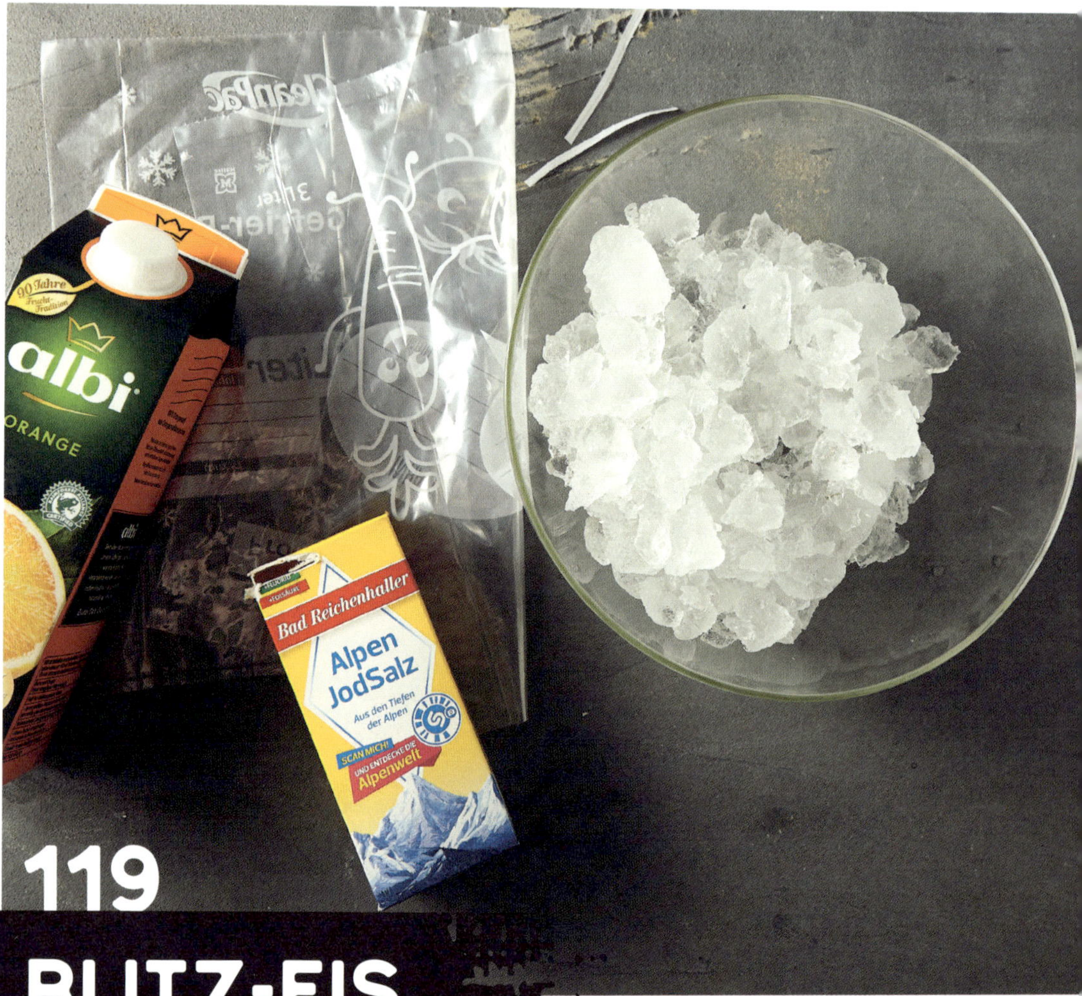

119 BLITZ-EIS

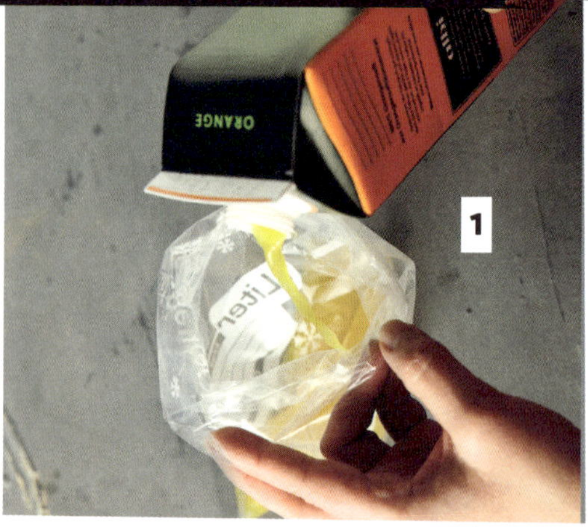

Überrasche deine Mitcamper doch mal mit einem selbstgemachten Sorbet!

Es eignet sich jeder Saft, besonders lecker ist aber ein Sorbet aus Orangen- oder Kirschsaft.

1 **Fülle Obstsaft in einen Gefrierbeutel und schließe diesen fest.**

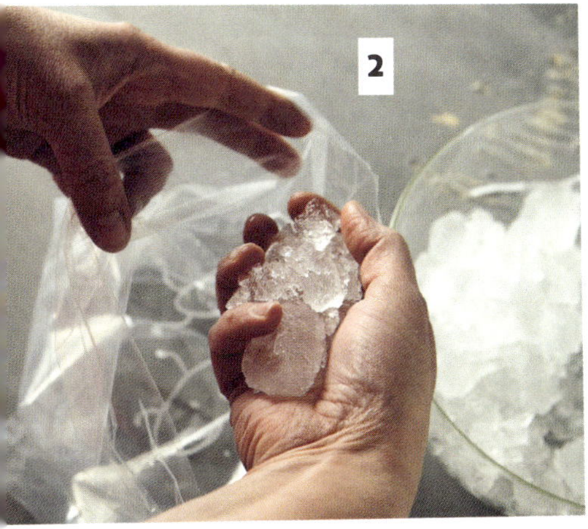

2 **Nimm einen größeren Gefrierbeutel und befülle ihn mit Crushed Ice (gibt es an fast jeder Tankstelle).**

3 **Gib 3 bis 4 Esslöffel Salz zu dem Eis.**

4 **Lege den kleinen Beutel mit dem Saft in den Beutel mit dem Crushed Ice und verschließe diesen ebenfalls.**

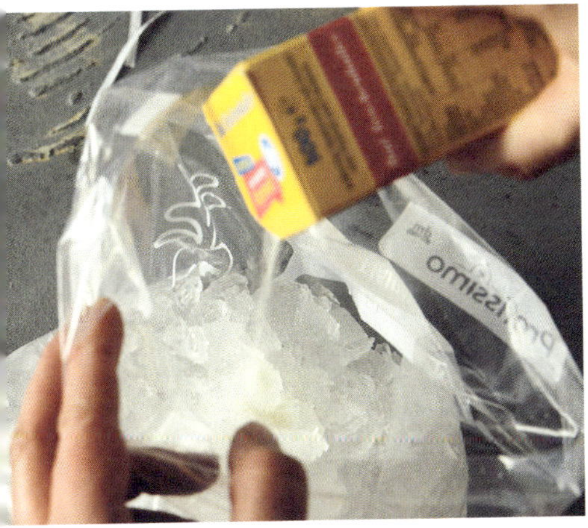

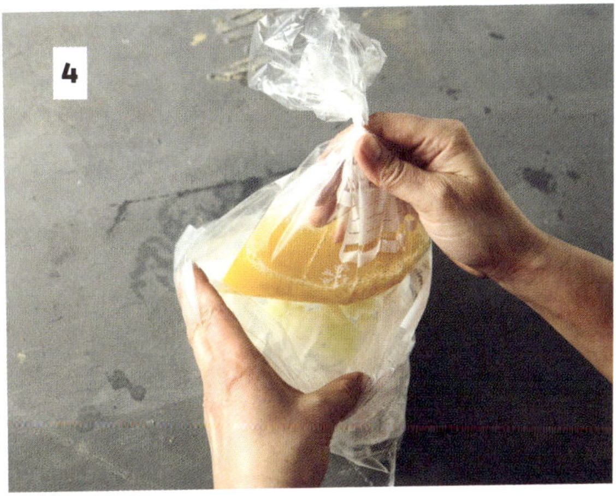

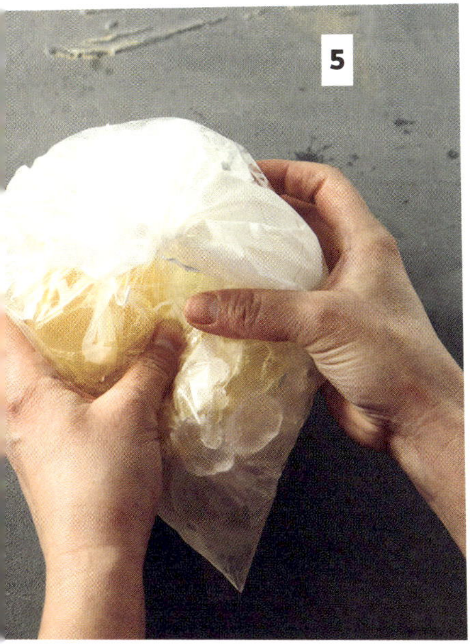

5 **Beginne zu kneten.**

6 **Nach etwa 5 Minuten ist dein Sorbet fertig zum Servieren!**

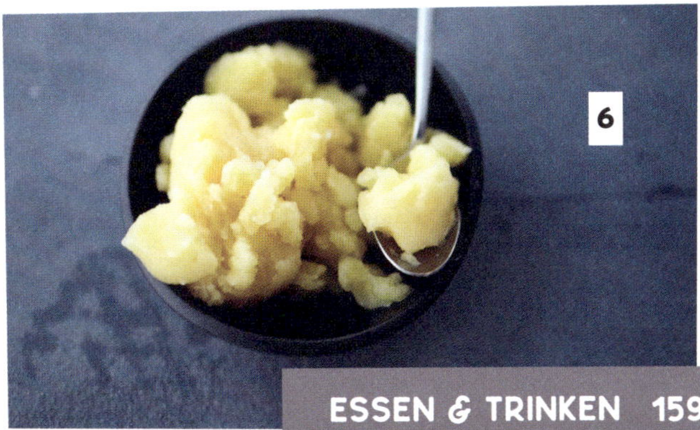

120

PFANNKUCHENTEIG AUF VORRAT

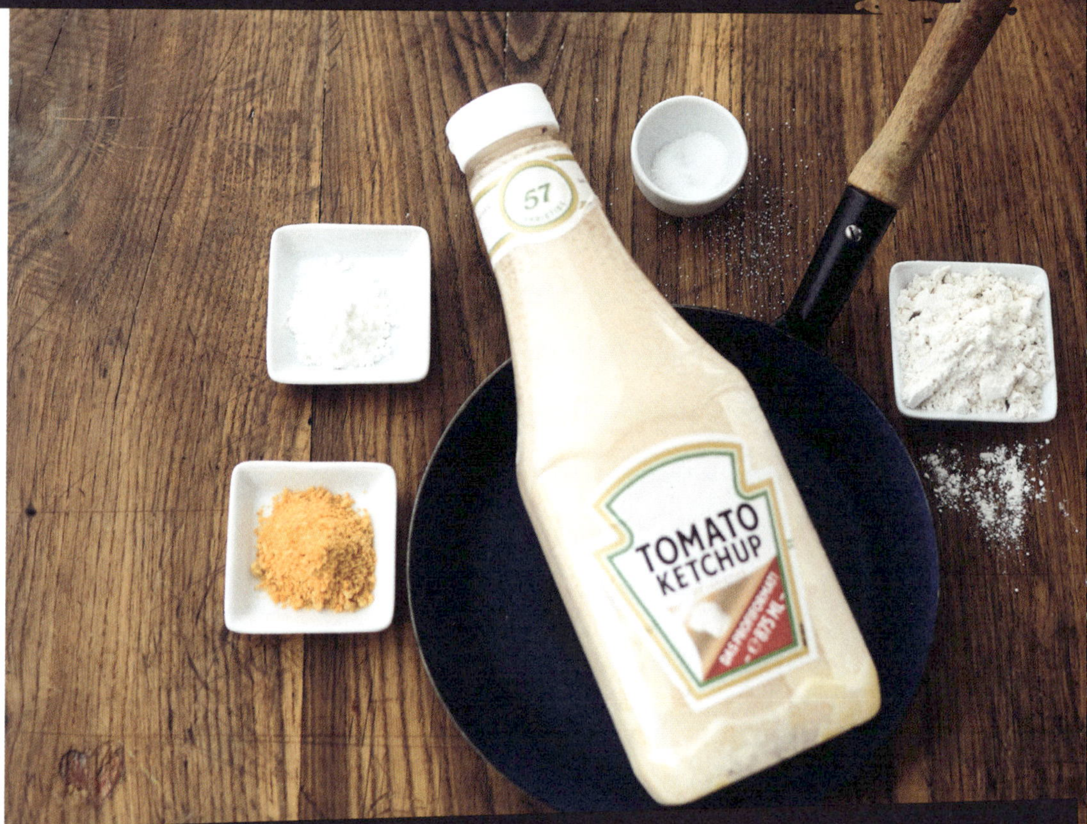

Vermische pro Portion 25 g Mehl, 1 Trocken-Ei (siehe Hack 93), 1 gehäuften Teelöffel Magermilchpulver und eine Messerspitze Salz. Luftdicht verpacken und zur Zubereitung nur noch 70 ml Wasser dazugeben, verrühren und in einer Pfanne ausbacken.

Fülle die Trockenteig-Mischung in eine saubere Ketchup-Flasche. Wenn du hier das Wasser zugibst, musst du nur kräftig schütteln und kannst den Pfannkuchen direkt aus der Flasche heraus dosieren.

Weiches Obst wie Kiwis, Bananen oder Erdbeeren hast du ganz fix in Scheiben geschnitten, wenn du statt eines Messers einen Eierschneider verwendest. Perfekt für den superschnellen Urlaubs-Snack!

Mit dem Eierschneider kannst du auch übrig gebliebene Pellkartoffeln vom Vortag in gleichmäßige Scheiben schneiden und leckere Bratkartoffeln davon zaubern!

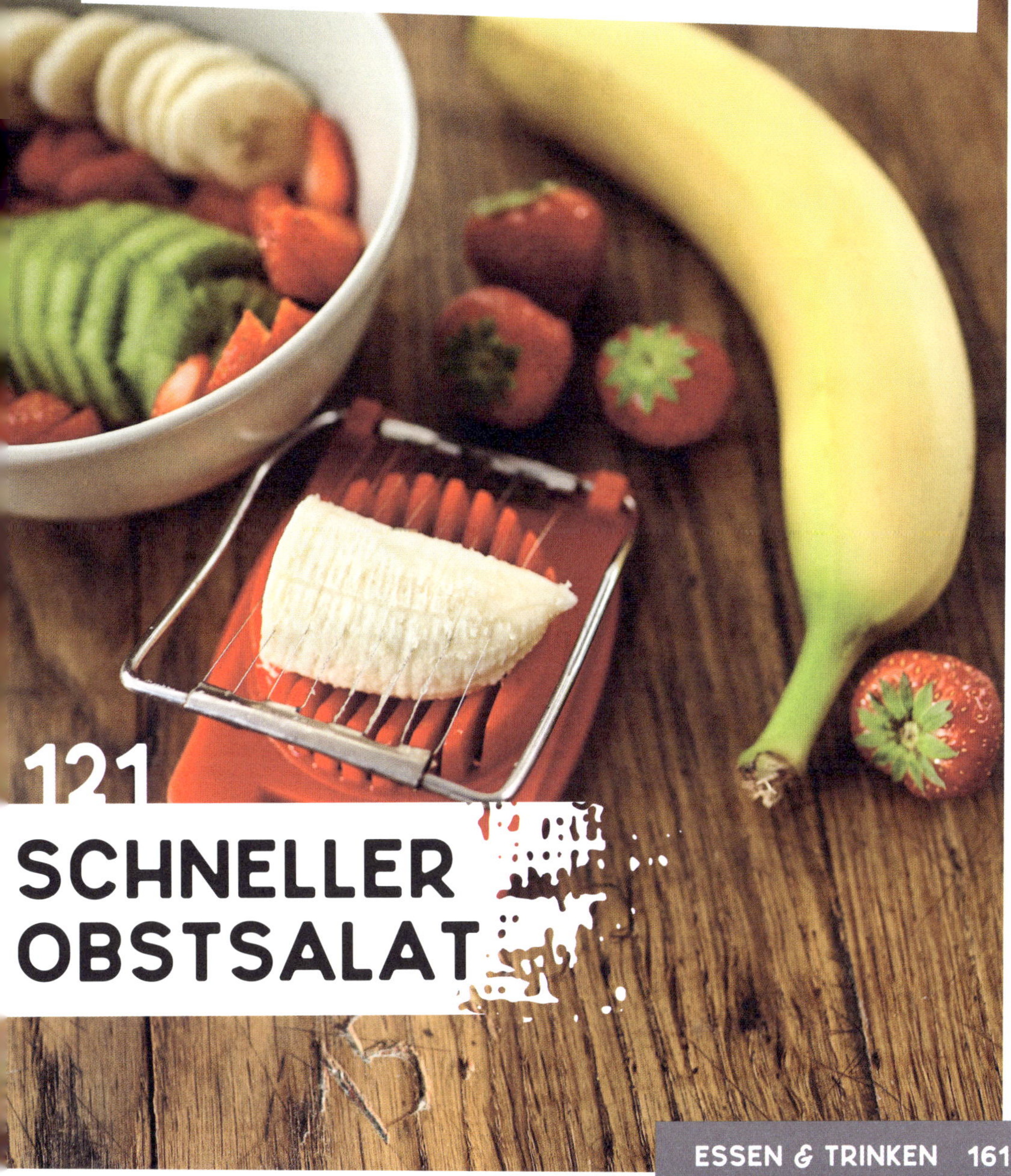

121 SCHNELLER OBSTSALAT

Bagel und Donuts transportierst du in einer leeren CD-Spindel absolut klecker- und klebefrei!

Je nach Größe der Spindel passen ein oder mehrere Gebäckstücke hinein.

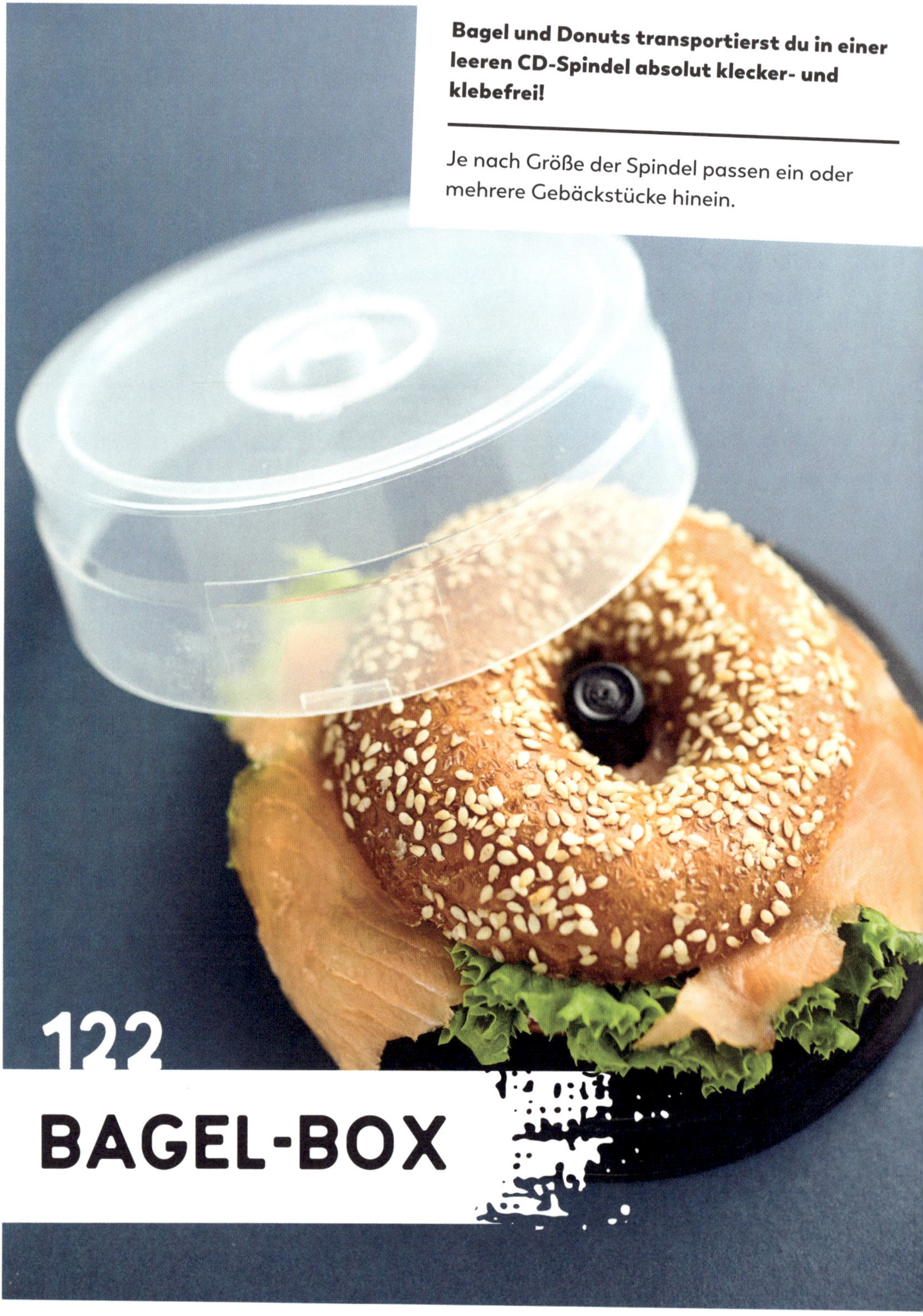

122 BAGEL-BOX

123

STROHHALM-SICHERUNG

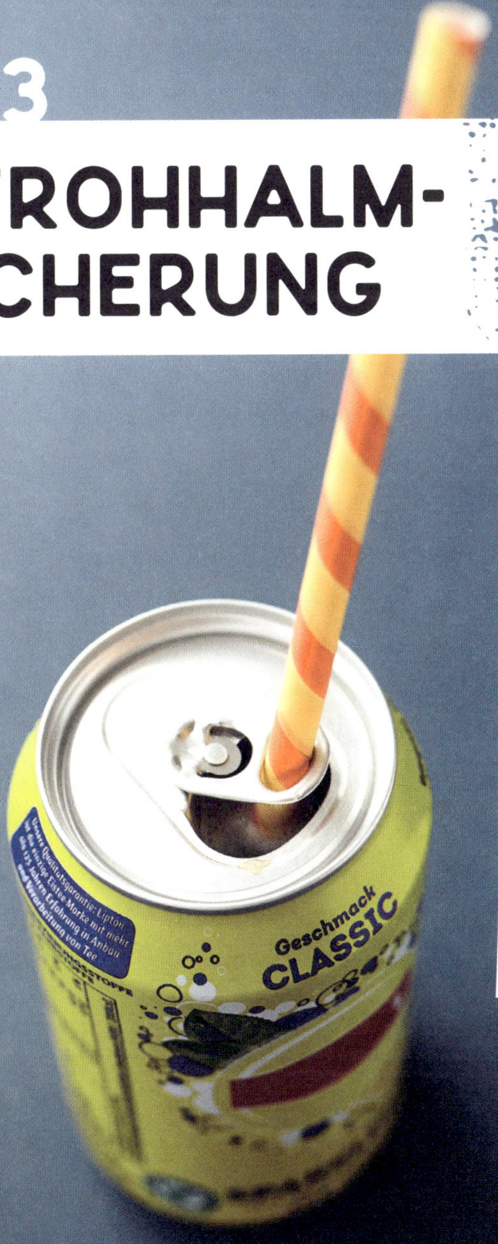

Der Strohhalm drückt sich aus der Getränkedose nicht mehr nach oben, wenn du die Verschlusslasche vorsichtig drehst, den Strohhalm durch die Lasche steckst und ihn damit einklemmst.

Du kannst den Strohhalm auch schwerer machen, indem du ihn durch ein Obststück steckst oder einen wiederverwendbaren Strohhalm aus Metall oder Glas verwendest.

124

KAFFEE-NUDELN

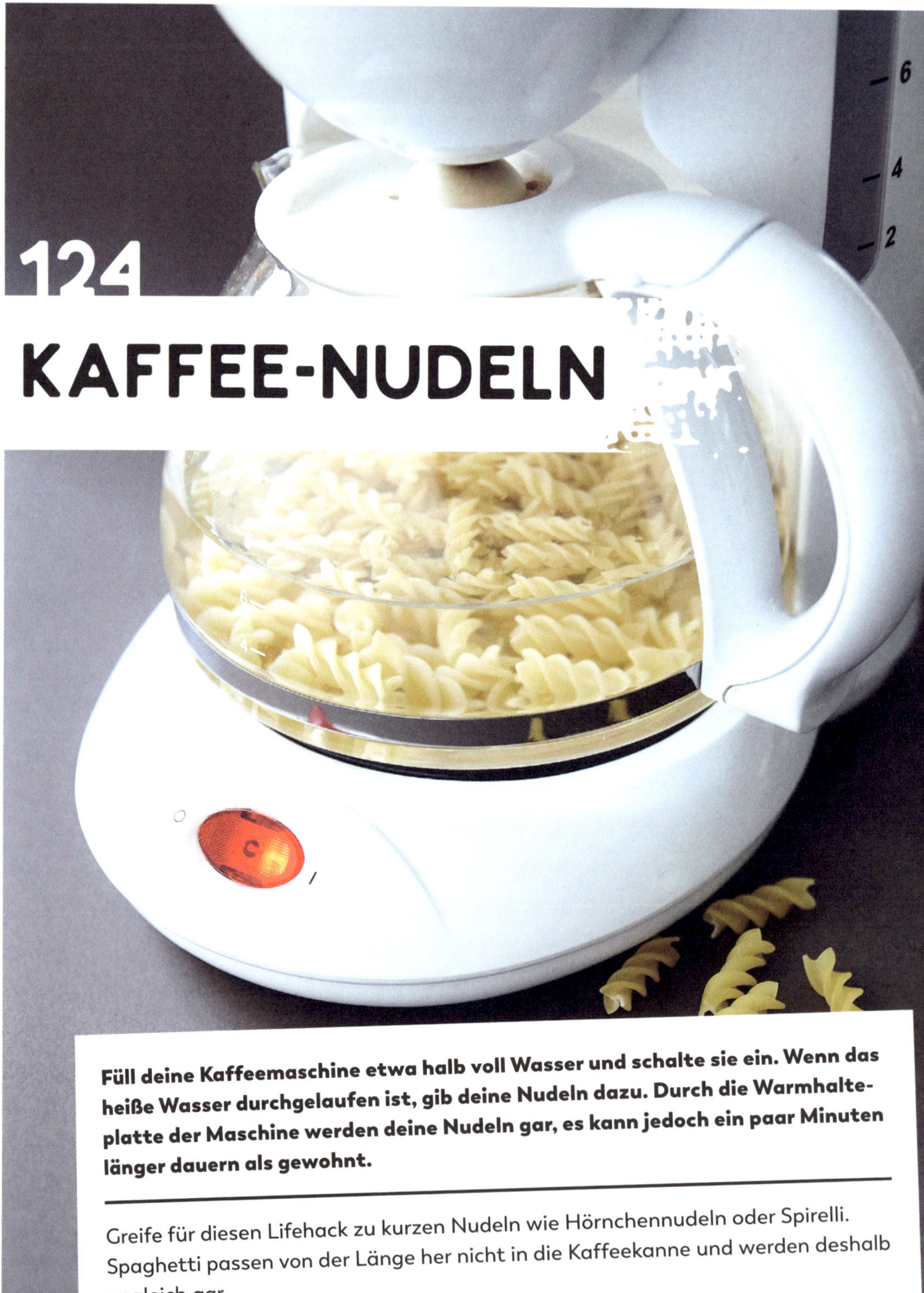

Füll deine Kaffeemaschine etwa halb voll Wasser und schalte sie ein. Wenn das heiße Wasser durchgelaufen ist, gib deine Nudeln dazu. Durch die Warmhalteplatte der Maschine werden deine Nudeln gar, es kann jedoch ein paar Minuten länger dauern als gewohnt.

Greife für diesen Lifehack zu kurzen Nudeln wie Hörnchennudeln oder Spirelli. Spaghetti passen von der Länge her nicht in die Kaffeekanne und werden deshalb ungleich gar.

Frühstückseier kannst du natürlich im Topf kochen – oder aber im Wasserkocher! Gib die Eier in den Kocher, Wasser drauf, anschalten und kochen lassen. Je nach gewünschtem Härtegrad die Eier mehr oder weniger lang im heißen Wasser ziehen lassen und eventuell noch einmal den Kocher anstellen.

Gib nicht zu viele Eier in den Wasserkocher. Maximal 4 Stück kannst du aber locker darin zubereiten.

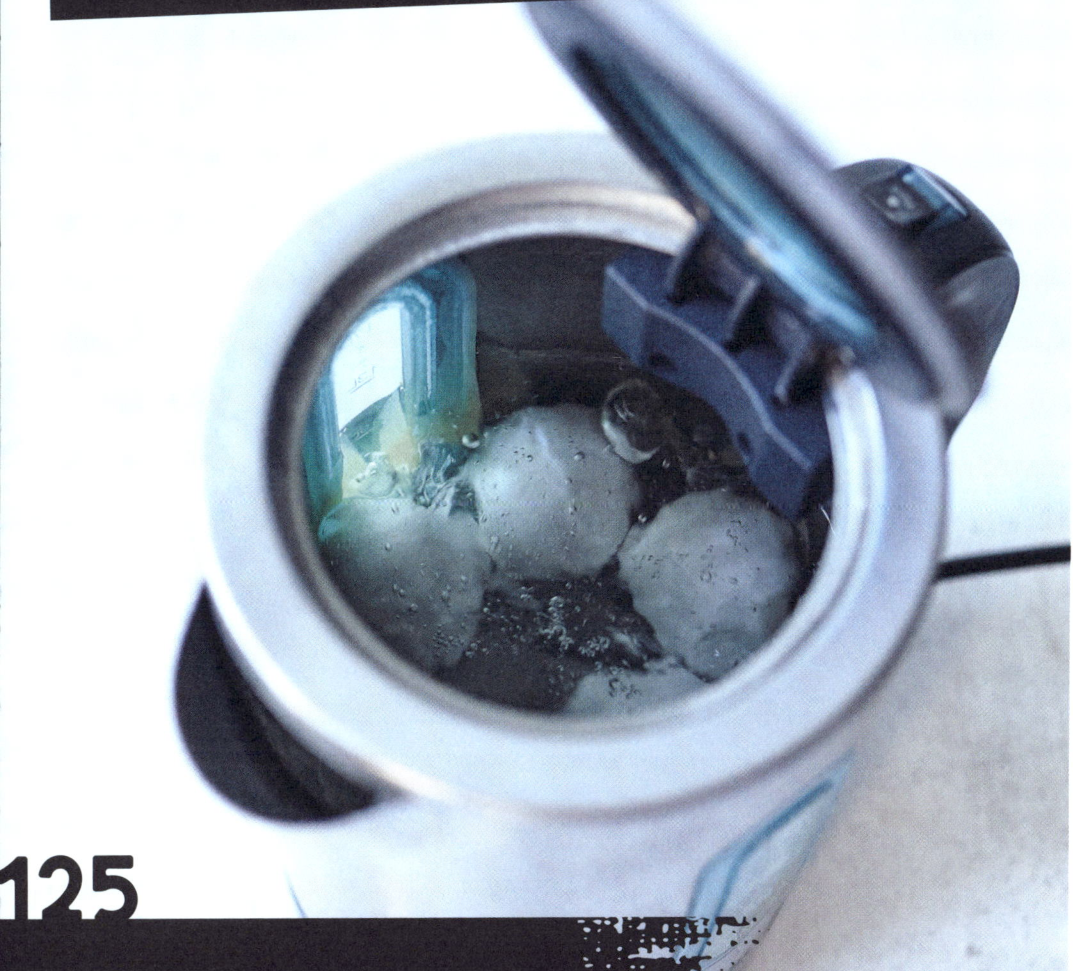

125 EIER-KOCHER

NOTIZEN

AHA!

Wenn du Lebensmittel direkt vor Ort einkaufst, sparst du nicht nur etliche Kilo Gepäck, sondern unterstützt die regionalen Anbieter, erhältst in der Regel frische Ware, kannst landestypische Spezialitäten kosten und tust auch noch dem Klima etwas Gutes, weil lange und emissionsreiche Transporte und unnötige Verpackungen vermieden werden. Im Internet gibt es Verzeichnisse über diverse Hofläden. Du kannst aber auch einfach die Einheimischen vor Ort fragen.

Mit KINDERN campen

Aus Wäscheklammern kann man tolle Sachen basteln – Tiere zum Beispiel. Schneide dazu aus einem Stück Pappe den Körper eines Tieres aus und stecke zwei Wäscheklammern als Beine an. Die Pappe können die Kinder nach Belieben bemalen. Wenn du zwei Eis-Stiele aus Holz übrig hast, klebe sie kreuzförmig auf das vordere Drittel der Wäscheklammer und verwandele sie so mit ein bisschen Farbe in eine Libelle!

Holzklammern eignen sich zum Basteln und Bemalen viel besser als Kunststoff-Klammern.

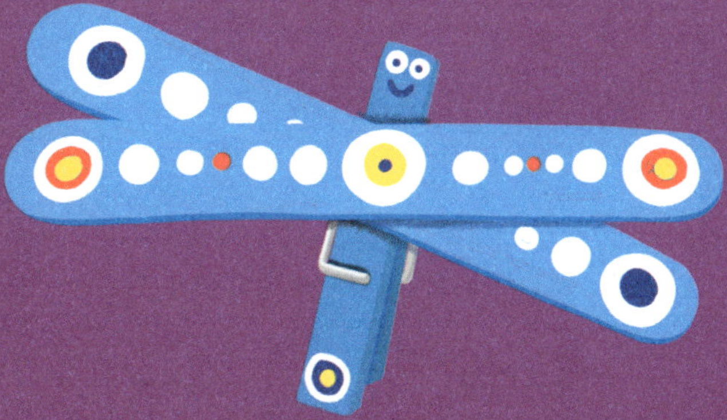

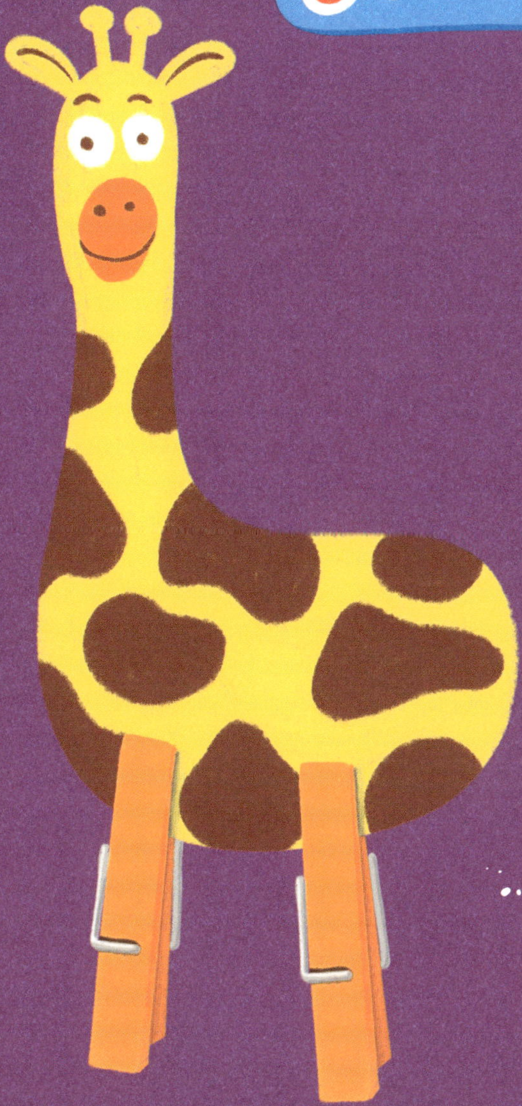

126

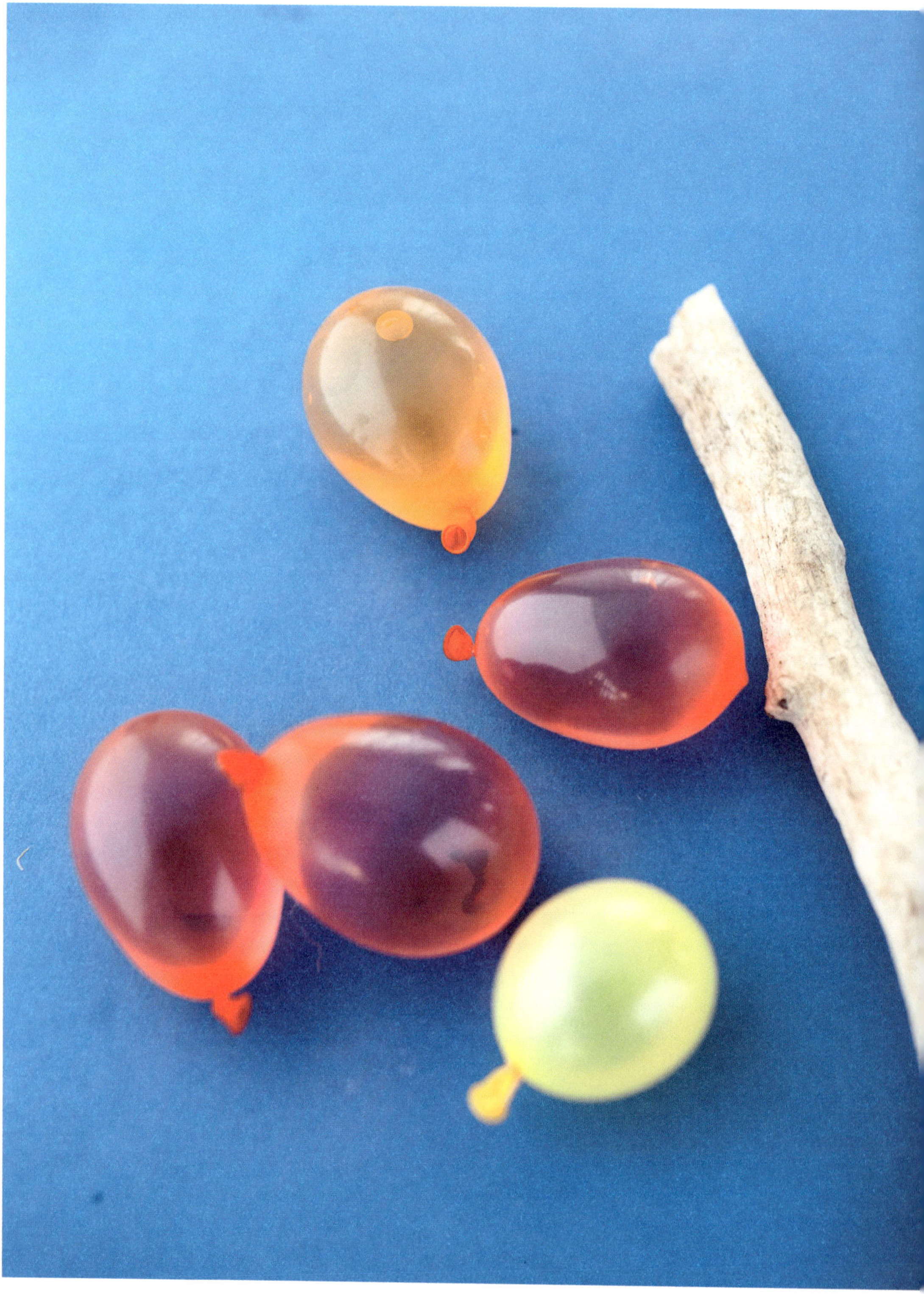

Den meisten Spaß haben Kinder, wenn sie in der freien Natur forschen, werkeln, matschen oder toben dürfen. Brauchst du trotzdem etwas Inspiration und Anregung, hilft ein Blick in dieses Kapitel. Die hier aufgeführten Ideen sind aber nicht nur für die kleinen Kinder gedacht, auch das Kind im Manne (oder in der Frau) hat einen Heidenspaß am Ausprobieren des ein oder anderen Hacks.

127

SCHNITZELJAGD

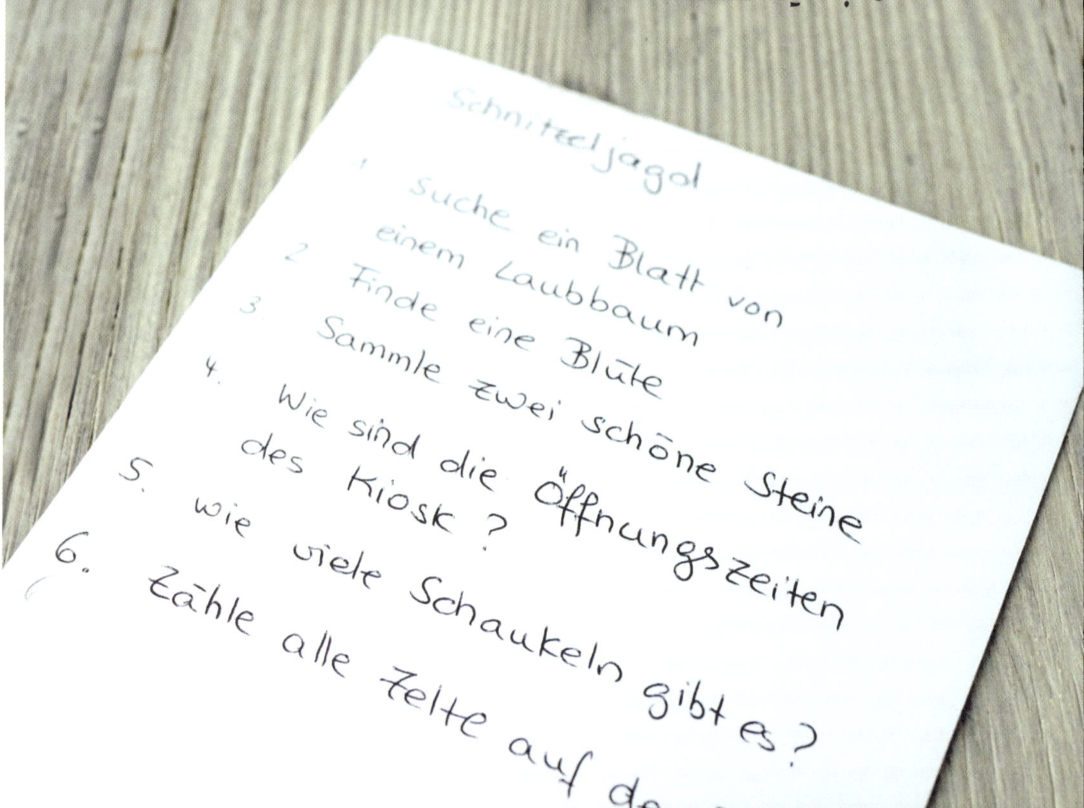

Kinder finden es toll, ihre Umgebung zu erkunden. Bei einer Schnitzeljagd lernen sie den Campingplatz spielerisch kennen. Typische Schnitzeljagd-Aufgaben sind, verschiedene Dinge aus der Natur zu finden (z. B. ein Blatt von einem Laubbaum, 1 Blüte, 1 schönen Stein) oder kleine Rätsel zu lösen. Auf dem Campingplatz bietet sich an, zum Beispiel die Öffnungszeiten der Rezeption, des Waschhauses oder vom Kiosk abzufragen oder wie viele Schaukeln es auf dem Spielplatz gibt.

Überlege dir schon vor dem Urlaub ein paar Aufgaben!

128 NATUR-MANDALA

Lass deine Kinder verschiedene Natur-Materialien sammeln – am besten von einer Sorte immer ganz viele. Legt dann damit auf einem Waldweg oder einer Wiese von innen nach außen ein gleichmäßiges rundes Muster.

Je mehr Kinder mitmachen, desto größer und schöner wird das Natur-Mandala.

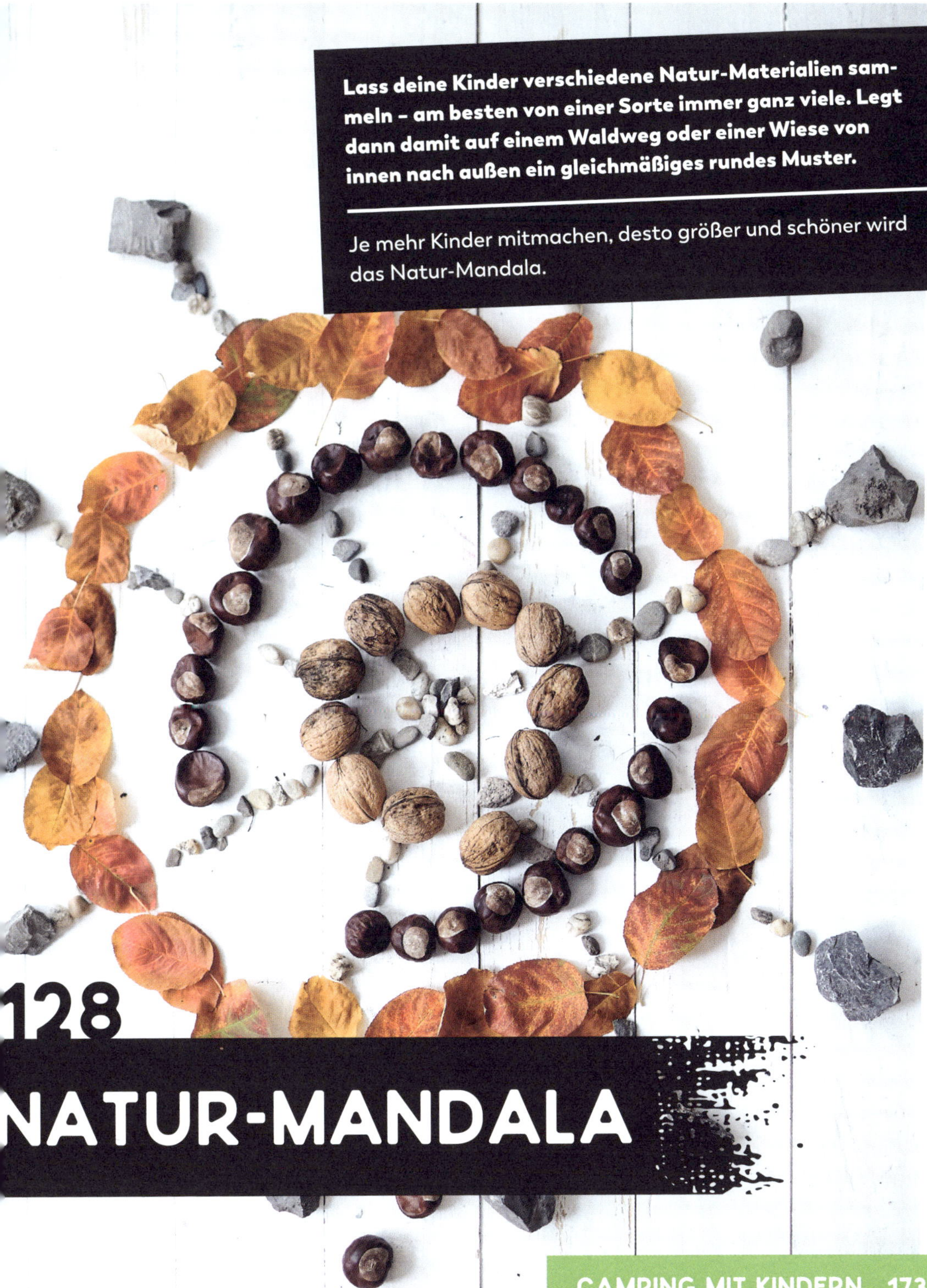

129

BECHERLUPE

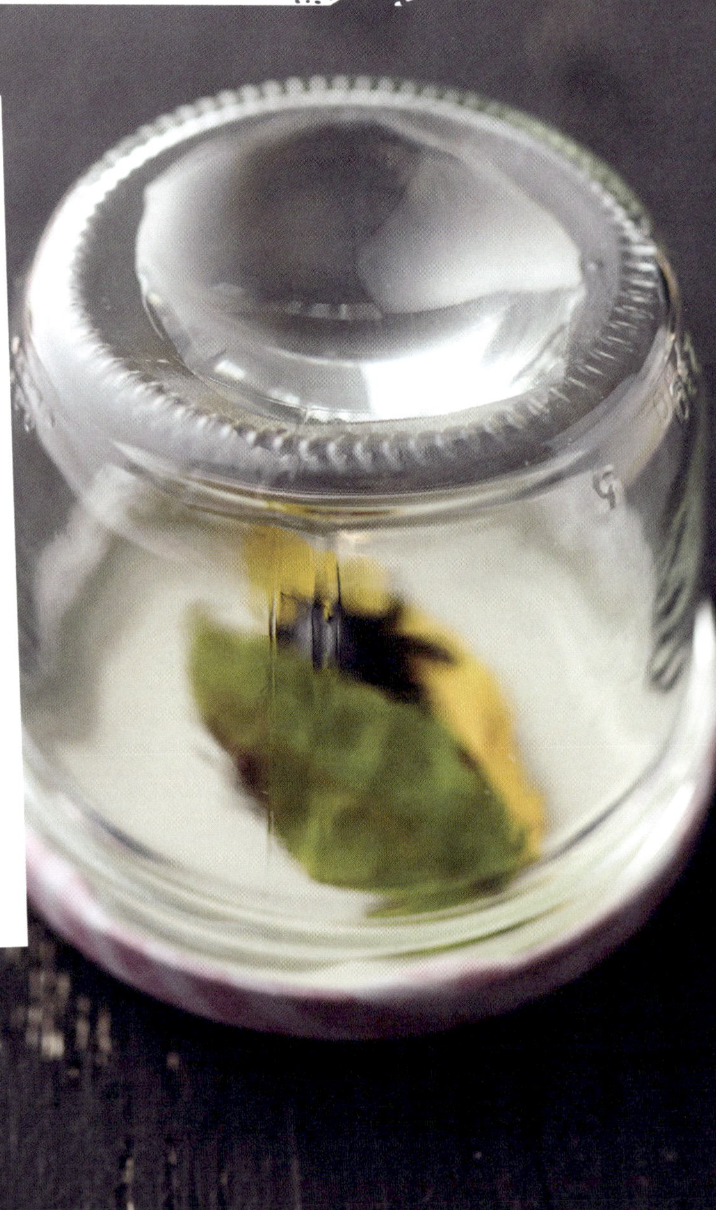

Eine simple Becherlupe bastelst du aus einem Einmachglas mit einem leicht nach innen gewölbten Boden. In das Einmachglas legst du das zu betrachtende Objekt (also ein Blatt oder einen Grashüpfer oder eine Raupe) und schraubst den Deckel fest. Drehe das Glas um und gib Wasser auf den Boden. Durch die Oberflächenspannung wird das Wasser zum Vergrößerungsglas.

Bitte besondere Vorsicht walten lassen, wenn Tiere gefangen und betrachtet werden – und diese direkt nach dem Erforschen wieder frei lassen!

Für kleinere Kinder sind die Campingstühle ungeeignet und die Tischplatte haben sie auf Augenhöhe. Einen Extra-Stuhl braucht ihr trotzdem nicht einpacken: Holt einfach die Sitzerhöhung aus dem Auto und legt sie auf den Stuhl!

Du kannst auch den Kinder-Schalensitz aus dem Auto nehmen. Binde diesen aber am Stuhl fest, zum Beispiel mit einem Spanngurt.

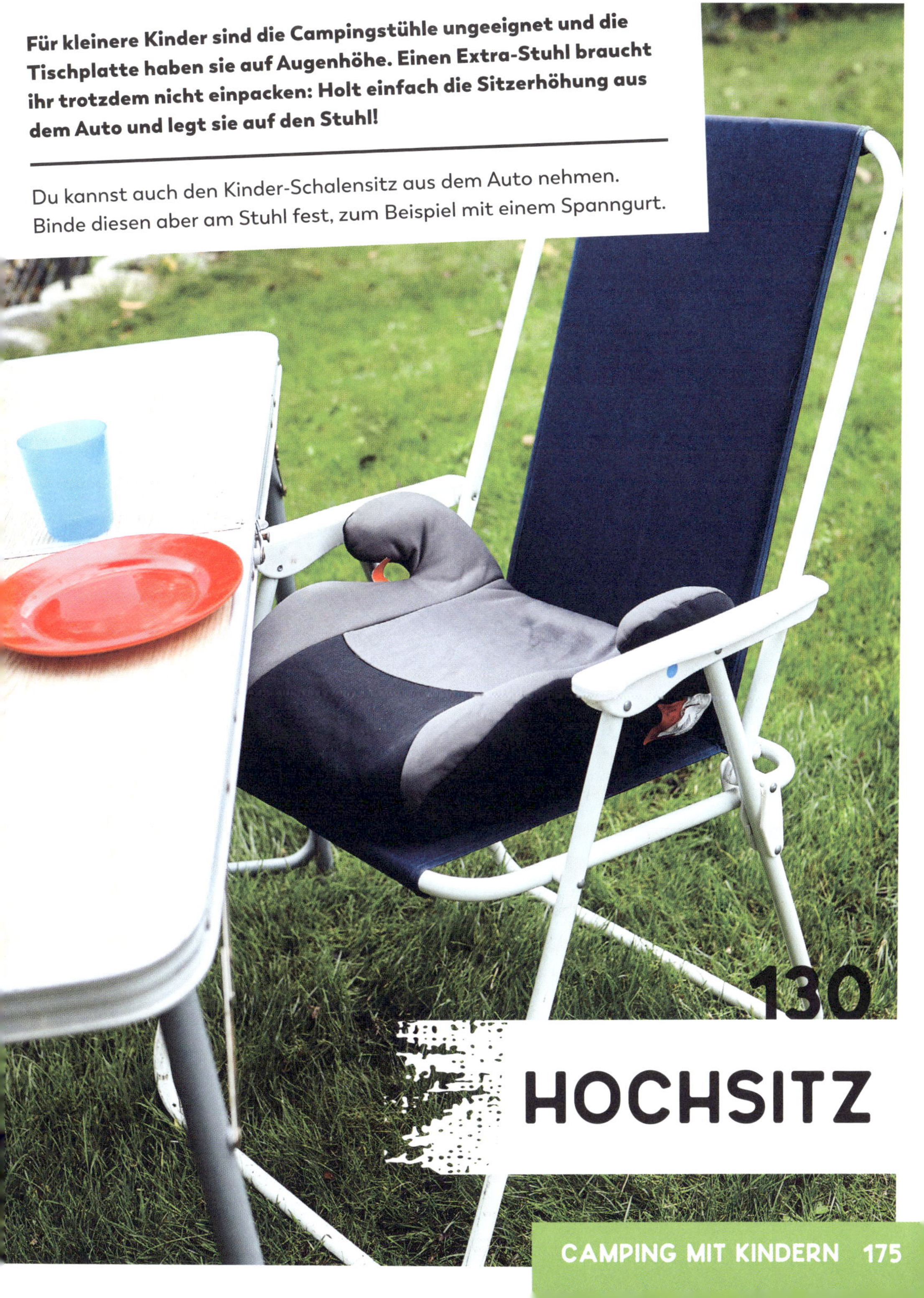

130 HOCHSITZ

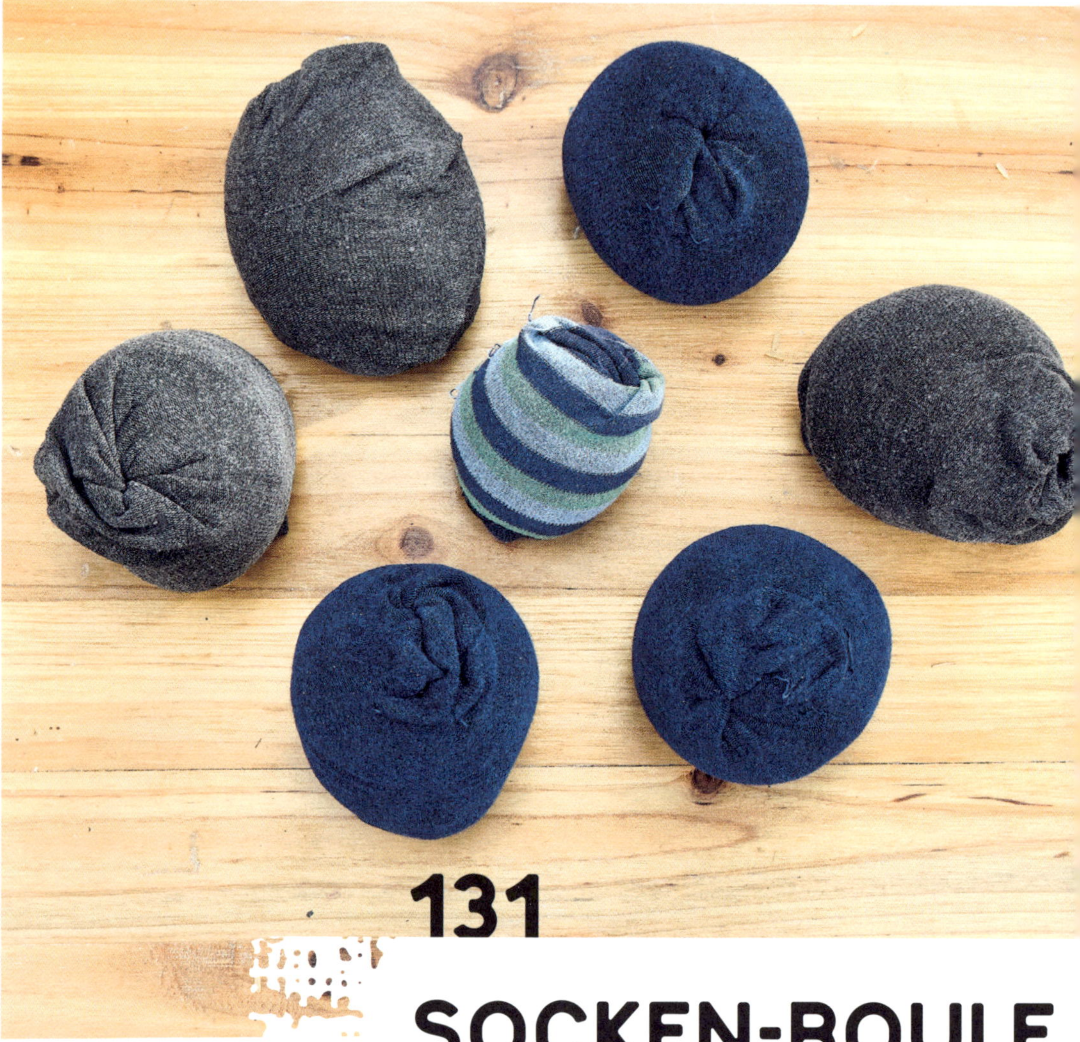

131

SOCKEN-BOULE

Fülle pro Spieler drei möglichst gleichfarbige Socken mit Reis oder Linsen zu einer etwa tennisballgroßen Kugel und knote sie mit Zahnseide fest zu. Das lose Ende der Socken ziehst du einfach über die Kugel. Fülle eine weitere Socke auf die gleiche Weise, aber nur mit etwa der Hälfte Reis. Dies ist die Zielkugel, die zuerst geworfen wird.
Alle Spieler werfen nacheinander jeweils eine Kugel so nah wie möglich an die Zielkugel. Wessen Kugel am Schluss am nächsten an der Zielkugel liegt, hat die Runde gewonnen!

Am Strand kann man die Socken auch mit Sand befüllen.

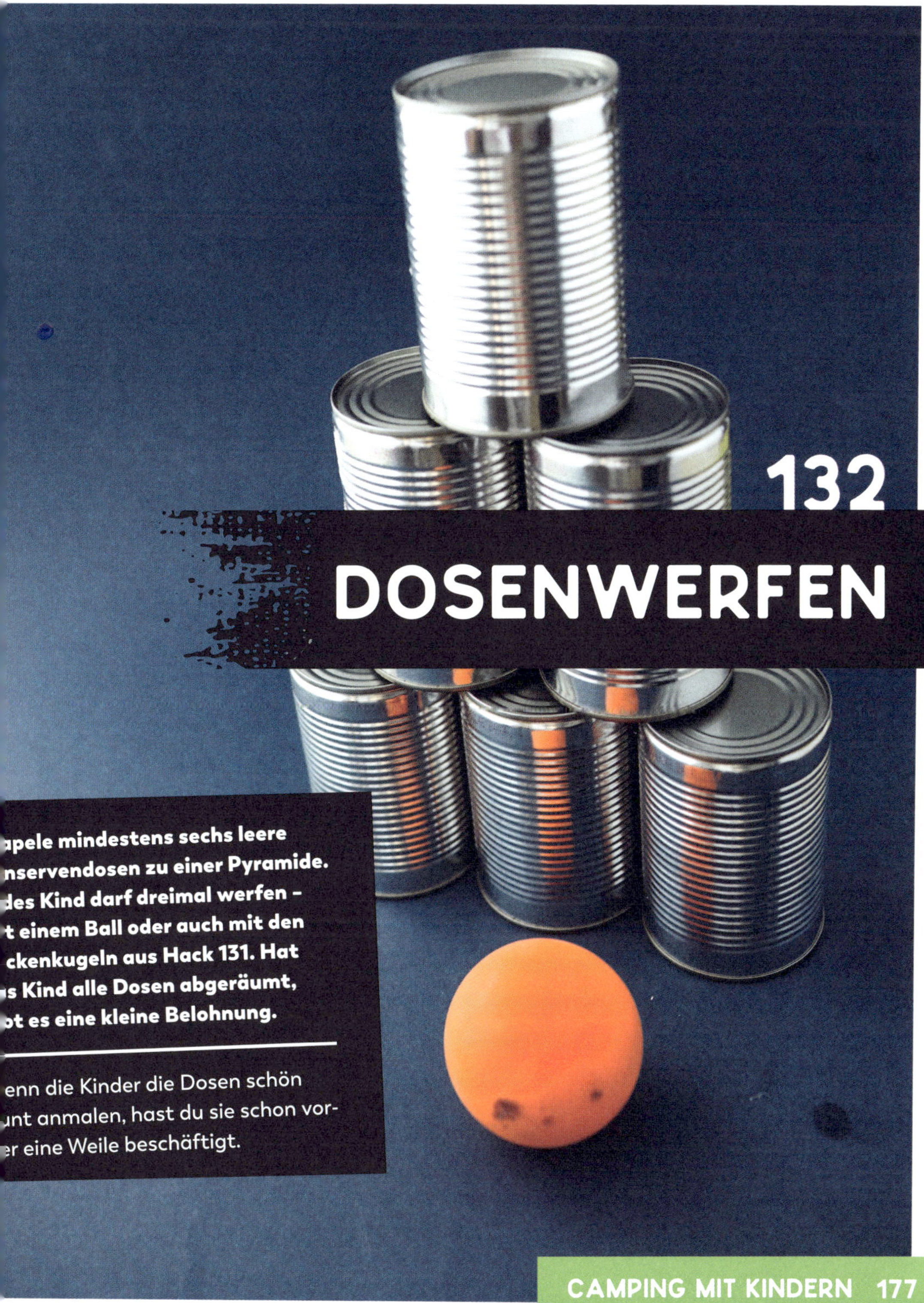

132

DOSENWERFEN

apele mindestens sechs leere nservendosen zu einer Pyramide. des Kind darf dreimal werfen – t einem Ball oder auch mit den ckenkugeln aus Hack 131. Hat s Kind alle Dosen abgeräumt, ot es eine kleine Belohnung.

enn die Kinder die Dosen schön unt anmalen, hast du sie schon vorer eine Weile beschäftigt.

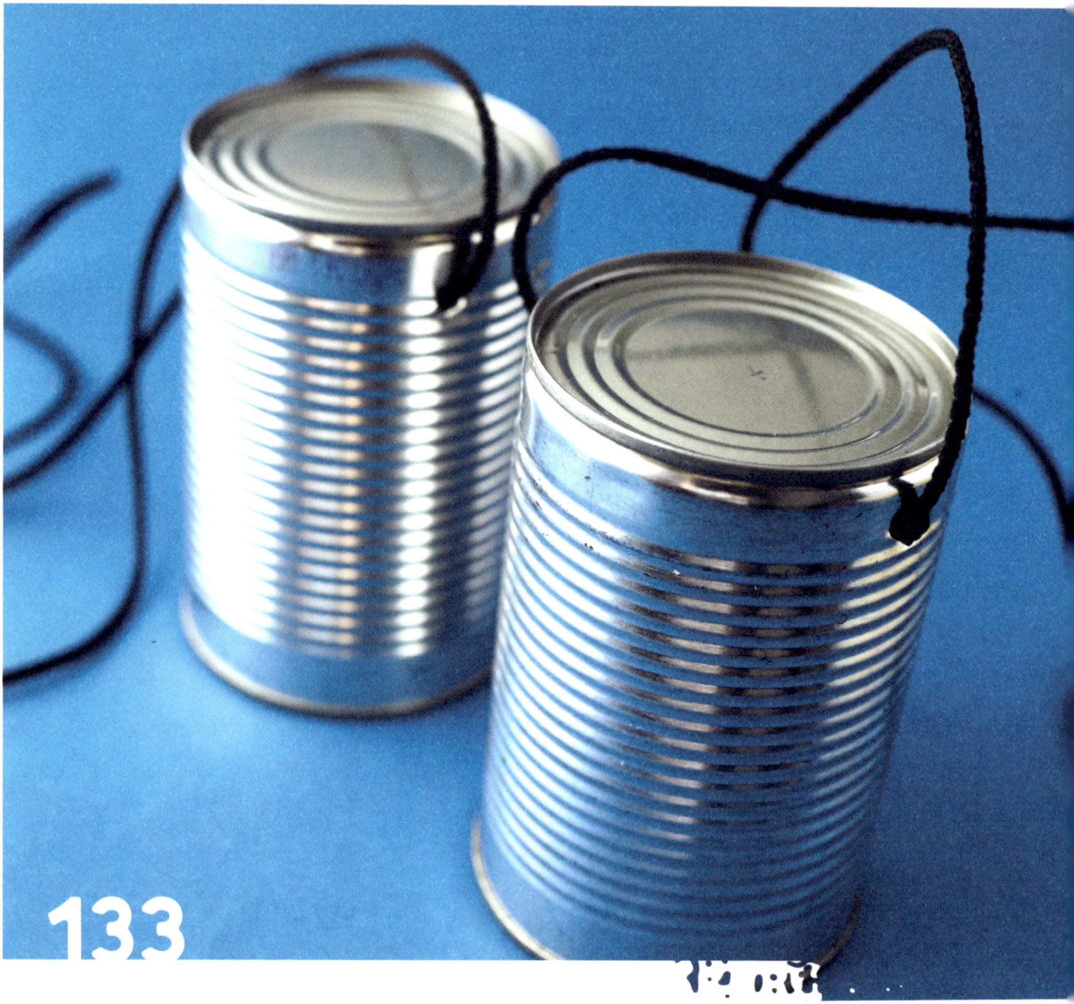

133

DOSENLAUFEN

Entgrate zwei leere Konservendosen, damit sich die Kinder nicht verletzen, wenn sie die Dosen anfassen. Rechts und links bohrst du nah am Rand zwei Löcher in den Boden, durch die du eine Zeltschnur ziehst und jeweils am Ende verknotest. Die Länge der Schnur ist abhängig von der Größe des Kindes.

Dosenlaufen ist ein zeitloser Spaß, der allein oder auch als Wettbewerb viel Freude bereitet.

134

WASSERBOMBEN-BASEBALL

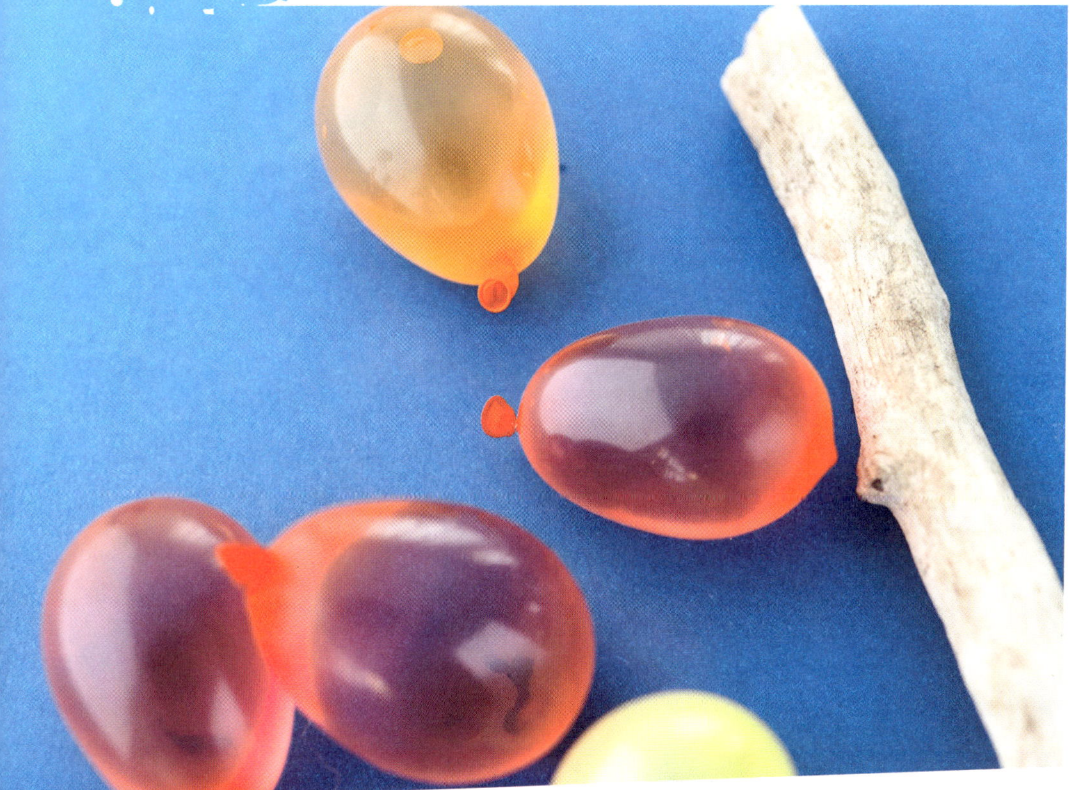

Für diesen Spielspaß sollte es warm sein, dann ist er aber umso erfrischender! Jedes Kind sucht sich einen etwas dickeren Ast, der als Baseball-Schläger dienen soll. Anstatt eines Balles werden aber Wasserbomben verwendet.

Man kann zwar auch nach den Baseball-Regeln spielen, für den Spaß allerdings braucht man diese eigentlich nicht.

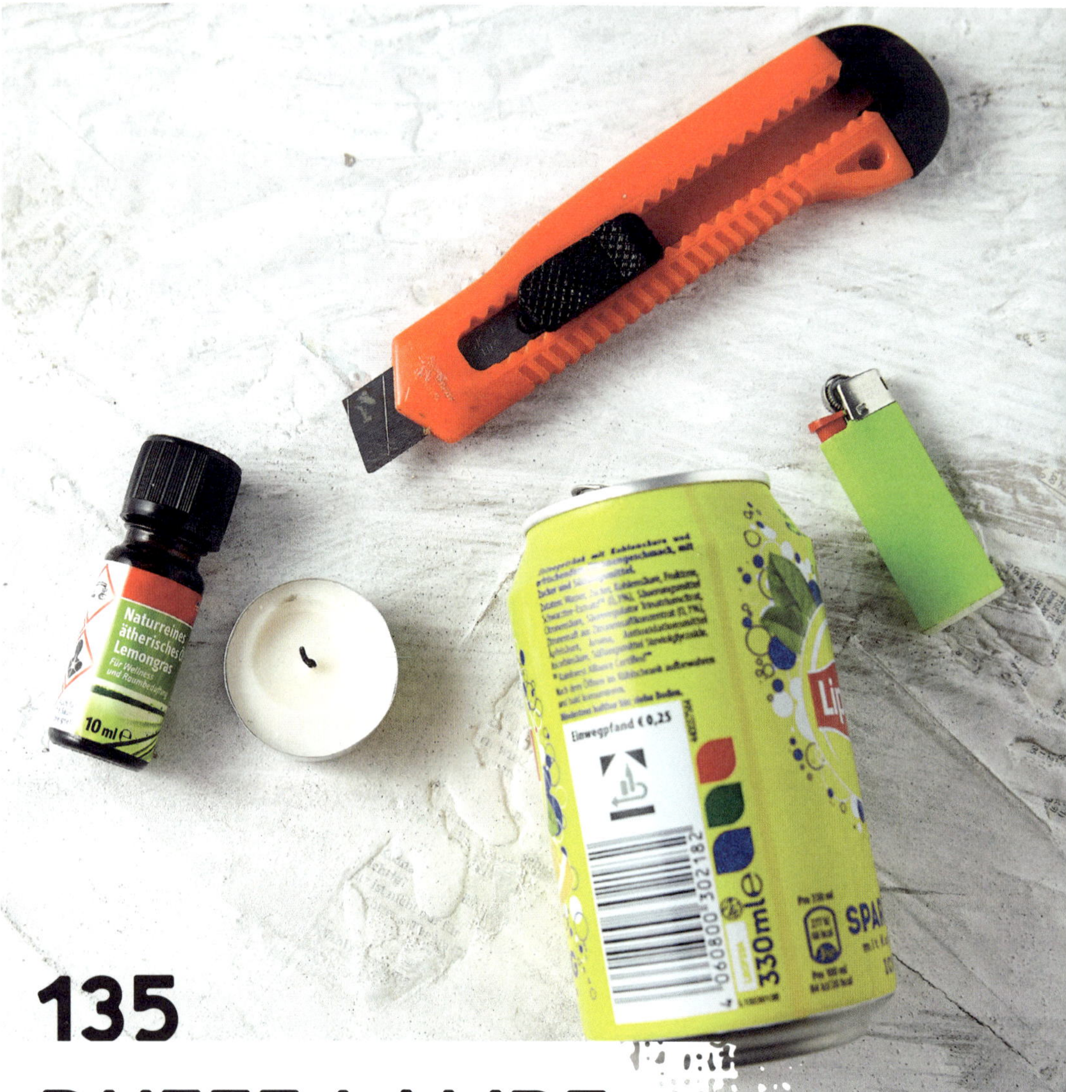

135

DUFTE LAMPE

Aus einer Getränkebüchse bastelt ihr im Nu eine tolle Duftlampe.

Vorsicht mit dem Cutter, er ist extrem scharf. Auch die Dosenränder können noch schneiden.

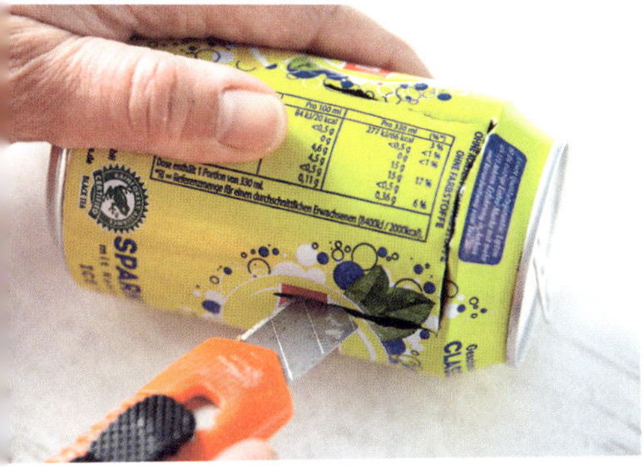

1 **Schneide in die Dose im oberen, seitlichen Bereich ein rechteckiges Fenster.**

2 **Drehe dann die Dose um.**

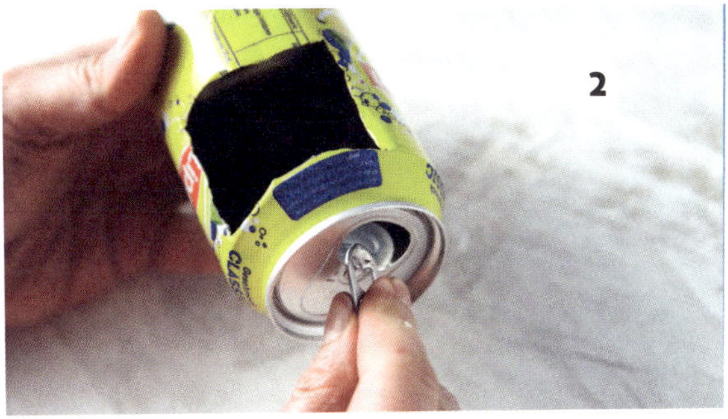

2

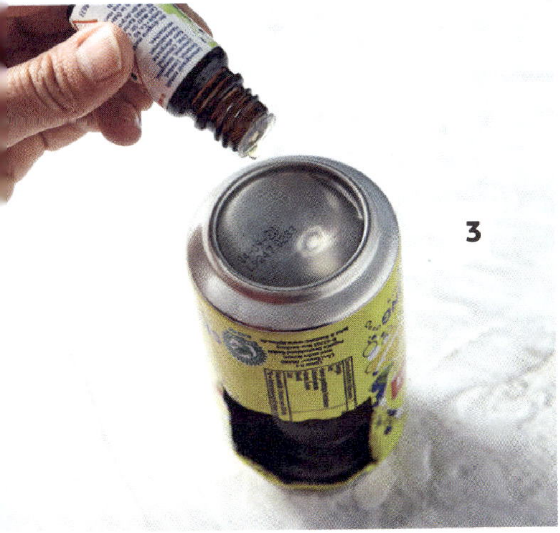

3

3 **Fülle Wasser und ein Duftöl deiner Wahl auf den Dosenboden.**

Stelle ein Teelicht in die Dose und zünde es an.

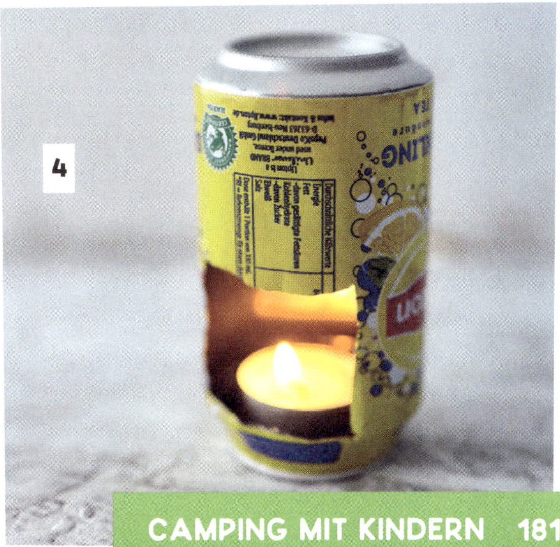

4

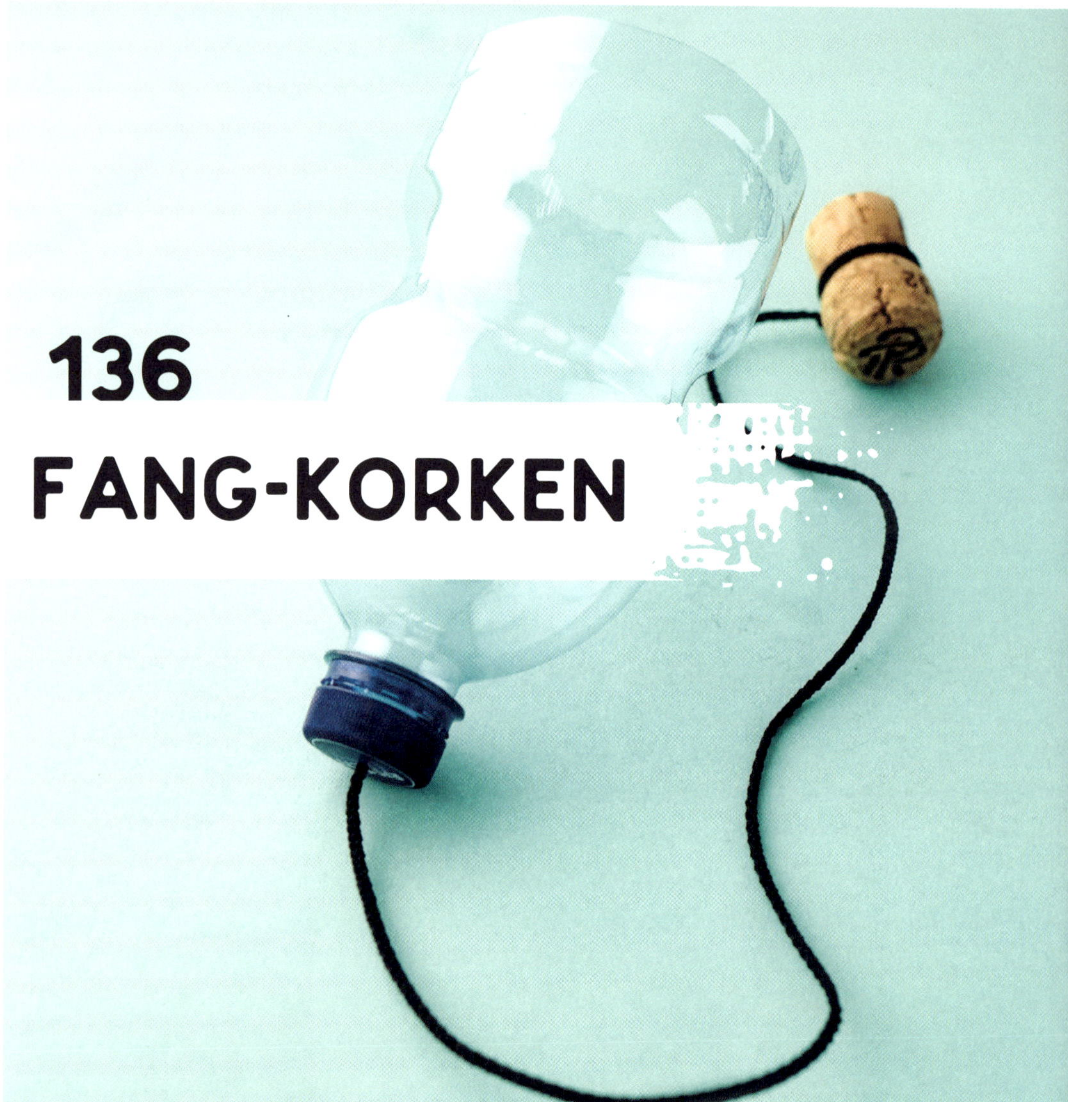

136 FANG-KORKEN

Schneide eine Plastikflasche auf und bohre ein Loch in den Schraubdeckel. Hierdurch steckst du ein Stück Schnur, das etwa doppelt so lang sein muss wie die abgeschnittene Flasche. Verknote die Schnur im Inneren des Deckels und befestige das andere Ende der Schnur an einem Sektkorken. Fertig ist das Fangspiel: Versucht jetzt, mit Schwung den Korken nach oben zu schleudern und mit dem Flaschenhals aufzufangen.

Die Schnittkanten kann man entgraten, indem man mit einem Feuerzeug vorsichtig an ihnen vorbeistreicht.

137 WALD-MEMORY

Suche ein paar Dinge aus der Natur und leg diese vor allen Kindern aus. Jetzt müssen die Kinder losziehen und das entsprechende Gegenstück finden. Wer zuerst alle Gegenstücke gefunden hat, gewinnt!

Dieses Spiel kann man auch als Mannschaft spielen. Der Schwierigkeitsgrad sollte an das Alter der Kinder angepasst sein.

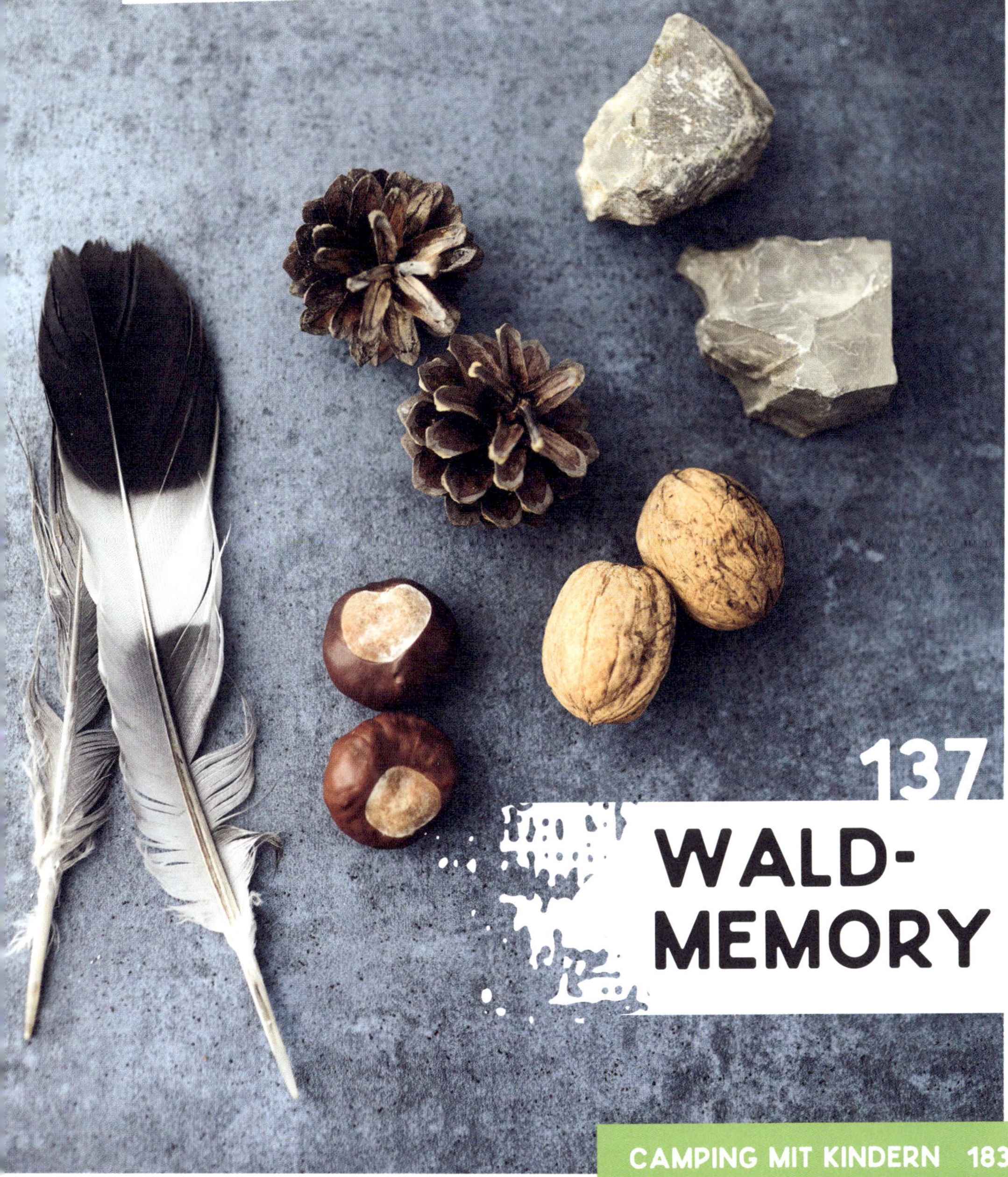

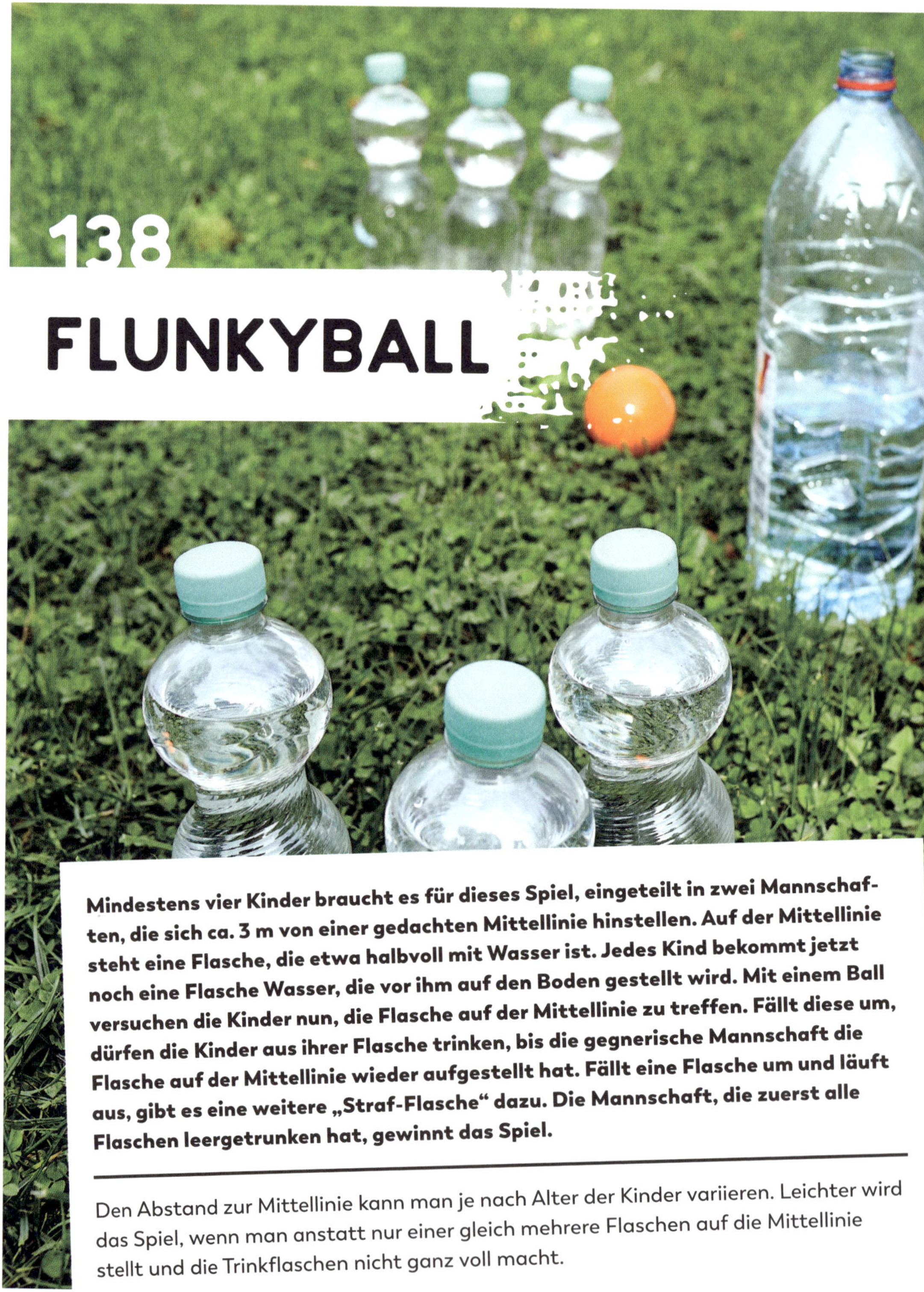

138 FLUNKYBALL

Mindestens vier Kinder braucht es für dieses Spiel, eingeteilt in zwei Mannschaften, die sich ca. 3 m von einer gedachten Mittellinie hinstellen. Auf der Mittellinie steht eine Flasche, die etwa halbvoll mit Wasser ist. Jedes Kind bekommt jetzt noch eine Flasche Wasser, die vor ihm auf den Boden gestellt wird. Mit einem Ball versuchen die Kinder nun, die Flasche auf der Mittellinie zu treffen. Fällt diese um, dürfen die Kinder aus ihrer Flasche trinken, bis die gegnerische Mannschaft die Flasche auf der Mittellinie wieder aufgestellt hat. Fällt eine Flasche um und läuft aus, gibt es eine weitere „Straf-Flasche“ dazu. Die Mannschaft, die zuerst alle Flaschen leergetrunken hat, gewinnt das Spiel.

Den Abstand zur Mittellinie kann man je nach Alter der Kinder variieren. Leichter wird das Spiel, wenn man anstatt nur einer gleich mehrere Flaschen auf die Mittellinie stellt und die Trinkflaschen nicht ganz voll macht.

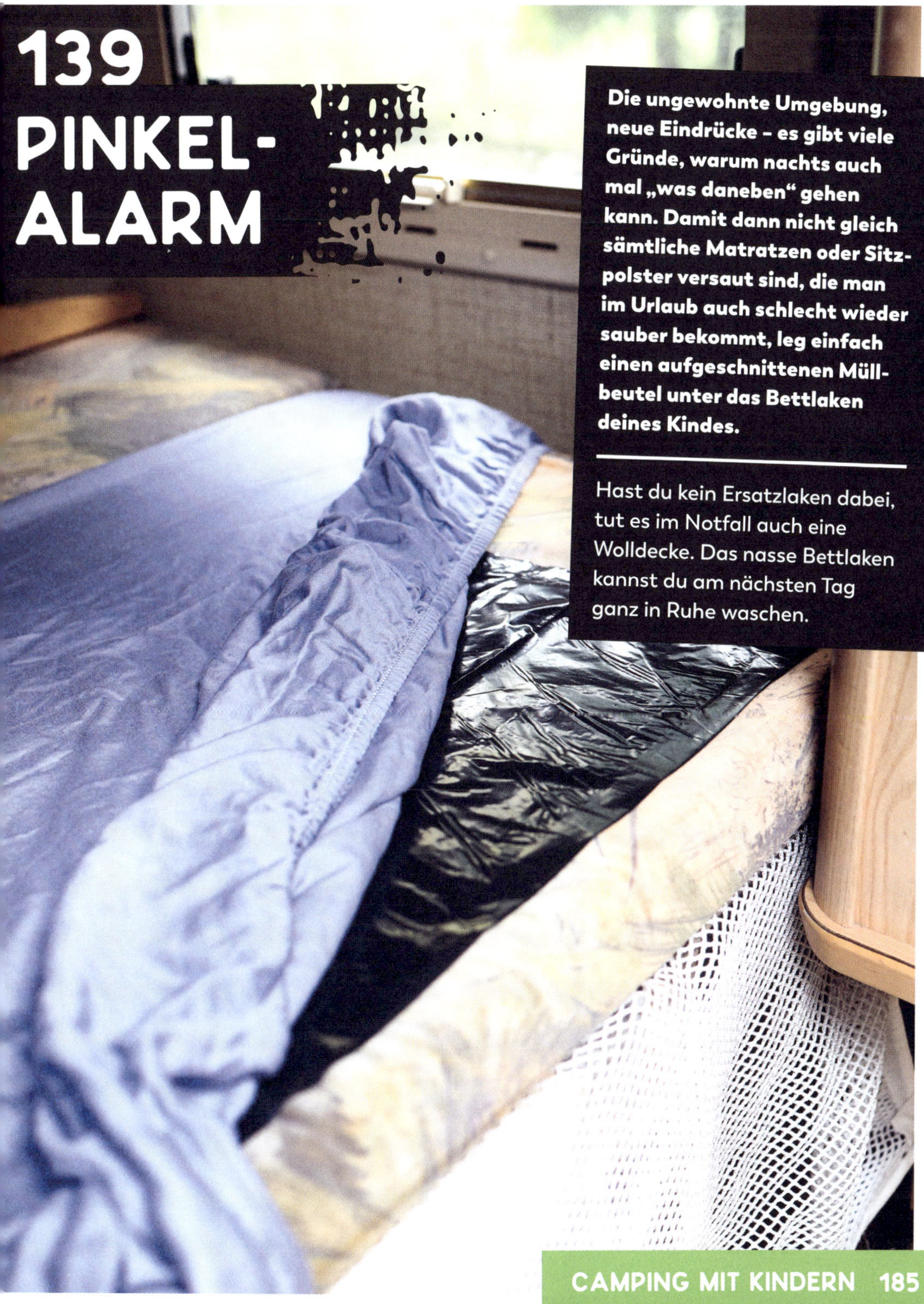

139 PINKEL-ALARM

Die ungewohnte Umgebung, neue Eindrücke – es gibt viele Gründe, warum nachts auch mal „was daneben“ gehen kann. Damit dann nicht gleich sämtliche Matratzen oder Sitzpolster versaut sind, die man im Urlaub auch schlecht wieder sauber bekommt, leg einfach einen aufgeschnittenen Müllbeutel unter das Bettlaken deines Kindes.

Hast du kein Ersatzlaken dabei, tut es im Notfall auch eine Wolldecke. Das nasse Bettlaken kannst du am nächsten Tag ganz in Ruhe waschen.

140

NOTRUF-NUMMER

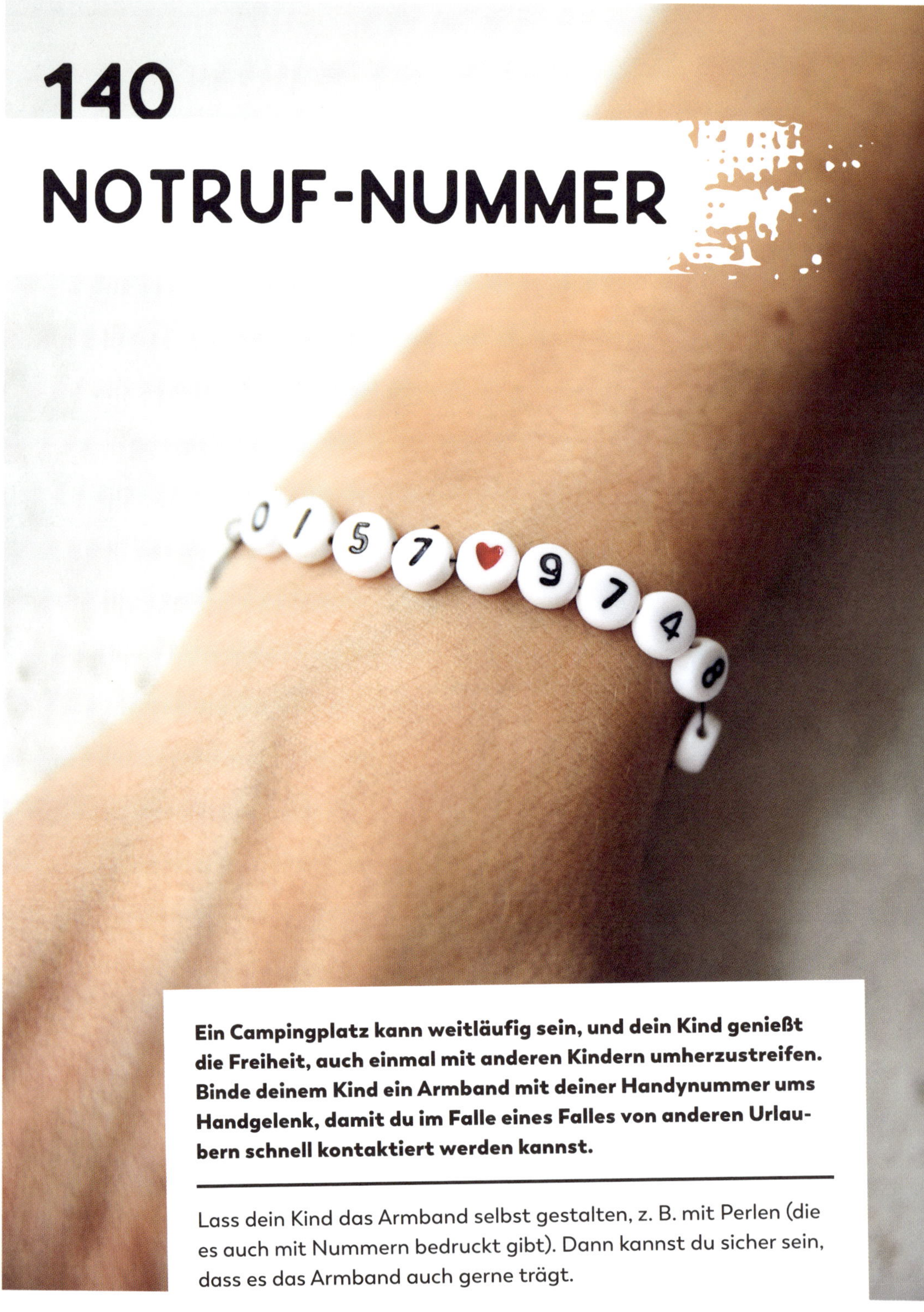

Ein Campingplatz kann weitläufig sein, und dein Kind genießt die Freiheit, auch einmal mit anderen Kindern umherzustreifen. Binde deinem Kind ein Armband mit deiner Handynummer ums Handgelenk, damit du im Falle eines Falles von anderen Urlaubern schnell kontaktiert werden kannst.

Lass dein Kind das Armband selbst gestalten, z. B. mit Perlen (die es auch mit Nummern bedruckt gibt). Dann kannst du sicher sein, dass es das Armband auch gerne trägt.

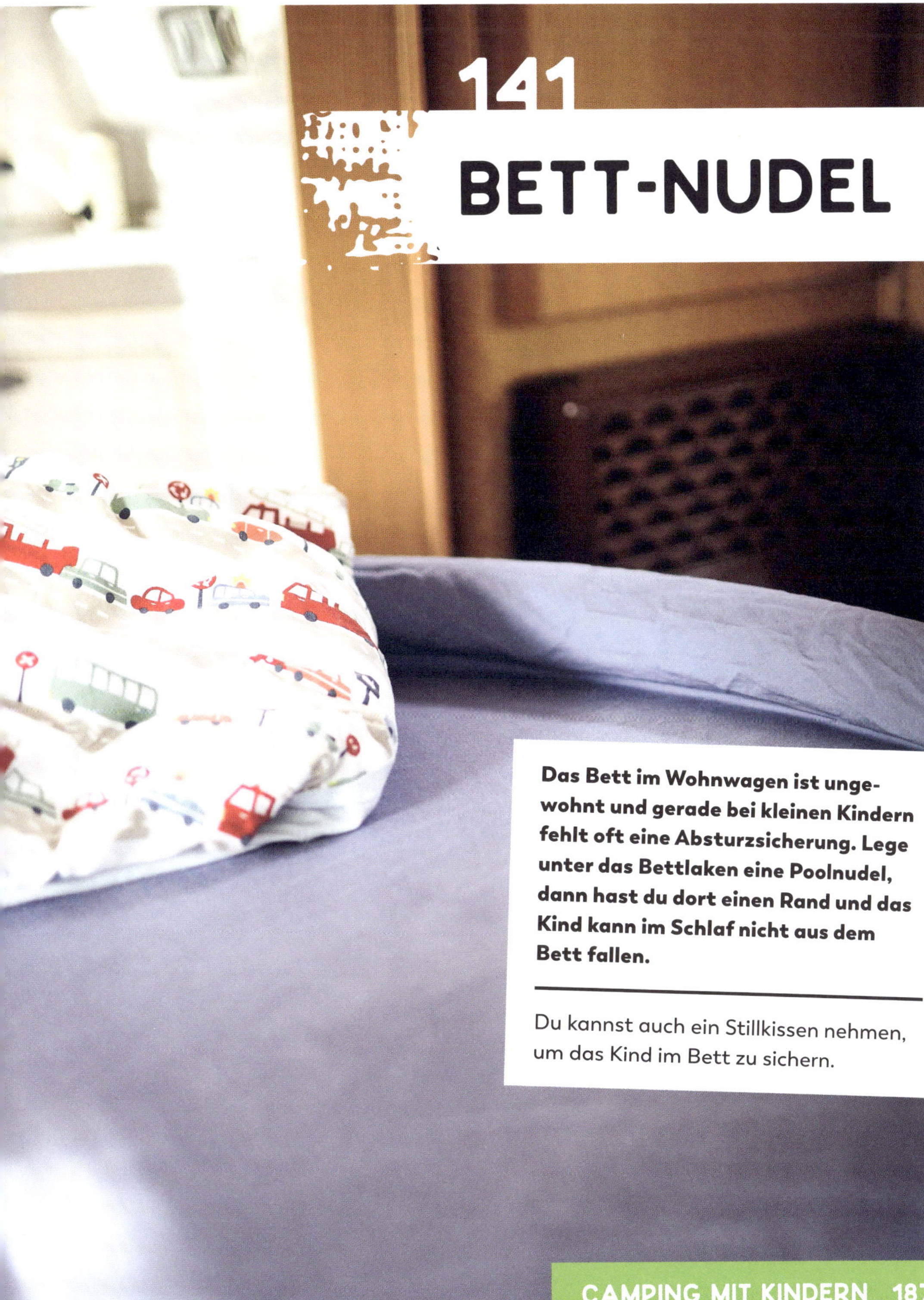

141 BETT-NUDEL

Das Bett im Wohnwagen ist ungewohnt und gerade bei kleinen Kindern fehlt oft eine Absturzsicherung. Lege unter das Bettlaken eine Poolnudel, dann hast du dort einen Rand und das Kind kann im Schlaf nicht aus dem Bett fallen.

Du kannst auch ein Stillkissen nehmen, um das Kind im Bett zu sichern.

NOTIZEN

AHA!

Wenn du bereits bei der Wahl des Campingplatzes auf eine kinderfreundliche Ausstattung (großer Spielplatz, besondere Sanitäreinrichtungen für Kinder, Streichelzoo etc.) achtest, kannst du dir relativ sicher sein, dass dieser Campingplatz auch von vielen Familien mit Kindern angefahren wird und dein Kind schnell Anschluss findet. Dazu braucht es nicht immer eine spezielle Kinderanimation, denn Kinder lieben es auch, einfach ihre Umgebung auf eigene Faust zu entdecken.

Festivals

142

Für ein improvisiertes Waschbecken suchst du dir vier stabile Stöcke, spitzt diese etwas an, steckst sie im Kreis in die Erde und spannst einen sauberen Müllsack darüber. Wasser einfüllen und waschen!

Die Stöcke müssen fest in den Boden gerammt werden. Wenn du keinen Hammer zur Hand hast, such dir einen großen Stein.

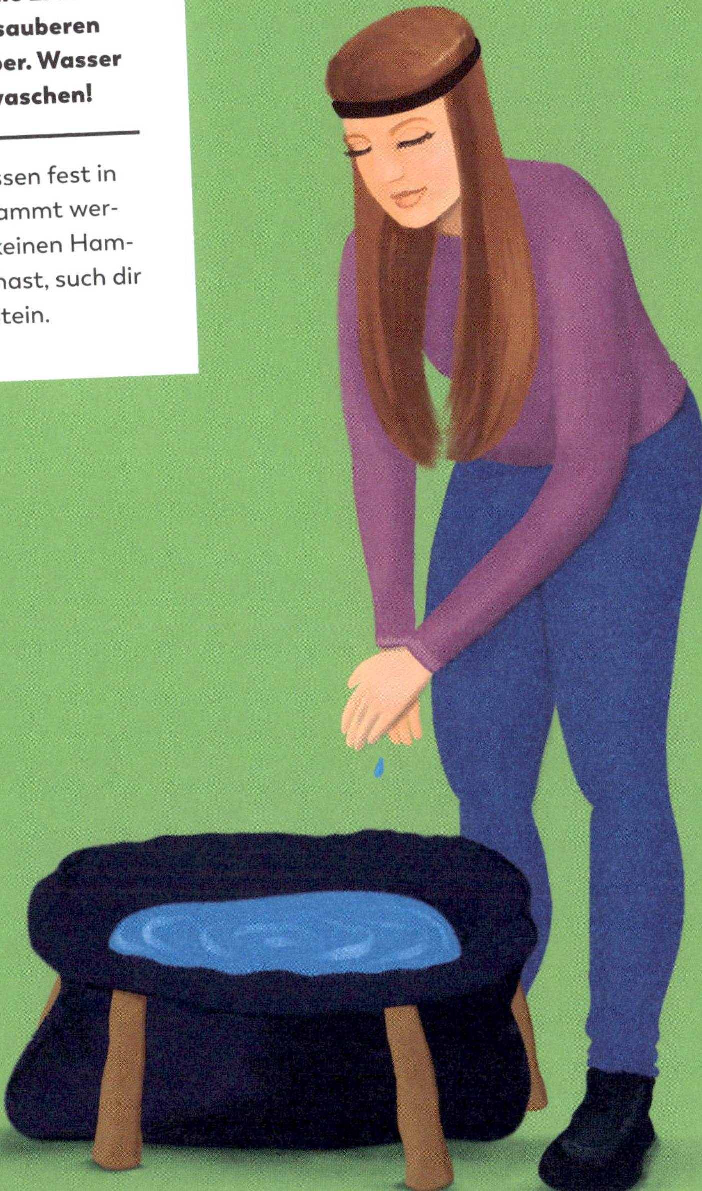

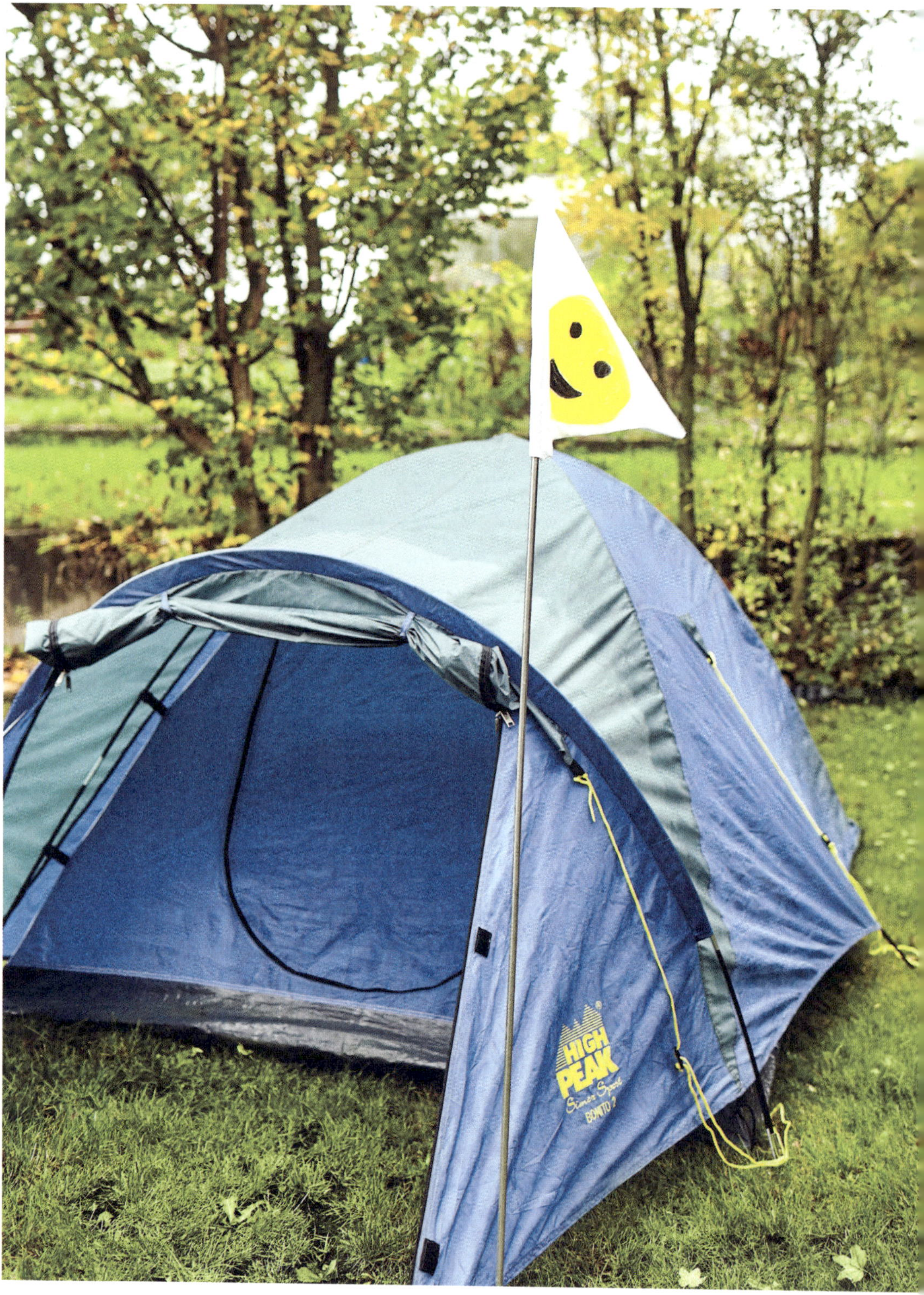
HIGH PEAK
Siemer Sport
BONITO 2

Festivals sind ein Kapitel für sich – so auch in diesem Buch. Zelten bei einer Großveranstaltung ist eben nicht einfach nur Zelten, es ist Campen im Ausnahmezustand. Damit der Spaß mit deinen Freunden trotzdem nicht zu kurz kommt, erfährst du hier, wie du selbst vermeintlichen Müll noch zum Kochen oder Waschen verwenden und dem nach zwei Tagen nicht mehr ganz so einladend aussehenden Klo-Häuschen entkommen kannst. Oder einfach nur dein Zelt unter Tausenden wiederfindest, selbst bei Nacht und Nebel.

LAGERFEUER-KISSEN

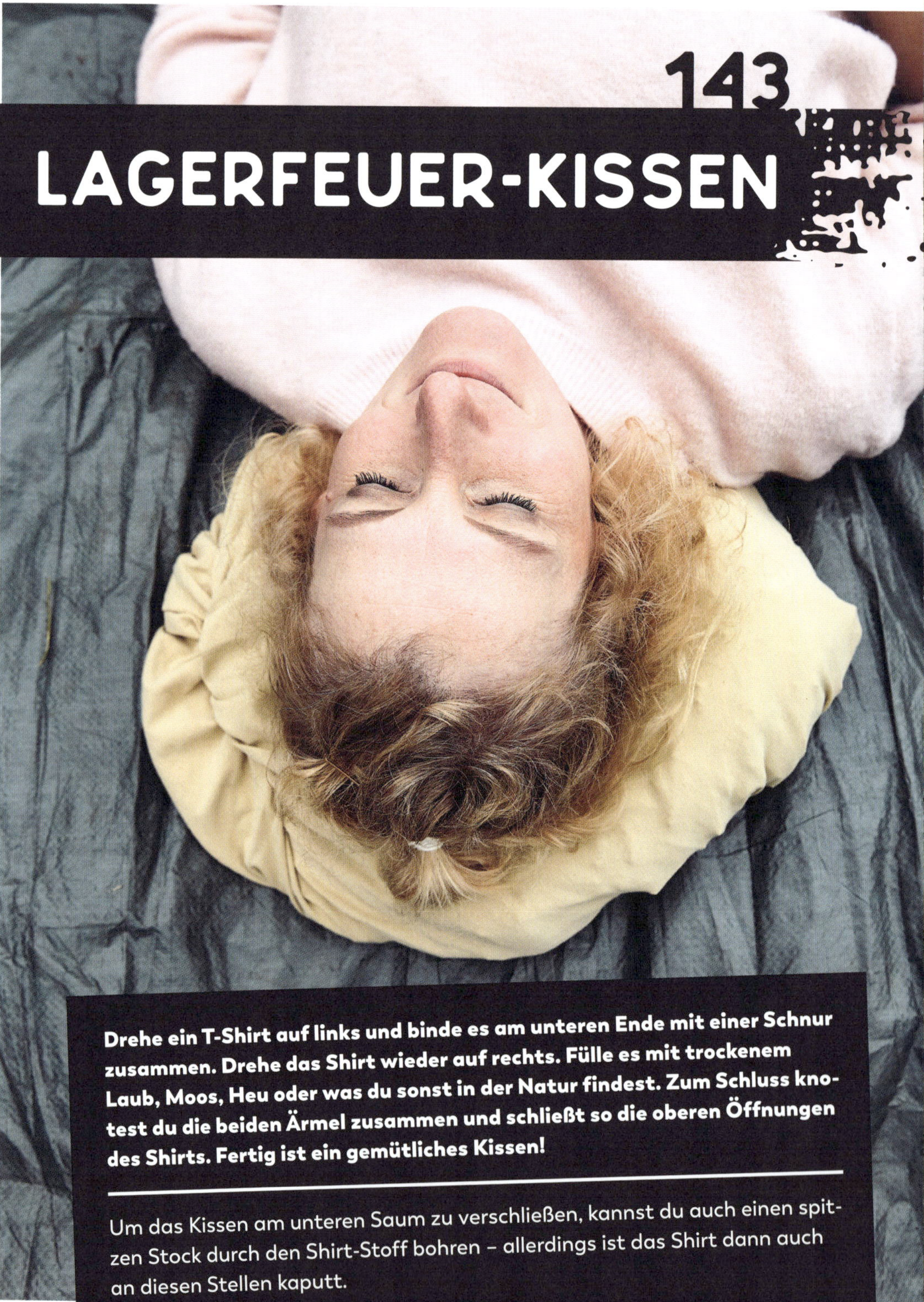

Drehe ein T-Shirt auf links und binde es am unteren Ende mit einer Schnur zusammen. Drehe das Shirt wieder auf rechts. Fülle es mit trockenem Laub, Moos, Heu oder was du sonst in der Natur findest. Zum Schluss knotest du die beiden Ärmel zusammen und schließt so die oberen Öffnungen des Shirts. Fertig ist ein gemütliches Kissen!

Um das Kissen am unteren Saum zu verschließen, kannst du auch einen spitzen Stock durch den Shirt-Stoff bohren – allerdings ist das Shirt dann auch an diesen Stellen kaputt.

remes und Zahnpasta kannst du platz- nd gewichtssparend in Strohhalme acken. Stecke dazu den Strohhalm in die ube und sauge mit dem Mund, bis der trohhalm sich füllt. Die beiden Enden rückst du flach zusammen, knickst sie inmal um und steckst ein abgeschnit- tenes Stück eines weiteren Strohhalms darüber.

Notiere auf dem Strohhalm, welche Füllung sich darin befindet.

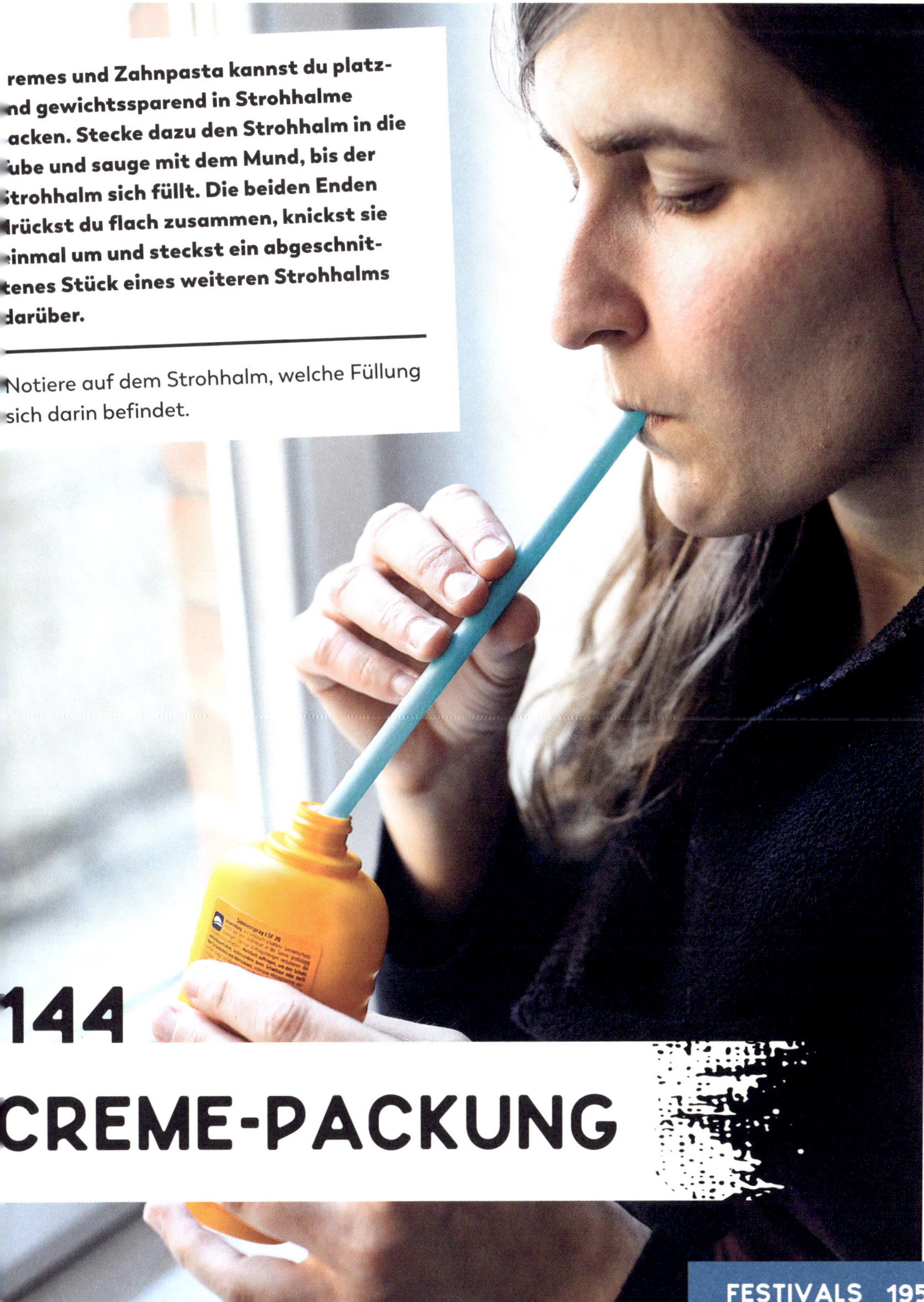

144 CREME-PACKUNG

145

ZAHNPASTA TO GO

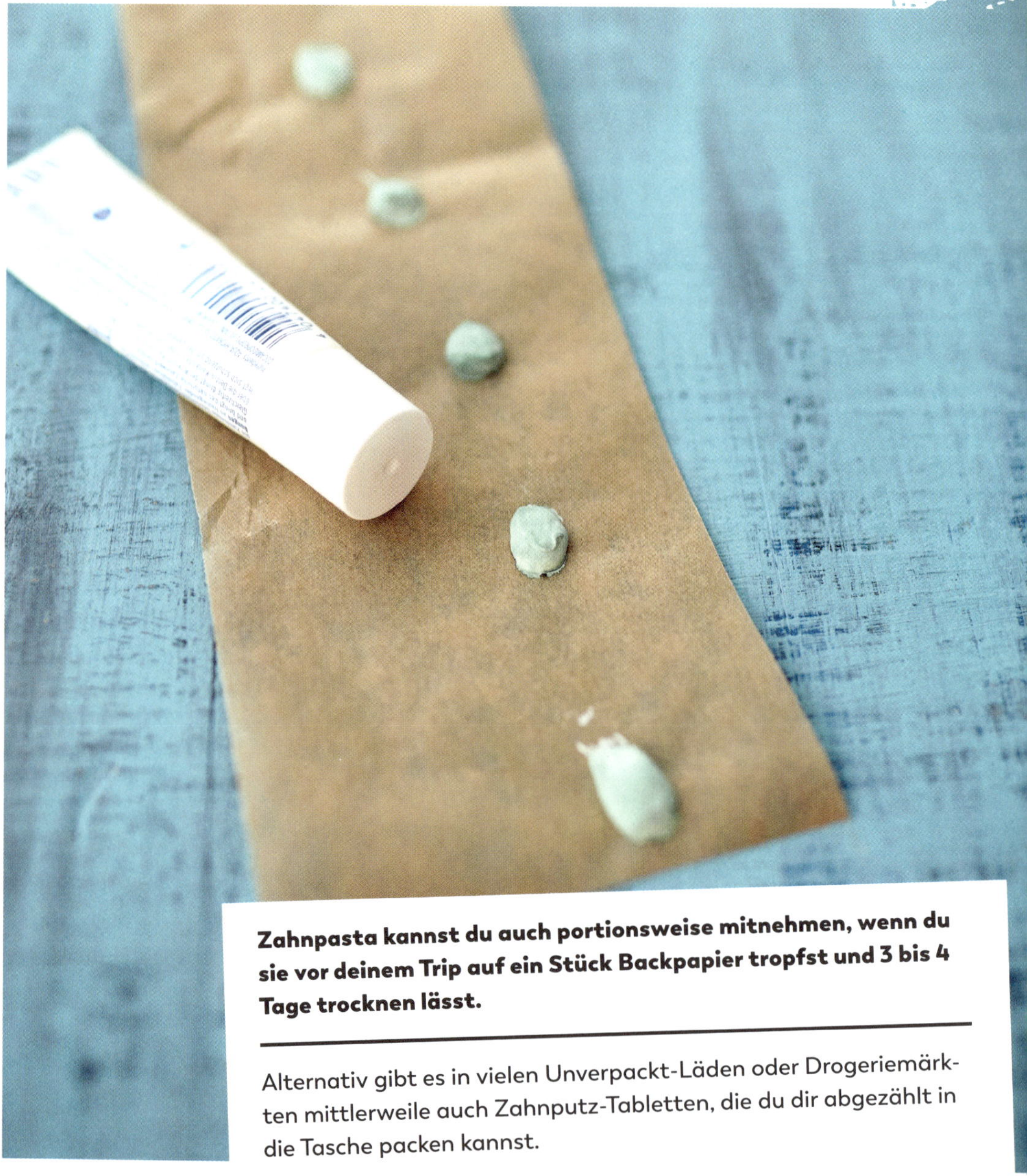

Zahnpasta kannst du auch portionsweise mitnehmen, wenn du sie vor deinem Trip auf ein Stück Backpapier tropfst und 3 bis 4 Tage trocknen lässt.

Alternativ gibt es in vielen Unverpackt-Läden oder Drogeriemärkten mittlerweile auch Zahnputz-Tabletten, die du dir abgezählt in die Tasche packen kannst.

Schäle mit einem Kartoffelschäler Späne von einem Stück Seife ab und packe diese in ein Tütchen. So hast du praktische Einmal-Portionen für ein paar Tage.

Hast du lieber ein ganzes Seifenstück in der Hand, packe eine Gästeseife ein. Die sind kleiner, handlicher und leichter als ein normales Stück Seife.

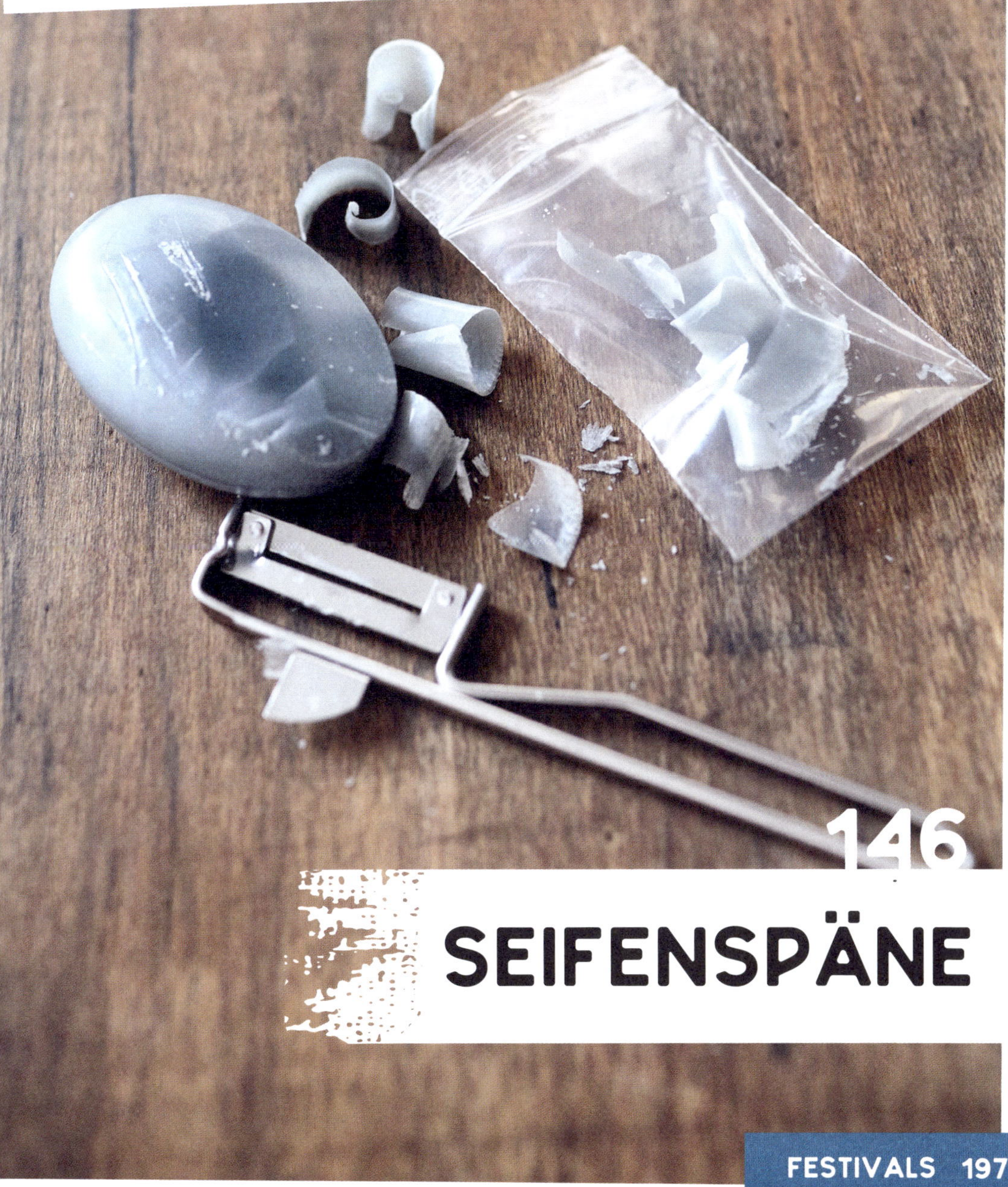

146

SEIFENSPÄNE

147 WASSER-SPENDER 1.0

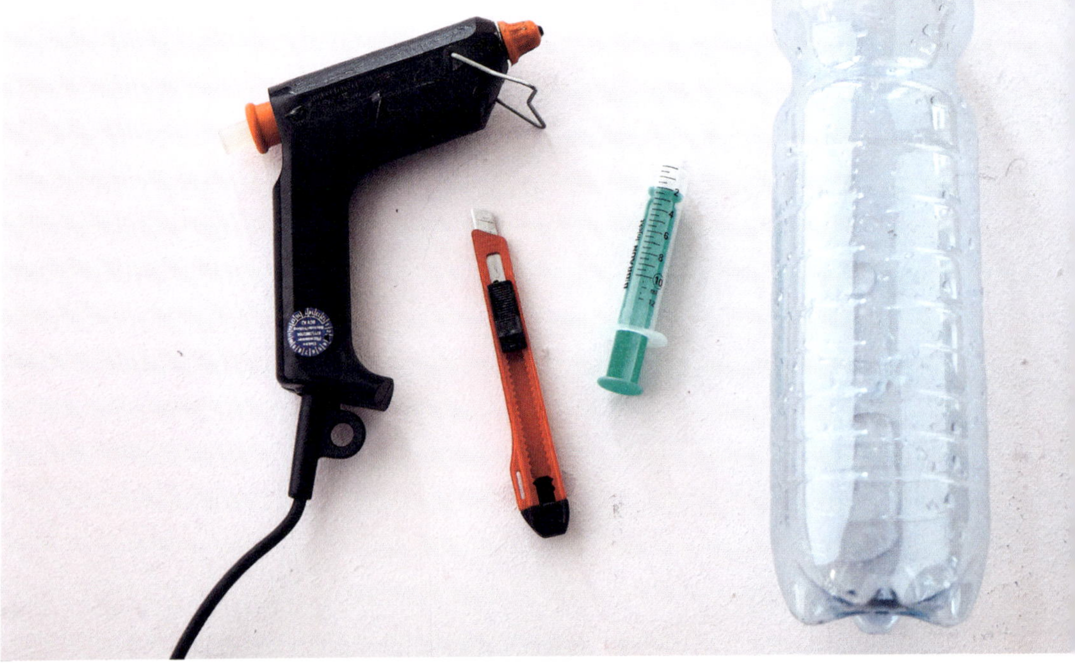

1 Schneide von einer herkömmlichen Spritze gut 1 cm von der Spitze ab.

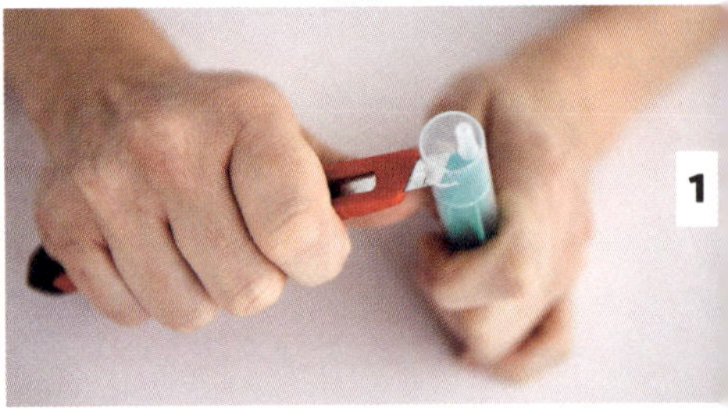

1

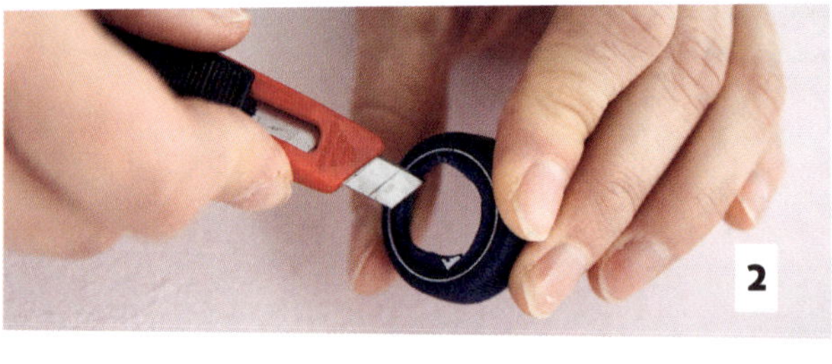

2

2 Schneide ein passend großes Loch vorsichtig mit einem Cutter aus dem Deckel einer Plastikflasche aus.

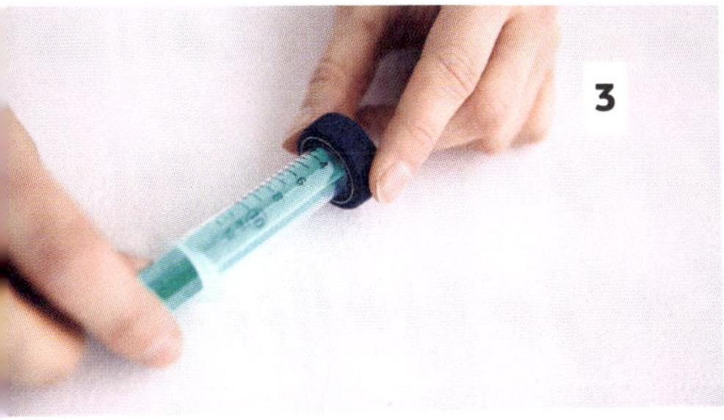

3

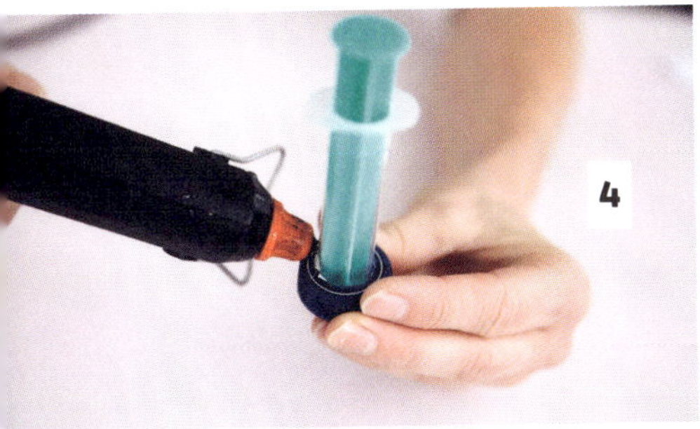

4

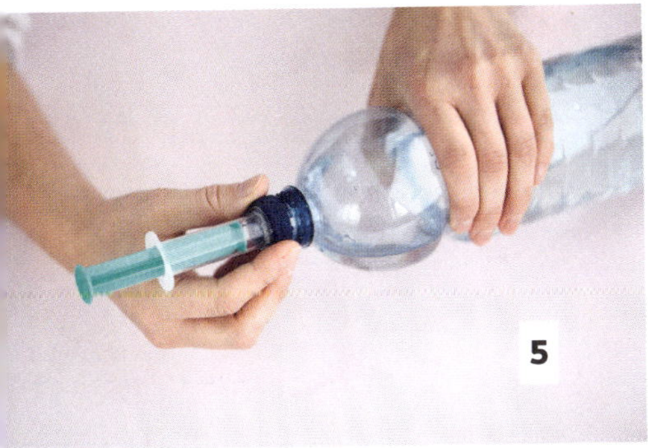

5

3 Stecke die Spritze von außen durch den Deckel.

4 Dichte das Ganze mit Heißkleber ab.

5 Fülle die Flasche mit Wasser, schraube den Deckel auf und binde sie mit Spannseilen oder mit Panzerband kopfüber an einer Stange oder einem Baum fest.

Zum Händewaschen schiebst du den Kolben der Spritze nach oben, bis du diesen durch leichtes Antippen bewegen kannst und dabei Wasser aus der Flasche fließt. Zum festen Verschließen ziehst du anschließend den Kolben wieder ein Stück herunter.

Wenn du den Deckel auch von innen mit Heißkleber abdichten willst, achte darauf, dass das Gewinde frei bleibt.

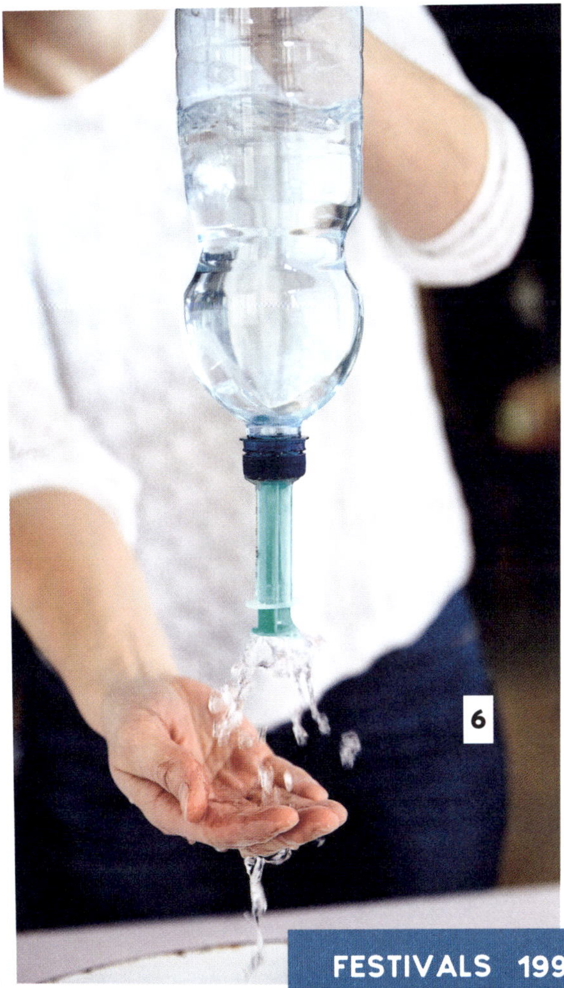

6

148

UNGEBETENE GÄSTE

Kaum steht das Essen auf dem Tisch, schwirren sie herbei: Wespen! Eine leere Sprühflasche (zum Beispiel ein Deo-Zerstäuber oder eine Blumenspritze) kann hier Abhilfe schaffen. Einfach die Wespe damit bespritzen – und sie wird das Weite suchen.

Es heißt, die Wespen denken, dass es regnet, und fliegen zu ihrem Bau zurück. Ob das stimmt? Keine Ahnung, aber es funktioniert!

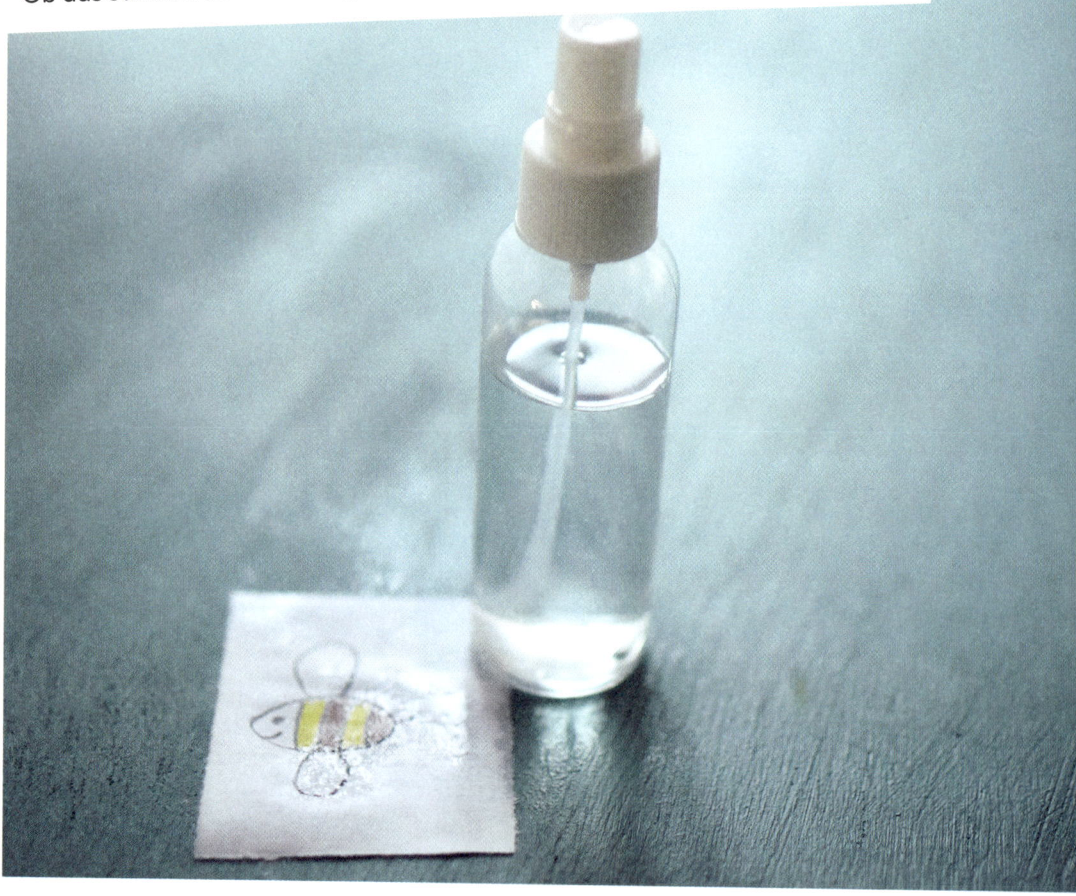

Zünde ein Streichholz an und drücke es vorsichtig an eine Plastikflasche – möglichst weit unten. Durch die Hitze brennt sich ein kleines, kreisförmiges Loch in die Flasche. Dieses hältst du mit einem Finger zu, während du die Flasche mit Wasser befüllst und anschließend den Schraubdeckel wieder festschraubst. Durch das Vakuum bleibt das Wasser in der Flasche, auch wenn du das Loch nicht mehr zuhältst. Willst du dir die Hände waschen, musst du nur ein paar Mal die Flasche drücken, und aus dem Loch kommt ein feiner Wasserstrahl.

Die Flasche, ein Seifenstück und ein Handtuch auf einen Tisch gestellt, ergibt einen einfachen, aber komfortablen Waschplatz.

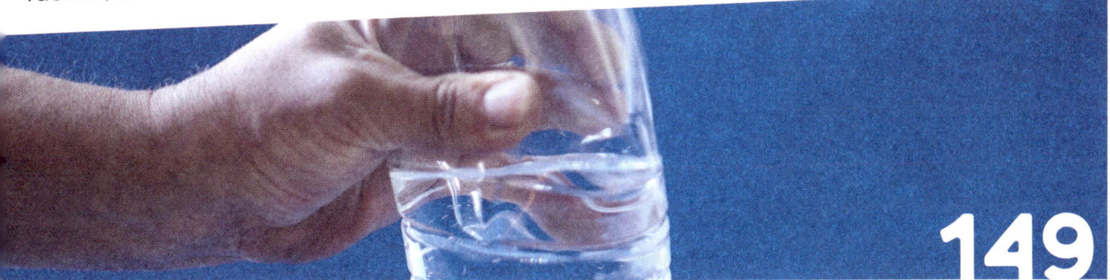

149 WASSER-SPENDER 2.0

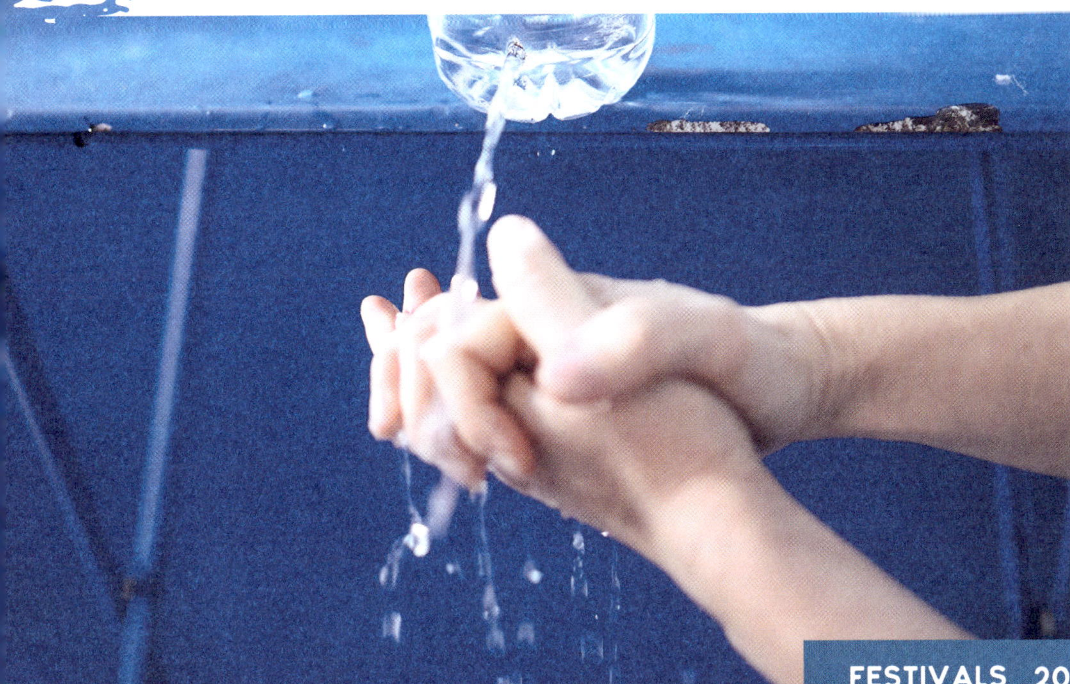

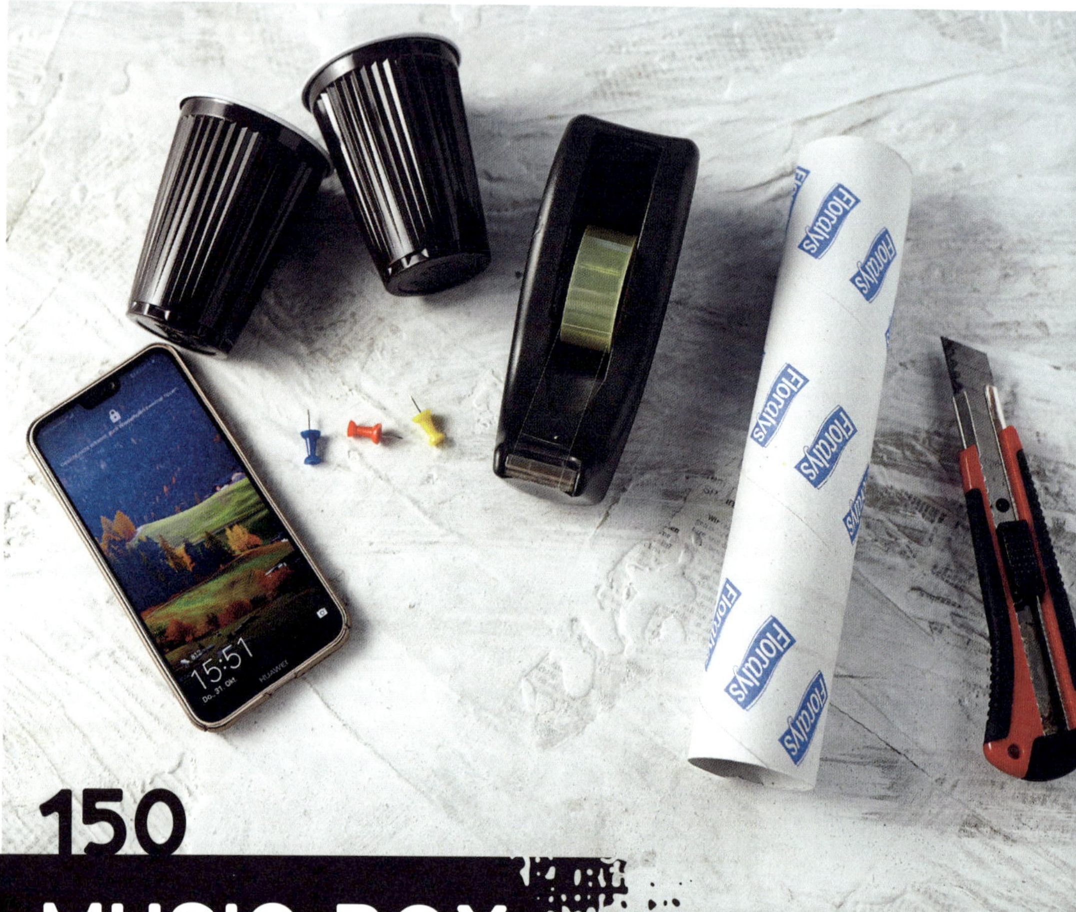

150
MUSIC-BOX

1 **Schneide in die Pappe einer Küchenrolle ein rechteckiges Loch, so groß wie dein Smartphone breit bzw. tief ist.**

Noch einfacher ist es, das Handy in einen Porzellanbecher zu stellen. Viele Smartphones sind jedoch für die üblichen Becher zu groß.

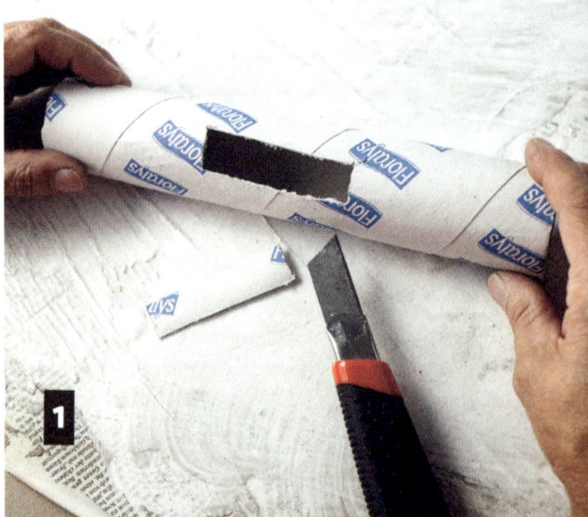
1

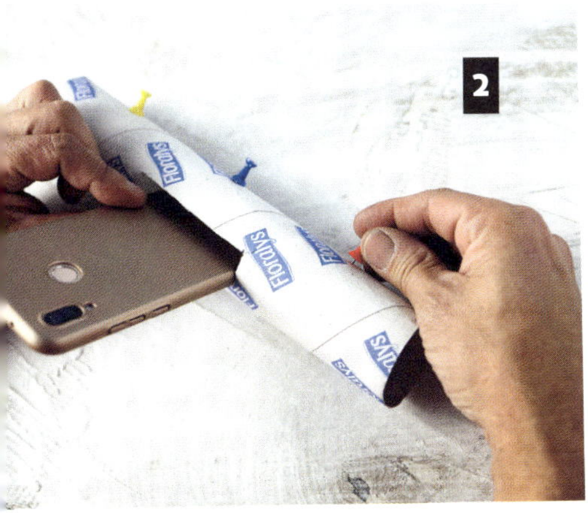

2 **Stich in die Rückseite drei Pinnwand-Nadeln, die als Ständer dienen.**

3 **Schneide in zwei Plastik-Kaffeebecher (oder zwei gleich große Joghurt-Becher) ein kreisrundes Loch, …**

4 **… in das du jeweils ein Ende der Küchenrolle steckst.**

5 **Spielst du jetzt Musik auf dem Smartphone ab, klingt der Ton viel voller und lauter.**

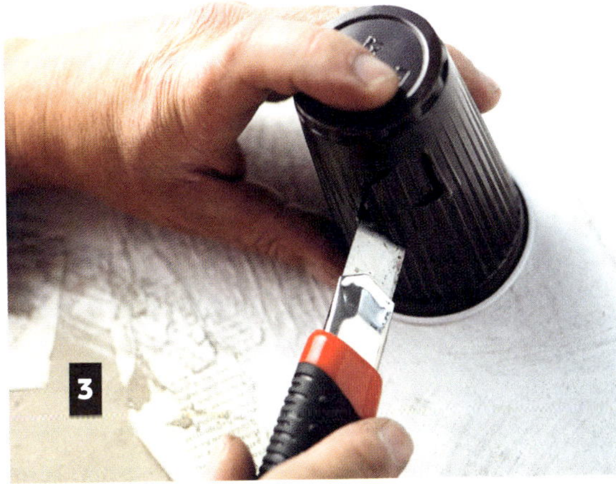

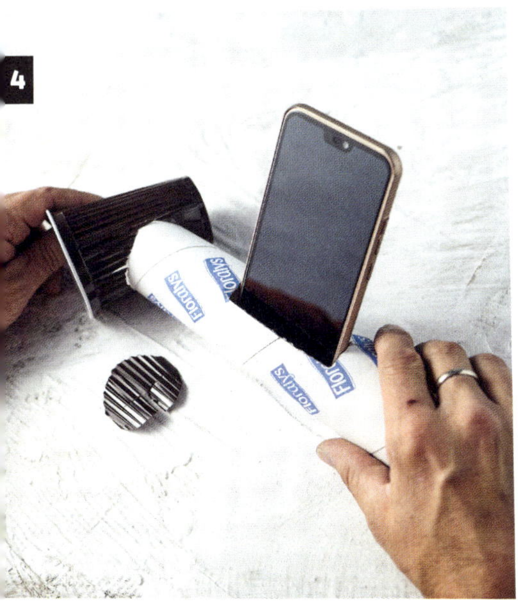

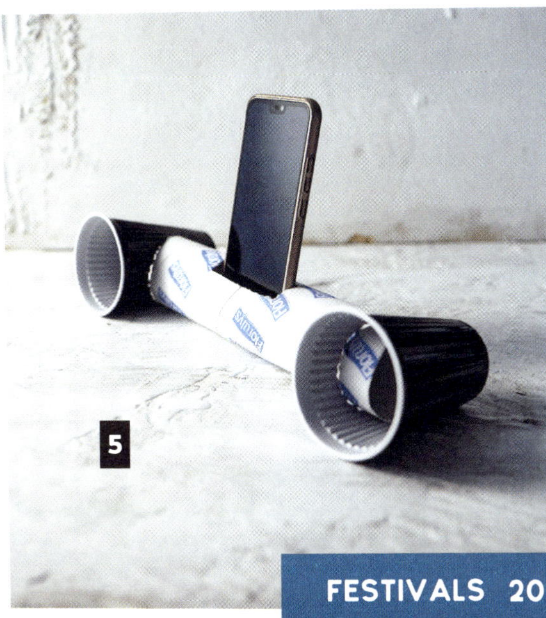

151 DER SOCKENTRICK

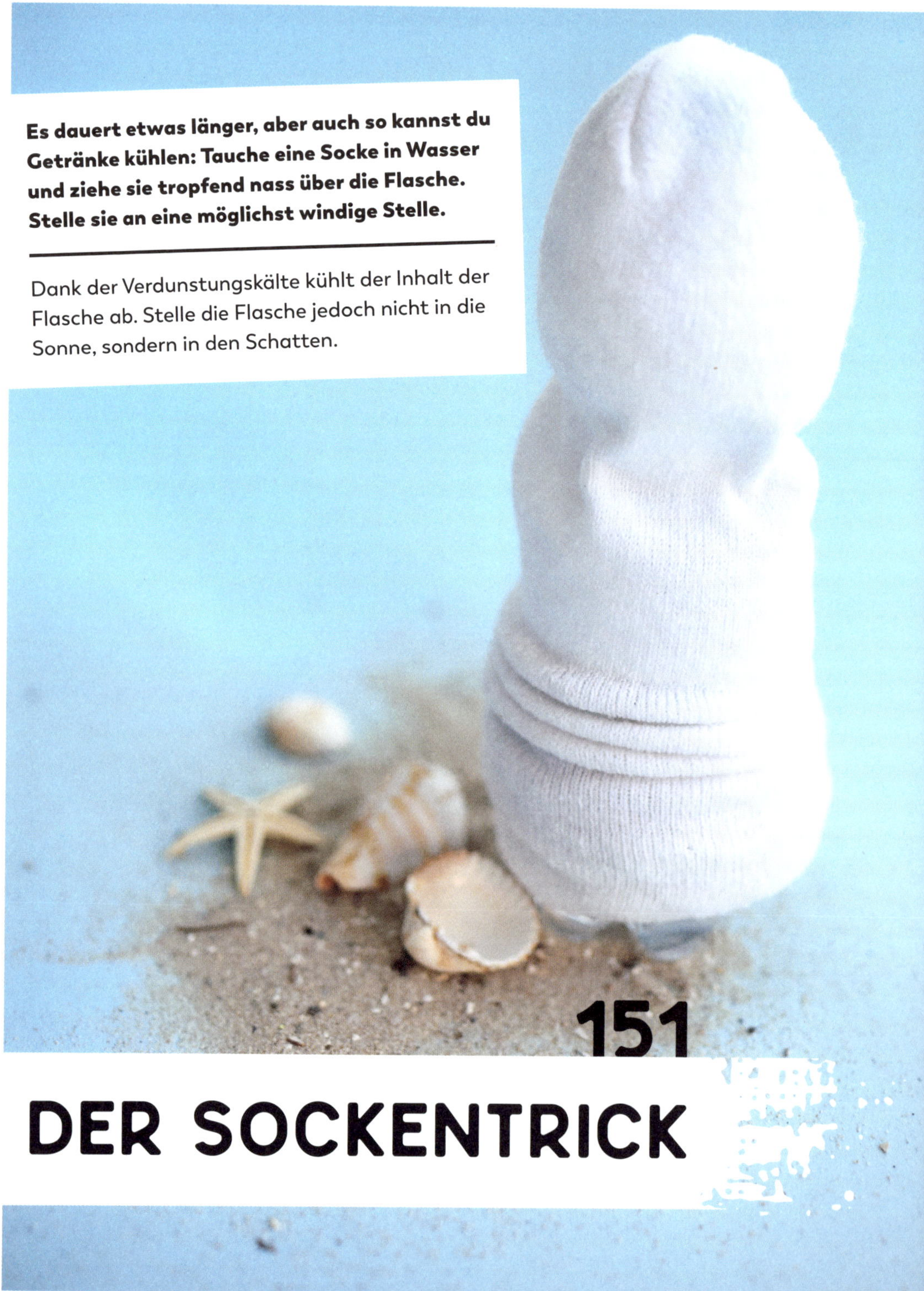

Es dauert etwas länger, aber auch so kannst du Getränke kühlen: Tauche eine Socke in Wasser und ziehe sie tropfend nass über die Flasche. Stelle sie an eine möglichst windige Stelle.

Dank der Verdunstungskälte kühlt der Inhalt der Flasche ab. Stelle die Flasche jedoch nicht in die Sonne, sondern in den Schatten.

Auf einem Festival-Gelände solltest du dir gut merken, wo du dein Zelt aufgebaut hast – oder es so markieren, dass du es schon von Weitem siehst. Eine ausziehbare Fahnenstange mit einer auffälligen, selbstgemalten Fahne ist da sehr praktisch, du kannst aber auch ein Bündel mit Helium gefüllte Luftballons anbinden.

Es gibt auch Apps, in denen du den Standplatz deines Zeltes eintragen kannst. In ländlichen Gebieten kann allerdings die GPS-Funktion aussetzen – oder der Akku deines Smartphones versagen.

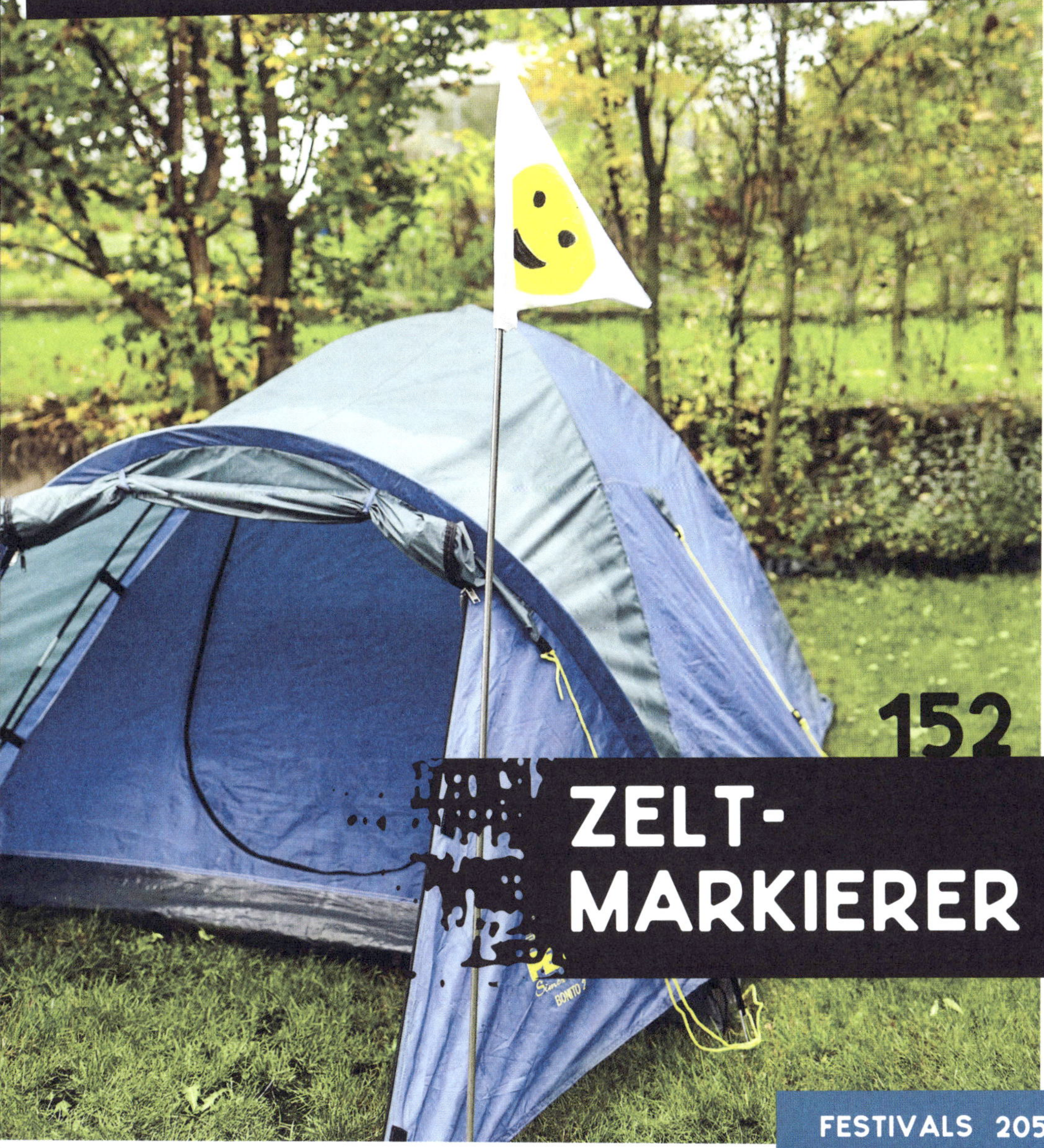

152

ZELT-MARKIERER

153

REGENSCHUHE

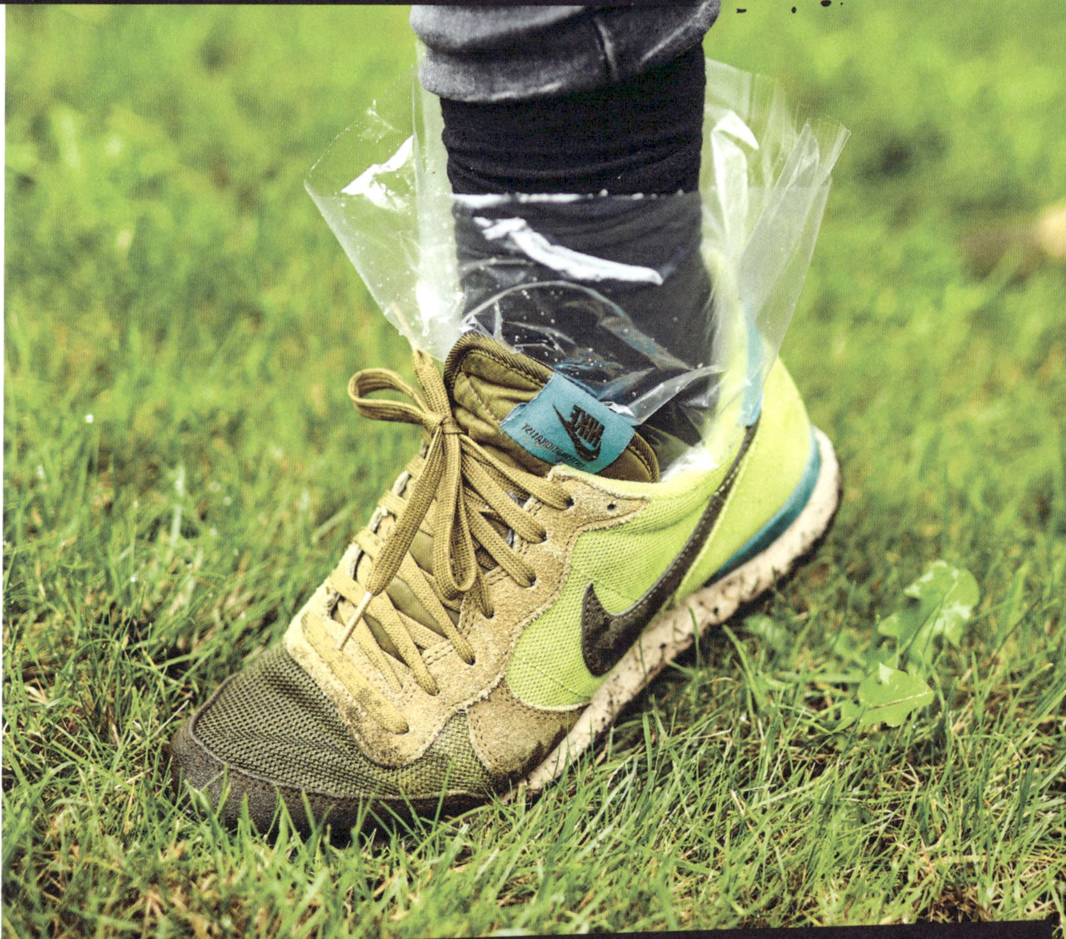

Bei Regen bleiben deine Füße trocken, wenn du zuerst warme Socken und darüber einen Gefrierbeutel anziehst. Danach erst in die Schuhe geschlüpft, kann dir schlechtes Wetter egal sein.

Da der Fußschweiß nicht ausdünsten kann, werden die Socken irgendwann klamm und deine Füße kalt. Deshalb ist regelmäßiges Socken-Wechseln angesagt!

154
PRIVAT-BAD

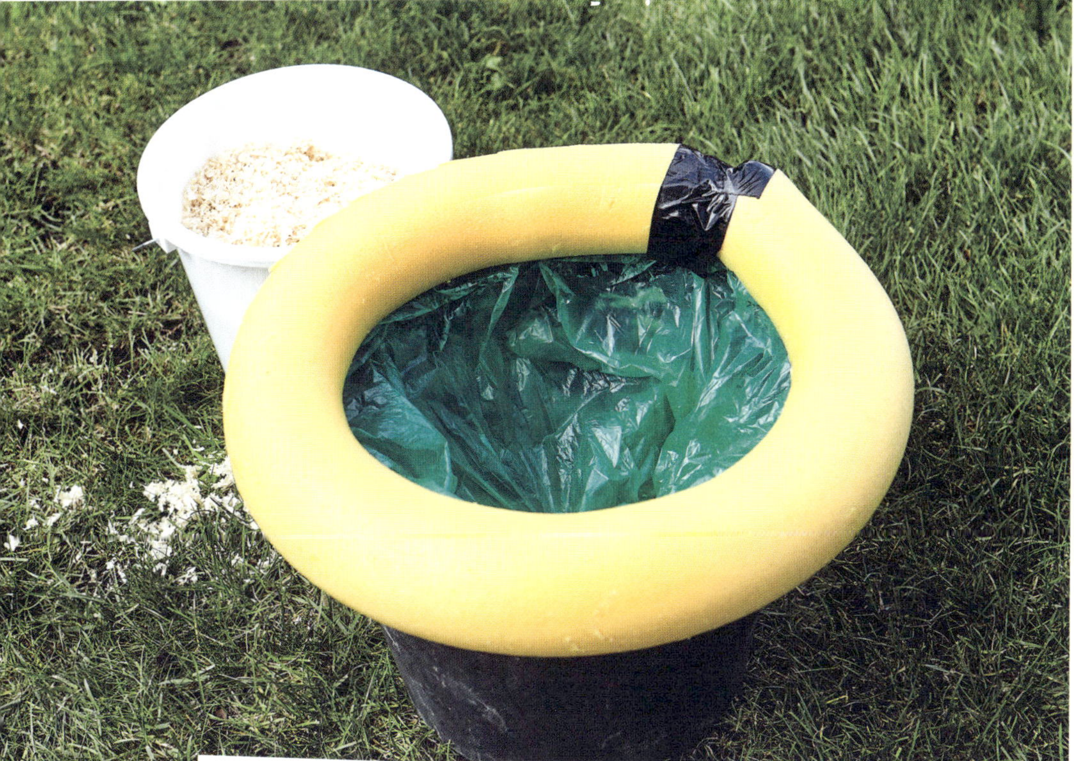

Die Chemietoiletten auf einem Festival sind spätestens am zweiten Tag nicht mehr wirklich appetitlich… Bau dir also lieber dein eigenes Klo aus einem stabilen Eimer, einer Poolnudel und einem Müllbeutel. Deine Hinterlassenschaften streust du mit Katzenstreu oder Holzspänen ab – und entsorgst die Tüte bei Bedarf im Container.

Nimm ein Pop-Up-Toilettenzelt mit, damit du dein Privat-Klo blickdicht benutzen kannst.

155

UMKLEIDEZELT

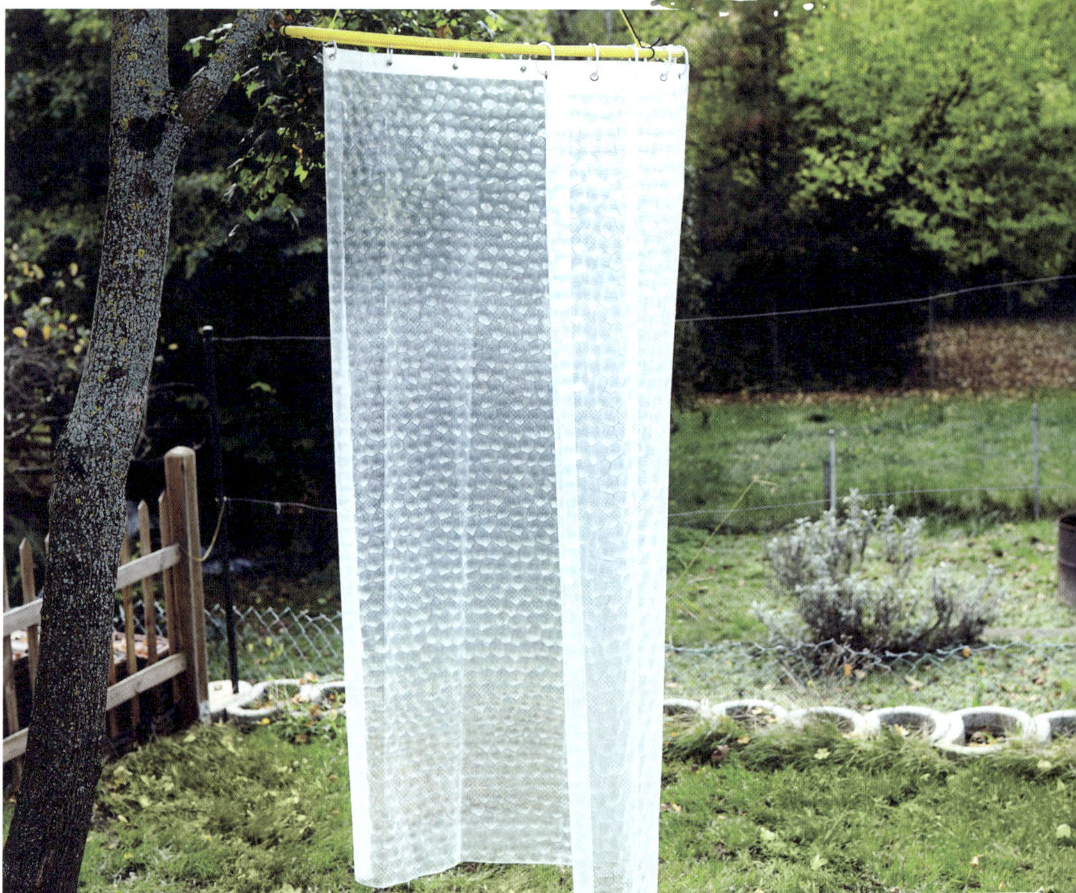

Nimm einen Duschvorhang und befestige die Ringe an einem Hula-Hoop-Reifen. Such dir einen Baum mit einem stabilen Ast, an dem du den Reifen mithilfe von zwei Spannseilen aufhängen kannst. Den Eingang hältst du bei Benutzung mit Wäscheklammern zusammen.

Das Umkleidezelt kannst du auch als Dusche nutzen, wenn du eine Solardusche dabei hast – oder diese wie in Hack 156 selbst bastelst.

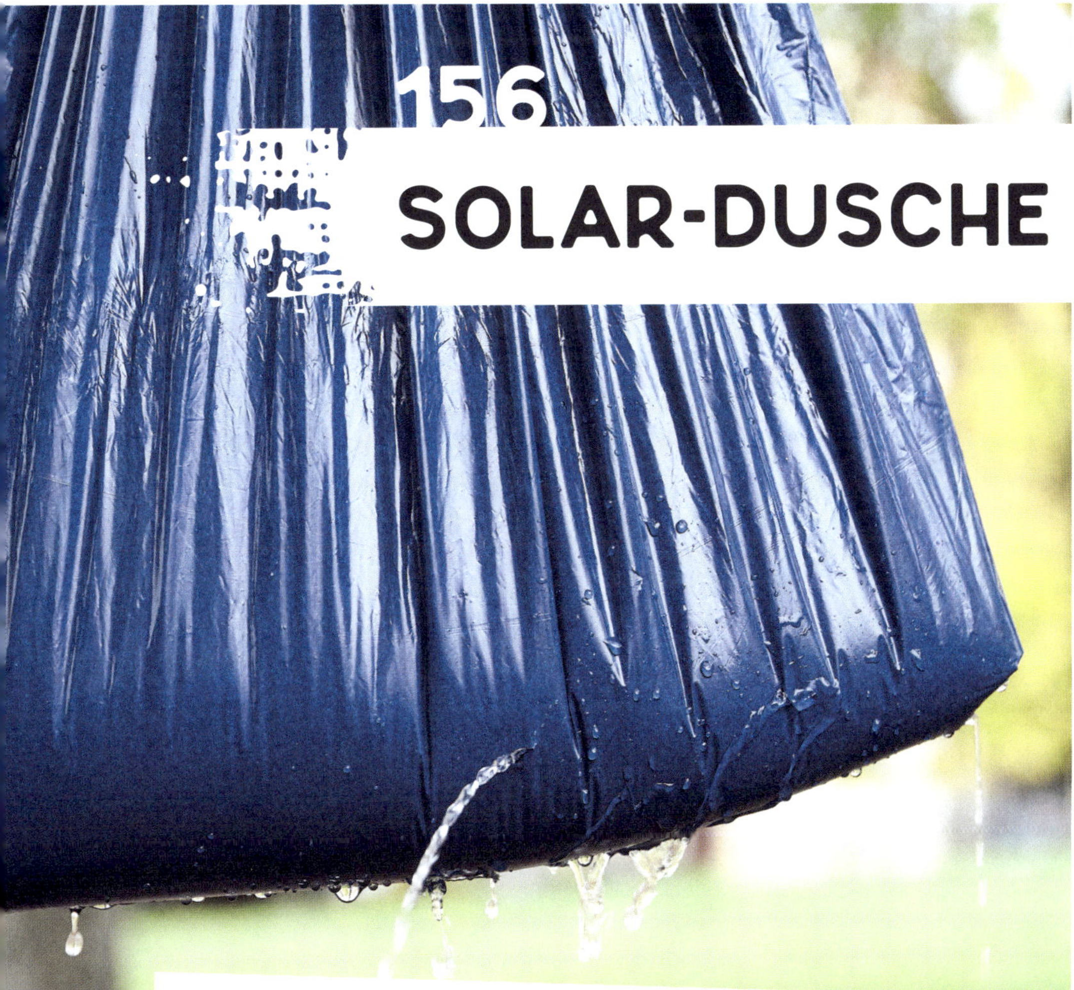

156 SOLAR-DUSCHE

In einen schwarzen stabilen Müllsack piekst du an einer Seite im unteren Bereich ein paar Löcher hinein (mit einer spitzen Gabel oder der Spitze einer Nagelschere). Dann bindest du diesen Teil mit einer Gefrierbeutel-Klammer ab. Fülle nun den Müllsack mit Wasser und lege ihn für 2 bis 3 Stunden in die Sonne. Das Wasser erwärmt sich in dieser Zeit auf bis zu 50 °C! Zum Duschen nur noch aufhängen und die Klammer lösen.

Die Klammer kannst du jederzeit wieder anbringen und so den Wasserfluss stoppen. Ideal ist die Solardusche in Verbindung mit dem Umkleidezelt!

Je nach Sonnenintensität variiert die Garzeit und auch die Endtemperatur des Würstchens. Hast du keine Chipsbox, kannst du auch andere innen silbern beschichtete Verpackungen nehmen, z. B. von Schokoküssen.

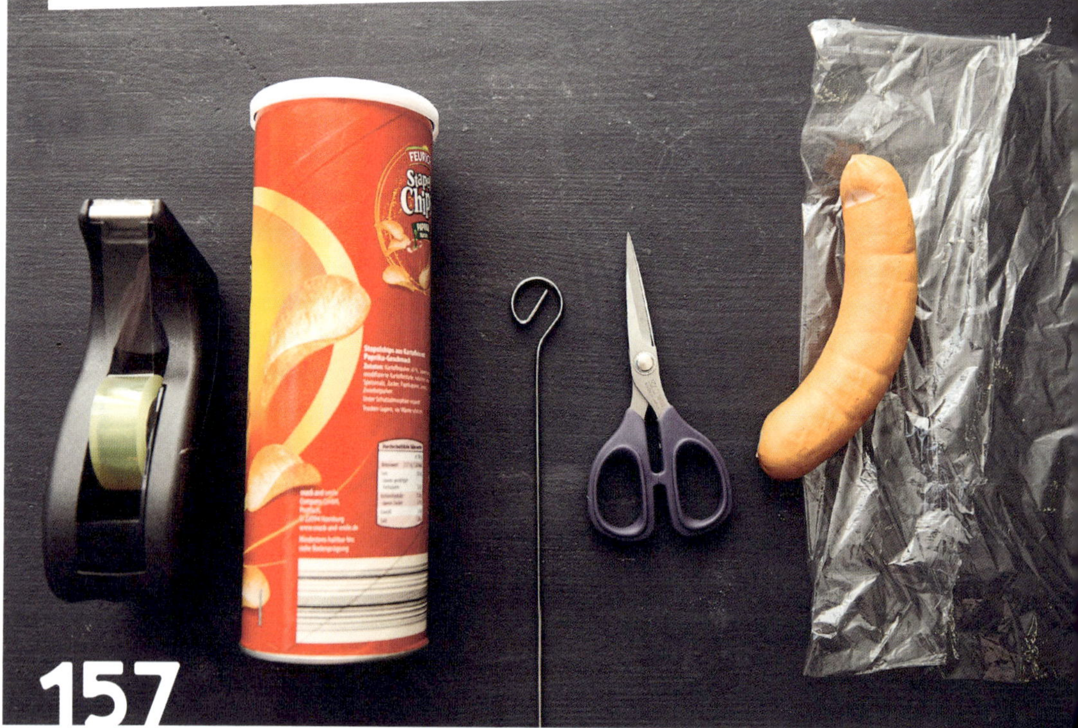

157

SONNENGEGART

1 **Schneide ein rechteckiges Fenster auf die Längsseite einer Stapelchips-Packung.**

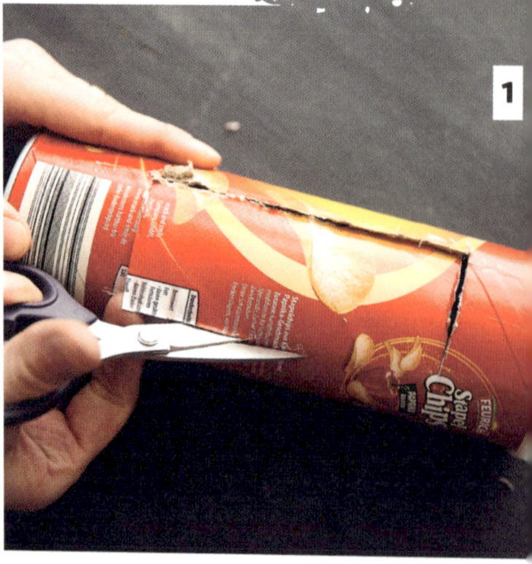

1

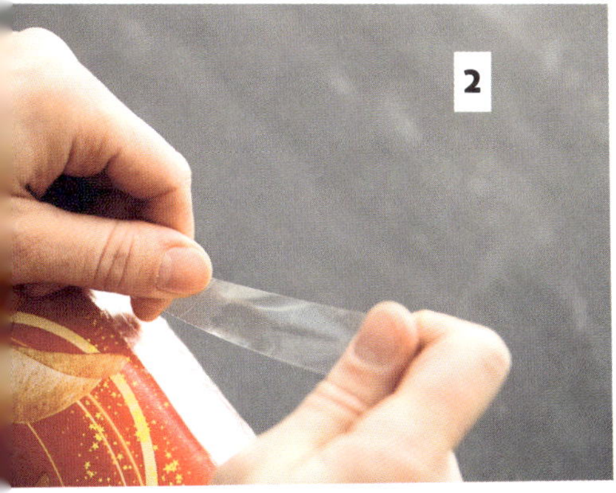

2 Klebe durchsichtige Folie mit Klebefilm darüber.

3 Bohre ein Loch in die Mitte des Bodens …

4 … und eines in die Mitte des Deckels.

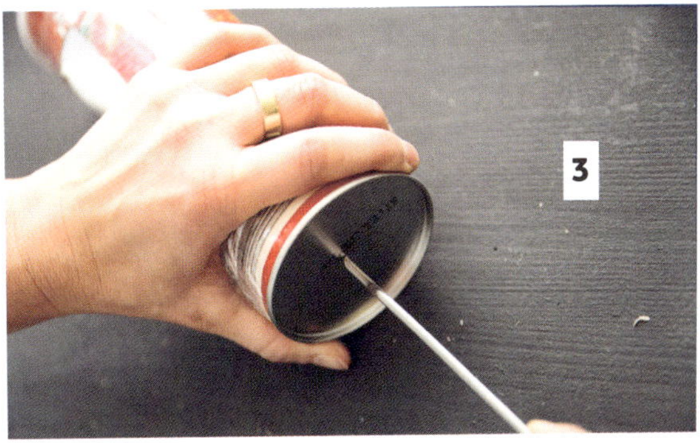

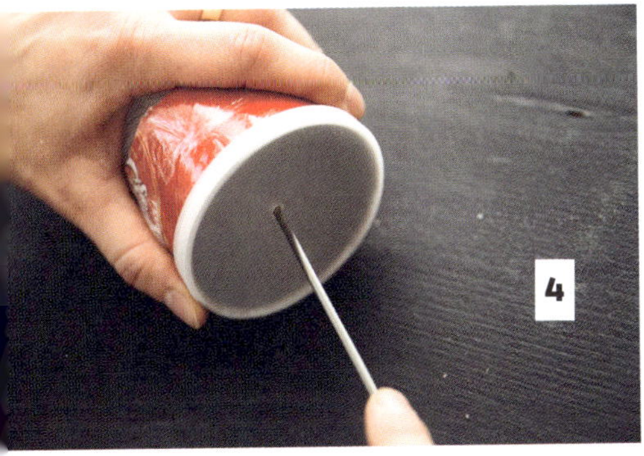

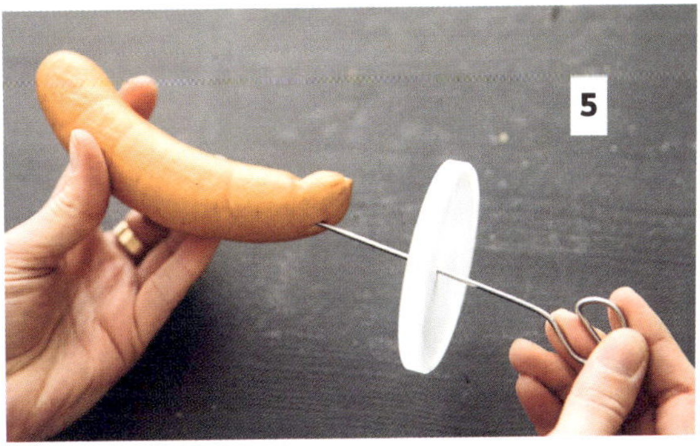

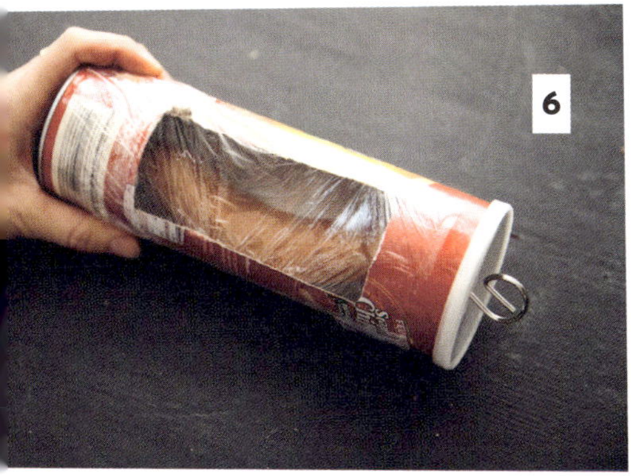

5 Spieße zuerst den Deckel und dann ein Bockwürstschen auf einem Schaschlik-Spieß auf und fixiere die Spitze im Bodenloch.

6 Nun richte die Box zur Sonne hin aus.

158

MÜLLSACK-PONCHO

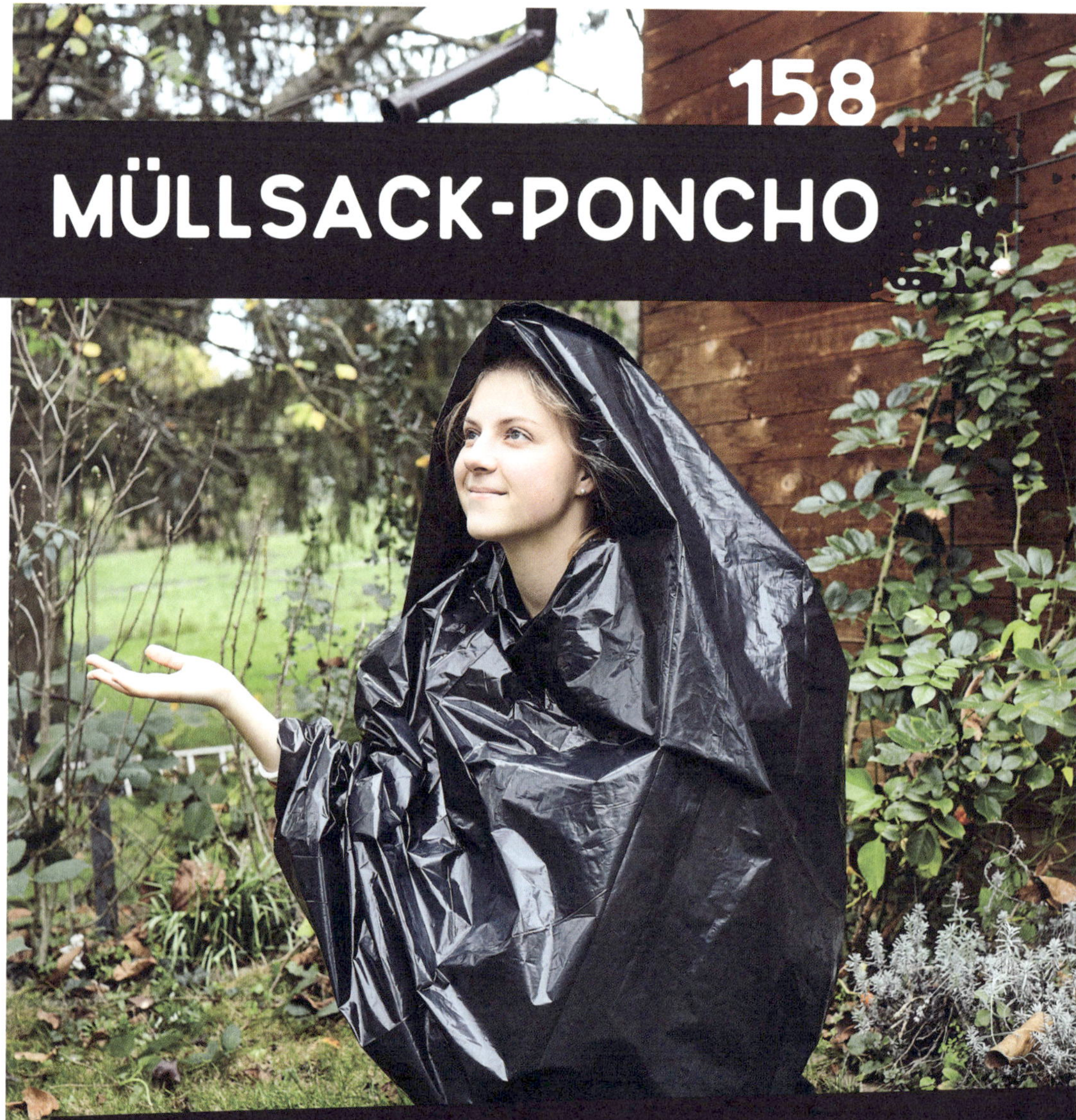

Eine große Mülltüte kann einen erwachsenen Menschen gut vor Regen und Wind schützen. Allerdings nur, wenn man ihn richtig aufschneidet: Parallel zur Bodenfalz und ein bis zwei Handbreit darunter schneidet man an einer Seite den Müllsack etwa 5 cm ein, schlüpft in ihn hinein und weitet die Öffnung dann so weit, dass diese genau um den Kopf passt – fast wie eine Kapuze.

Dieser so aufgeschnittene Müllsack dient auch als Not-Biwak, wenn man bei einer Wanderung vom Regen überrascht wird. An einen Baum oder Fels an der windabgewandten Seite gesetzt und die Beine mit unter die Plane gezogen, ist man sehr gut vor dem Unwetter geschützt.

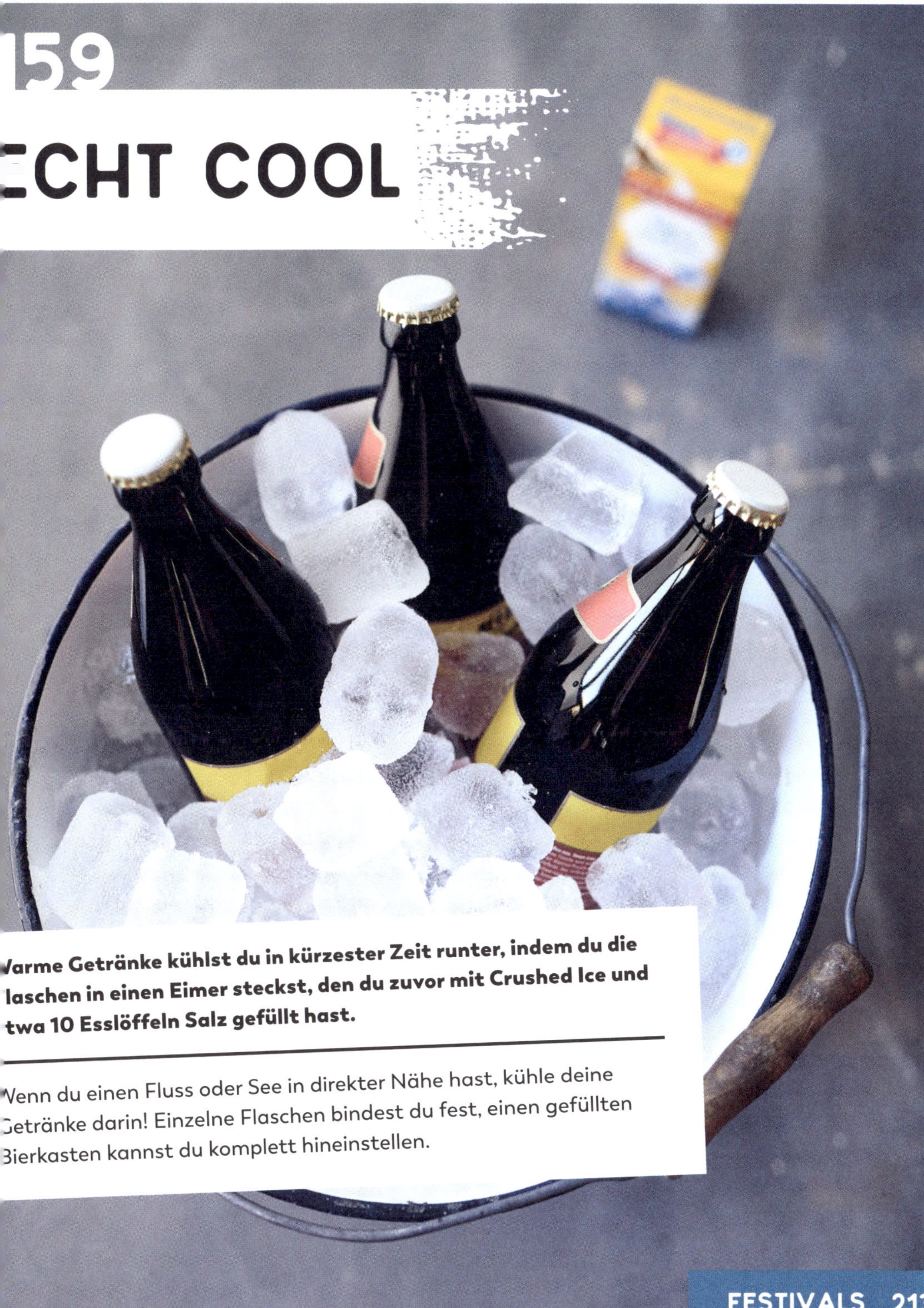

159

CHT COOL

arme Getränke kühlst du in kürzester Zeit runter, indem du die laschen in einen Eimer steckst, den du zuvor mit Crushed Ice und twa 10 Esslöffeln Salz gefüllt hast.

---

enn du einen Fluss oder See in direkter Nähe hast, kühle deine etränke darin! Einzelne Flaschen bindest du fest, einen gefüllten ierkasten kannst du komplett hineinstellen.

Wenn du den Teller mit dem Essen auf ein Gitter oder auf eine umgedrehte Untertasse stellst, kann mehr Wärme von unten an den Teller gelangen und dein Essen wird schneller warm. Je intensiver die Sonne scheint, desto schneller geht's.

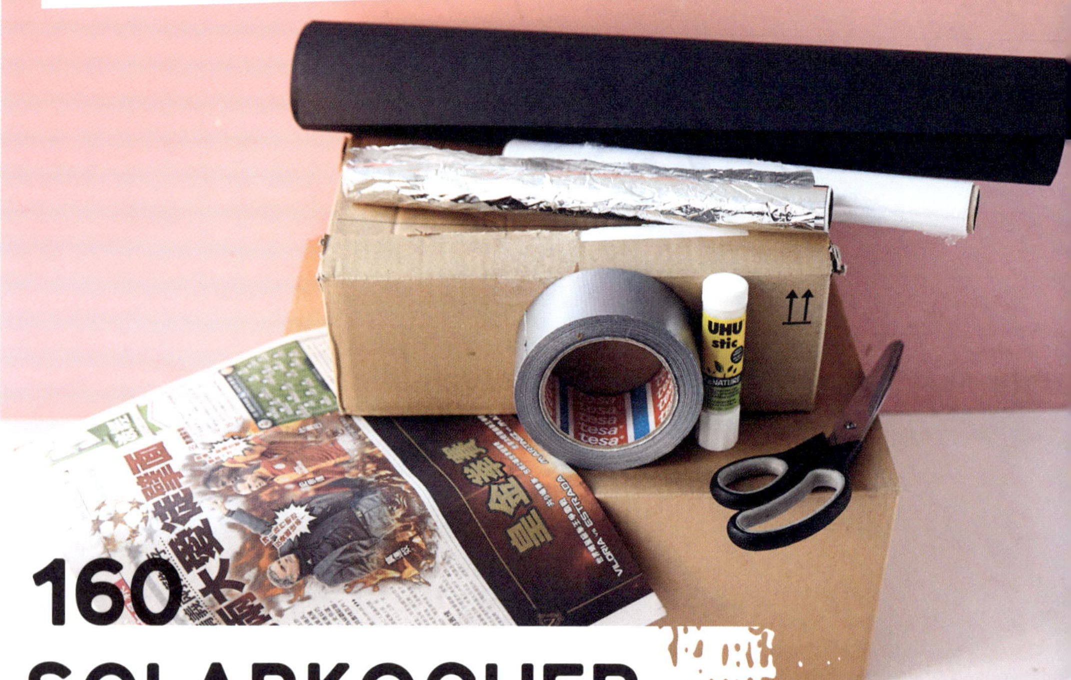

160 SOLARKOCHER DELUXE

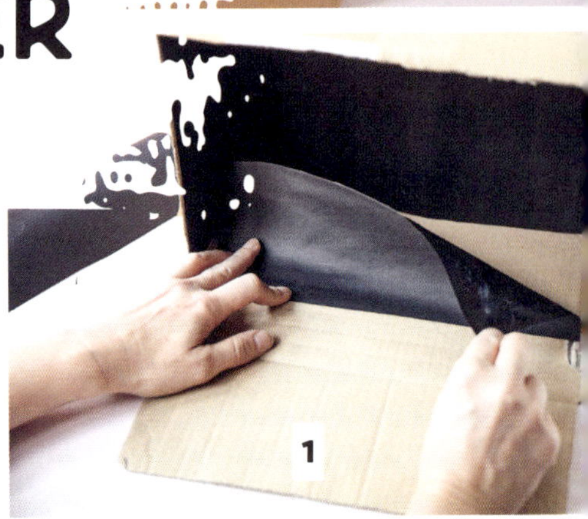

1

1 Du brauchst zwei unterschiedlich große Kartons (der eine muss in den anderen locker reinpassen). Kleide den kleineren Karton an den Innenseiten außer am Deckel mit schwarzem Tonpapier aus oder male ihn schwarz an.

2 Schneide in den Deckel ein Fenster.

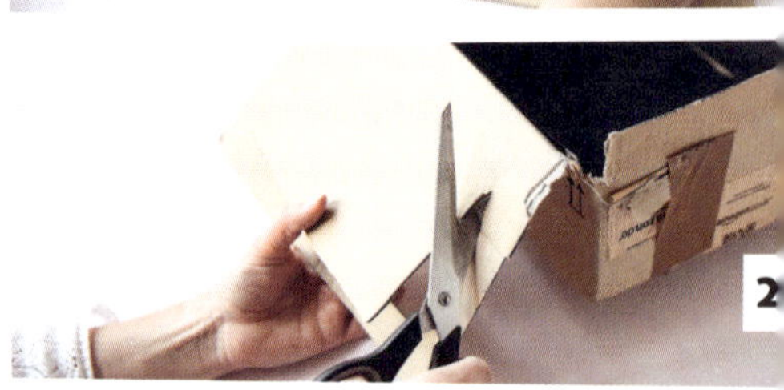

2

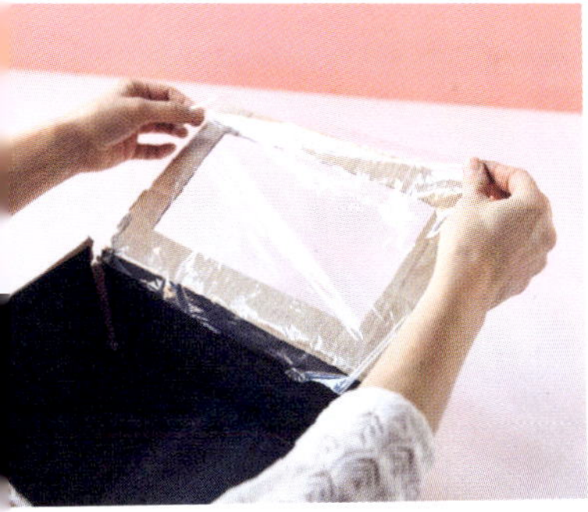

3 Spanne von beiden Seiten Frischhaltefolie darauf und klebe sie fest.

4 Vom großen Karton schneidest du den vorderen, langen Deckelteil ab und beklebst alle drei anderen Deckelteile von innen mit Alufolie.

5 Klebe die Ränder mit Klebeband ab.

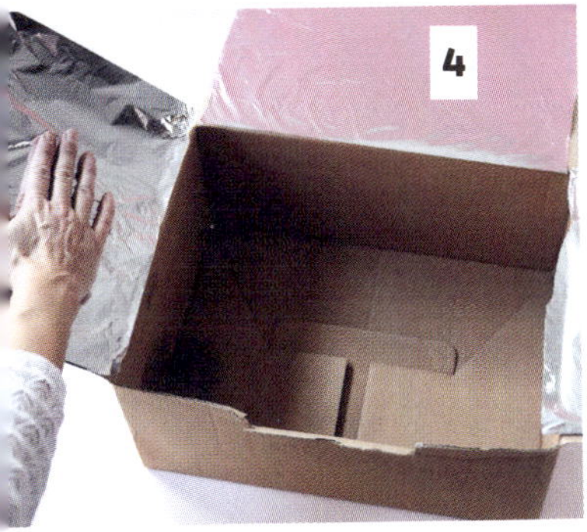

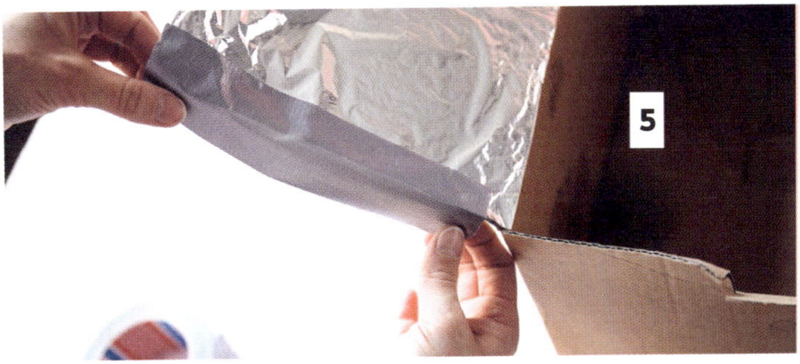

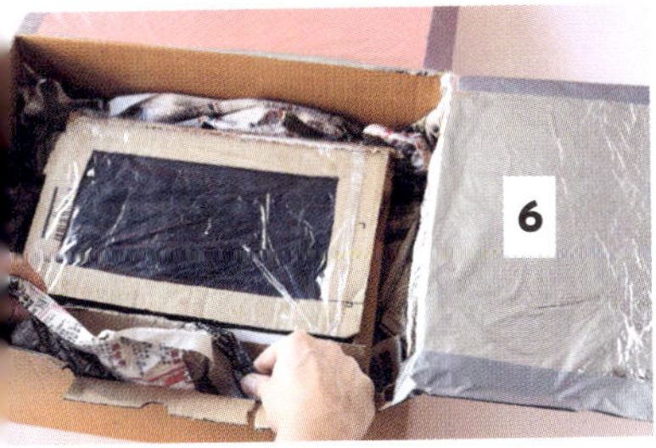

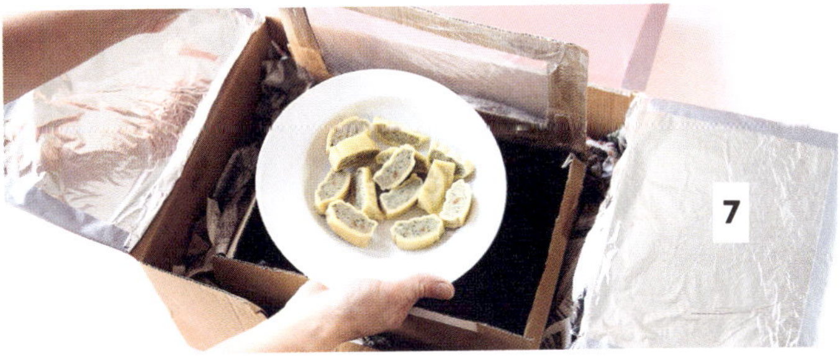

6 Jetzt stellst du den kleinen in den großen Karton, und stopfst unten und an sämtlichen Seiten zwischen die Kartons locker etwas Zeitungspapier.

7 Stelle dein Essen in den kleinen Karton.

8 Schließe den Klarsichtdeckel und richte den Solarkocher zur Sonne hin aus, so dass möglichst viele Sonnenstrahlen in den Karton fallen. Die alubeklebten Seiten helfen dir dabei.

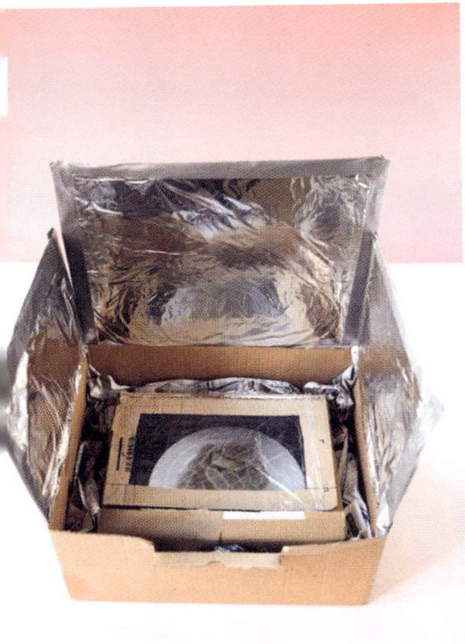

161

GREIFRING

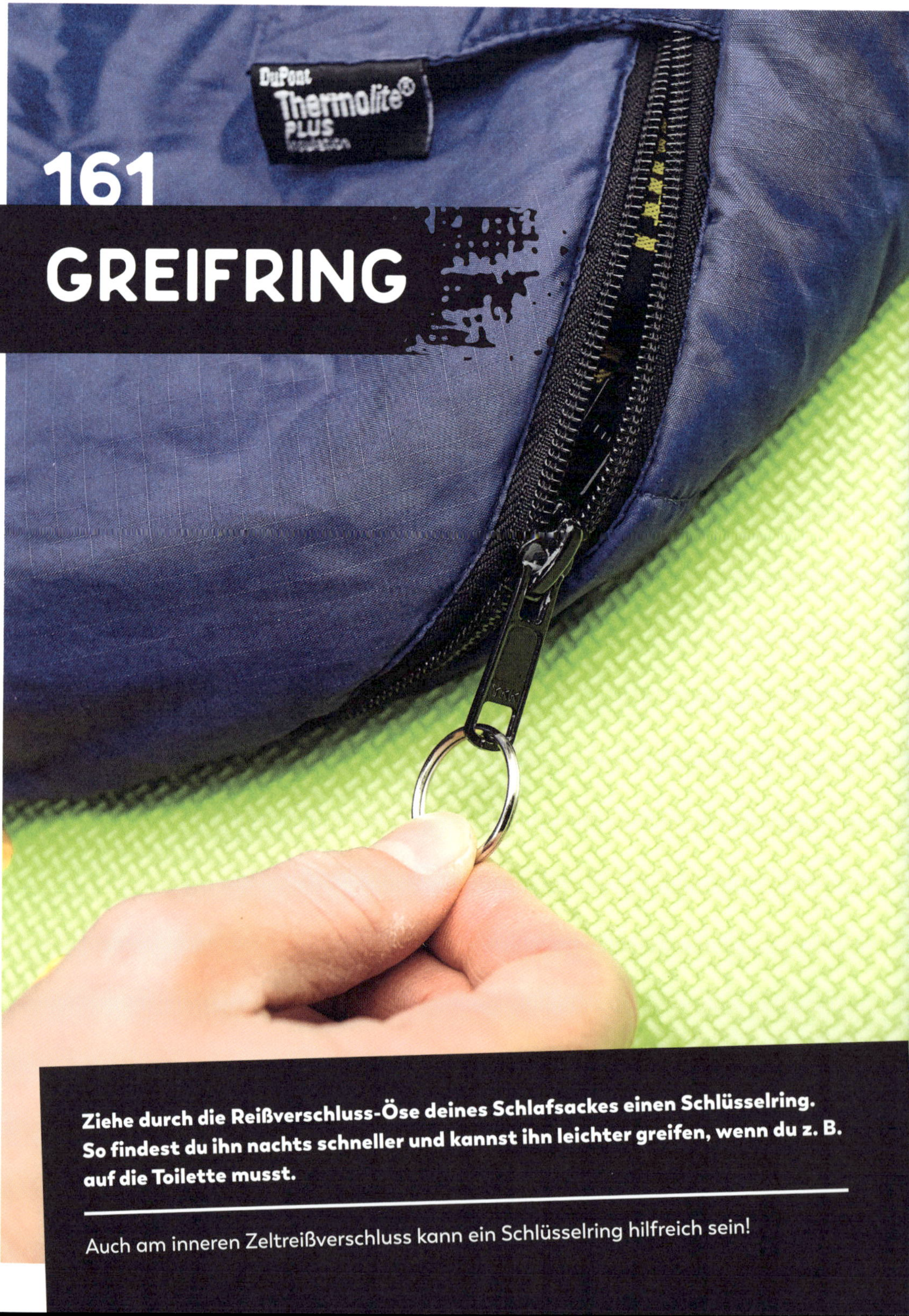

Ziehe durch die Reißverschluss-Öse deines Schlafsackes einen Schlüsselring. So findest du ihn nachts schneller und kannst ihn leichter greifen, wenn du z. B. auf die Toilette musst.

Auch am inneren Zeltreißverschluss kann ein Schlüsselring hilfreich sein!

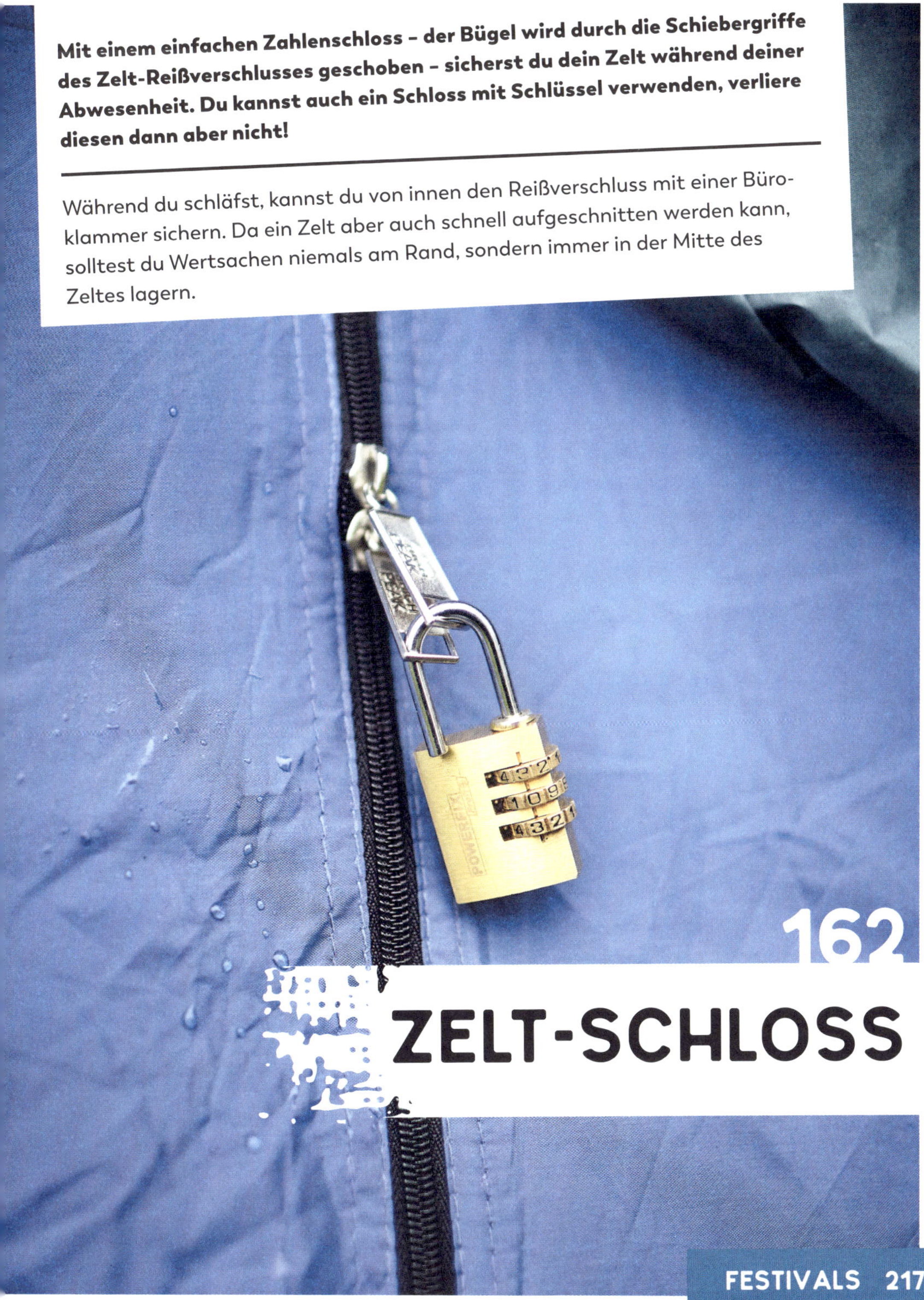

162 ZELT-SCHLOSS

Mit einem einfachen Zahlenschloss – der Bügel wird durch die Schiebergriffe des Zelt-Reißverschlusses geschoben – sicherst du dein Zelt während deiner Abwesenheit. Du kannst auch ein Schloss mit Schlüssel verwenden, verliere diesen dann aber nicht!

Während du schläfst, kannst du von innen den Reißverschluss mit einer Büroklammer sichern. Da ein Zelt aber auch schnell aufgeschnitten werden kann, solltest du Wertsachen niemals am Rand, sondern immer in der Mitte des Zeltes lagern.

163

SMARTPHONE-BEAMER

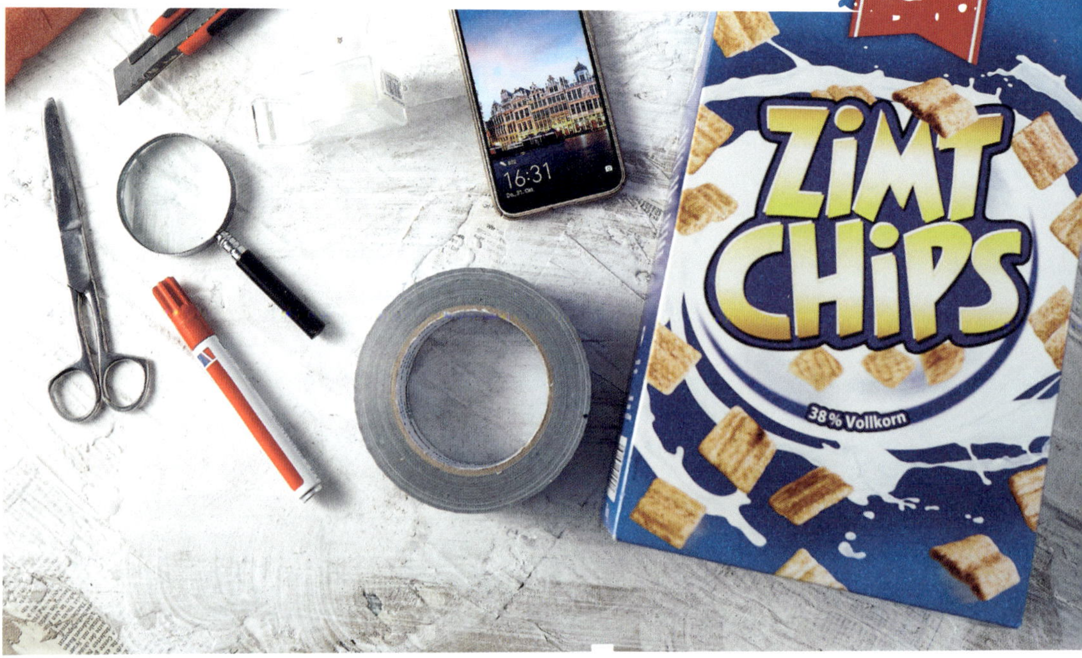

1 **Lege auf den Boden einer leeren Cornflakes-Packung eine Lupe und zeichne sie an.**

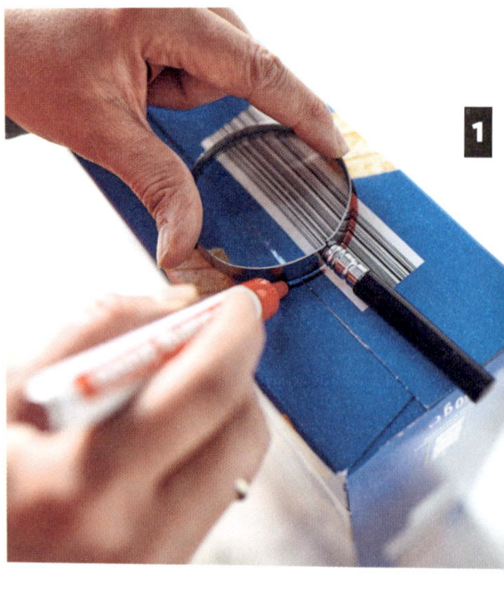

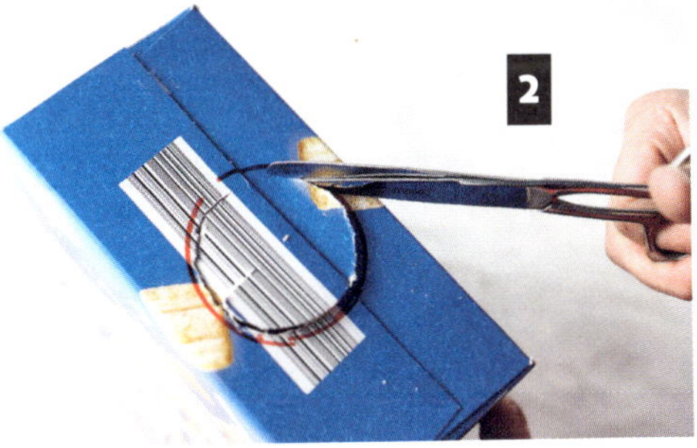

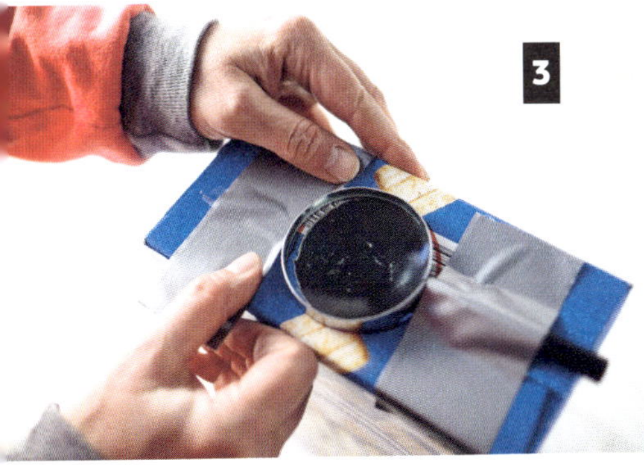

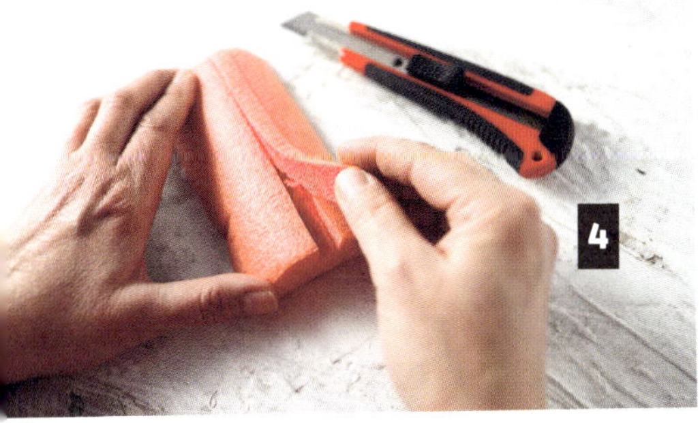

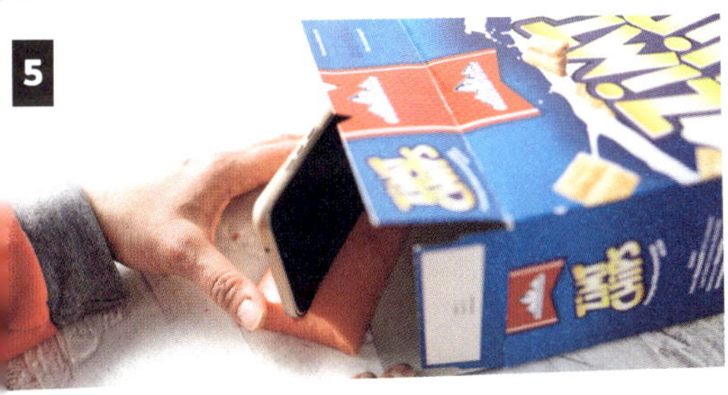

Das beste Bild erzielst du, wenn es drumherum möglichst dunkel ist und das Bild auf eine weiße, matte Leinwand geworfen wird. Ein simples Bettlaken, stramm gespannt, ist gut geeignet.

2 **Schneide diesen Kreis aus.**

3 **Klebe die Lupe mit Klebeband an der Packung fest.**

4 **Schneide aus einem Stückchen Poolnudel eine Halterung für das Smartphone.**

5 **Stelle das Smartphone in den Karton.**

6 **Je nach Entfernung des Smartphones zur Lupe und der Lupe zur Leinwand wird das Bild mehr oder weniger scharf. Du wirst feststellen, dass das Bild auf dem Kopf steht – lade dir eine Rotationsapp runter, die das automatische Drehen des Bildschirms verhindert.**

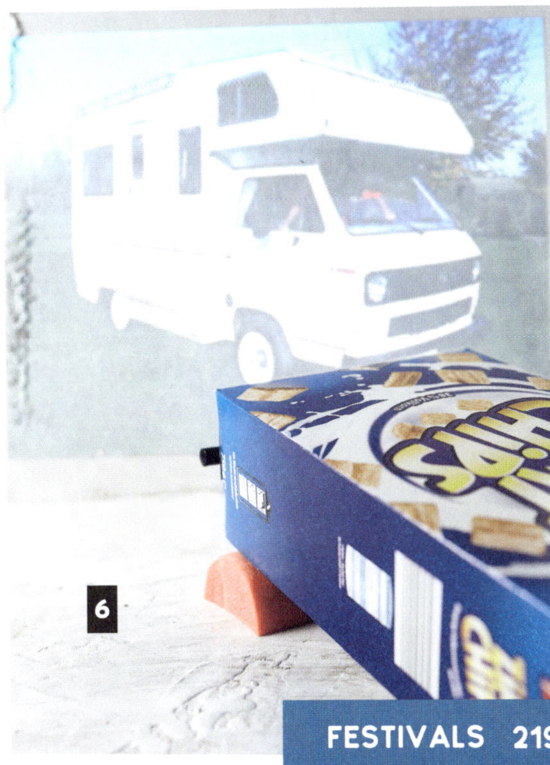

Schneide eine Konservendose mit einer Blechschere mehrfach senkrecht bis etwa 3 cm über dem Boden ein und biege diese Blechstreifen blütenartig nach außen. Kleide die Mulde mit Alufolie aus, fülle Kohlebriketts ein und zünde sie an.

Du kannst das Grillgut auf Stöcke aufspießen und über die Glut halten. Oder du legst ein Gitter über den Grill, wenn du eines hast.

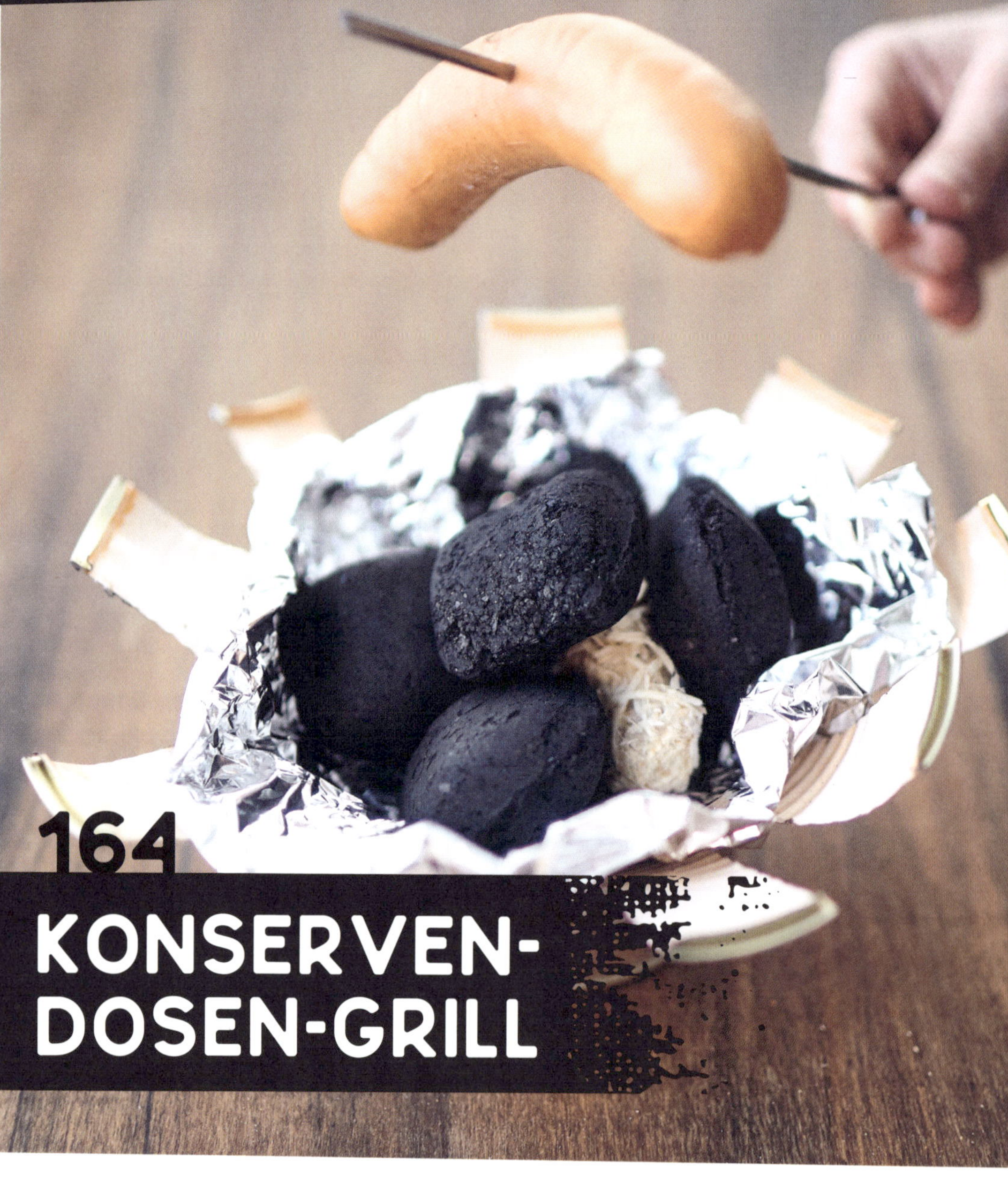

164

KONSERVEN-DOSEN-GRILL

Juckreiz nach Mückenstichen kannst du lindern, indem du über die Stichstelle mit einem Deoroller streichst.

Auch Zahnpasta und Quark können hier helfen.

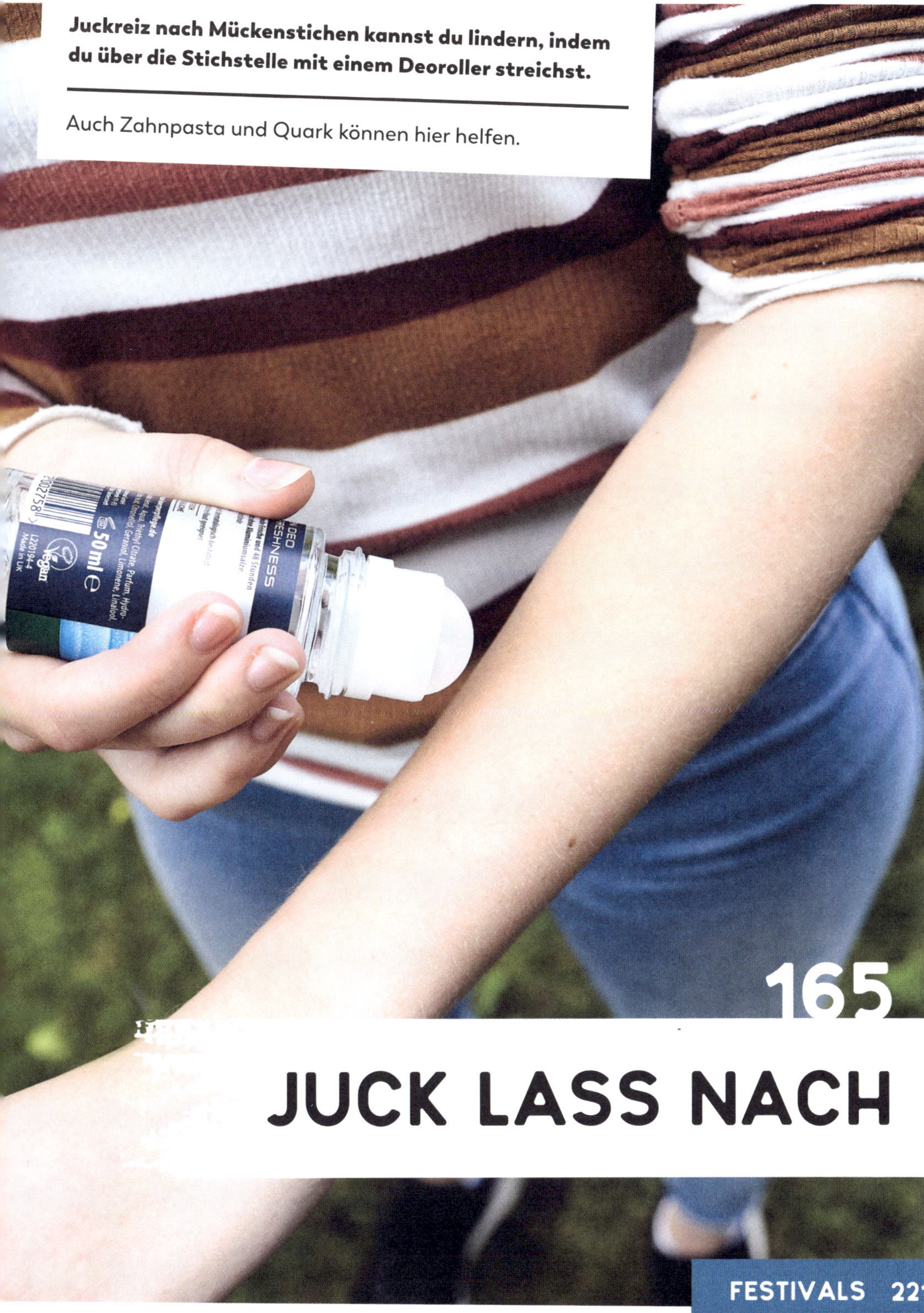

165

JUCK LASS NACH

166

DIY-POWERBANK

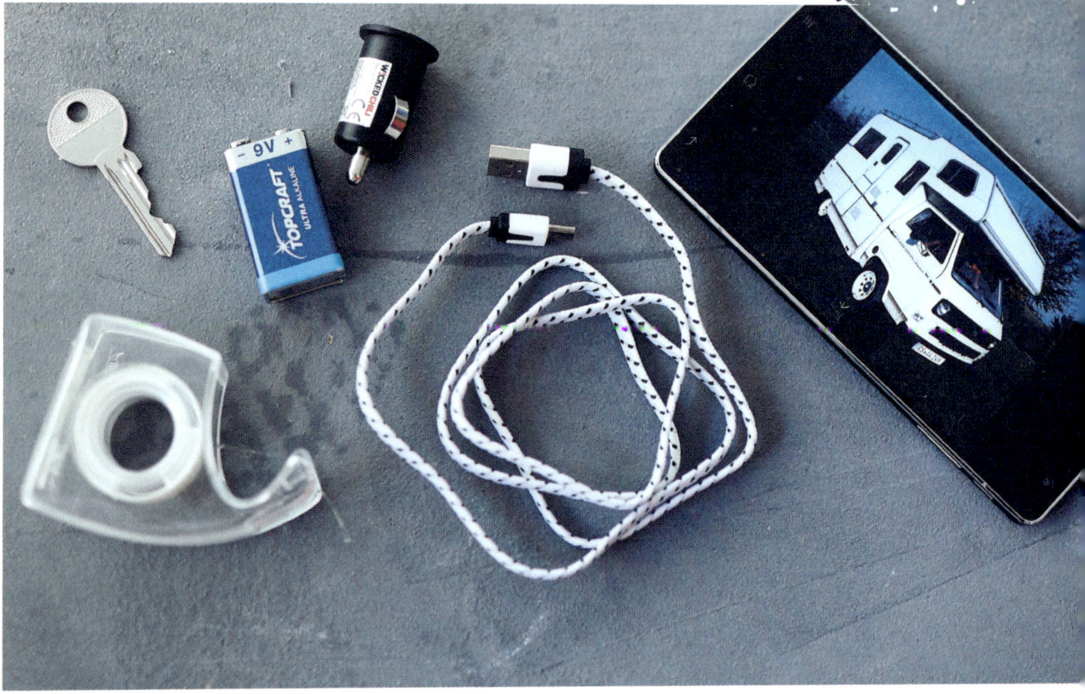

1 Stecke ein USB-Ladegerät für den Zigarettenanzünder auf den Pluspol einer Blockbatterie.

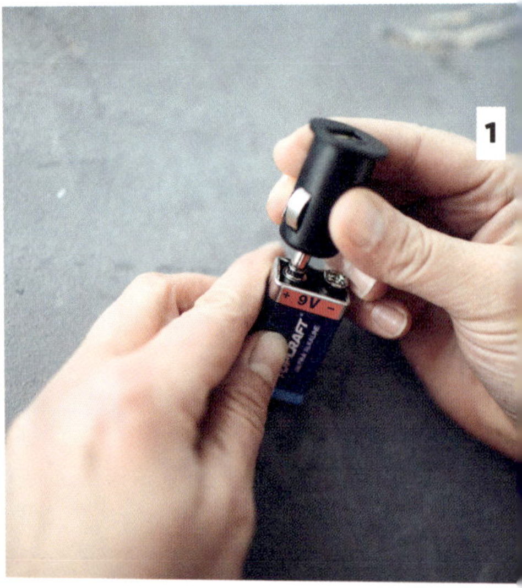

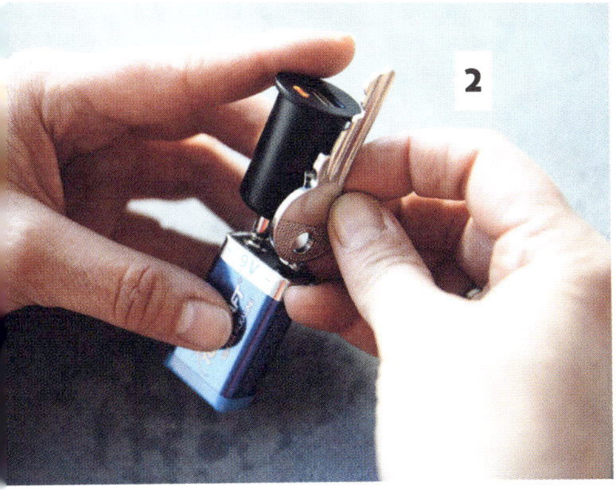

2 **Stelle einen Schlüssel auf den Minuspol und lehne ihn am seitlichen Kontakt des Ladegerätes an.**

3 **Fixiere das Ganze mit Klebeband. Jetzt müsste bereits die Kontrolllampe des Ladegerätes leuchten.**

Umwickle beides fest mit Klebeband.

Schon kannst du dein Handy laden.

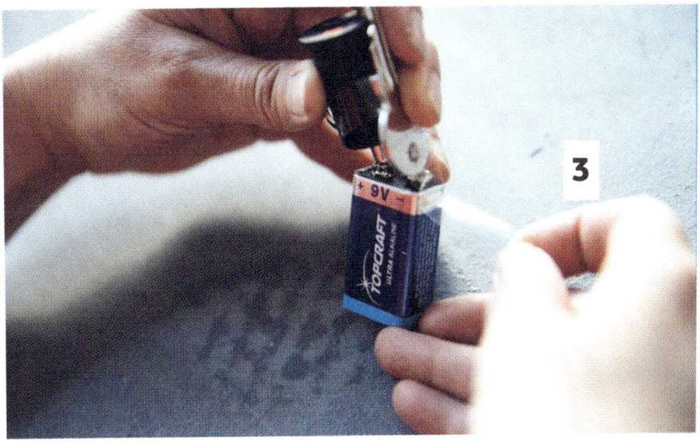

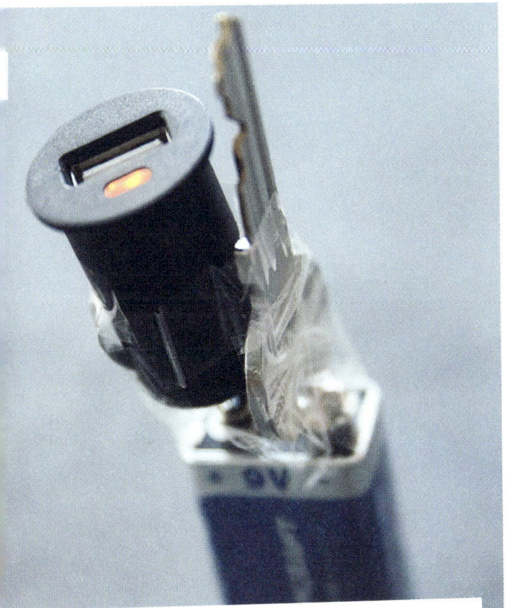

Wenn du nicht mehr laden möchtest, musst du den USB-Adapter wieder von der Batterie trennen, um sie zu schonen.

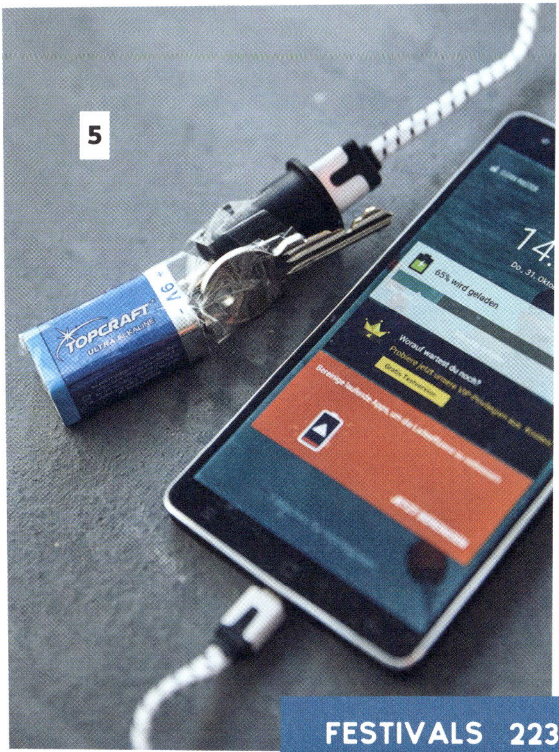

167 THERMOSFLASCHE LIGHT

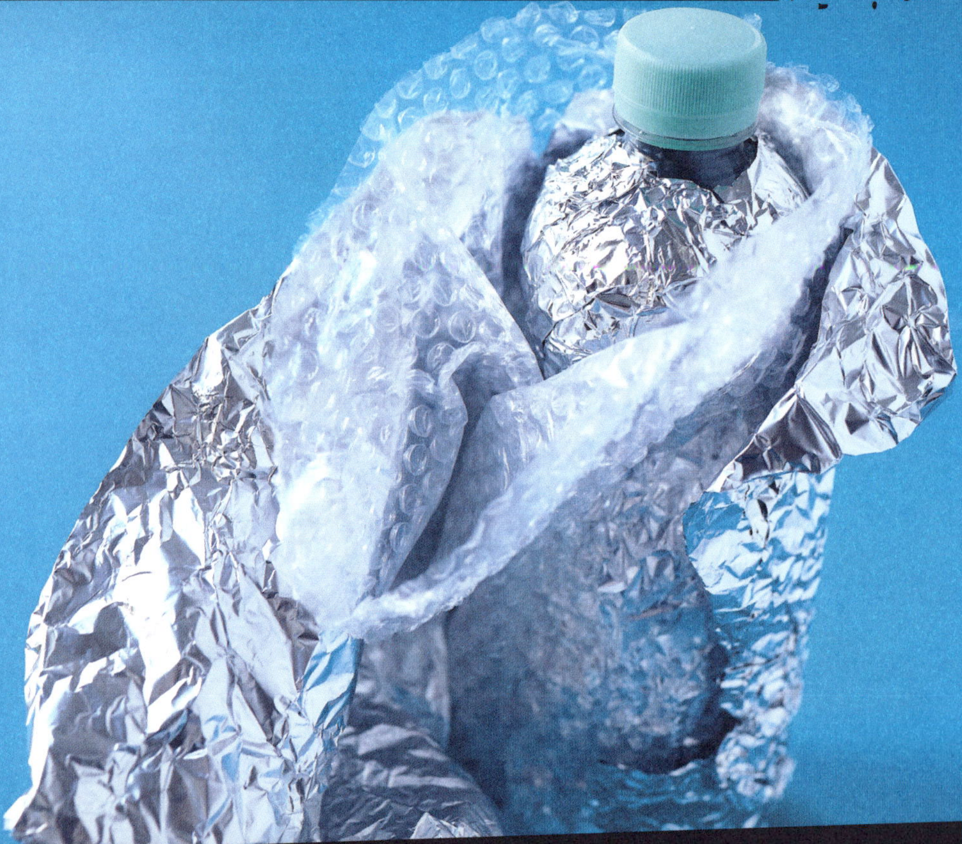

Thermoskannen sind super, um Getränke lange kühl oder lange warm zu halten – aber konstruktionsbedingt auch relativ schwer. Schenke stattdessen einer Einweg-Pfandflasche ein neues Leben, indem du sie zuerst mit Alufolie, danach mit Luftpolsterfolie und zum Schluss noch einmal mit Alufolie umwickelst. Vergiss nicht, auch den Boden mit den Folien abzudecken.

Wenn du die so umwickelte Flasche in ein hübsches Stoffsäckchen steckst, sieht es noch richtig edel aus.

Das wichtigste Festival-Utensil ist aus Versehen zu Hause geblieben? Wenn du dein Auto in der Nähe hast, öffne doch deine Bierflasche mit der Schnalle deines Gurtschlosses.

Nicht bei allen Autos passt die Gurtschnalle wie ein Flaschenöffner auf den Kronkorken. Dann benutze sie als Hebel – ähnlich wie der allseits bekannte Feuerzeug-Trick.

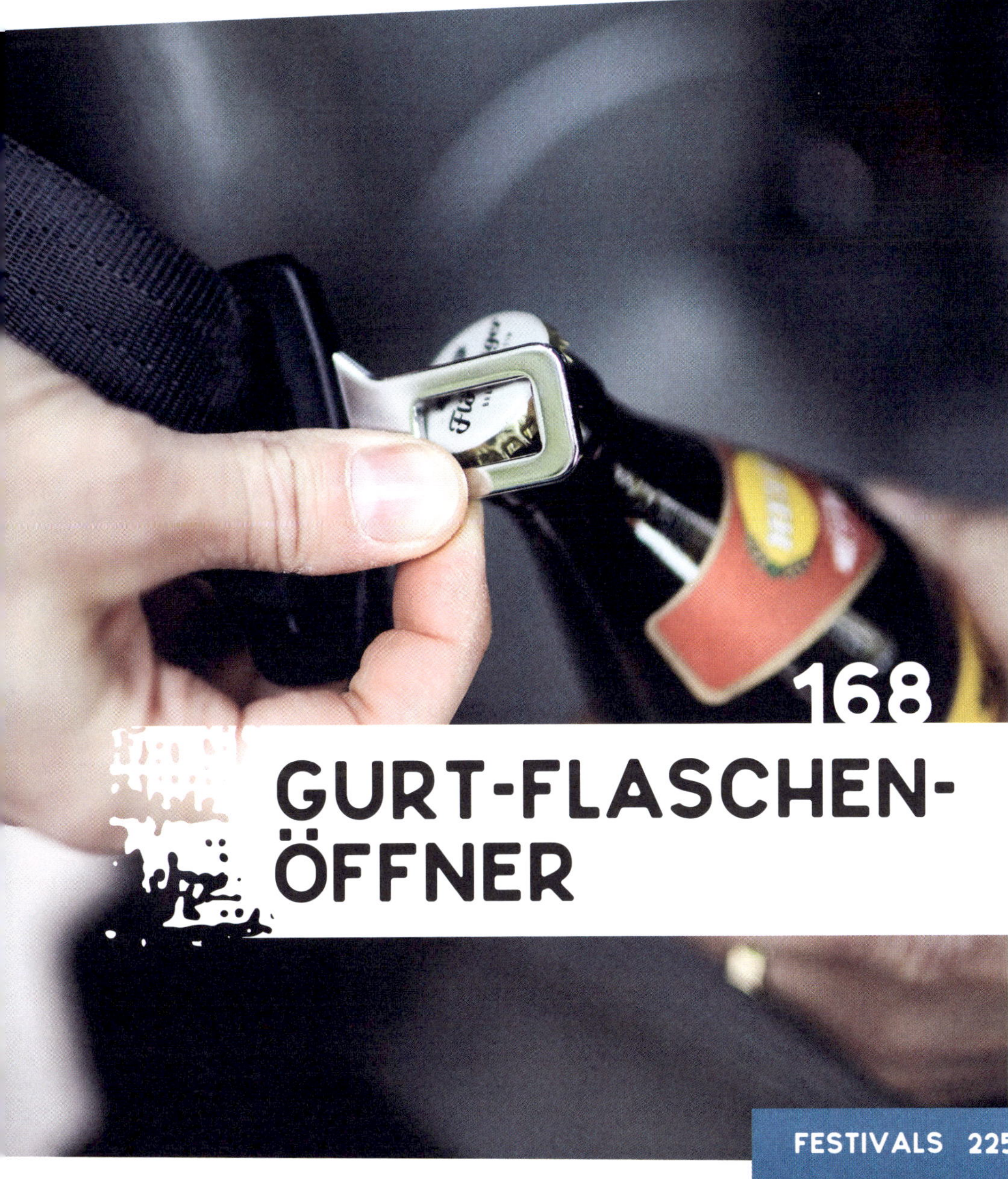

168 GURT-FLASCHEN-ÖFFNER

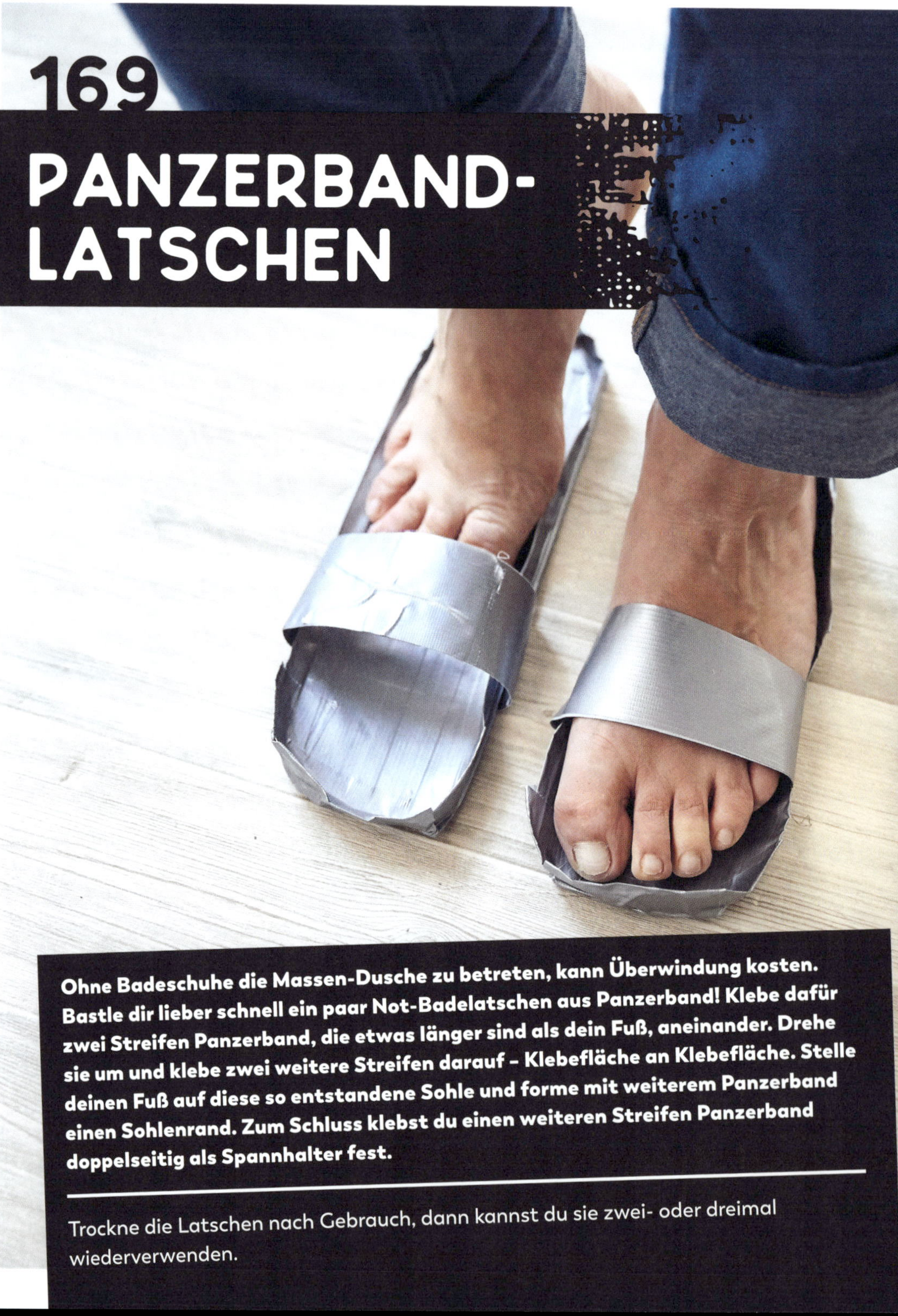

169

PANZERBAND-LATSCHEN

Ohne Badeschuhe die Massen-Dusche zu betreten, kann Überwindung kosten. Bastle dir lieber schnell ein paar Not-Badelatschen aus Panzerband! Klebe dafür zwei Streifen Panzerband, die etwas länger sind als dein Fuß, aneinander. Drehe sie um und klebe zwei weitere Streifen darauf – Klebefläche an Klebefläche. Stelle deinen Fuß auf diese so entstandene Sohle und forme mit weiterem Panzerband einen Sohlenrand. Zum Schluss klebst du einen weiteren Streifen Panzerband doppelseitig als Spannhalter fest.

Trockne die Latschen nach Gebrauch, dann kannst du sie zwei- oder dreimal wiederverwenden.

Undichte Reißverschlüsse am Zelt dichtest du ab, indem du mit einem Lippenpflegestift den geschlossenen Reißverschluss von oben nach unten einschmierst.

Gegen klemmende und hakende Reißverschlüsse hilft es, diesen mit einem Stück Wachs (z. B. einem Teelicht) abzureiben.

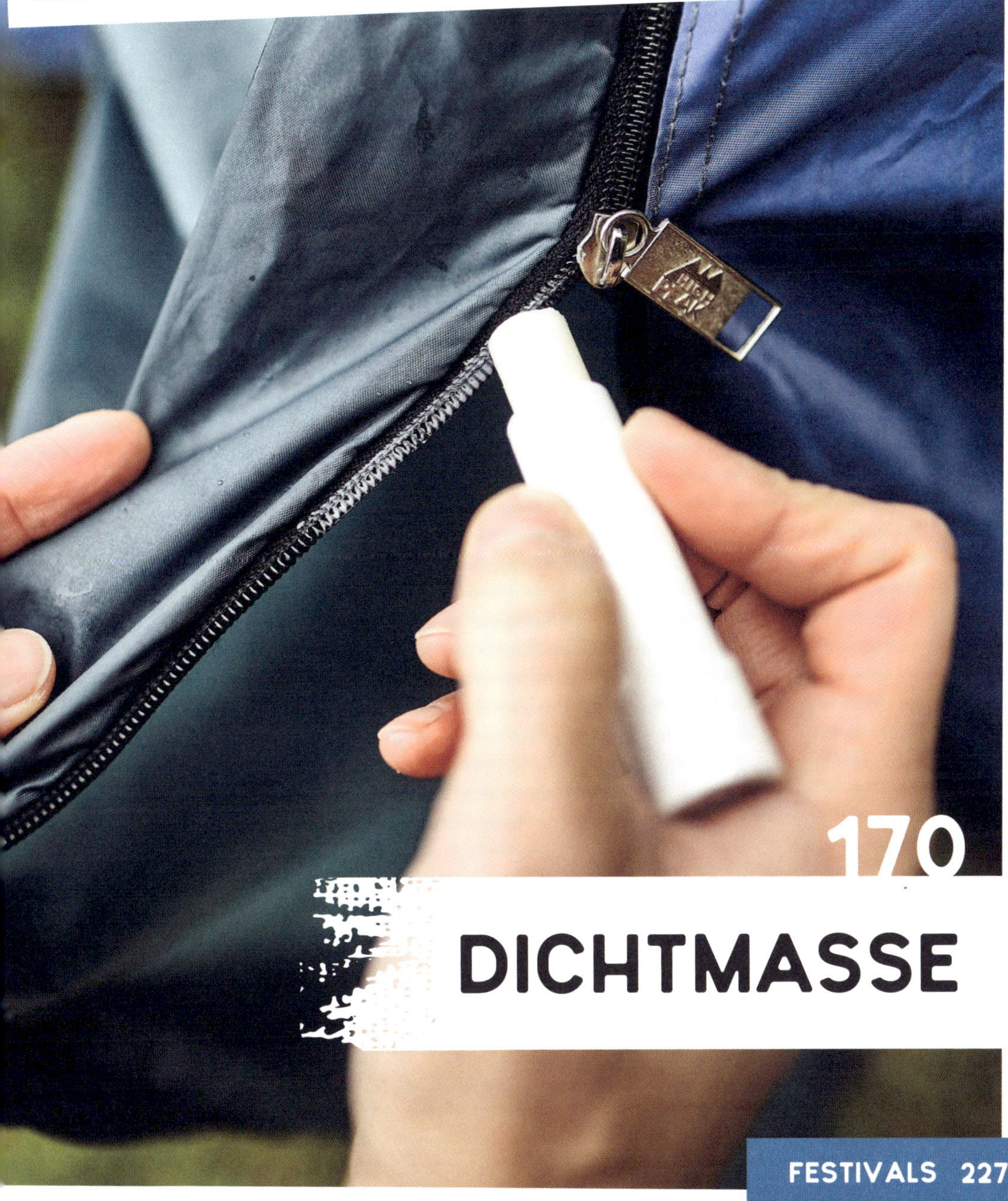

170 DICHTMASSE

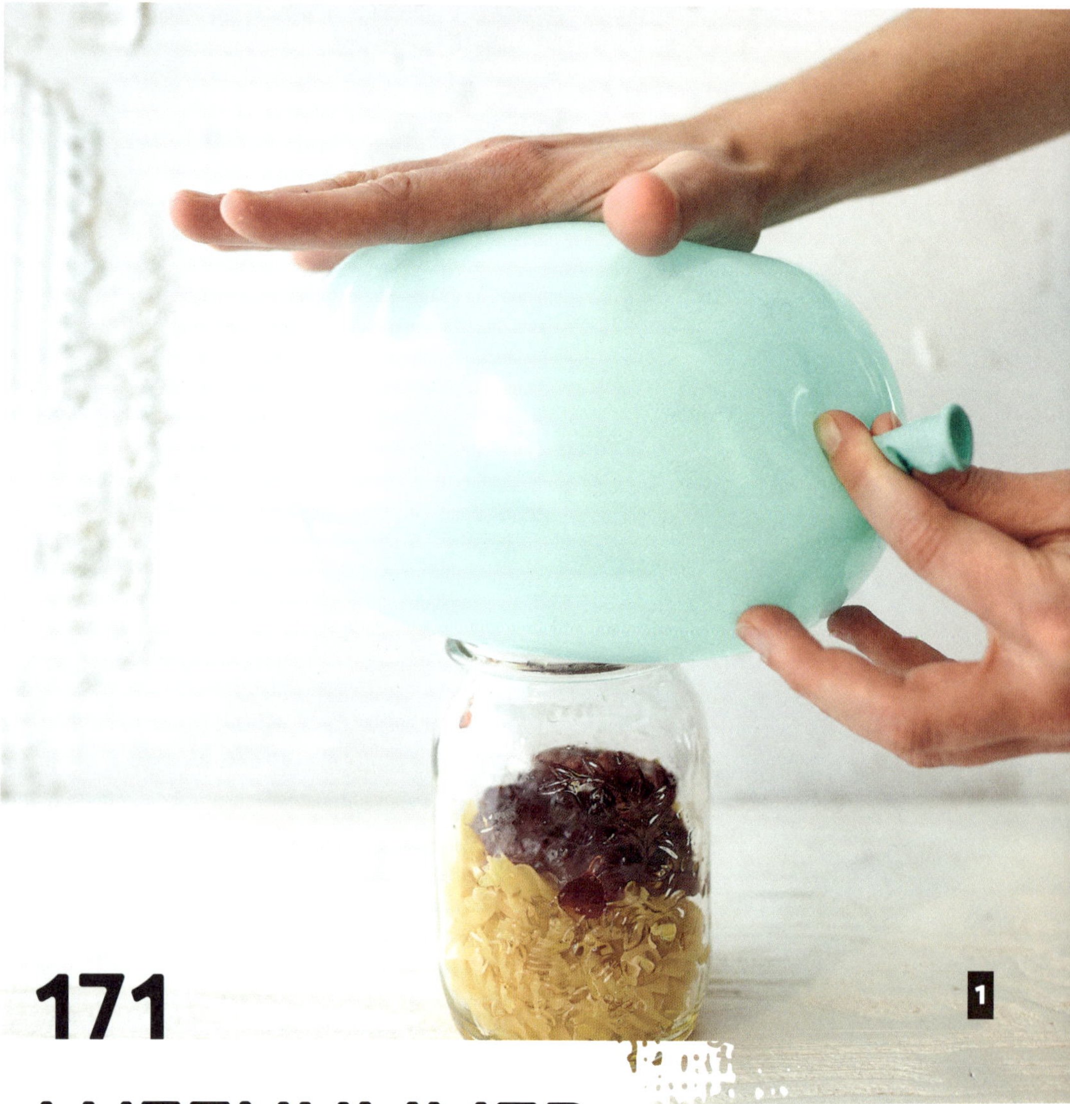

171 LUFTNUMMER

Gläser oder Konserven mit Essensresten, für die du keinen Deckel hast, kannst du mit einem Luftballon sicher verschließen.

Ein so verschlossenes Glas ist sogar wasserdicht!

1 Puste dazu den Luftballon auf und drücke ihn ziemlich fest auf das Glas.

2 Lass die Luft entweichen.

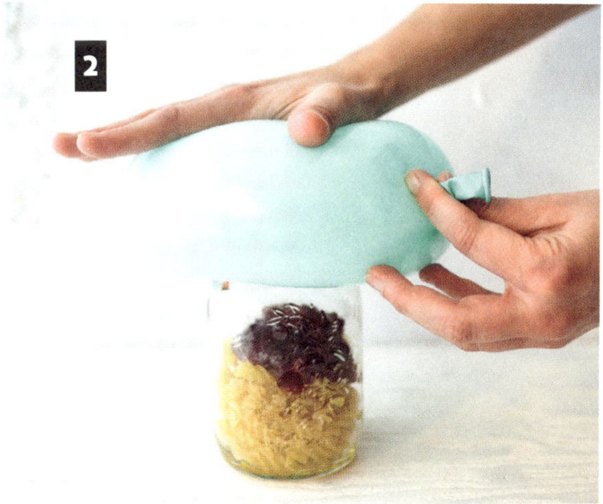

2

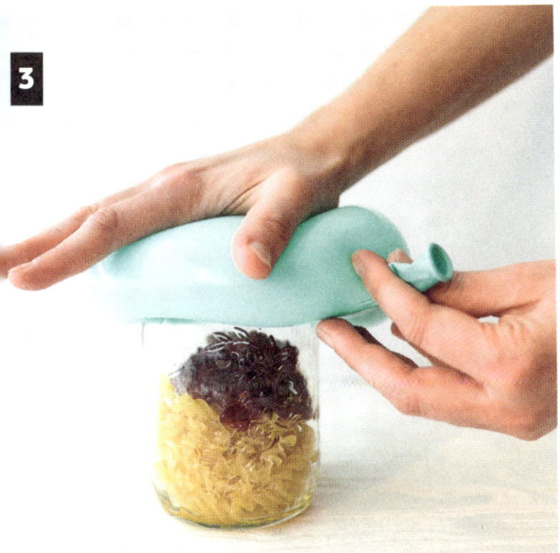

3

3 Achte darauf, es langsam zu machen.

4 Der Ballon wird sich fest auf die Öffnung saugen.

5 Deine Essensreste sind sicher.

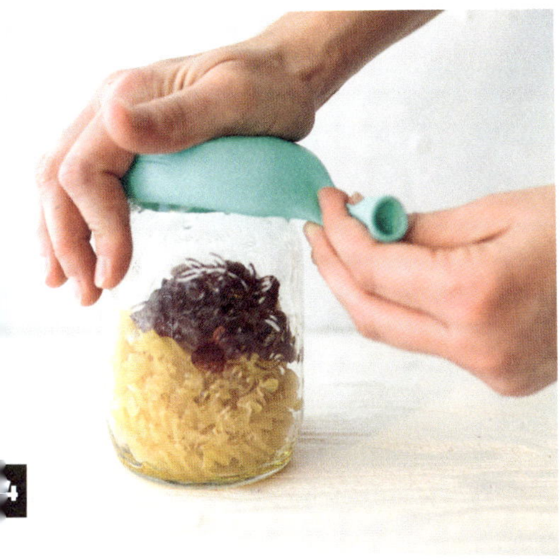

4

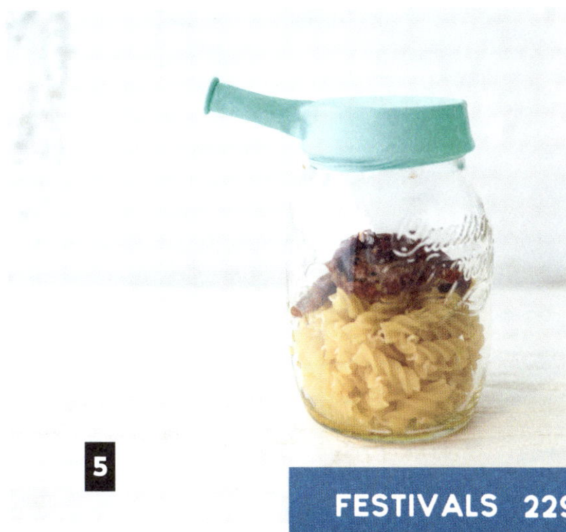

5

NOTIZEN

AHA!

Bei der Wahl des Standortes deines Zeltes auf einem Festivalgelände solltest du mit Bedacht vorgehen. Auf den ersten Blick mag es vorteilhaft erscheinen, nah bei den Toiletten sein Zelt aufzuschlagen. Wenn diese aber im Laufe der Veranstaltung immer unansehnlicher und geruchsintensiver werden oder viele Leute gleichzeitig anstehen müssen, läufst du Gefahr, dass der ein oder andere Mitstreiter seine Notdurft an deinem Zelt verrichtet. Gleiches gilt übrigens für die Nähe zu Baumgruppen – auch wenn diese ein schattiges Plätzchen verheißen.

Survival HACKS

Du brauchst einen Unterschlupf für die Nacht? Such dir einfach einen stabilen Ast, der etwa doppelt so lang ist wie du, und lehne ihn an einer Astgabel an, die sich ungefähr auf deiner Schulterhöhe befinden sollte. Ramme das andere Ende gut in den Boden und lehne an diesem Ast rechts und links weitere Äst hochkant als Dach an. Lege nun kleinere Äste von unten nach oben darauf. Direkt am Ast lässt du einen Eingang frei, der dem Wetter abgewandt liegen sollte.

Ein Unterschlupf, der dich vor Wind, Wetter und vor allem Kälte schützt, ist die oberste Priorität zum Überleben in der Wildnis. Es gilt die sogenannte 3er-Regel: 3 Minuten ohne Sauerstoff, 3 Stunden ohne Wärme, 3 Tage ohne Wasser, 3 Wochen ohne Nahrung.

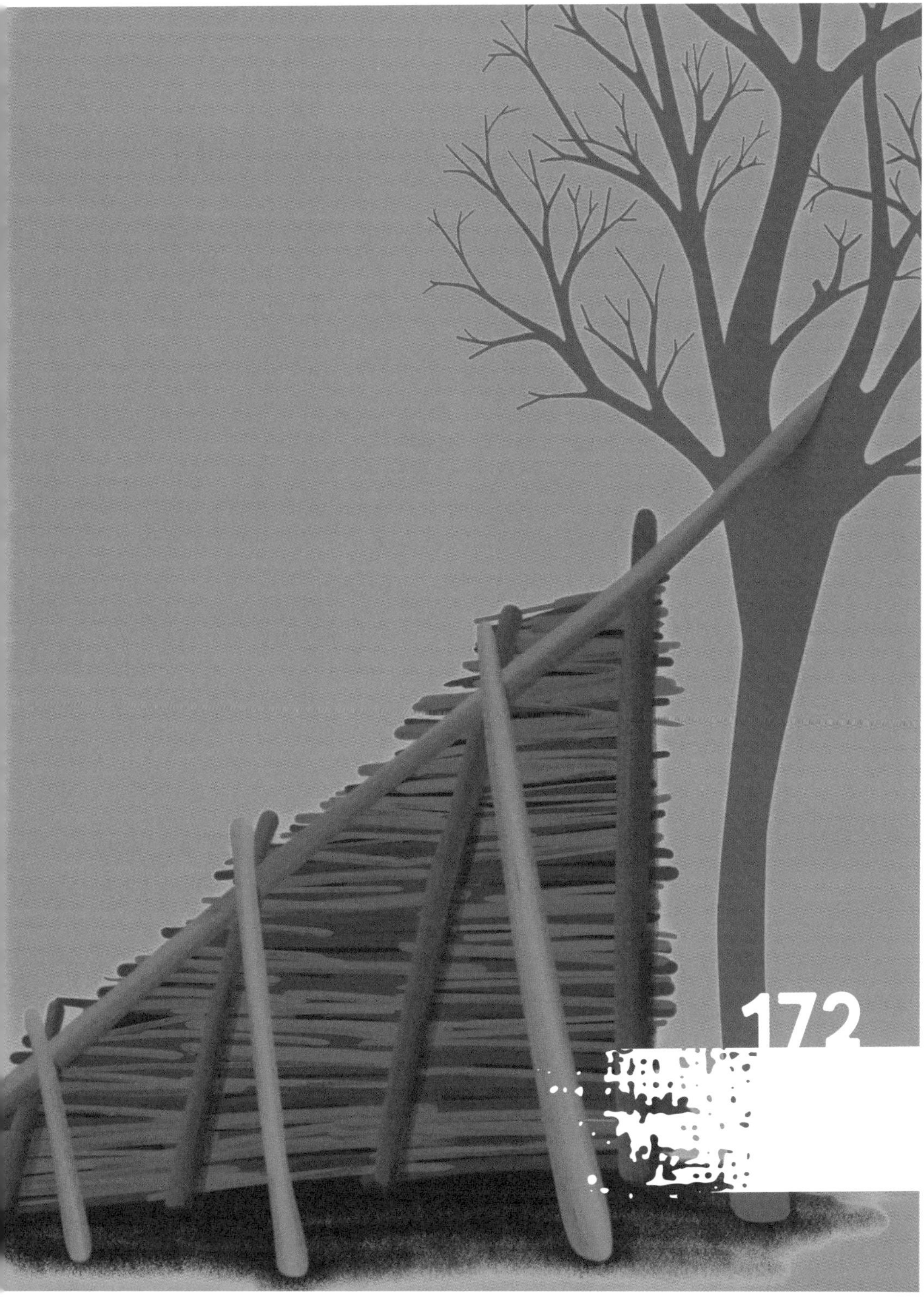
172

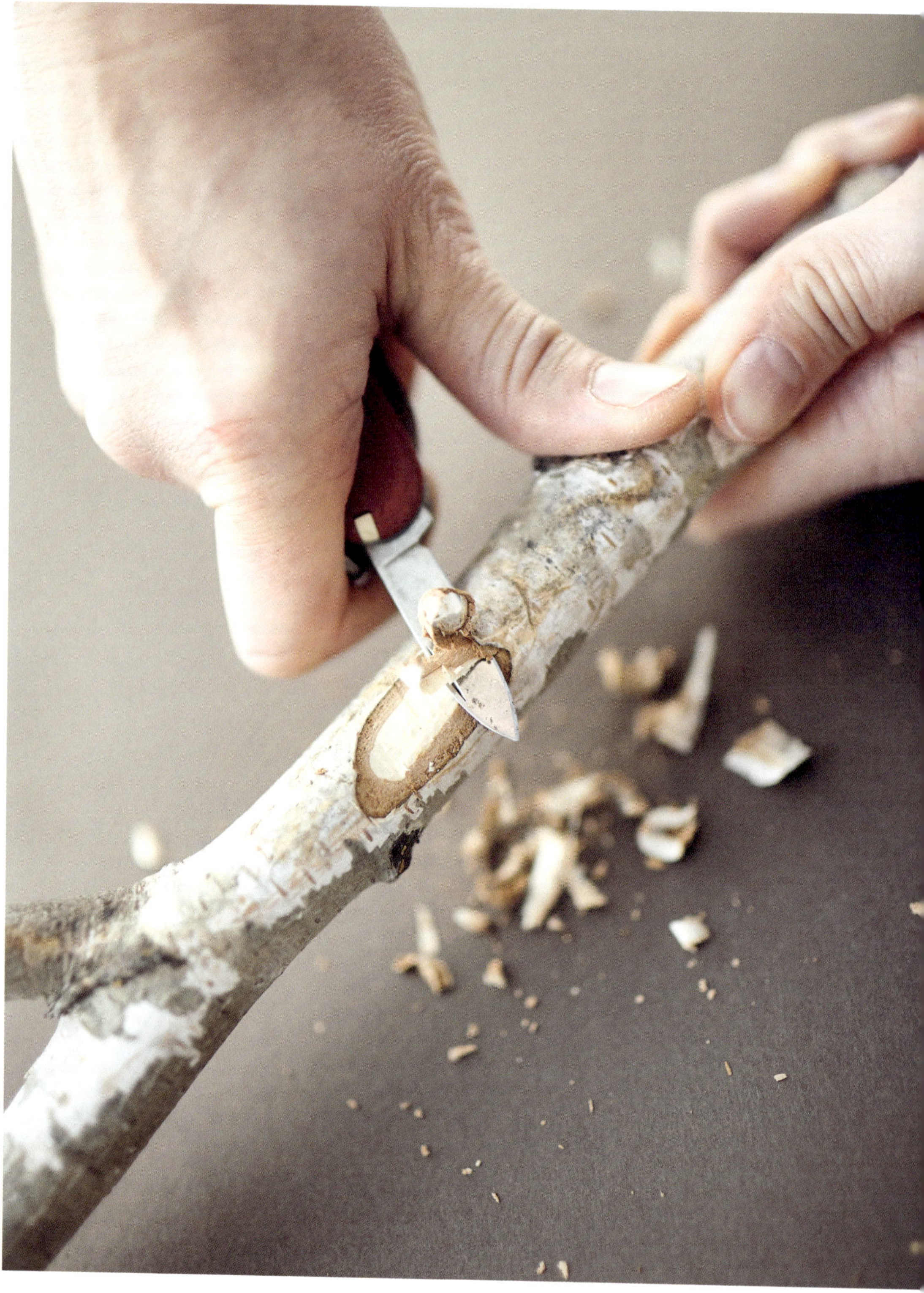

Ausgesetzt in unbekanntem Terrain mit nichts als einem Kugelschreiber in der Hosentasche – was wie eine Folge aus einer bekannten Fernsehserie der 90er Jahre klingt, wird dir hoffentlich nie passieren. Dennoch ist es gut, den ein oder anderen Trick zu kennen, um sich orientieren oder auch eine Nacht in freier Natur überdauern zu können. Es müssen nicht immer die großen Katastrophen oder apokalyptische Endszenarien sein, die deine Überlebenskünste auf den Plan rufen, auch bei einer Autopanne fernab des nächsten Dorfes kann es hilfreich sein, ein paar Kniffe zu kennen. Zum Beispiel, wie du mit deinem Kugelschreiber ein Feuer entfachst …

173

PFÜTZEN-KOMPASS

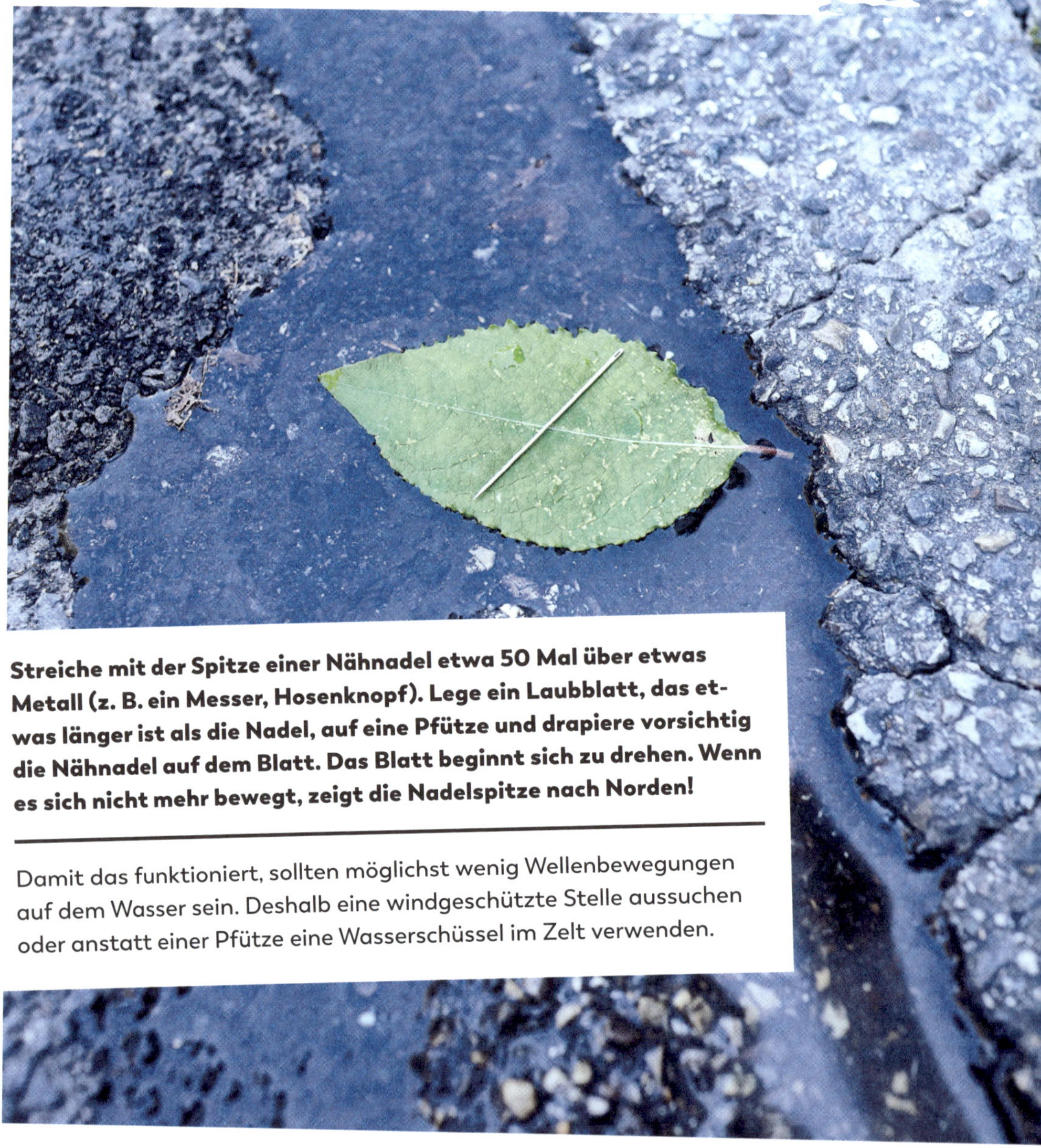

Streiche mit der Spitze einer Nähnadel etwa 50 Mal über etwas Metall (z. B. ein Messer, Hosenknopf). Lege ein Laubblatt, das etwas länger ist als die Nadel, auf eine Pfütze und drapiere vorsichtig die Nähnadel auf dem Blatt. Das Blatt beginnt sich zu drehen. Wenn es sich nicht mehr bewegt, zeigt die Nadelspitze nach Norden!

Damit das funktioniert, sollten möglichst wenig Wellenbewegungen auf dem Wasser sein. Deshalb eine windgeschützte Stelle aussuchen oder anstatt einer Pfütze eine Wasserschüssel im Zelt verwenden.

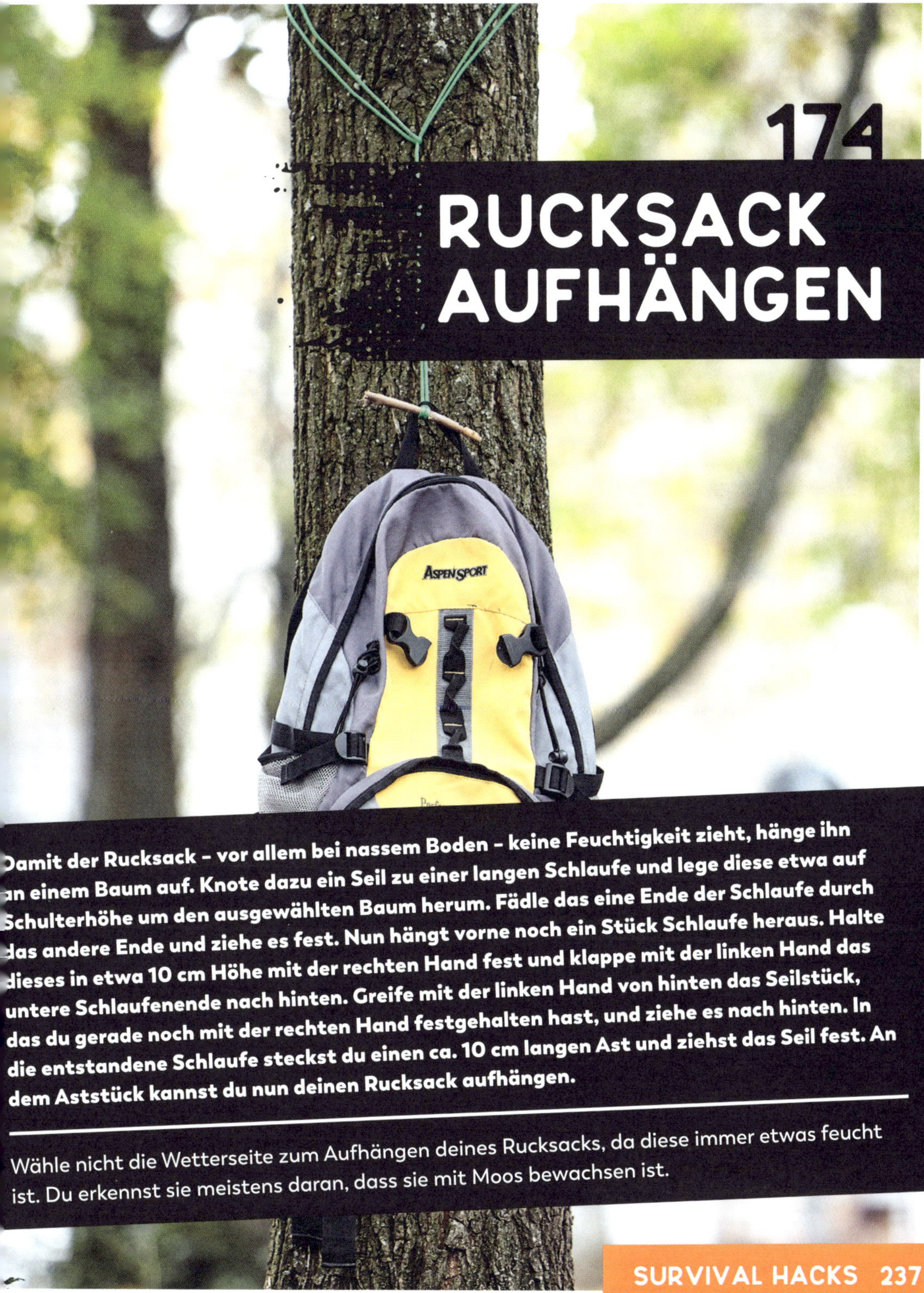

174

RUCKSACK AUFHÄNGEN

Damit der Rucksack – vor allem bei nassem Boden – keine Feuchtigkeit zieht, hänge ihn an einem Baum auf. Knote dazu ein Seil zu einer langen Schlaufe und lege diese etwa auf Schulterhöhe um den ausgewählten Baum herum. Fädle das eine Ende der Schlaufe durch das andere Ende und ziehe es fest. Nun hängt vorne noch ein Stück Schlaufe heraus. Halte dieses in etwa 10 cm Höhe mit der rechten Hand fest und klappe mit der linken Hand das untere Schlaufenende nach hinten. Greife mit der linken Hand von hinten das Seilstück, das du gerade noch mit der rechten Hand festgehalten hast, und ziehe es nach hinten. In die entstandene Schlaufe steckst du einen ca. 10 cm langen Ast und ziehst das Seil fest. An dem Aststück kannst du nun deinen Rucksack aufhängen.

Wähle nicht die Wetterseite zum Aufhängen deines Rucksacks, da diese immer etwas feucht ist. Du erkennst sie meistens daran, dass sie mit Moos bewachsen ist.

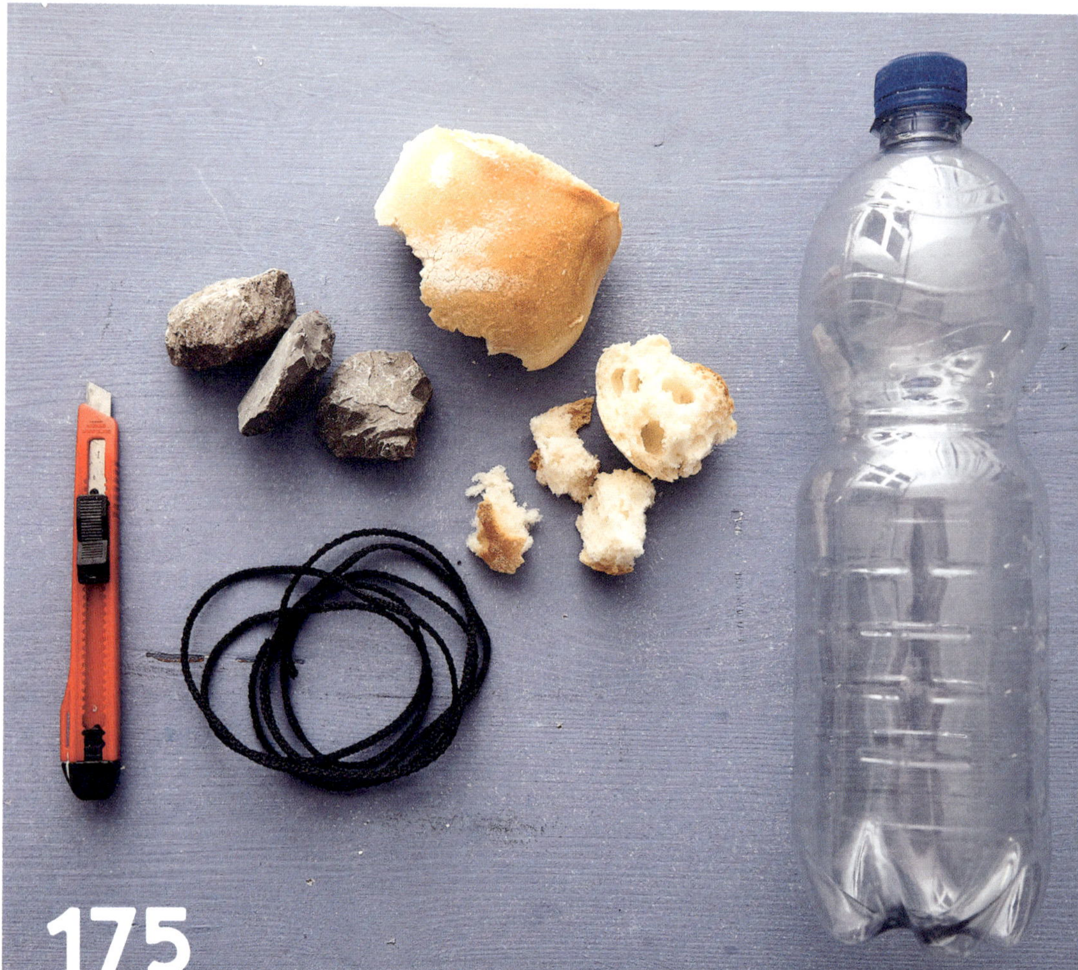

175 FISCHREUSE

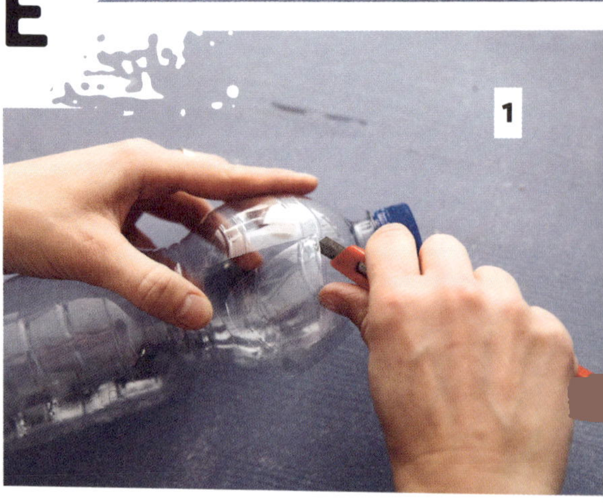

1 Schneide ein ca. 6 cm x 6 cm großes Fenster in den oberen Teil einer Plastikflasche.

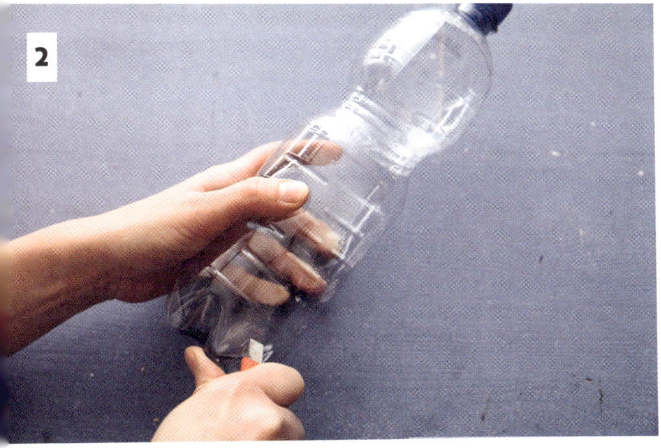

2 **Schneide die Flasche im unteren Teil viermal mit dem Messer ein, damit später beim Herausziehen das Wasser ablaufen kann.**

3 **Drehe den Deckel ab und knote um den Flaschenhals ein Seil.**

4 **In die Flasche schmeißt du etwas eingeweichtes Brot als Köder und ein paar Steine zum Beschweren.**

5 **Wirf die Flasche in das Gewässer und warte. Mit etwas Glück ist beim Herausziehen ein Fisch in deiner Reuse.**

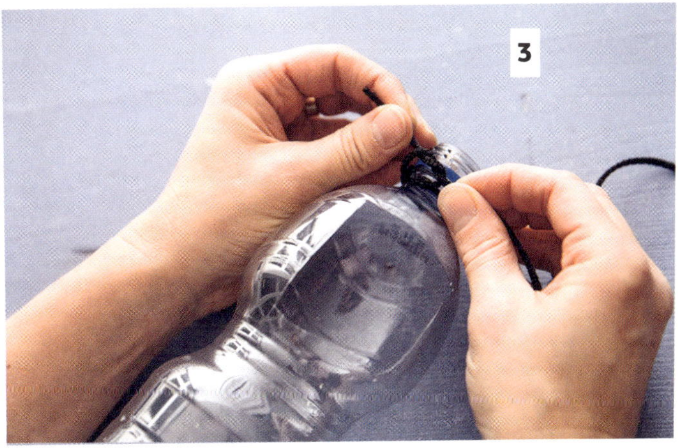

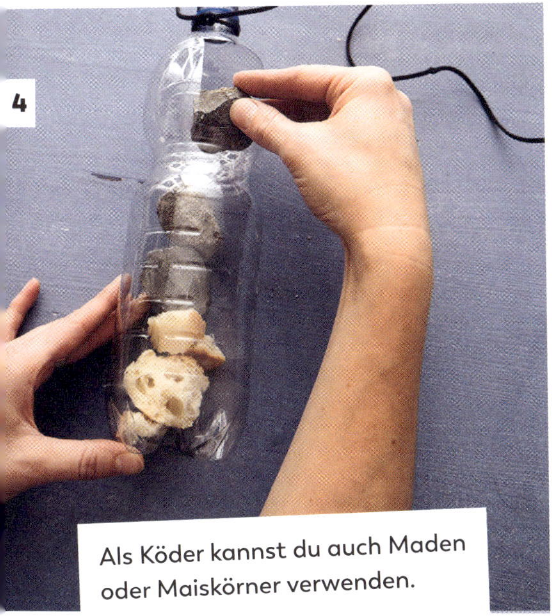

Als Köder kannst du auch Maden oder Maiskörner verwenden.

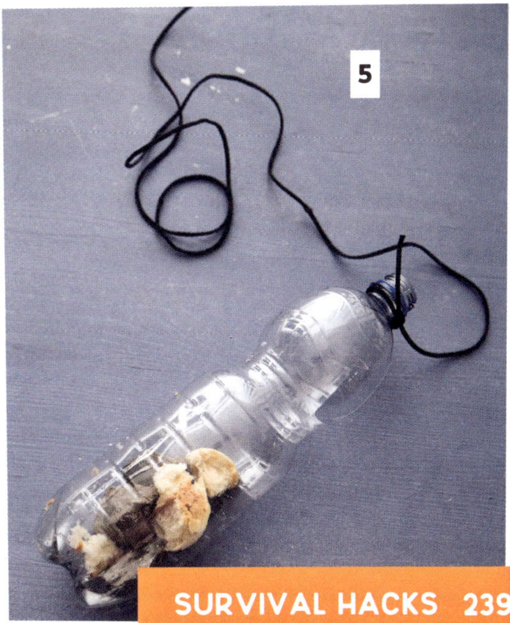

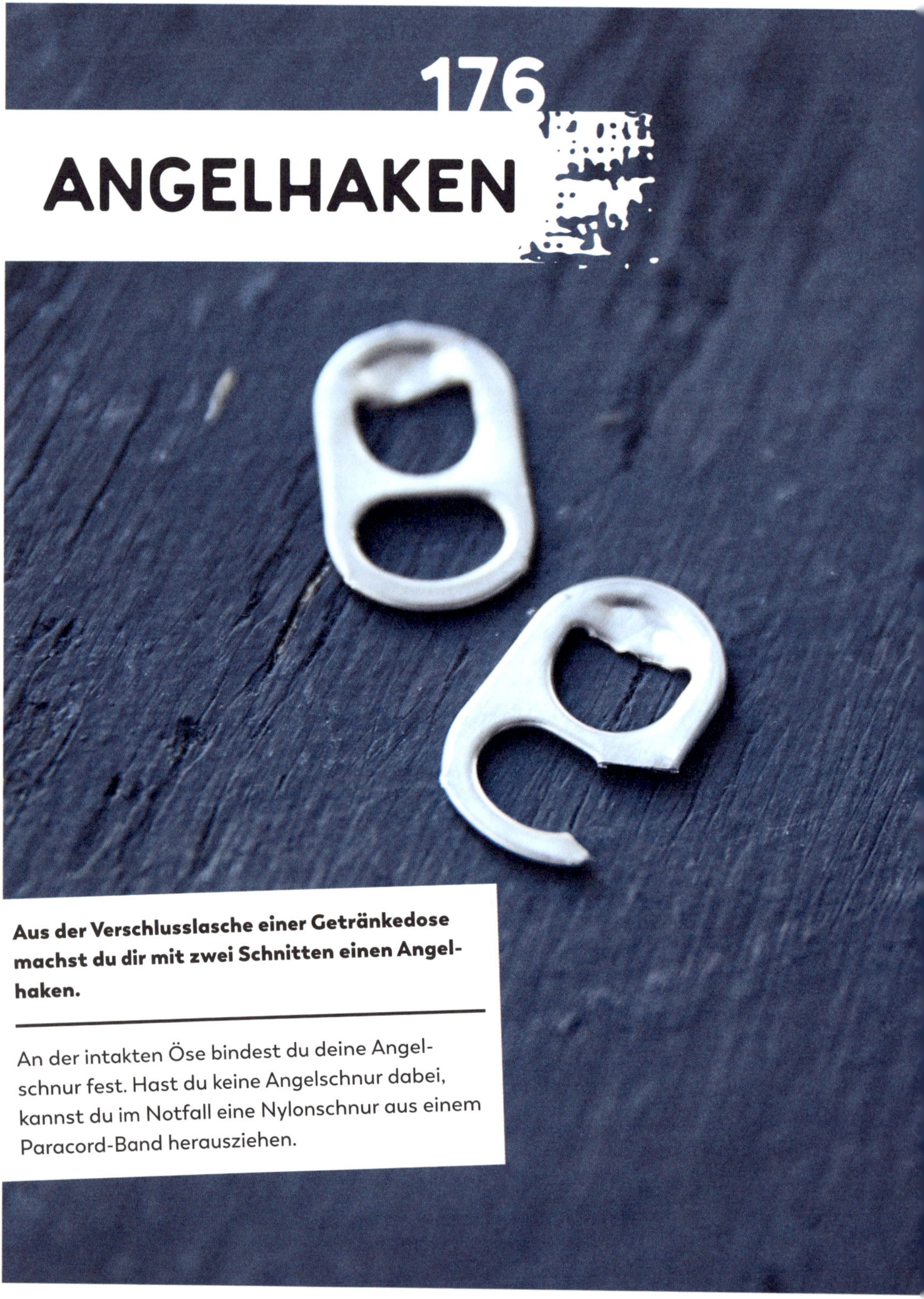

176 ANGELHAKEN

Aus der Verschlusslasche einer Getränkedose machst du dir mit zwei Schnitten einen Angelhaken.

An der intakten Öse bindest du deine Angelschnur fest. Hast du keine Angelschnur dabei, kannst du im Notfall eine Nylonschnur aus einem Paracord-Band herausziehen.

Um abschätzen zu können, wann die Sonne untergeht und es Zeit wird, dein Lager aufzuschlagen, benutze deine Hände. Strecke den Arm aus und halte die Hand flach in Richtung Himmel. Der kleine Finger sollte direkt über dem Horizont liegen. Jeder Finger zwischen Horizont und Unterkante der Sonne wird mit einer Viertelstunde berechnet. Brauchst du also vier Finger, hast du noch eine Stunde Zeit, bis es dunkel wird.

Das ist natürlich nur ein ungefährer Wert, der je nach Jahreszeit, Wetter oder geografischer Lage variieren kann.

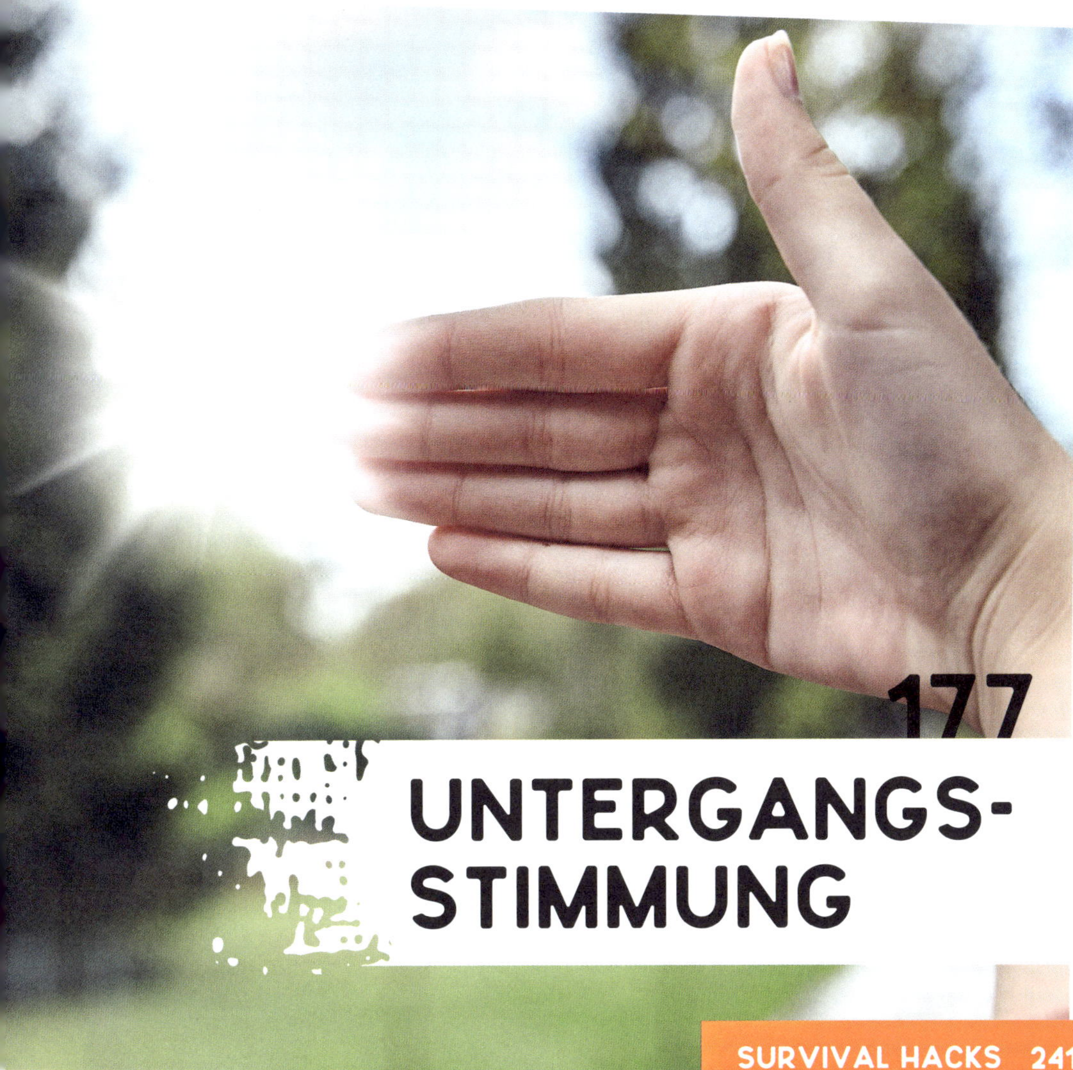

177 UNTERGANGS-STIMMUNG

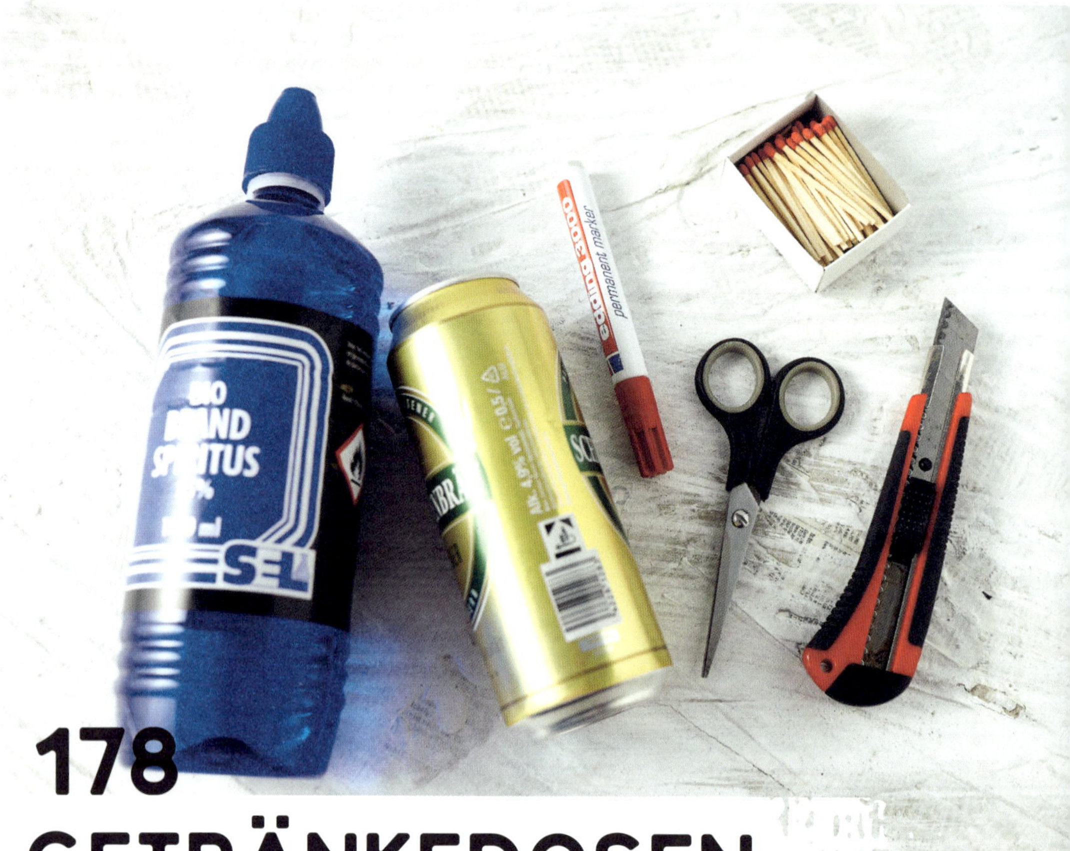

178 GETRÄNKEDOSEN-KOCHER

Einen Spirituskocher bastelst du im Nu aus einer Getränkebüchse!

1 Zuerst trennst du den Deckel der Büchse mit einem scharfen Messer vorsichtig heraus.

2 Markiere in etwa 4 cm Abstand vom Boden entfernt eine Linie.

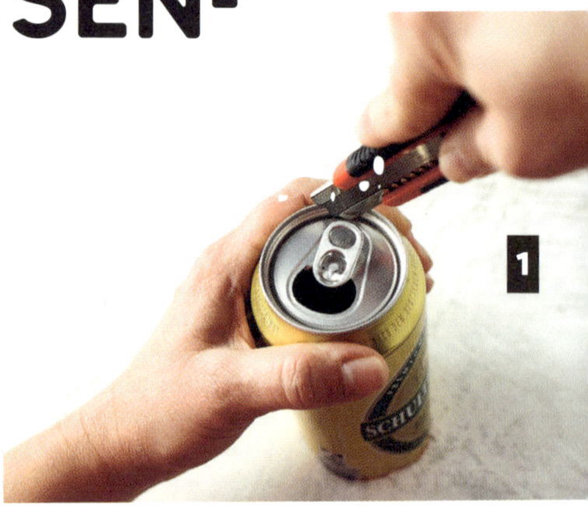

1

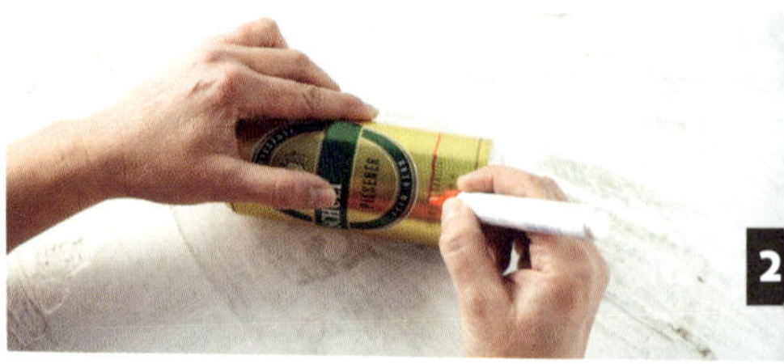

2

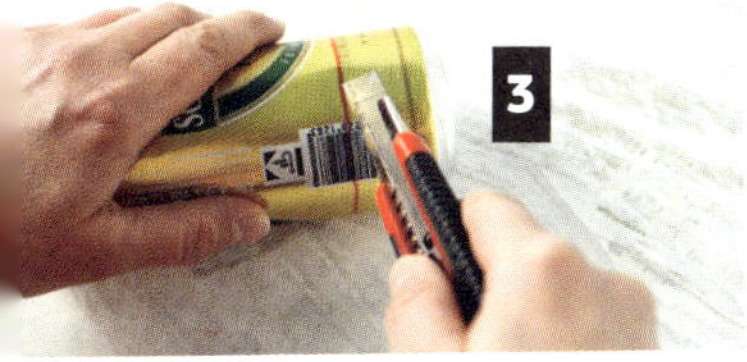

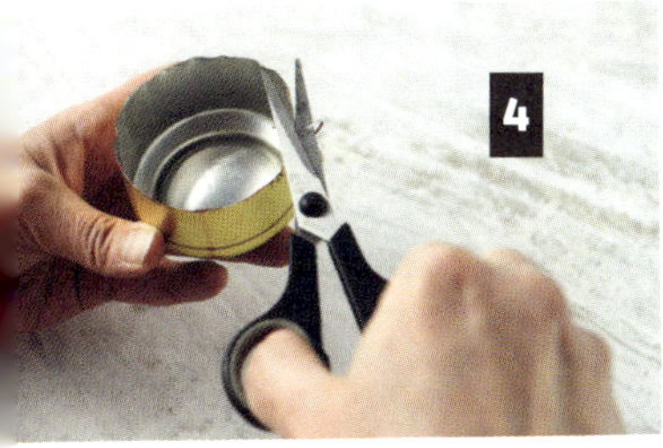

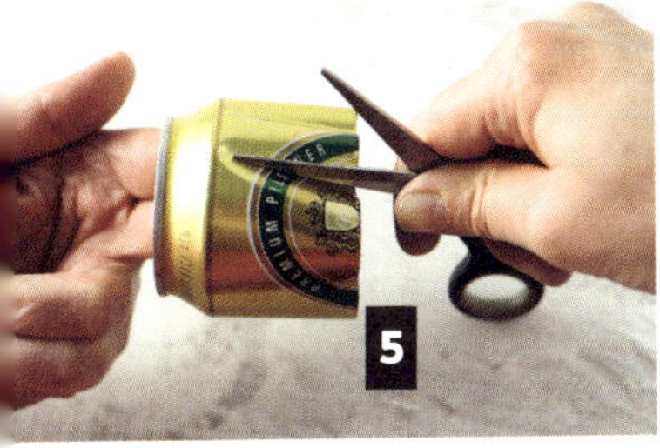

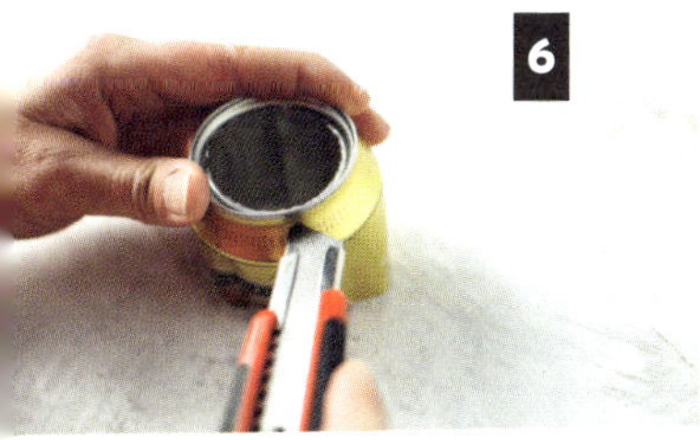

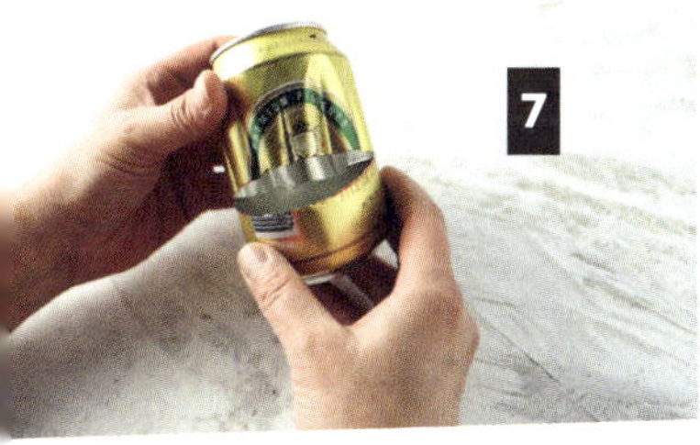

3 Trenne den Boden der Dose an dieser Linie ab.

4 Verfahre mit dem Oberteil genauso, es sollte ungefähr 1 bis 1,5 cm höher sein als das Unterteil. Du kannst es mit einer normalen Schere auf die entsprechende Länge kürzen.

5 Jetzt formst du in das Oberteil im fingerbreiten Abstand mit dem Messerrücken Dellen, und zwar einmal rund um den Becher. Das werden deine Brennkammern!

6 Zum Schluss stichst du noch ein kleines Loch unterhalb des Deckelrandes.

7 Setze die Dosenteile zusammen.

8 und fülle Spiritus in deinen Kocher ein. Zünde ihn an, warte eine Weile, bis er richtig durchgezündet hat, und stelle erst dann deinen Topf direkt auf die Dose oder baue dir aus drei Zeltheringen, die du neben dem Kocher in den Boden steckst, einen provisorischen Ständer für den Topf.

n Löschen des Kochers musst du Flamme ersticken. Stülpe dazu leeres Gefäß über den Kocher. s kann ein Topf sein oder eine e Konservendose. Praktisch: In so ıer Dose kannst du deinen Kocher ch gleich aufbewahren!

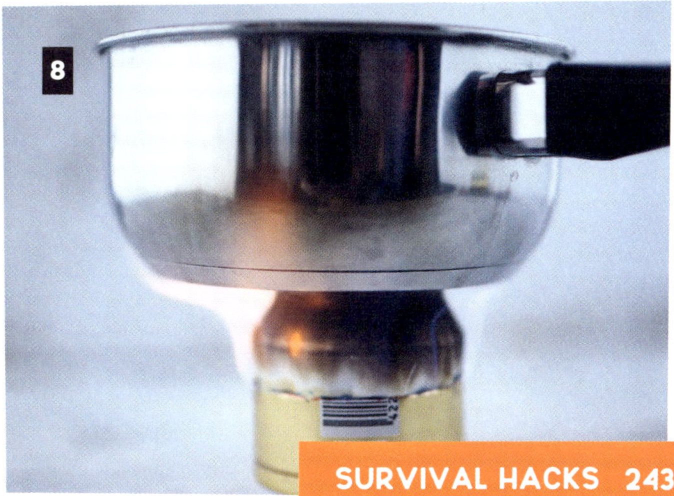

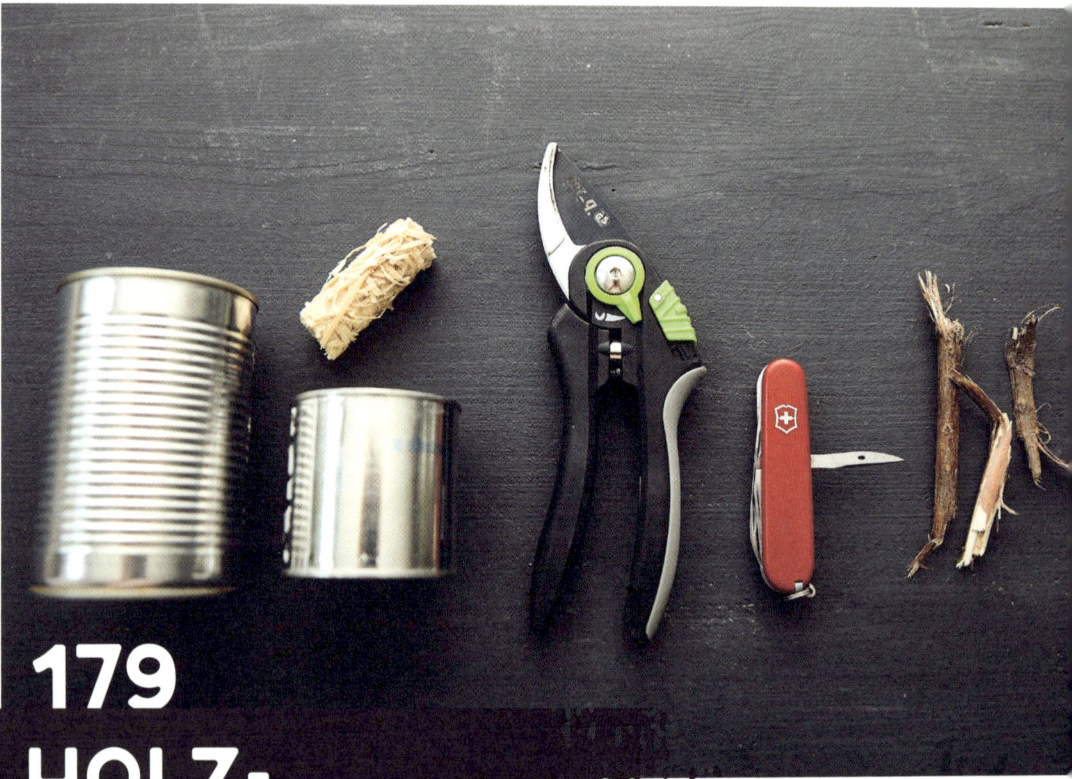

179 HOLZ-BRENNOFEN

Schneide von einer Konservendose den Deckel ab und schütte den Inhalt in einen (Camping-)Topf.

---

1 **Spüle Dose und Deckel gut ab und durchlöchere den Boden wie ein Sieb.**

2 **Lege ihn anschließend in die Dose hinein. Bohre möglichst viele Löcher direkt oberhalb des Dosenbodens.**

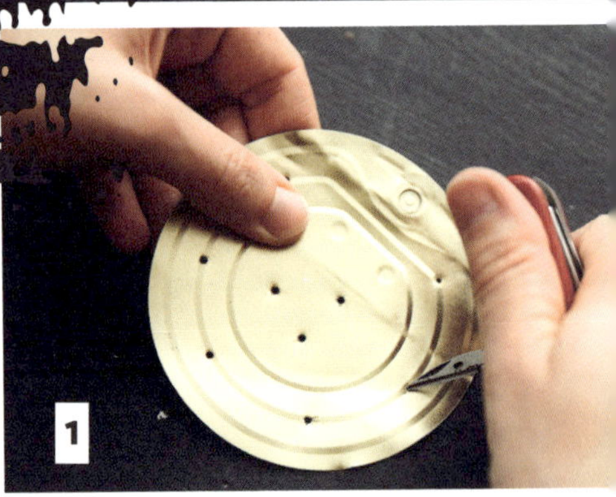

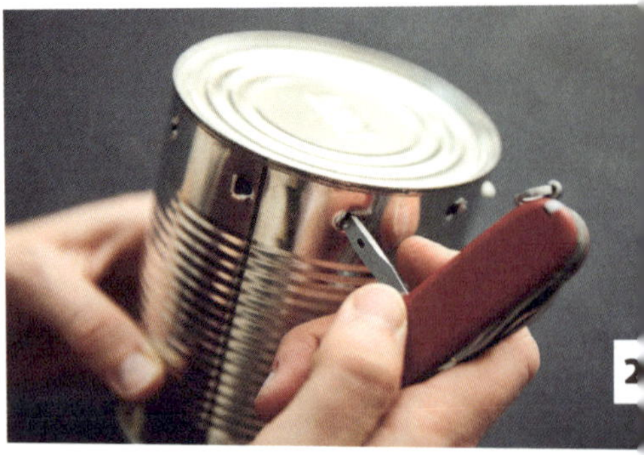

3 **Setze dann acht etwa 4 cm lange Schnitte vom Deckel aus in die Außenhaut der Dose.**

4 **Biege vier Teile nach innen, vier Teile bleiben als Fuß stehen.**

5 **Schneide Deckel und Boden einer kleineren Dose, säubere sie und zeichne die Umrisse seitlich an der großen Dose an.**

6 **Schneide das Loch aus und stecke die kleine seitlich in die große Dose.**

7 **Stell den Ofen auf die Füße, sodass der Deckel, der in der Dose liegt, auf den eingeklappten Seitenstücken liegt und den Boden der Brennkammer bildet. Befeuern kannst du den Ofen bequem von der Seite aus durch die kleine Konservendose hindurch.**

8 **Jetzt ist dein Ofen fertig.**

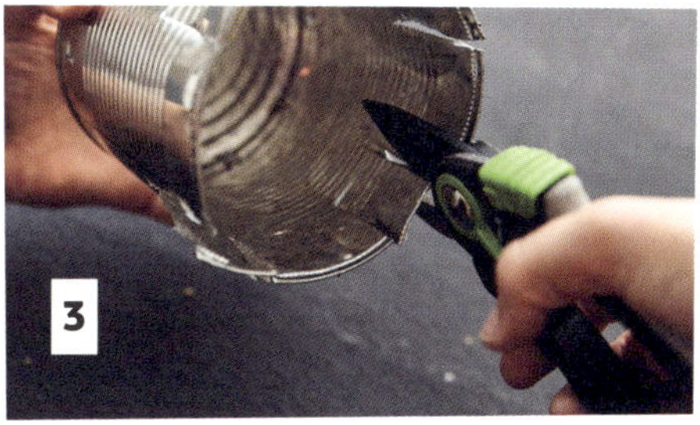
3

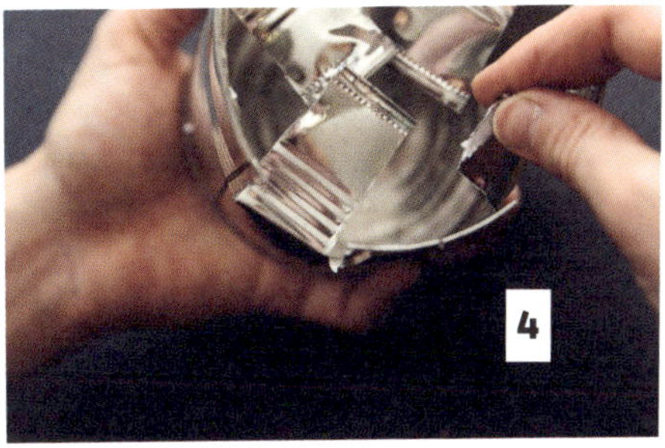
4

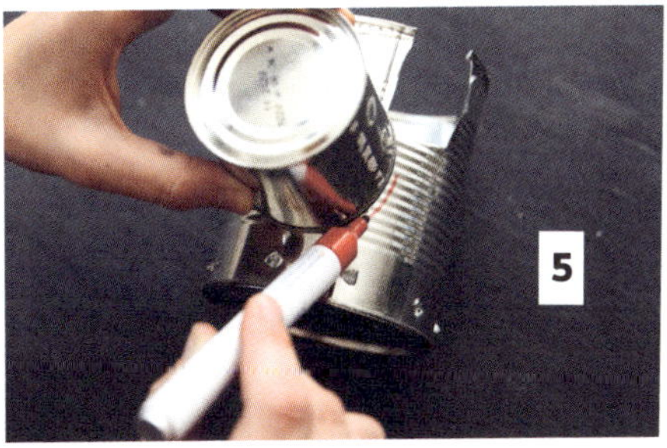
5

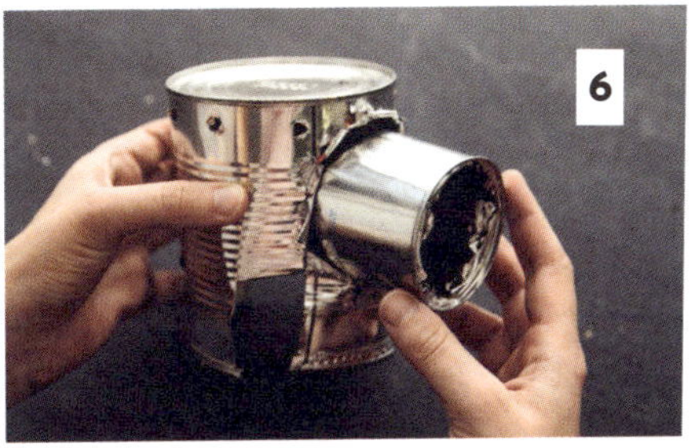
6

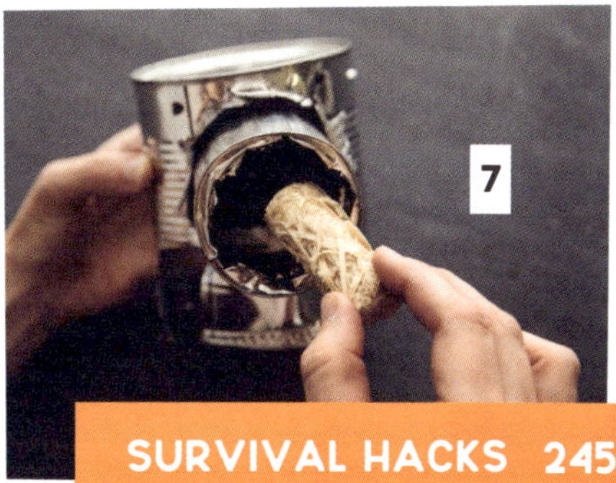
7

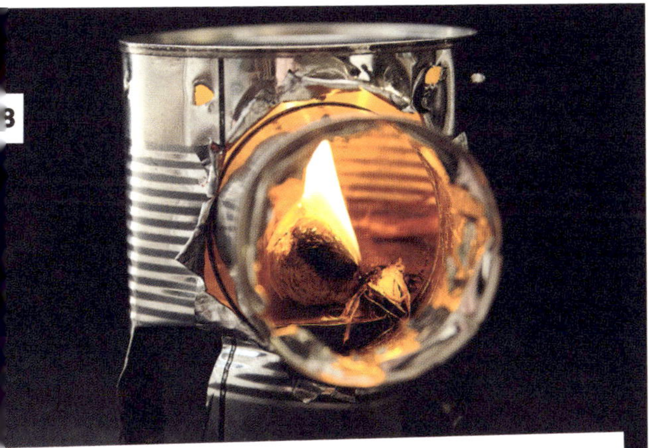
8

…f diesen Ofen kannst du direkt einen Topf stellen, … der Dosenboden als Herdplatte fungiert. Befeuern …nnst du den Ofen mit allen trockenen Materialien, …er auch leicht feuchtes Brennmaterial kann verwen…t werden, wenn das Feuer einmal brennt.

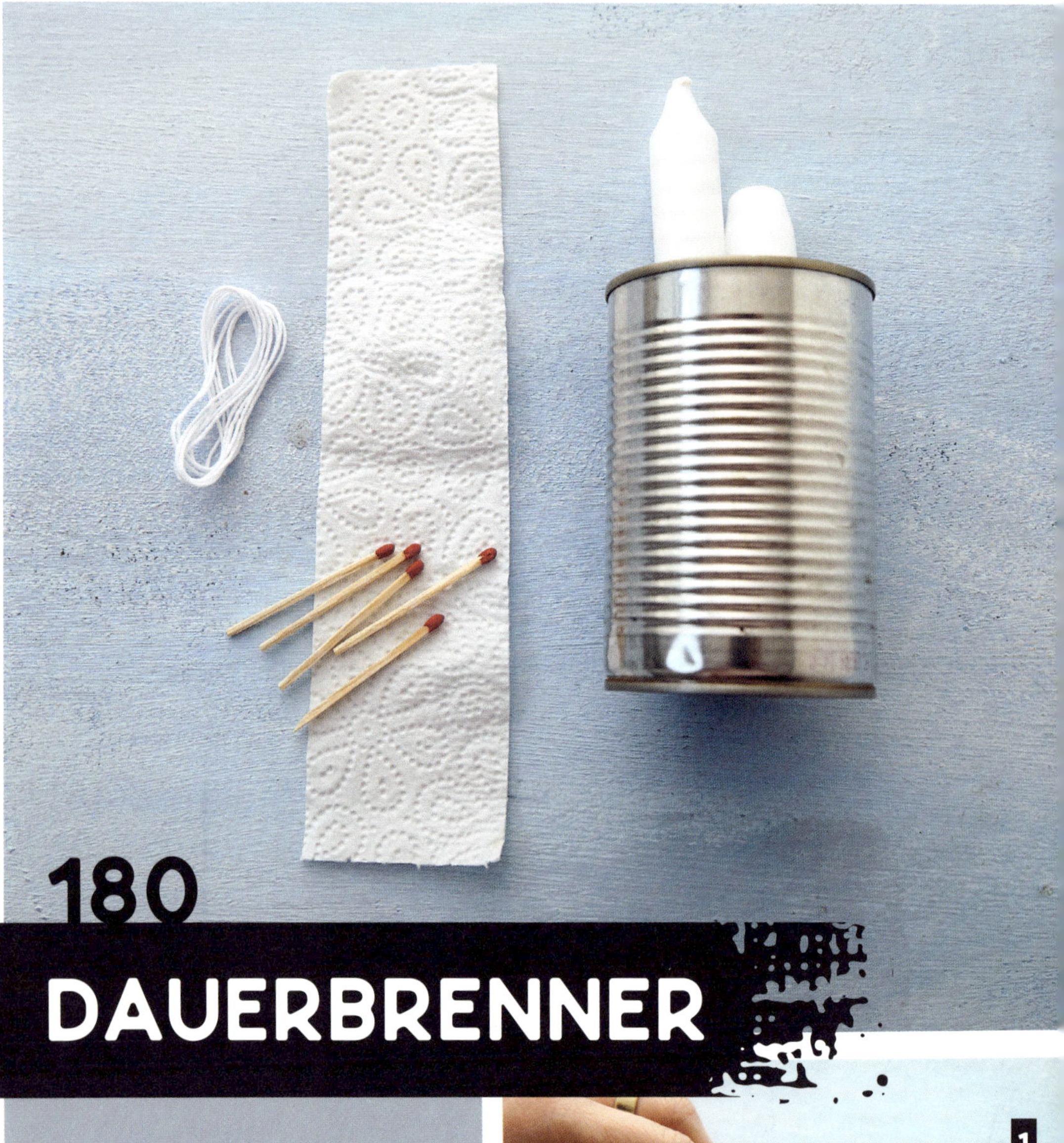

180 DAUERBRENNER

1 **Binde vier Streichhölzer mit einem dünnen Bindfaden zusammen.**

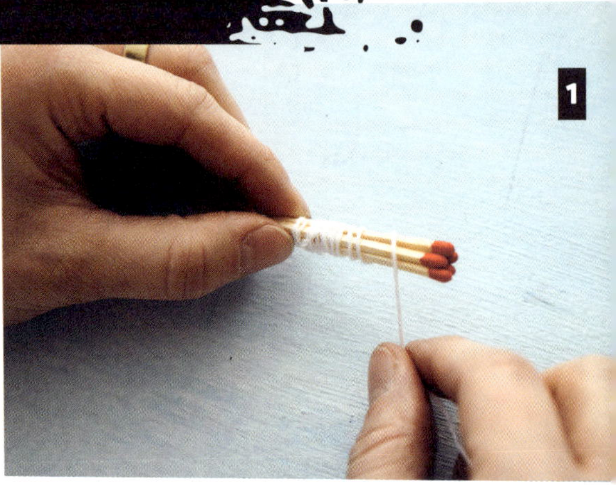

Wickle sie in einem Streifen Küchenpapier so ein, dass die Zündköpfe frei bleiben.

Fixiere das Papier wiederum mit etwas Faden.

2

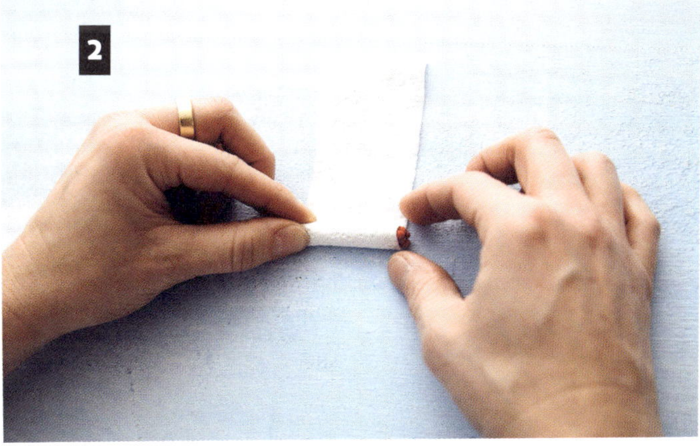

3

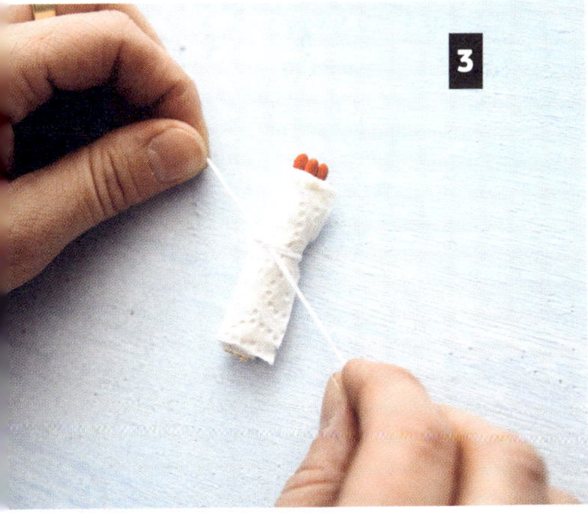

4 Tauche die Seite mit den Zündköpfen in flüssiges Wachs, warte einen Moment, bis das Wachs ausgehärtet ist und wiederhole den Vorgang zweimal. Dann überziehe auf die gleiche Weise auch die andere Seite mit Wachs.

5 Jetzt hast du ein Streichholz, welches superlang brennt und gleichzeitig wasserfest ist!

4

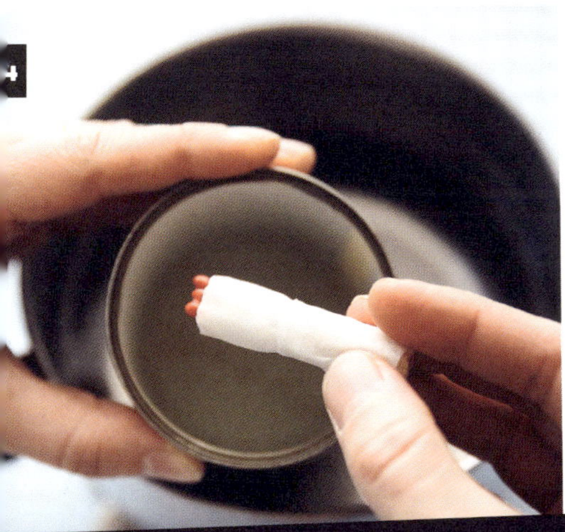

5

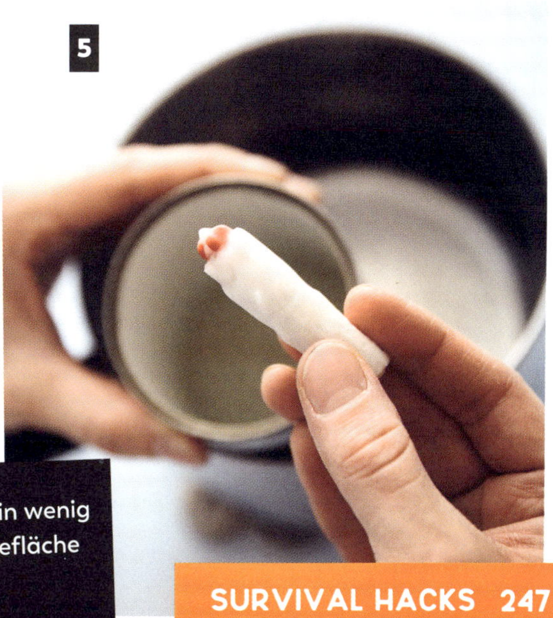

Zum Anzünden musst du bei einem Zündkopf ein wenig Wachs abkratzen und dann normal an der Reibefläche entzünden.

181

KOHLE-FILTER

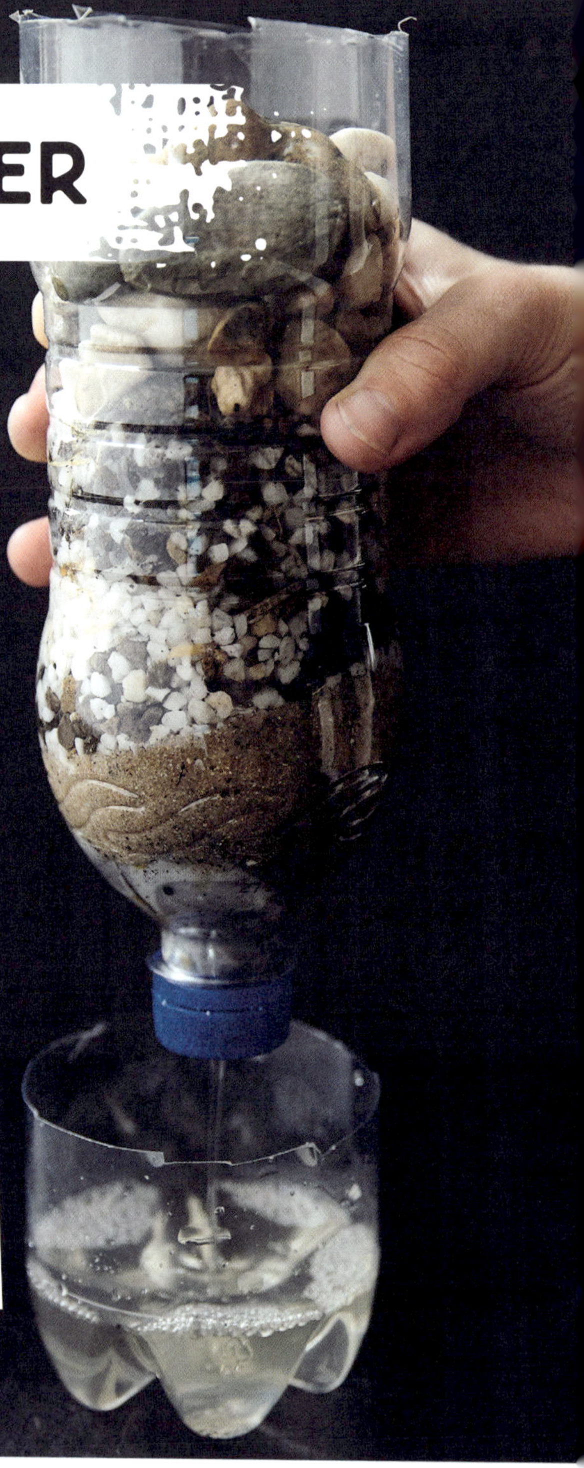

Einen hocheffektiven Wasserfilter kannst du auch aus Naturmaterialien bauen. Schneide den Boden einer PET-Flasche in etwa 5 cm Höhe ab. Dieser dient dir später als Becher zum Einfüllen des Wassers. Stich mit der Messerspitze ein kleines Loch in den festgeschraubten Deckel. Drehe die Flasche auf den Kopf und stopfe ein paar Fetzen Stoff von innen in den Deckel. Fülle nacheinander eine Schicht Aktivkohle, Sand, feinen Kies und zuletzt Steine in die Flasche. Setze die Flasche mit dem Deckel nach unten in ein Glas und schütte vorsichtig Wasser in die Flasche. Dieses läuft durch die einzelnen Schichten und tropfenweise in deinen Trinkbecher.

Aktivkohle hat im Inneren eine so große Oberfläche, dass selbst Bakterien und Feinstaub von ihr absorbiert werden! Du kannst aber auch ausgeglühte Grillkohle verwenden, wenn du die Asche vorher gründlich abpustest.

182

WASSER-DESINFIZIERUNG

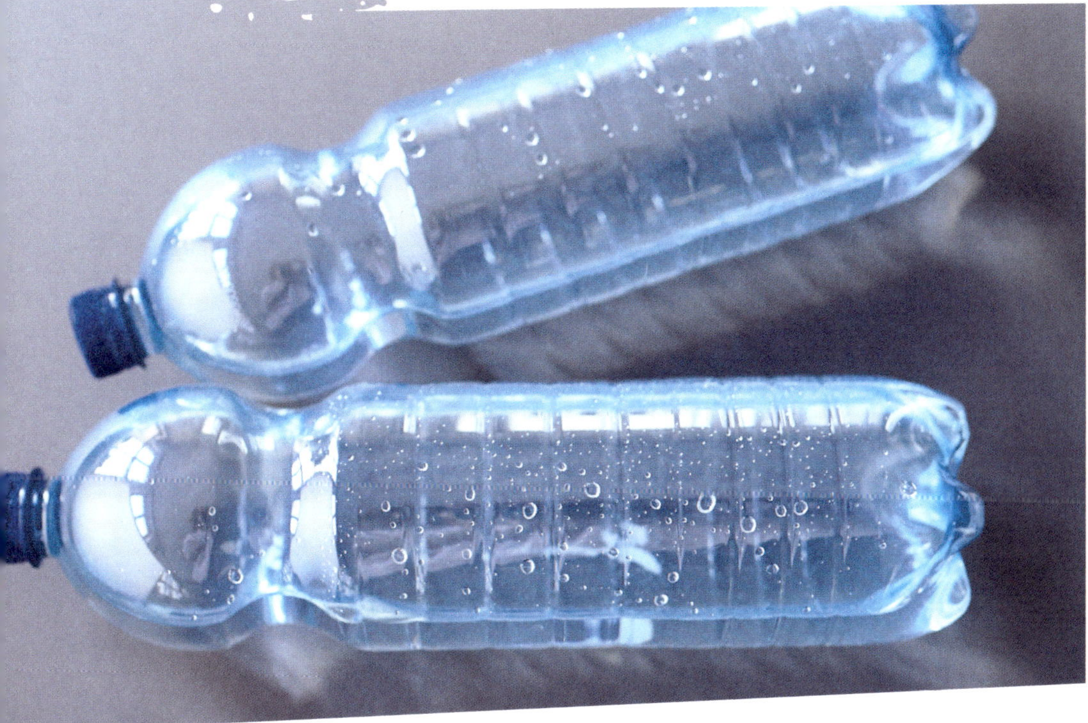

Die SODIS-Methode (Solar Water Disinfection) ist eine von der WHO empfohlene Art der Wasserbehandlung, die auf die desinfizierende Wirkung des UV-A-Lichtes in Verbindung mit Wärme durch die Sonneneinstrahlung setzt. Verunreinigtes Wasser wird in eine PET-Flasche gefüllt, verschlossen und für sechs Stunden waagerecht in die pralle Sonne gelegt (bei bedecktem Himmel zwei Tage!).

Bei zu hoher Trübung des Wassers verringert sich die Wirksamkeit der SODIS-Methode. Dann musst du das Wasser zuvor auf jeden Fall noch filtern.

183 NOT-LICHT

Ein hervorragendes Not-Licht erhältst du, wenn du die Mine eines Permanent-Markers anzündest.

Wenn du die Spitze nicht allzu lange brennen lässt, schreibt der Marker nachher sogar noch.

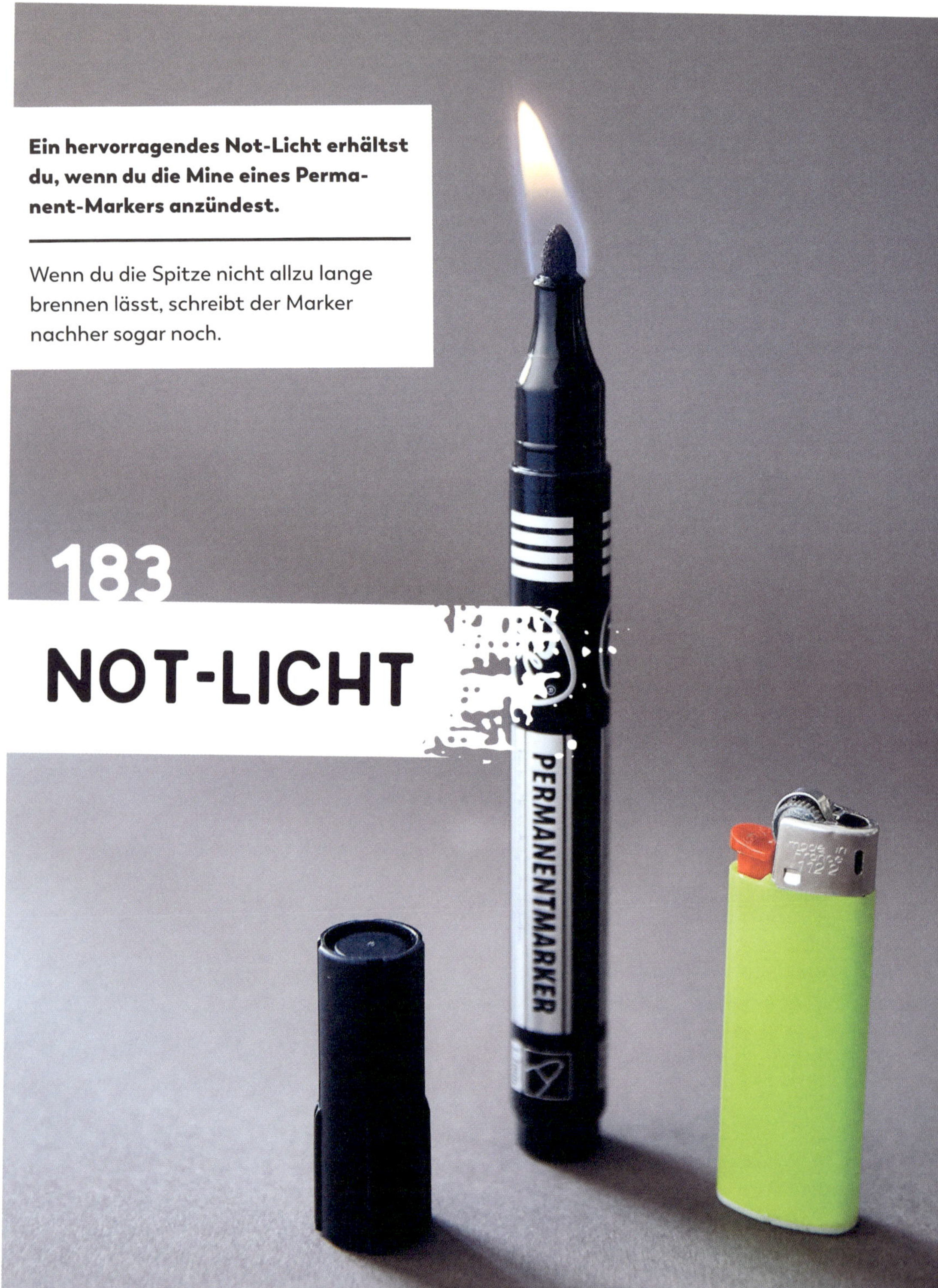

Eine analoge Armbanduhr kannst du als Kompass-Ersatz verwenden. Halte die Uhr waagerecht und richte den kleinen Stundenzeiger auf die Sonne. Die Linie, die den Winkel zwischen Stundenzeiger und der 12 halbiert, zeigt Richtung Süden. Vormittags musst du im und nachmittags gegen den Uhrzeigersinn messen. Wenn deine Uhr auf Sommerzeit eingestellt ist, benutze anstatt der 12 die 1 auf deiner Armbanduhr. Diese Methode funktioniert auf der gesamten Nordhalbkugel.

Auf Seite 236 erfährst du, wie du eine Pfützen-Kompass baust.

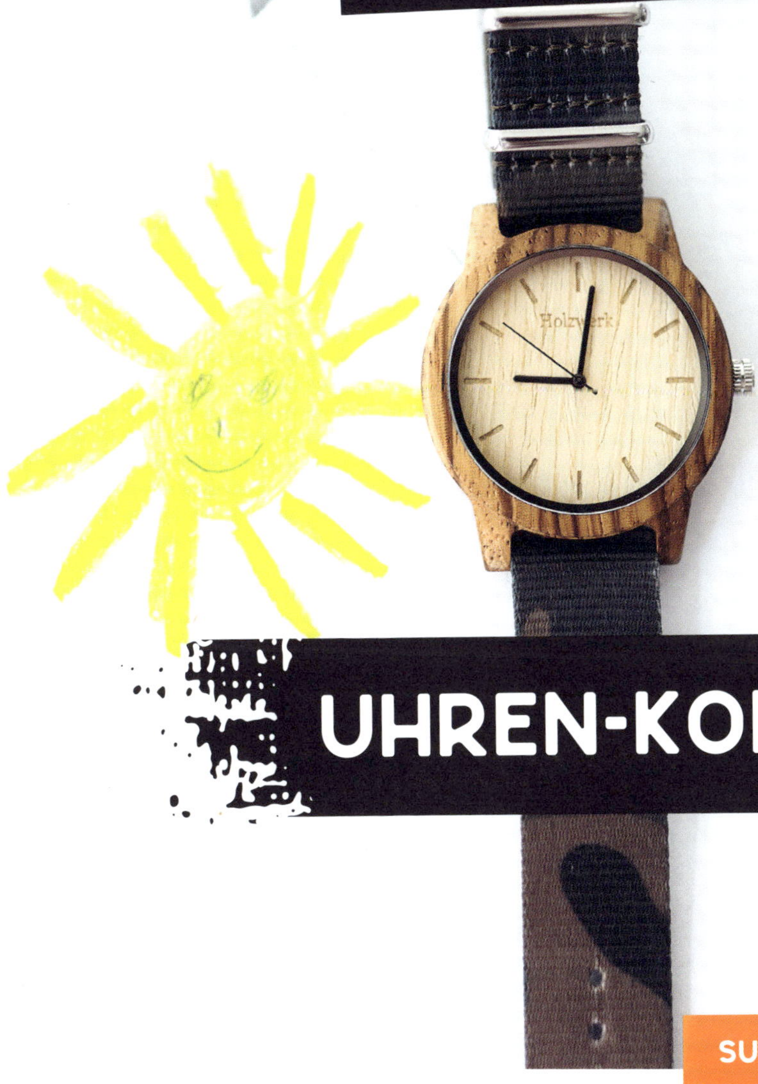

184 UHREN-KOMPASS

185

DREIBEINIGER STUHL

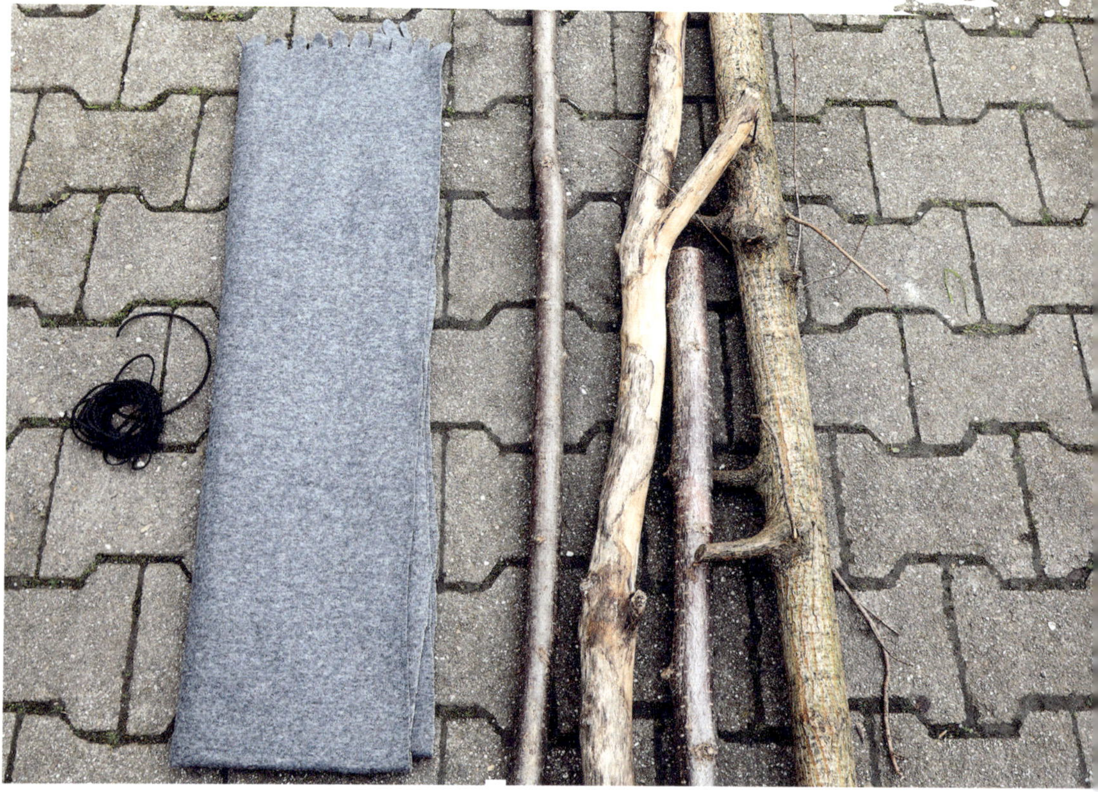

1 **Du brauchst drei lange, stabile Äste, die du an einem Ende mit einer Schnur zusammenbindest.**

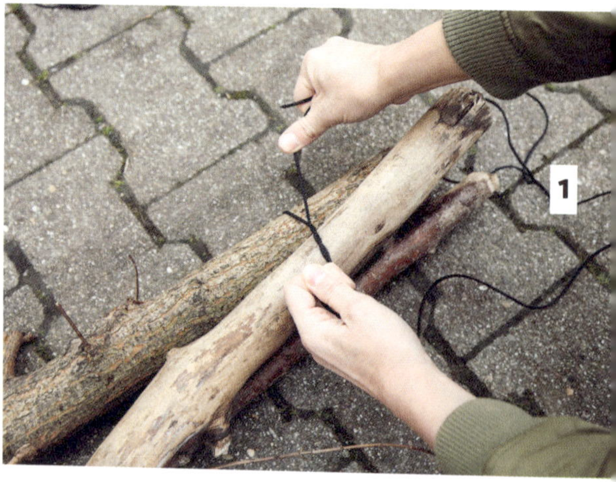

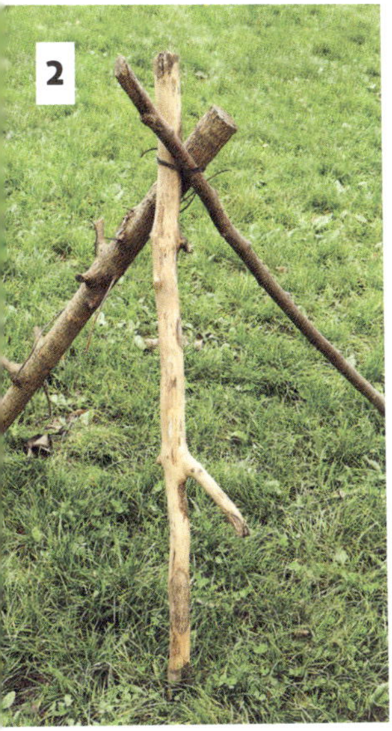

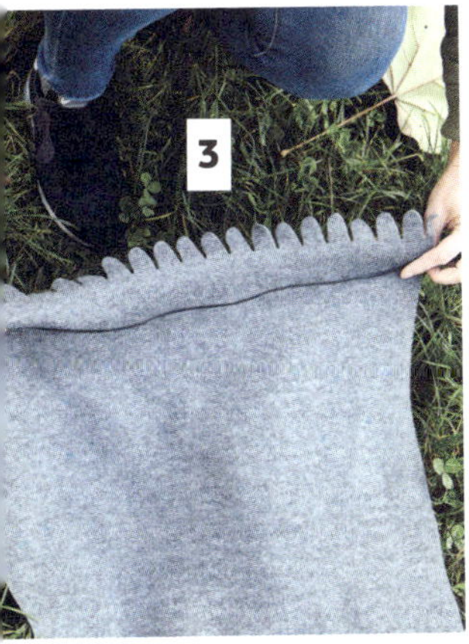

2 **Stelle die Äste zu einem Dreibein auf.**

3 **Dann nimmst du ein Stück Schnur und wickelst ein langes Stück Stoff (ein langes Handtuch, oder auch ein seitlich aufgeschnittenes T-Shirt) zweimal um die Schnur.**

4 **Befestige sie an der Stelle, wo du die drei Äste zusammengebunden hast.**

5 **Du brauchst noch einen weiteren Ast oder Stock, der etwas länger sein sollte, als dein Dreibein unten auseinander steht. Diesen Stock legst du nun auf das untere Ende deines Stoffstücks und wickelst es damit auf.**

6 **Mit Schnüren befestigst du zuletzt diesen Stock rechts und links an den beiden Dreibein-Pfosten.**

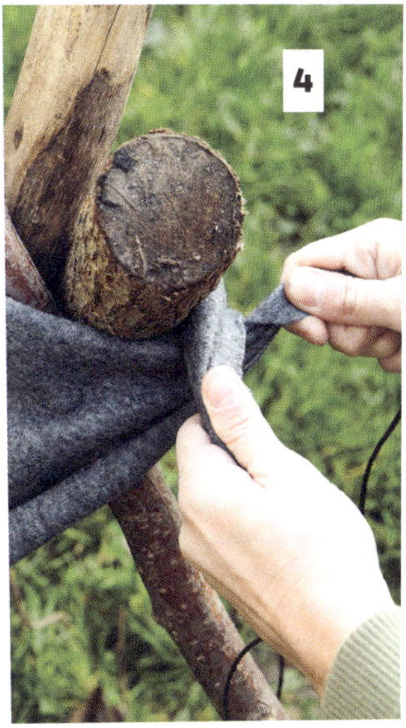

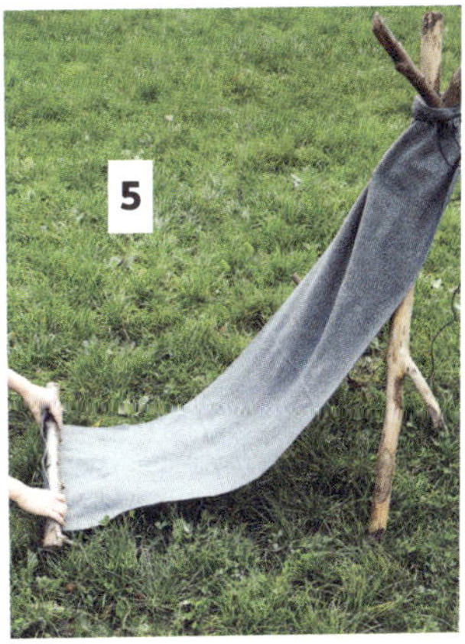

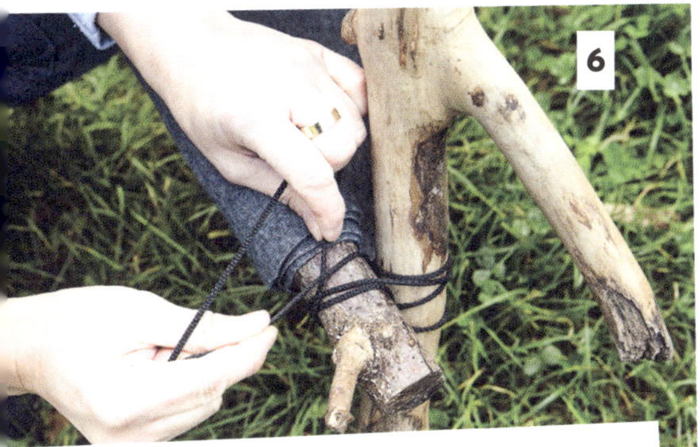

Es geht vor allem darum, nicht direkt auf der feuchten Erde zu sitzen. Theoretisch reicht es auch, wenn du ein Dreibein mit einem Querbalken unten baust und dich daraufsetzt.

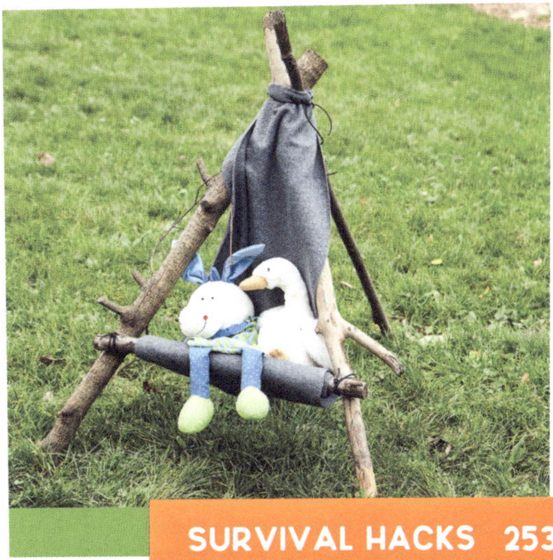

186

BRAND-BESCHLEUNIGER

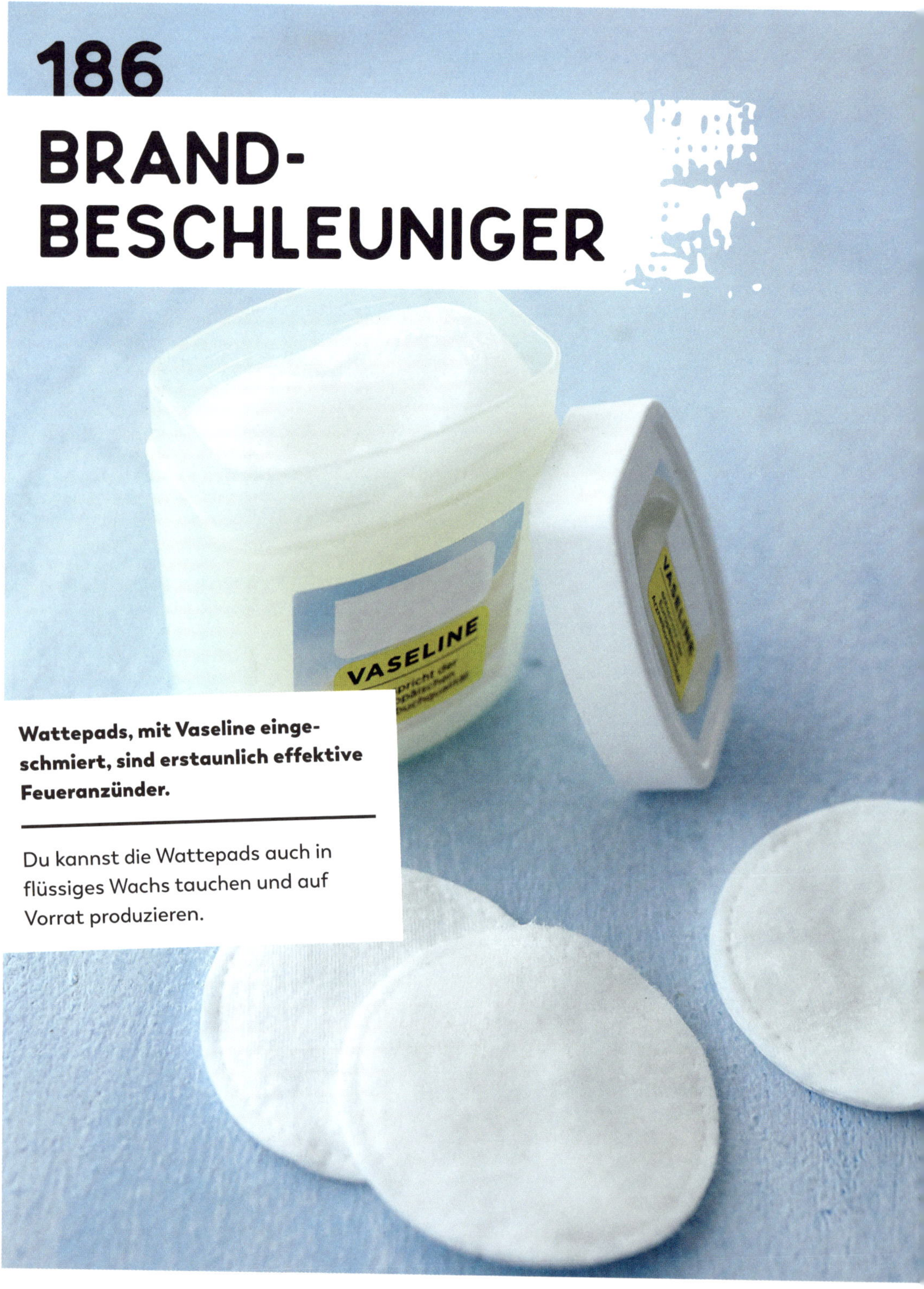

Wattepads, mit Vaseline eingeschmiert, sind erstaunlich effektive Feueranzünder.

Du kannst die Wattepads auch in flüssiges Wachs tauchen und auf Vorrat produzieren.

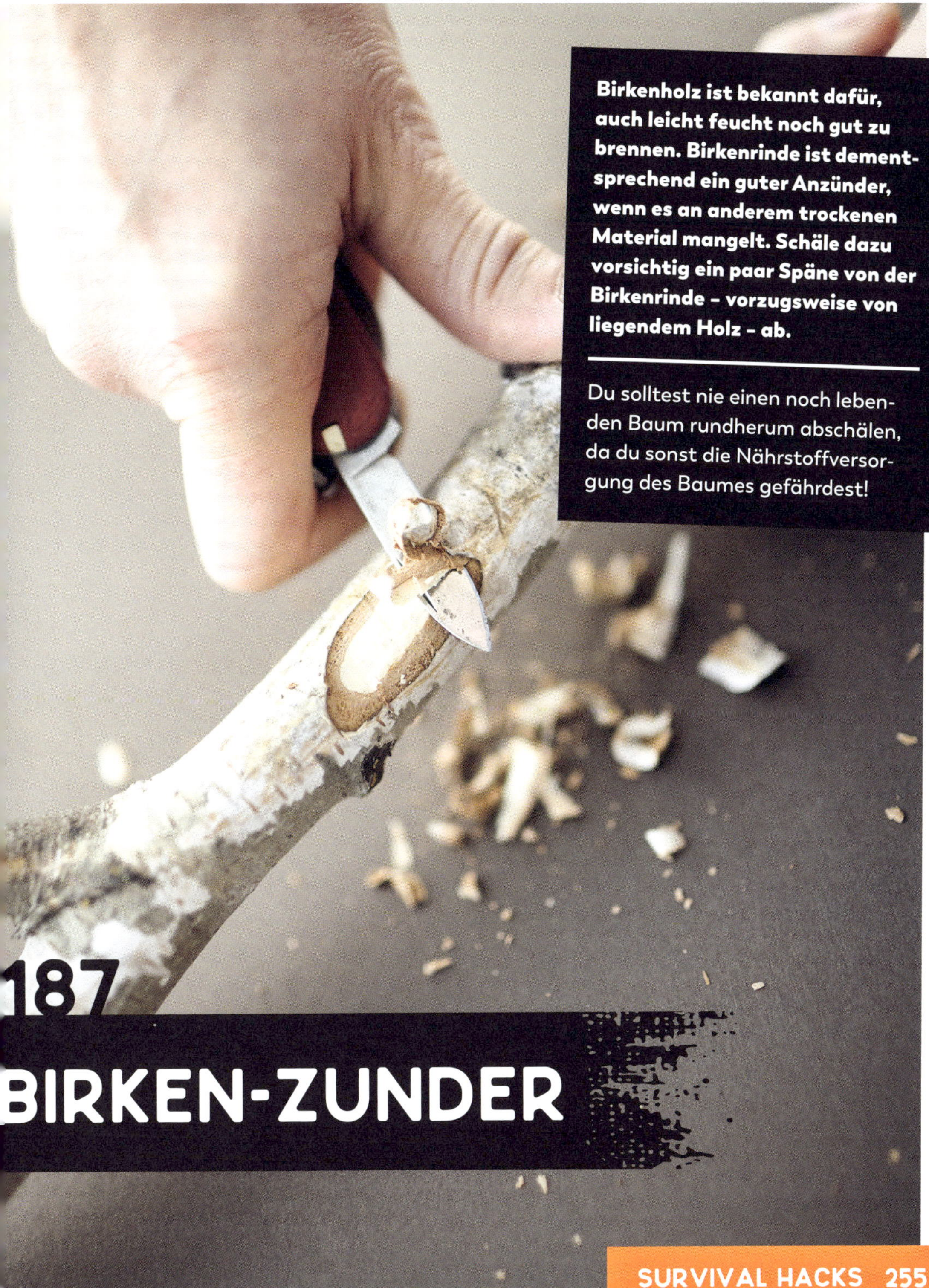

Birkenholz ist bekannt dafür, auch leicht feucht noch gut zu brennen. Birkenrinde ist dementsprechend ein guter Anzünder, wenn es an anderem trockenen Material mangelt. Schäle dazu vorsichtig ein paar Späne von der Birkenrinde – vorzugsweise von liegendem Holz – ab.

Du solltest nie einen noch lebenden Baum rundherum abschälen, da du sonst die Nährstoffversorgung des Baumes gefährdest!

187

BIRKEN-ZUNDER

188

HENKEL-BECHER

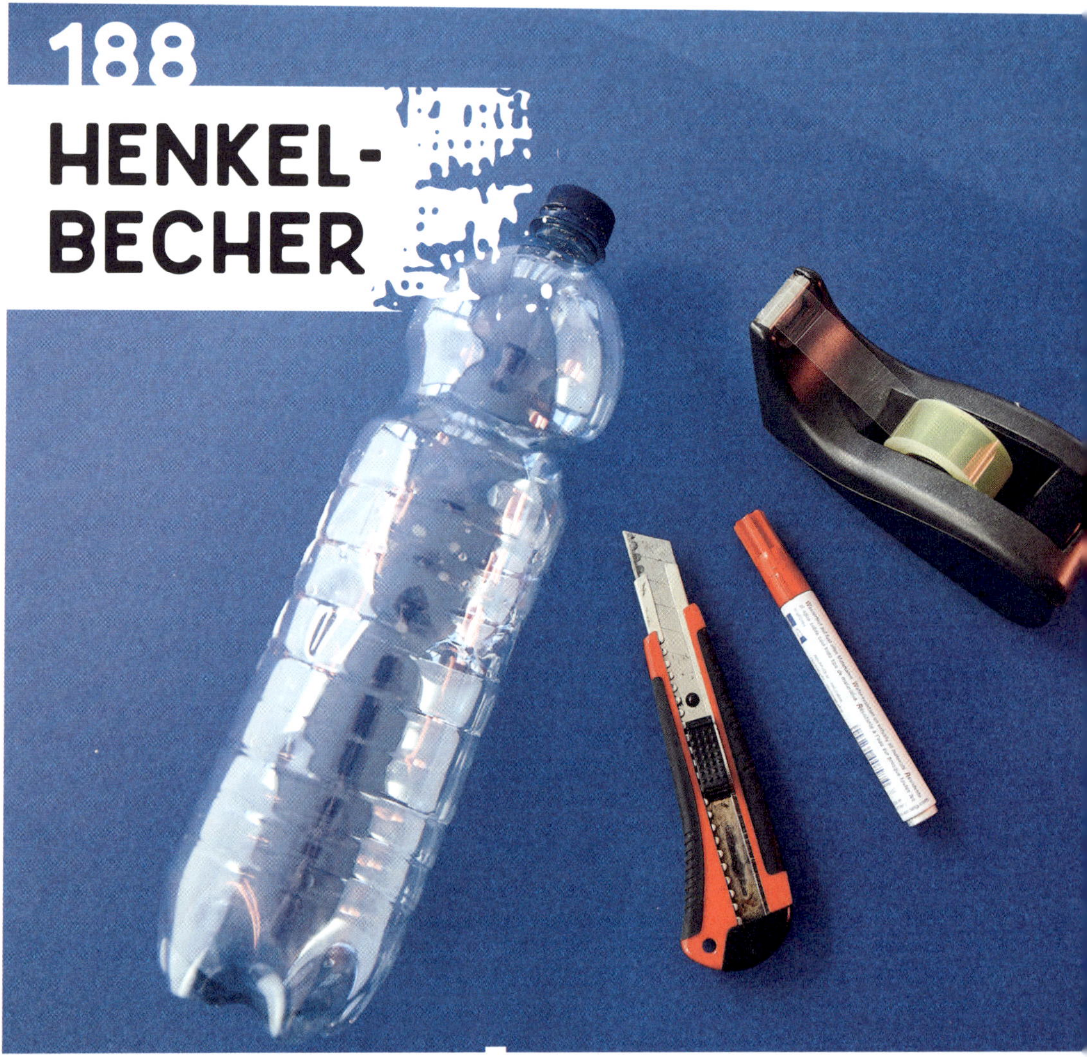

1 **Zeichne an eine Plastikflasche oben und unten horizontale Linien, die durch einen Steg verbunden sind.**

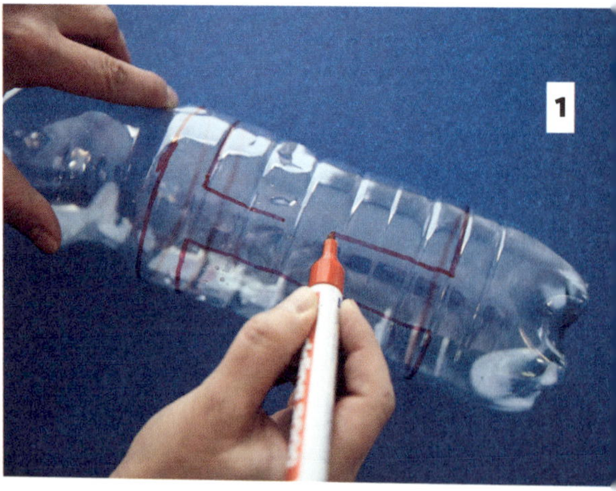

1

2 Schneide sie so auf, dass unten ein Becher entsteht und oben ein Ring. Diese beiden Teile sind durch einen etwa 2 cm breiten Steg miteinander verbunden.

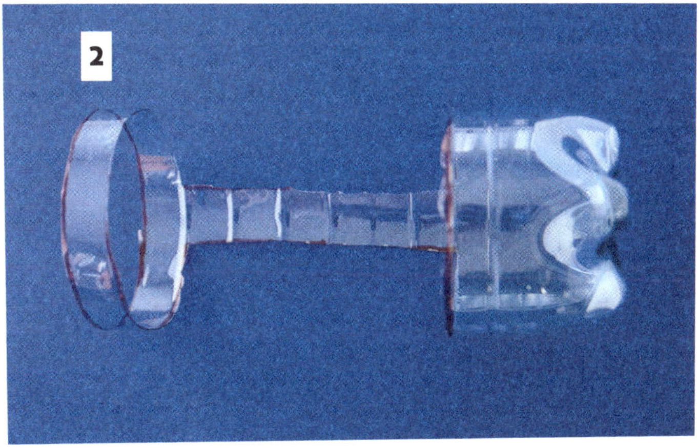

2

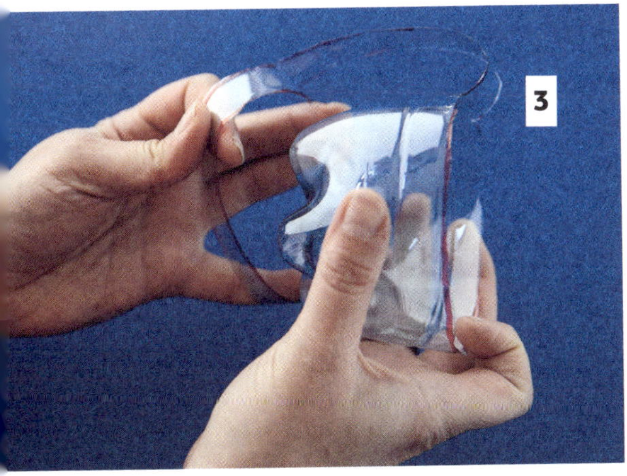

3

3 Klappe den Ring nach unten und stecke den Becher hinein.

4 Der Steg wird zum Griff und du hast einen improvisierten Henkel-Becher!

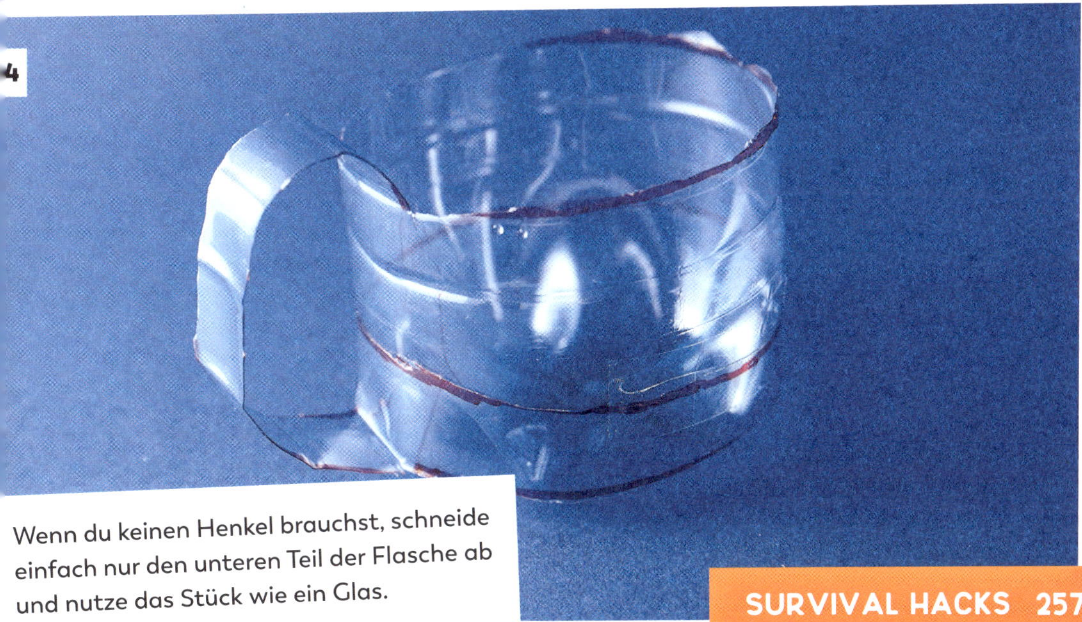

4

Wenn du keinen Henkel brauchst, schneide einfach nur den unteren Teil der Flasche ab und nutze das Stück wie ein Glas.

189 ELEKTRISCHE ZÜNDUNG

Schraube einen Kugelschreiber auf und hole die Feder heraus. Stecke ein Streichholz mit dem Zündkopf mittig in die Windung. Halte die Feder an beide Pole einer Blockbatterie und das Streichholz wird sich in wenigen Sekunden entzünden! Die Batterie wird durch den Kurzschluss ziemlich heiß – zu oft hintereinander solltest du das also nicht machen!

Anstatt einer Kugelschreiberfeder kannst du auch eine Bleistiftmine nehmen.

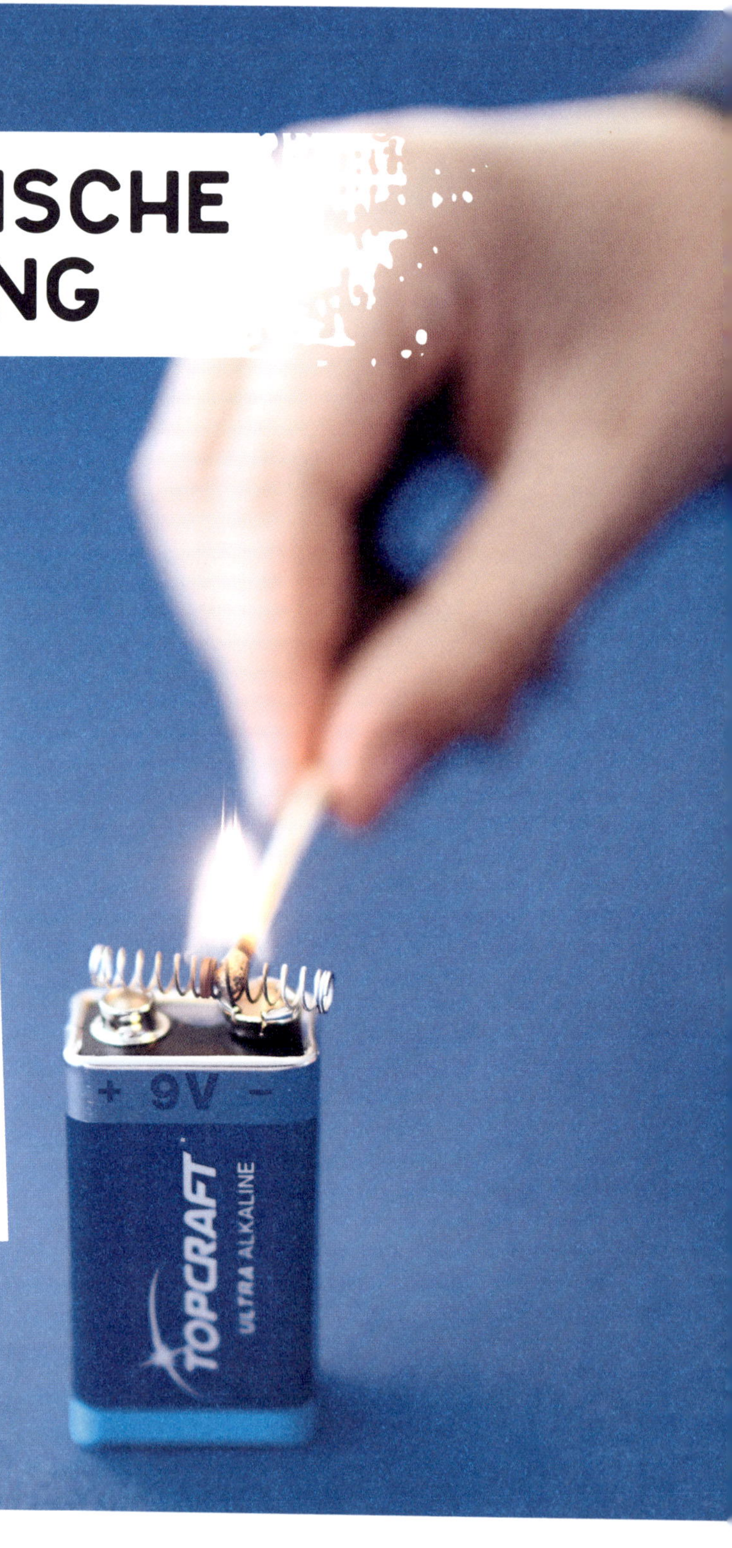

Regenwasser kannst du mit einem Tampon filtern. Fülle dazu eine Flasche bis oben hin voll mit Wasser. Packe einen Tampon aus und stecke ihn so in den Flaschenhals, dass er mit der Oberkante der Flasche abschließt. Sobald der Tampon aufgequollen ist, kannst du die Flasche vorsichtig auf den Kopf stellen und über ein Gefäß halten. Das Wasser wird nur langsam durch den Tampon hindurchfließen, aber zuverlässig grobe Verschmutzungen entfernen. Vor dem Trinken solltest du das Wasser auf jeden Fall noch abkochen!

Wenn du ein kleines Loch in den Boden der Flasche stichst, läuft das Wasser etwas schneller durch.

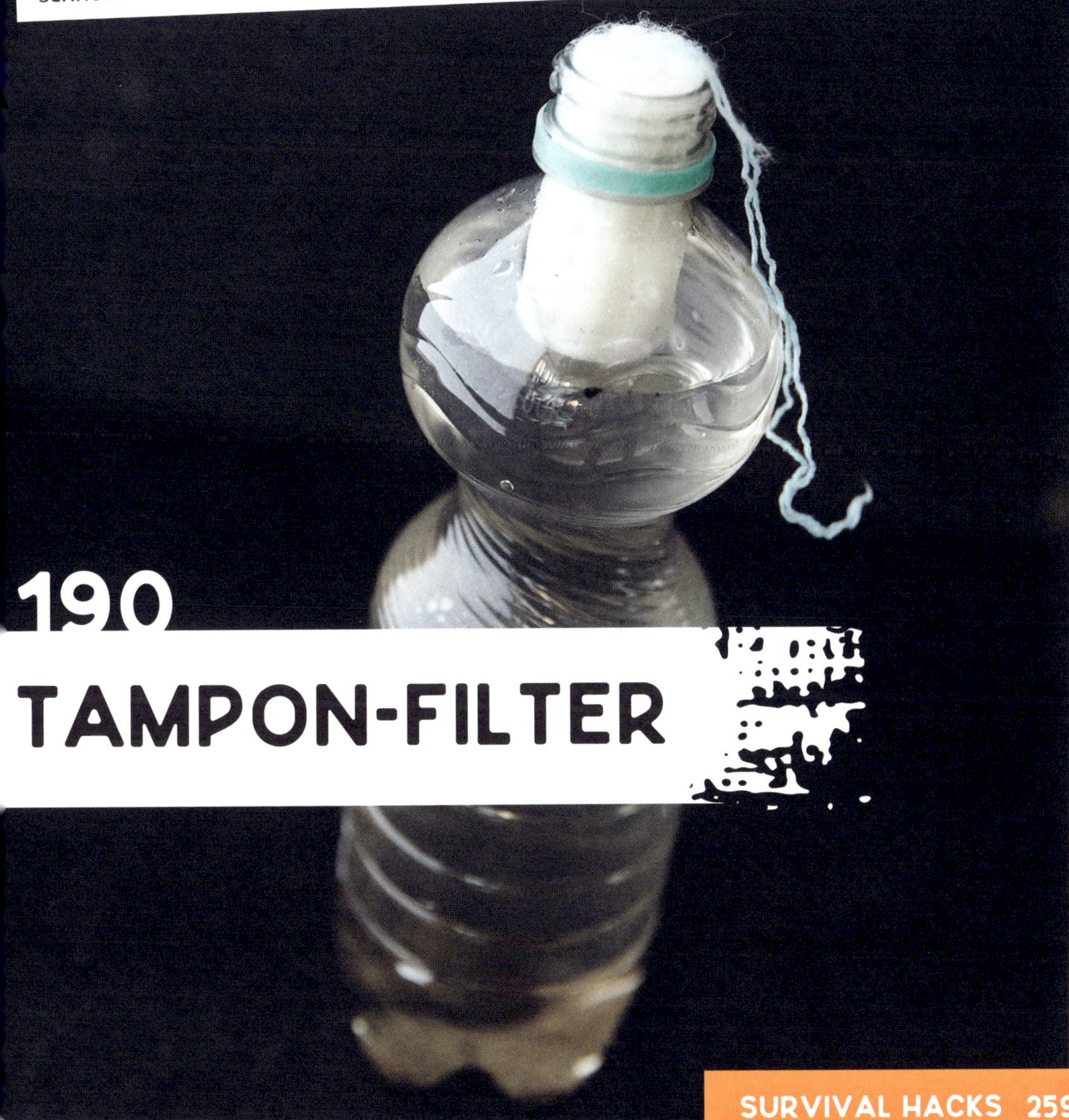

190 TAMPON-FILTER

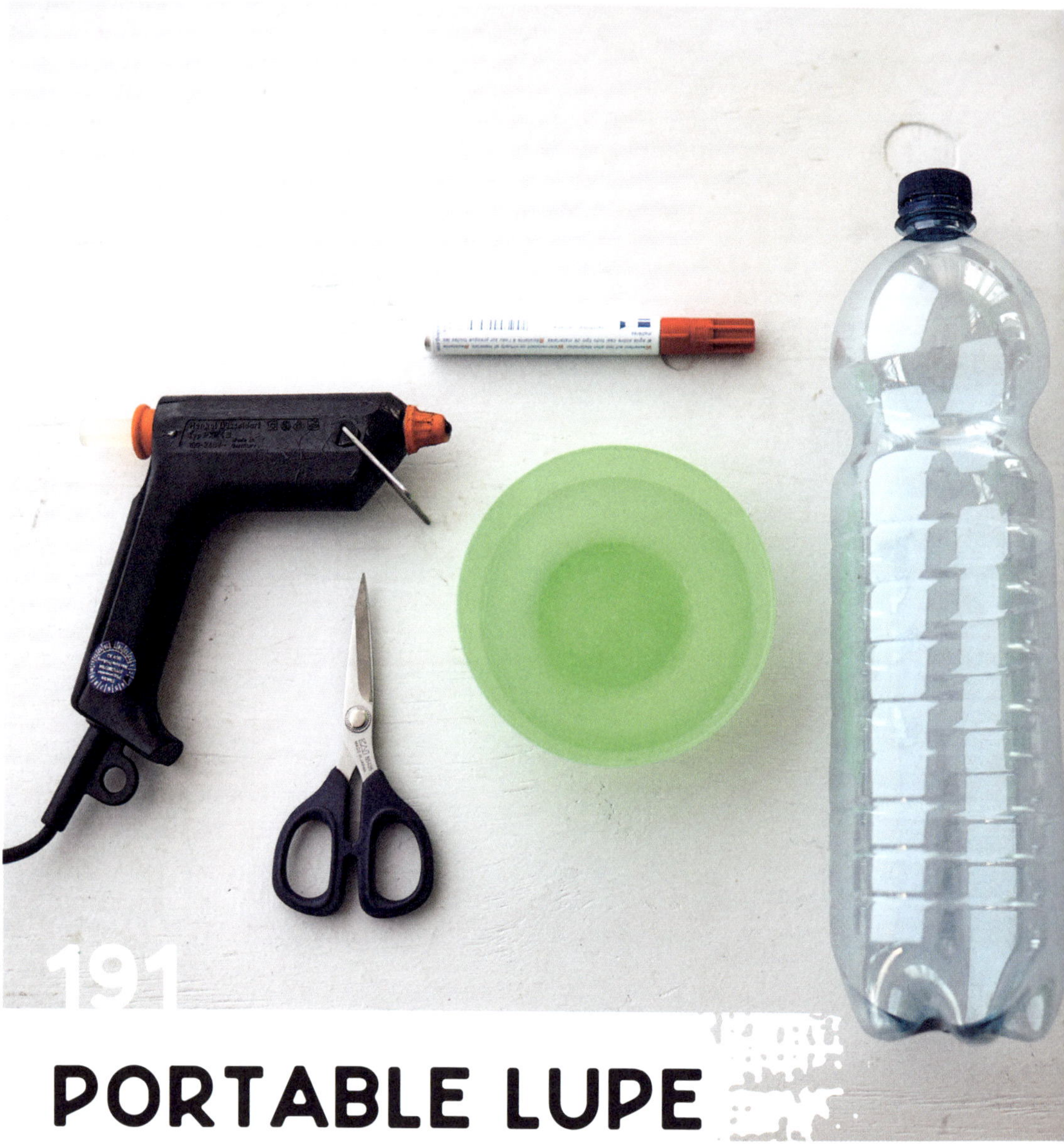

191

PORTABLE LUPE

Eine Lupe ist nicht nur praktisch, sondern man kann im Notfall das Sonnenlicht damit bündeln und ein Feuer entfachen. Wenn du keine Lupe hast – bastle dir eine!

Wenn du eine alte Brille hast, kannst du auch die Brillengläser aus der Fassung nehmen und diese zusammenkleben.

1 **Drehe den Deckel von einer Plastikflasche ab und zeichne dir dessen Umrisse zweimal auf die gewölbte Oberseite der Flasche an.**

2 **Schneide diese Kreise aus.**

3 **Klebe sie jeweils mit der Wölbung nach außen aneinander, sodass eine Linse entsteht. Du kannst zum Kleben Heißkleber nehmen, oder du erhitzt ein Stück Metall und schmilzt die beiden Plastikteile aneinander.**

4 **Schließe die Naht allerdings nicht komplett, sondern lass etwa 5 mm frei.**

5 **Nun tauchst du die Linse in Wasser und lässt sie volllaufen.**

6 **Erst danach schließt du die restliche Klebenaht und kannst deine Lupe benutzen.**

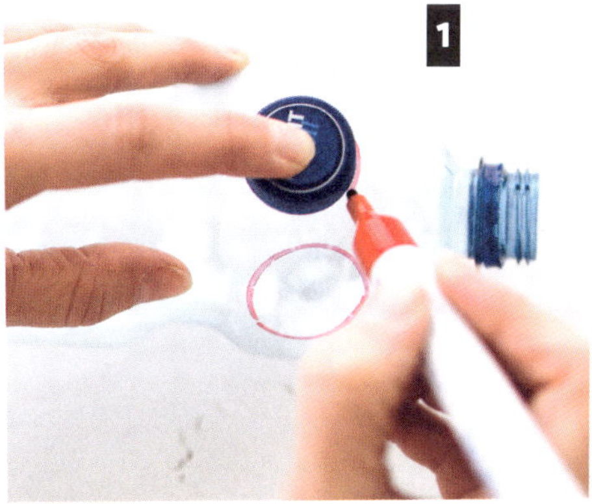

1

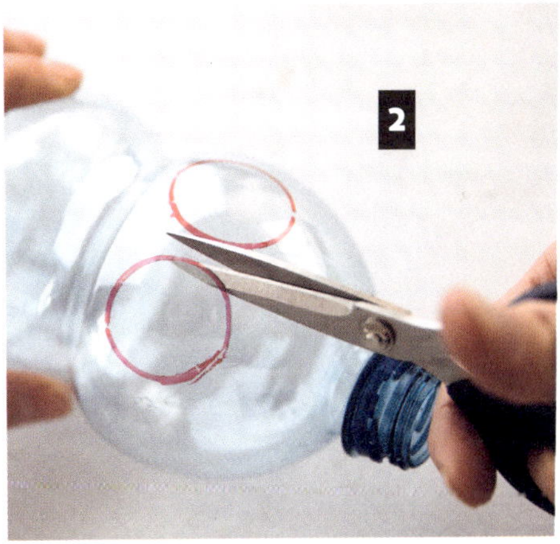

2

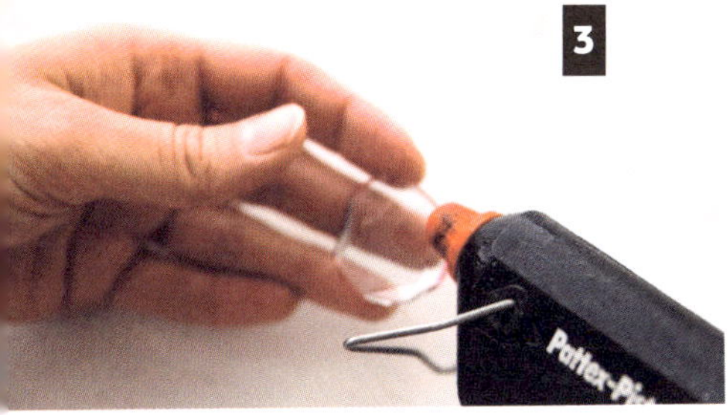

3

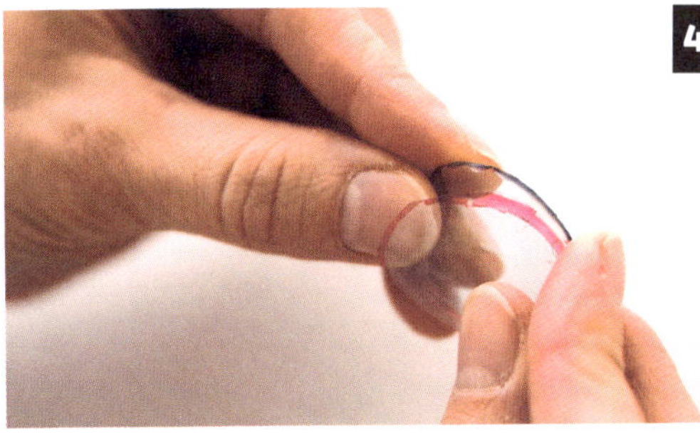

4

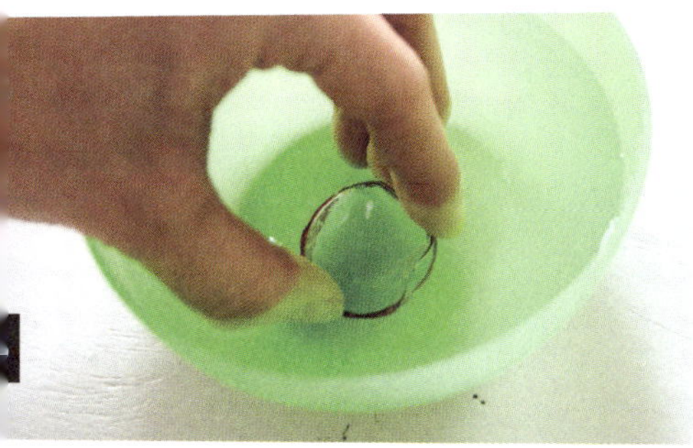

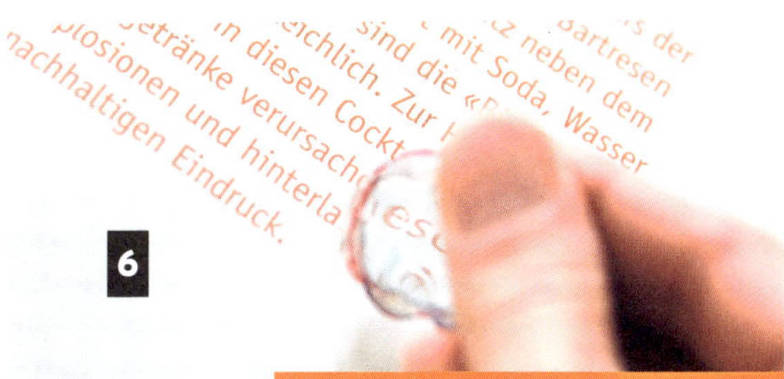

6

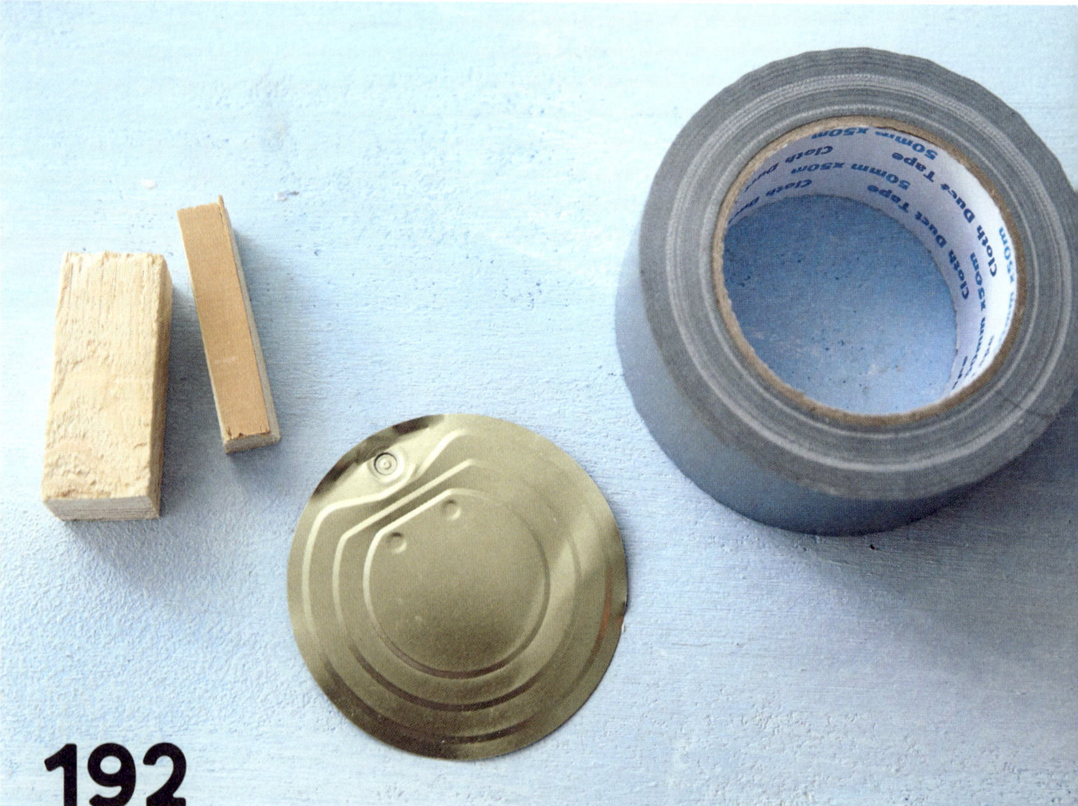

192 MESSERSCHARFER DECKEL

Bestimmt hast du dich auch schon einmal an dem Deckel einer Konservendose geschnitten. Scharfkantig ist er also – nur schlecht zu handhaben.

---

1 Biege das hintere Drittel des Dosendeckels im 90°-Winkel um.

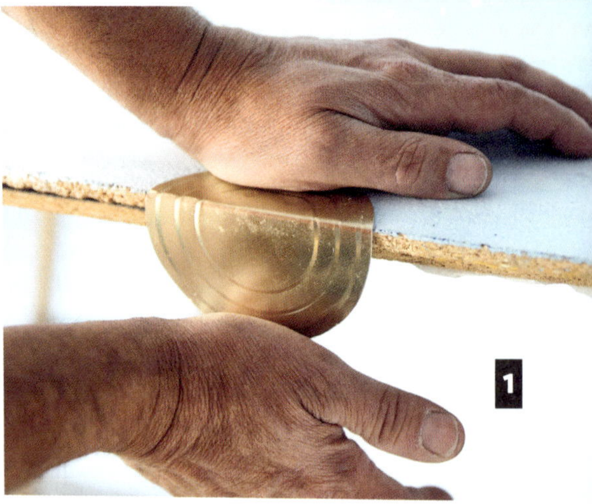

1

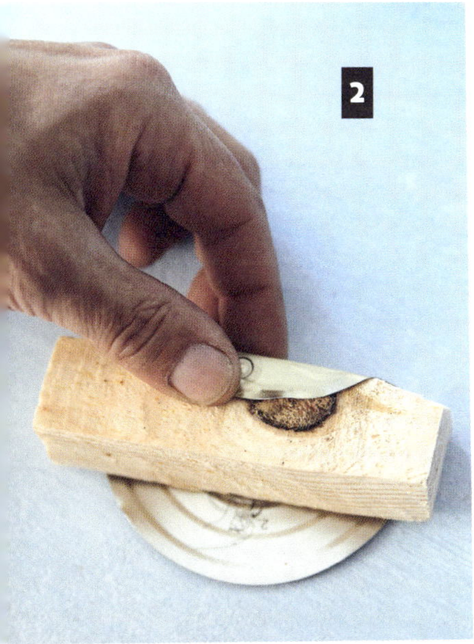

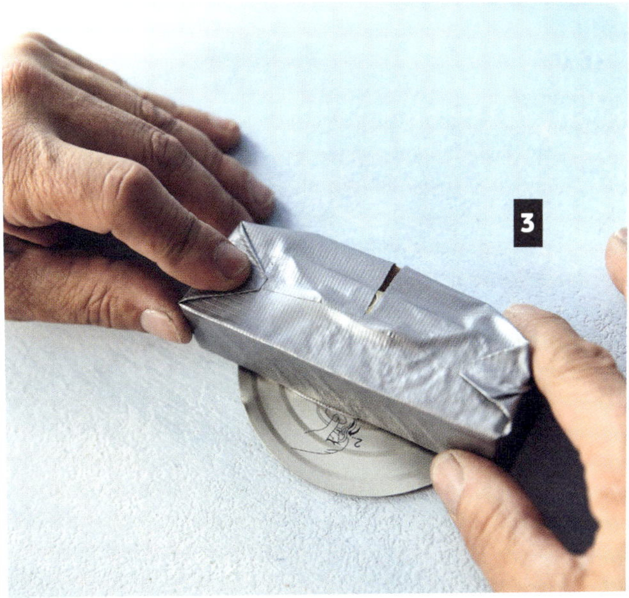

2 **Klemme ihn zwischen zwei Holzstücken ein.**

3 **Umwickele das Ganze mit Panzerband.**

4 **Schon hast du ein funktionierendes Survival-Messer mit Griff.**

Dieses Messer erinnert stark an das halbrunde Ulu-Messer, mit denen Eskimos traditionell Fische filetieren und ihre Jagdbeute häuten und ausnehmen.

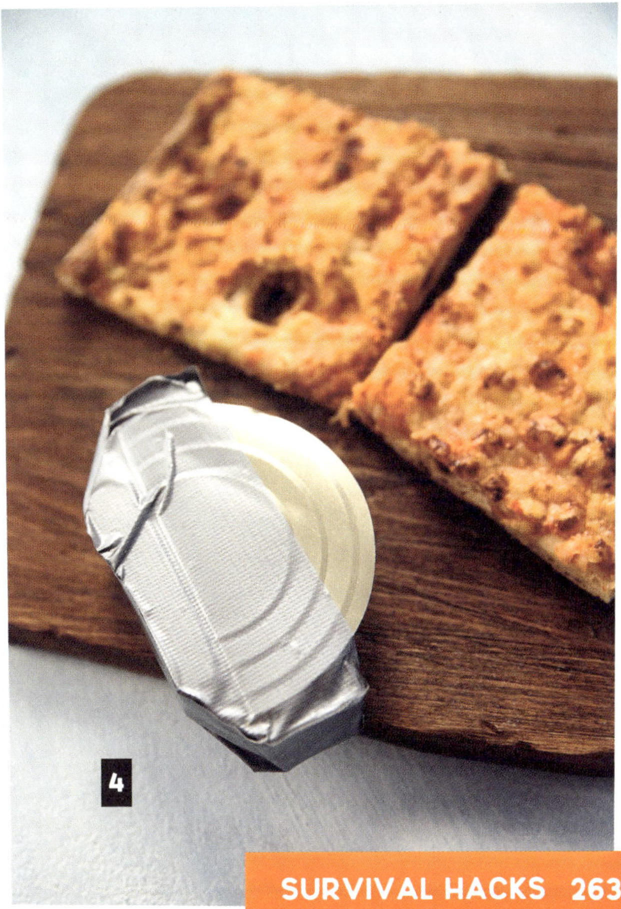

193

TIEFGRABUNG

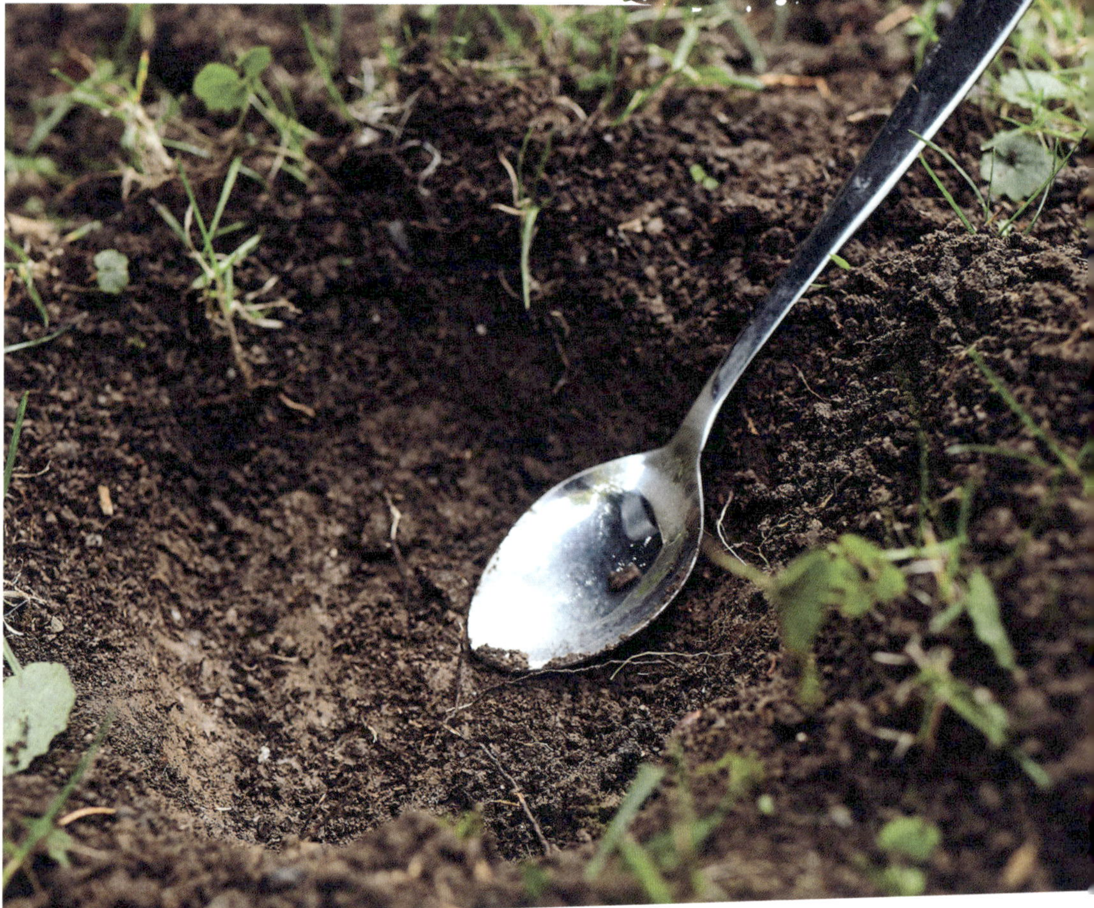

Deine Notdurft solltest du immer vergraben, um der Verbreitung von Krankheiten vorzubeugen! Hast du keine Schaufel zur Hand, kannst du auch einen Löffel nehmen oder im Zweifelsfall sogar mit einem Ast ein Loch buddeln.

Achte darauf, dein Geschäft nicht in direkter Nähe zu Gewässern zu erledigen. Als Faustregel gilt: Mindestens 200 Schritte vom Wasser und vom nächsten Weg entfernt!

194

DRUCK GEGEN SCHMERZ

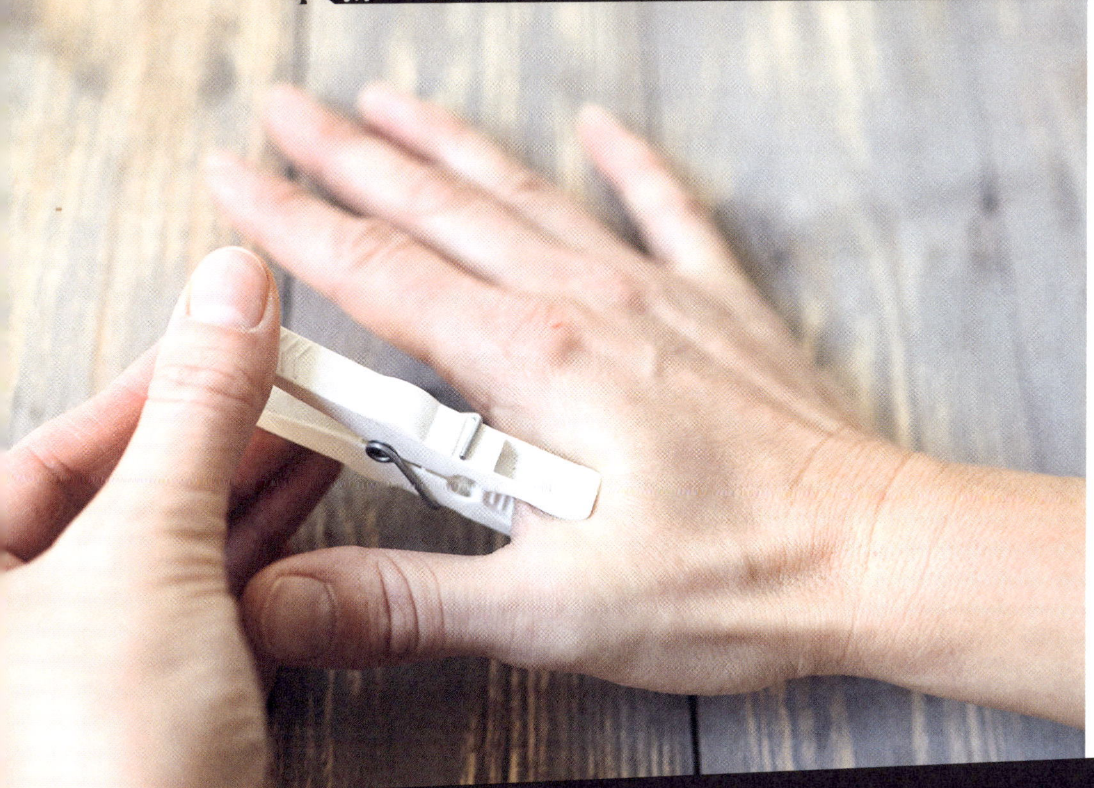

Kopfschmerzen und fernab jeder Apotheke? Klemme dir eine Wäscheklammer genau zwischen Zeigefinger und Daumen. Oder halte diese Stelle mit den Fingern der anderen Hand für etwa 2 bis 5 Minuten gedrückt.

Wenn du gut auf die Akupressur-Therapie ansprichst, lohnt es sich, sich damit näher zu beschäftigen und sich die wichtigsten Punkte für den Notfall zu merken.

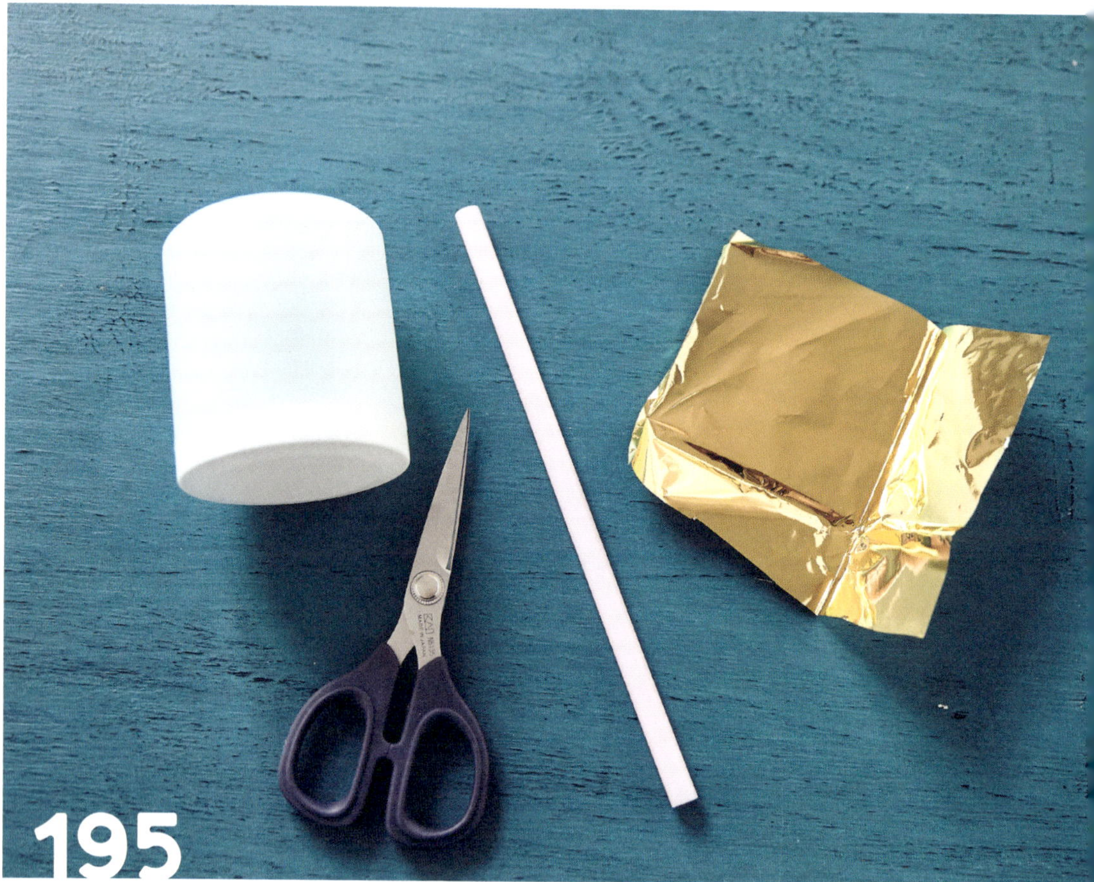

195

SPIEGLEIN, SPIEGLEIN

Hier werden Sonnenstrahlen auf einen Punkt gebündelt und dadurch Feuer entfacht:

1 **Du brauchst einen Plastikbehälter mit Deckel. Von diesem Deckel schneidest du die Mitte aus, sodass lediglich der Rand übrig bleibt.**

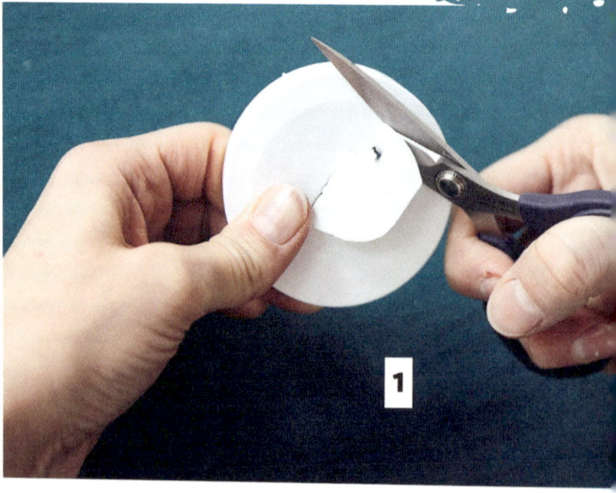

1

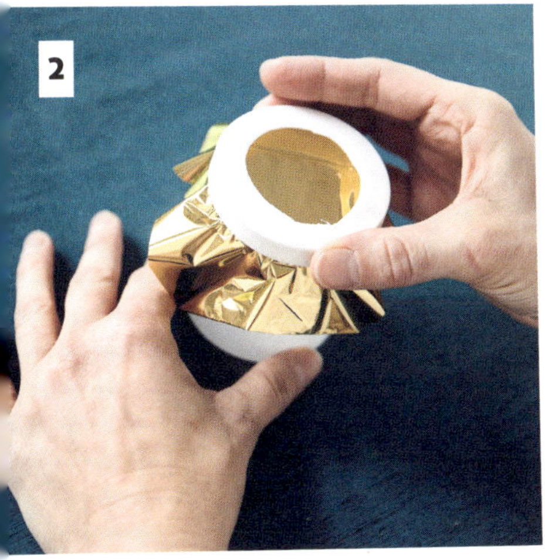

2 Lege ein Stück von einer Rettungsfolie locker auf den geöffneten Behälter und schraube oder drücke den Deckelrand wieder auf. Dieser fixiert nun die Folie und schließt den Behälter luftdicht ab.

3 Stich in die Seite des Plastikbehälters vorsichtig ein Loch oder brenne eines mit einem Streichholz hinein.

In dieses Loch steckst du die Röhre eines Kugelschreibers oder einen Strohhalm. Dichte die Stelle eventuell mit Kleber oder Panzerband ab.

Wenn du jetzt an dem Röhrchen saugst, ziehst du durch den Unterdruck im Gefäß die Folie nach innen und es entsteht eine Art Parabol-Spiegel, der Sonnenstrahlen bündeln und damit ein Feuer entfachen kann, wenn du sie auf geeigneten Zunder lenkst.

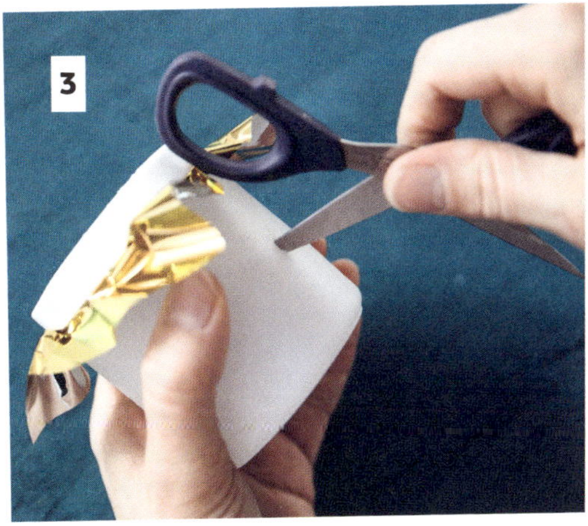

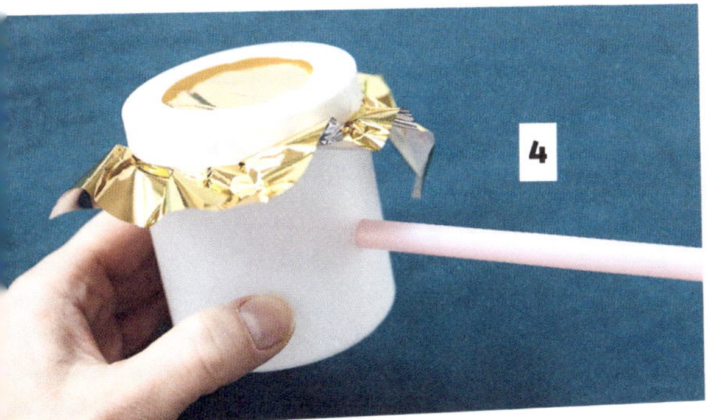

Der Brennpunkt dieses Spiegels liegt nur ein kleines Stück vor dem Gefäß, sodass du deinen Zunder (z. B. der fedrige Samenstand von Löwenzahn, Pappel o.ä.) mit einer Hand davor halten musst.

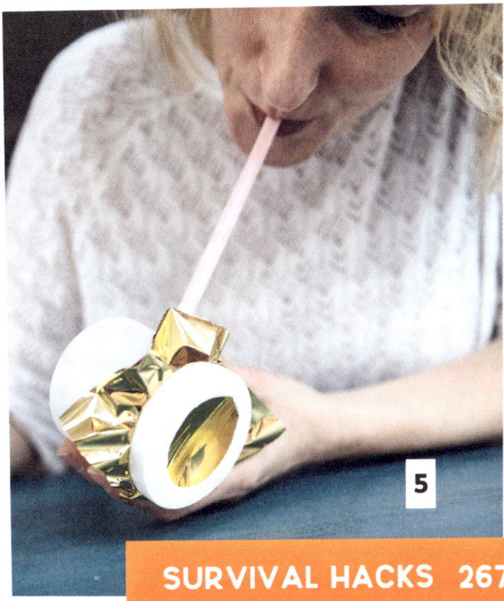

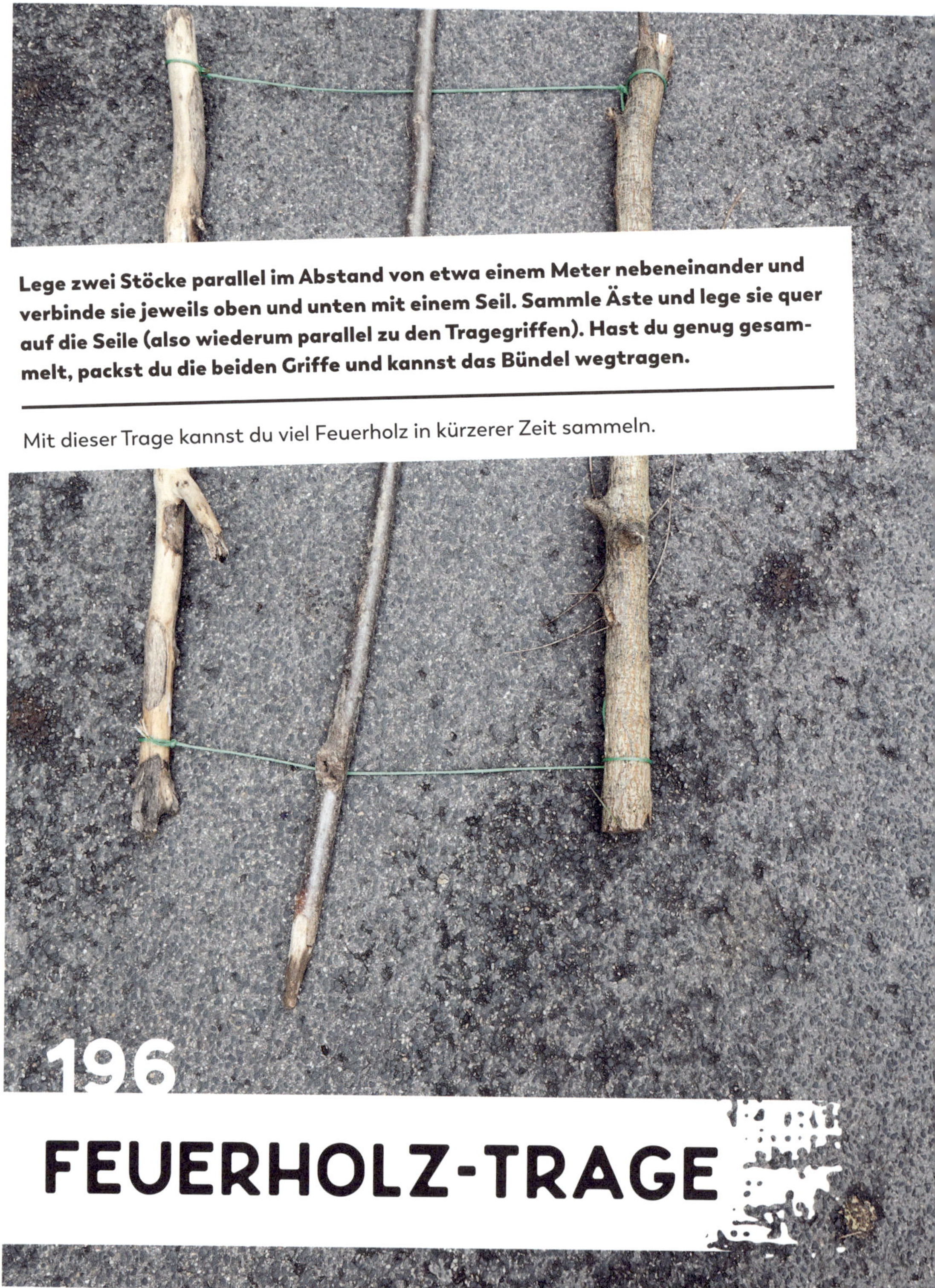

Lege zwei Stöcke parallel im Abstand von etwa einem Meter nebeneinander und verbinde sie jeweils oben und unten mit einem Seil. Sammle Äste und lege sie quer auf die Seile (also wiederum parallel zu den Tragegriffen). Hast du genug gesammelt, packst du die beiden Griffe und kannst das Bündel wegtragen.

Mit dieser Trage kannst du viel Feuerholz in kürzerer Zeit sammeln.

196

FEUERHOLZ-TRAGE

197 NATUR-SEIL

Ein sehr robustes Seil lässt sich aus Zaunwinde herstellen. Diese Pflanze wächst fast überall und ist an sich schon sehr reißfest. Wenn du aber mehrere Stränge nimmst und ineinander flechtest, erhöhst du die Reißfestigkeit immens.

Auch aus anderen Pflanzen bzw. Pflanzenfasern wie Brennnessel kannst du Seile herstellen, allerdings ist die Gewinnung der Fasern recht aufwändig.

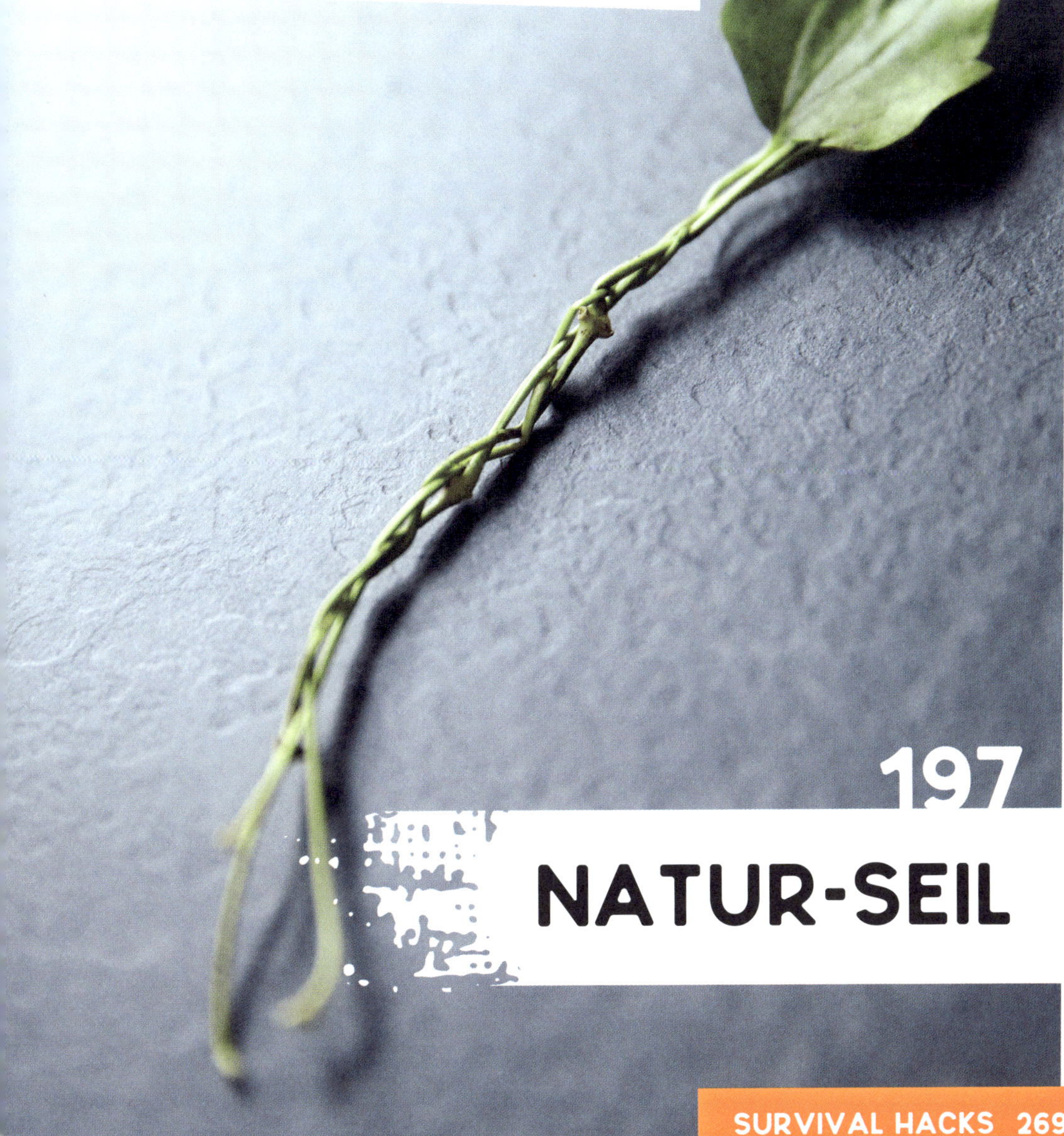

198

STREICHHOLZ-SAFE

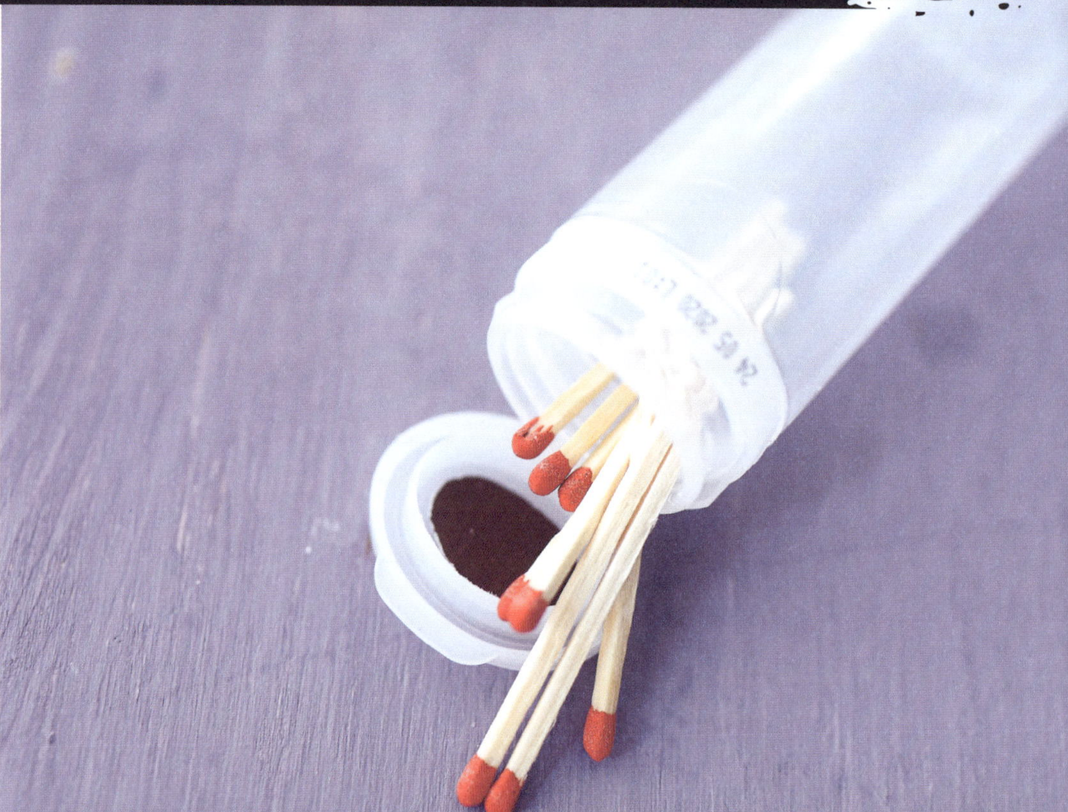

Eine feuchte Reibefläche einer normalen Streichholzschachtel entzündet kein Streichholz, deshalb solltest du deine Streichhölzer samt Reibefläche immer wasserdicht verpacken. Fülle die Streichhölzer in einen leeren Behälter, z. B. ein Marmeladenglas oder eine leere Medikamentendose. Schneide von der Streichholzschachtel die Reibefläche ab und klebe sie von innen in den Deckel der Dose bzw. des Glases.

Wenn du dir sogenannte Überall-Zündhölzer anschaffst, kannst du diese an jeder rauen Oberfläche oder an anderen Streichhölzern entzünden.

199 TEELICHT-OFEN

Lege drei Ziegelsteine locker im Kreis und stelle einen Tontopf umgekehrt darauf. Zünde ein oder mehrere Teelichte an und stelle sie darunter. Der Tontopf speichert die Wärme und gibt sie langsam und großflächig an die Umgebung ab.

Hast du drei verschieden große Tontöpfe, stecke sie ineinander und schraube sie zusammen. Dieses Konstrukt speichert noch mehr Wärme!

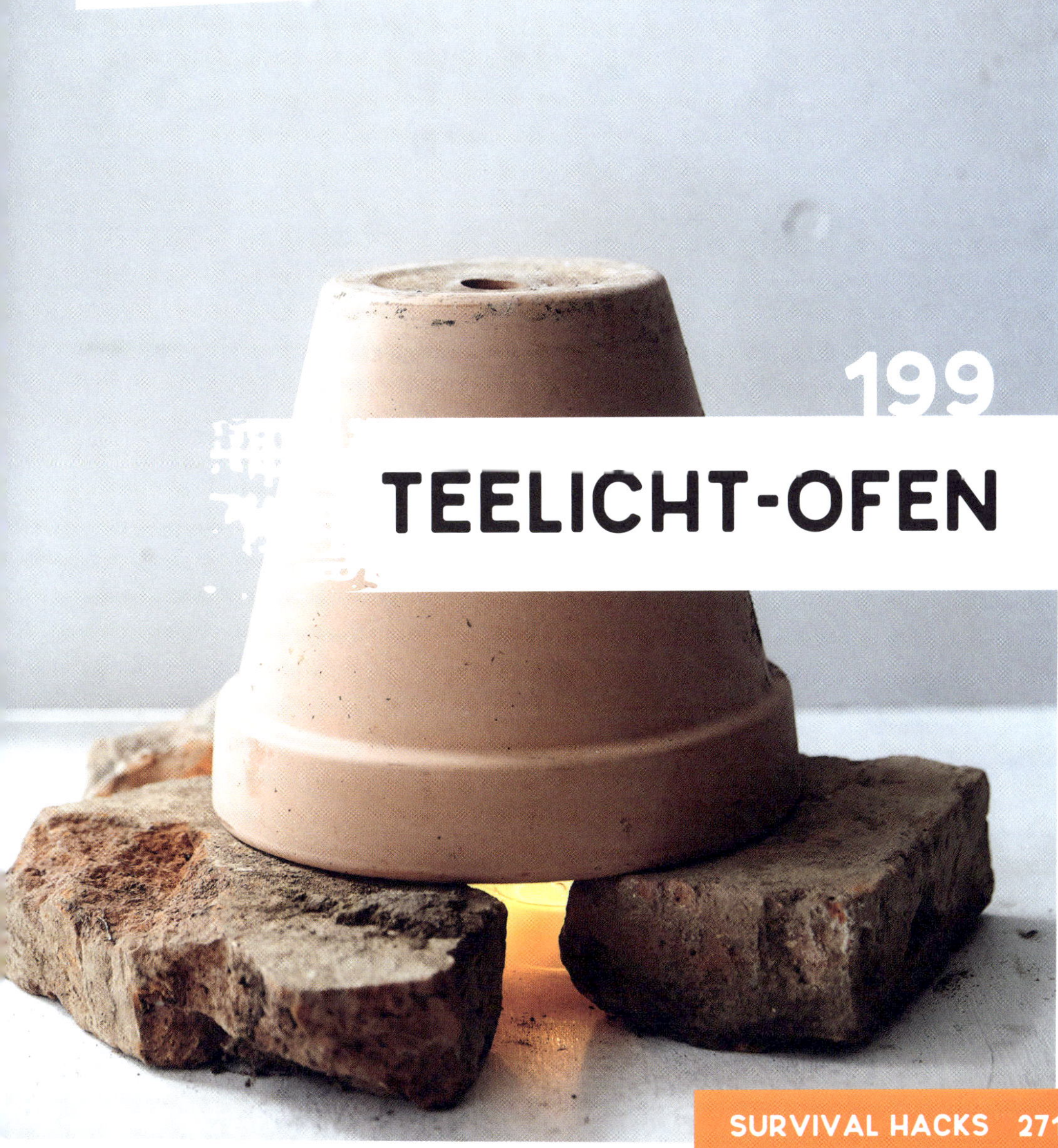

200

ZELT-HEIZUNG

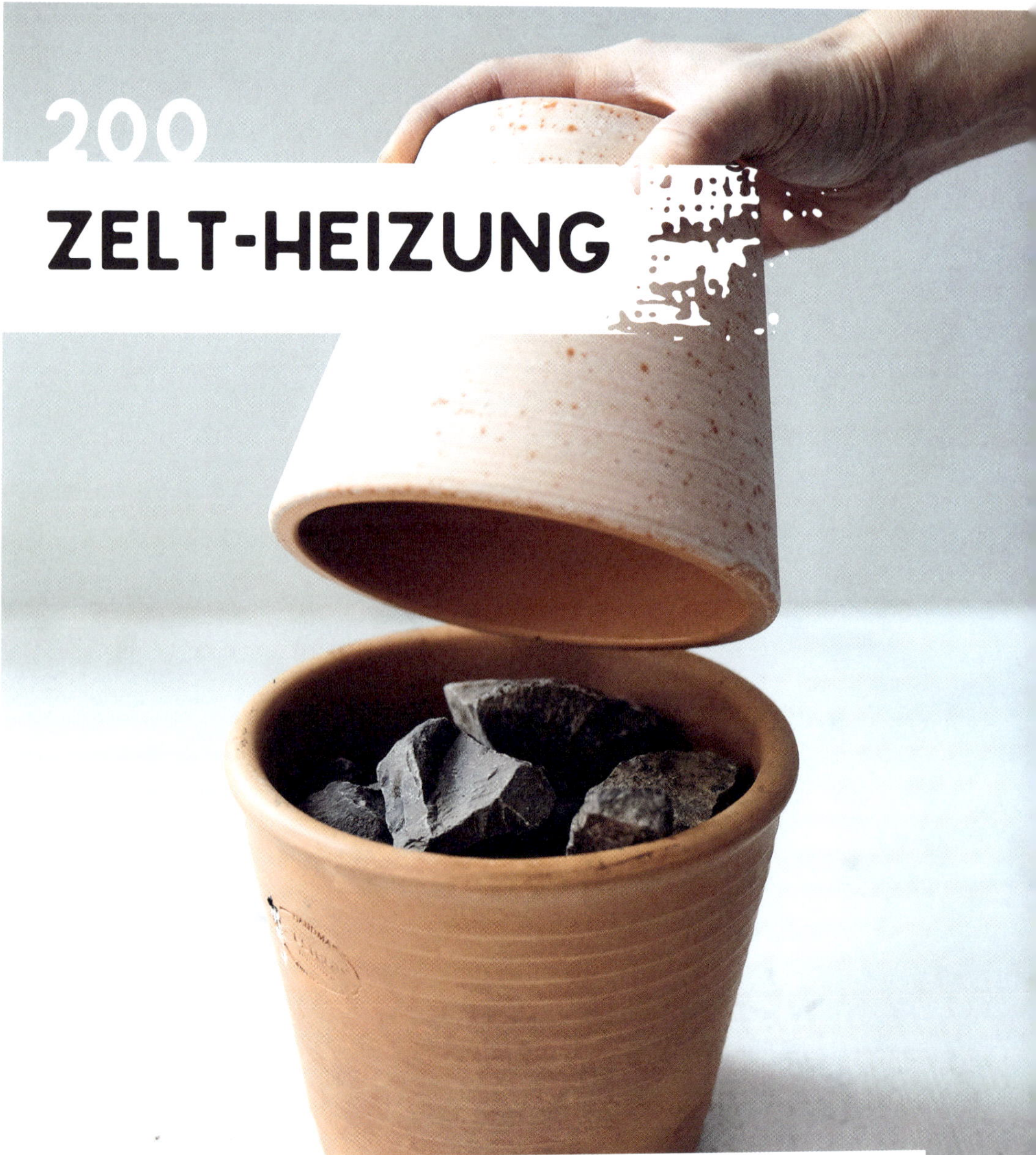

Verstopfe das Wasserloch eines Tontopfes und fülle etwa 2 bis 3 cm Sand ein. Befülle den Topf mit Steinen, die du vorher in der Nähe des Lagerfeuers aufgeheizt hast. Stelle einen etwas kleineren Tontopf über Kopf auf die Steine wie einen Deckel, und dann ab damit in dein Zelt.

Wenn der Zeltboden eine Plane ist, lege ein Brett unter, damit die Plane nicht schmilzt.

Verschließe das Wasserloch eines großen Tontopfes und fülle so viel Sand ein, dass du einen kleineren Tontopf hineinstellen und beide auf gleicher Höhe abschließen kannst. Fülle dann den Zwischenraum mit Sand und feuchte diesen mit Wasser an. In dem kleineren Tontopf kannst du jetzt Obst oder Gemüse deponieren. Lege ein angefeuchtetes Tuch über die Töpfe und stelle deinen Selfmade-Kühlschrank an einen schattigen Platz.

Leichter Wind verstärkt die Kühlwirkung. Es wird zwar nicht eiskalt in den Tontöpfen, aber um Obst und Gemüse über einen gewissen Zeitraum haltbarer zu machen, reicht dieser Trick allemal.

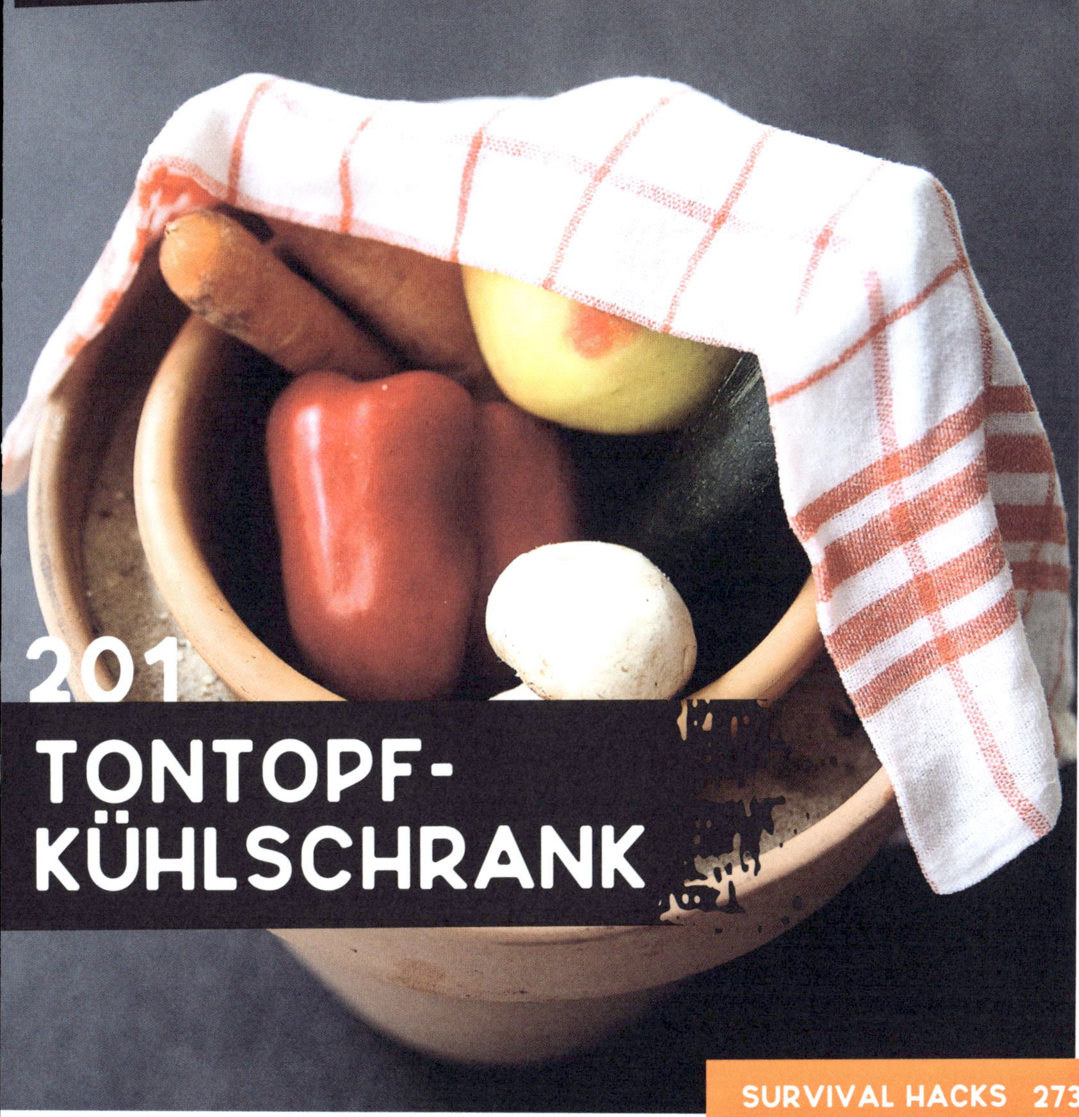

201 TONTOPF-KÜHLSCHRANK

202

FLUSEN-DIEB

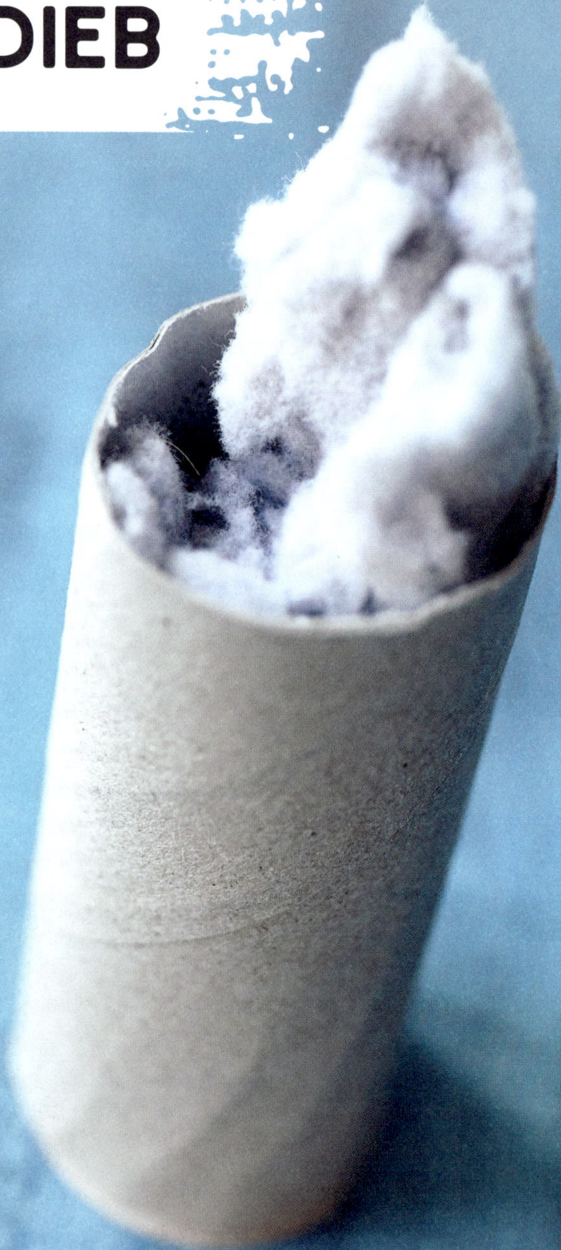

Ein toller Anzünder, den du zu Hause ganz nebenbei vorbereiten kannst, sind die Flusen aus deinem Trocknersieb. Wirf sie nicht weg, sondern sammle sie in einer Klopapier-Papprolle!

Auch der Inhalt des Staubsaugerbeutels eignet sich hervorragend als Anzündhilfe!

203

WACHS MAL, KERZE!

Ein Wachsmal-Stift eignet sich gut als Not-Kerze. Das Wachs in dem Stift dient als Brennstoff, die dünne Papierhülle außen herum ist der Docht. Eine solche Kerze kann je nach Größe bis zu einer halben Stunde brennen!

Wenn der Wachsmaler gespitzt ist, schneide die Spitze ab, sodass das Feuer sowohl mit dem Wachs als auch mit dem Papier in Berührung kommt.

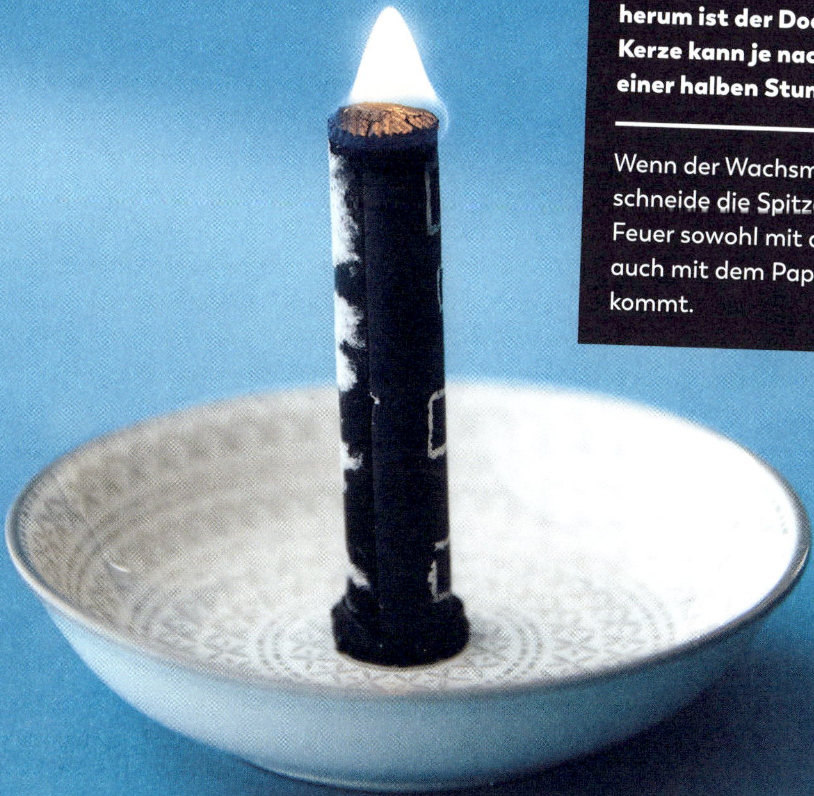

204
FIX FIXIERT

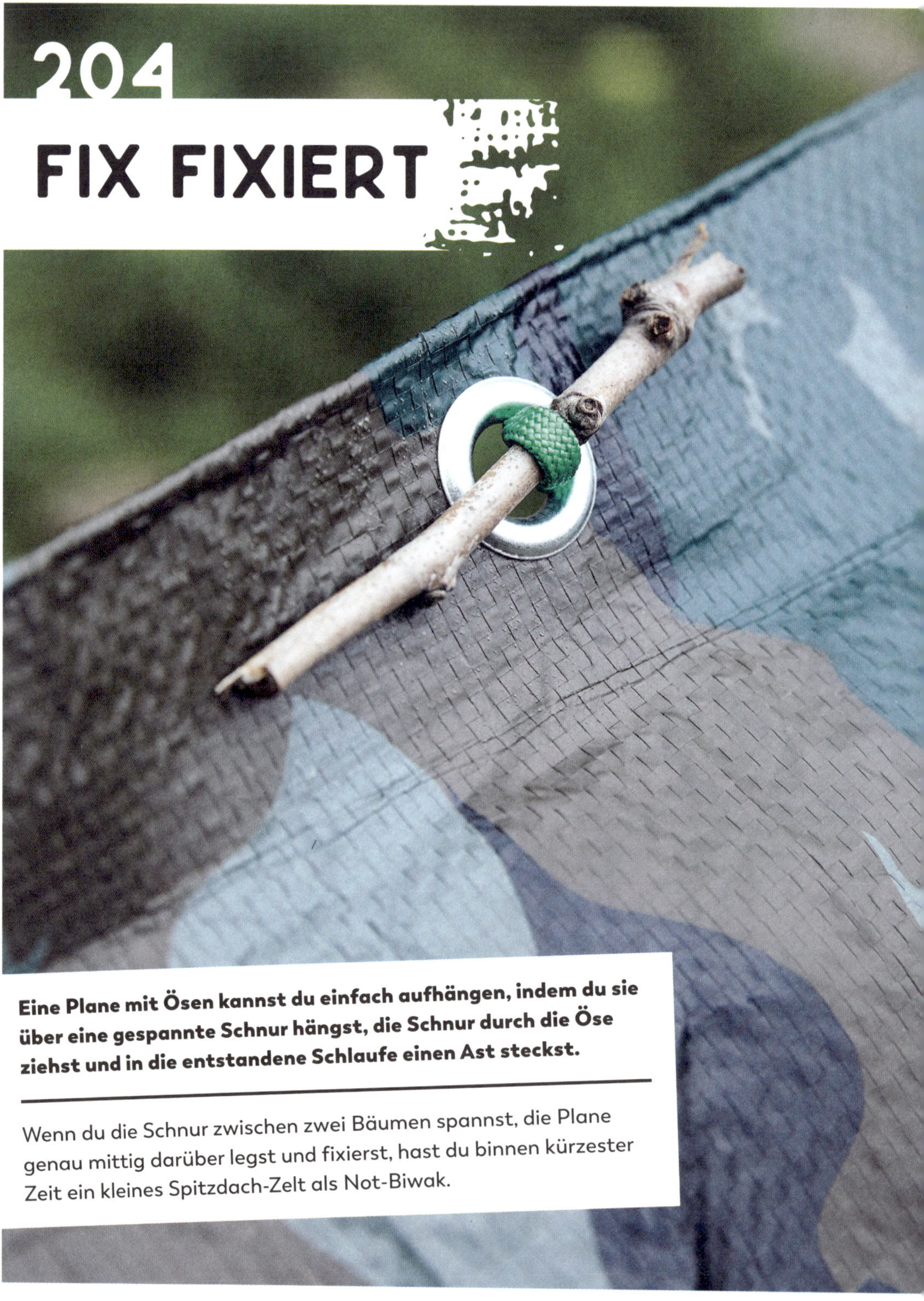

Eine Plane mit Ösen kannst du einfach aufhängen, indem du sie über eine gespannte Schnur hängst, die Schnur durch die Öse ziehst und in die entstandene Schlaufe einen Ast steckst.

Wenn du die Schnur zwischen zwei Bäumen spannst, die Plane genau mittig darüber legst und fixierst, hast du binnen kürzester Zeit ein kleines Spitzdach-Zelt als Not-Biwak.

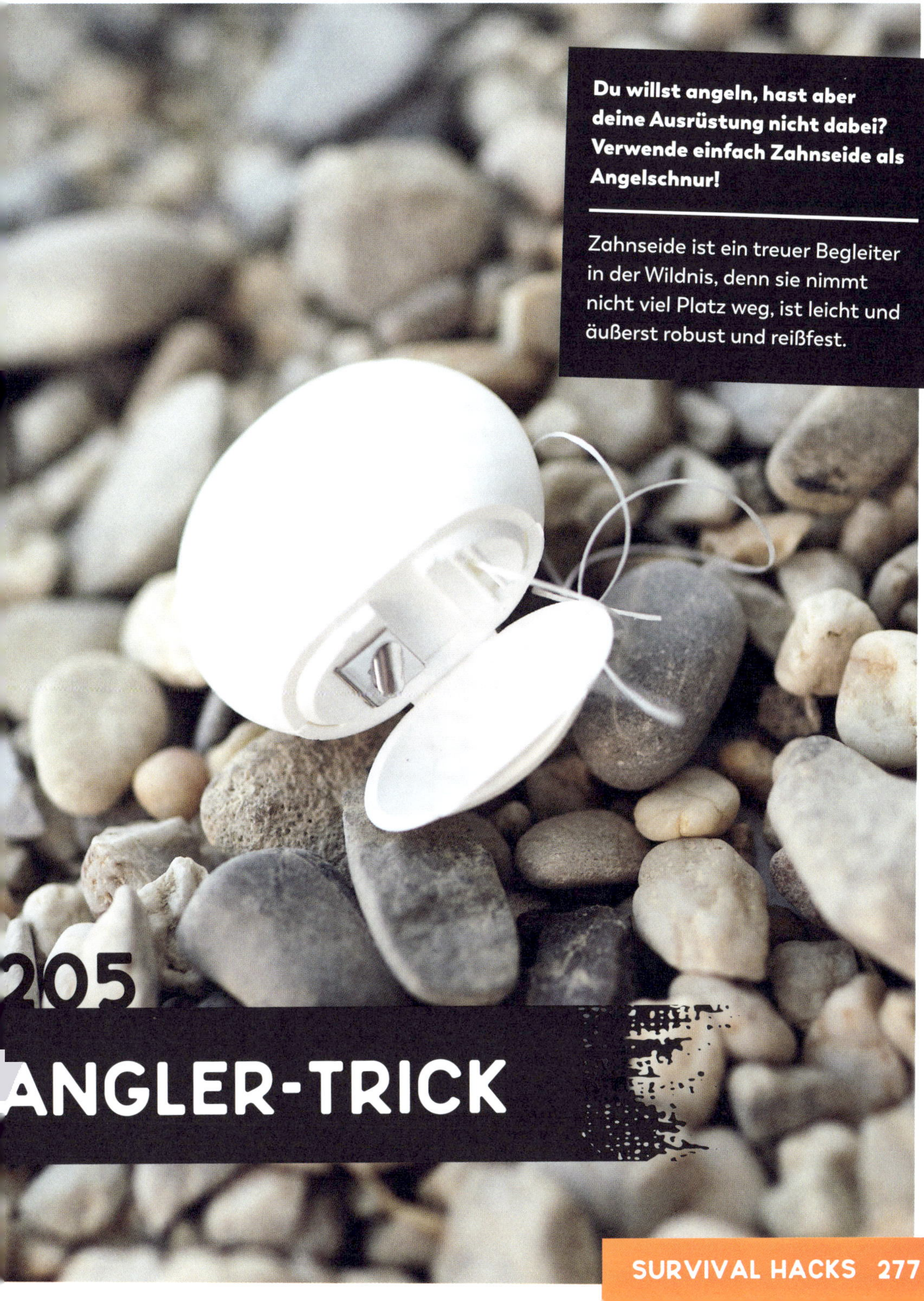

205

ANGLER-TRICK

Du willst angeln, hast aber deine Ausrüstung nicht dabei? Verwende einfach Zahnseide als Angelschnur!

Zahnseide ist ein treuer Begleiter in der Wildnis, denn sie nimmt nicht viel Platz weg, ist leicht und äußerst robust und reißfest.

NOTIZEN

AHA!

Um für den Ernstfall gerüstet zu sein, kannst du dir einen Fluchtrucksack fertig gepackt in die Ecke stellen. Zur Notversorgung für drei Tage musst du mindestens Folgendes einpacken: 3 Liter Wasser in leichten Flaschen, 1 Outdoor-Wasserfilter, Streichhölzer (wasserdicht verpackt) oder besser sogar ein Feuerstahl aus Magnesium, 1 Box mit trockenem Zunder (Watte, Anzünder etc.), haltbare und energiereiche Trockennahrung (z. B. sogenannte EPAs, Kekse, Energieriegel, Schokolade, Dosenbrot, Dosenwurst), Kochgeschirr (Trekking-Kit), Besteck, 1 Kocher (Feststoffkocher oder Hobo-Kocher), ein möglichst leichtes Zelt, Schlafsack, Isomatte, Wechselkleidung, 1 Müllsack, Erste-Hilfe-Set, Zahnbürste & Zahncreme, Seife, Desinfektionsmittel, Klopapier.

NACH-haltig CAMPEN

206

Alufolie ist praktisch und im Camping sehr beliebt, klima- und umwelttechnisch jedoch eine Katastrophe. Fisch zum Beispiel kann man auch in einer Zeitung garen! Fisch ausnehmen, entschuppen (siehe Hack 91) und nach Belieben mit Kräutern und Gewürzen füllen. Wickle ihn in sechs Lagen Zeitungspapier ein, binde das Paket mit Küchengarn zu und lege es für etwa 5 Minuten in Wasser, damit die Zeitung später kein Feuer fängt. Anschließend schmeißt du den Fisch auf den Grill oder in die Glut deines Lagerfeuers.

Je nach Größe des Fischs dauert es etwa eine halbe bis zu einer Stunde, bis der Fisch gar ist.

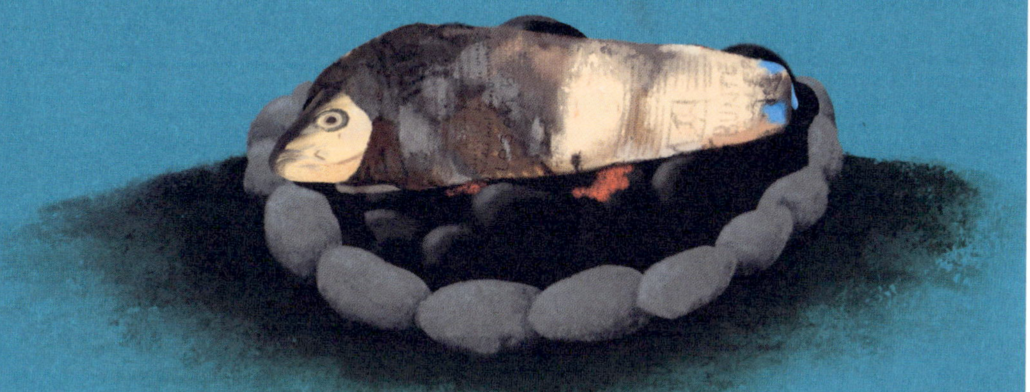

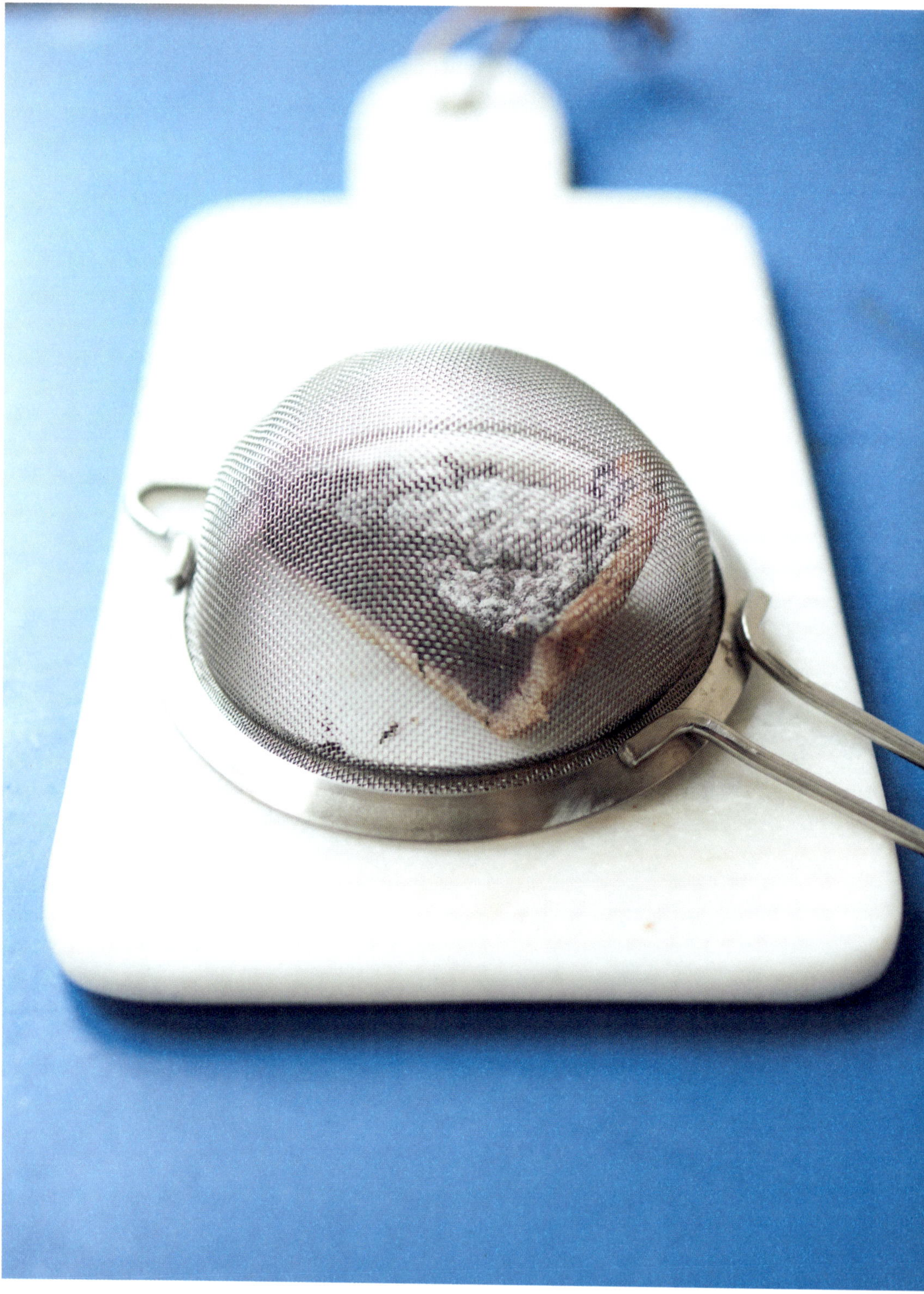

Dass man seinen Müll aufsammelt und im nächsten Container entsorgt, sollte nicht nur beim Camping eine Selbstverständlichkeit sein. Noch besser ist es aber, Müll gar nicht erst zu produzieren oder ihn auf andere Weise weiter zu verwenden. Was das mit Kastanien, Bienenwachs, Zeitungspapier und Maccaroni zu tun hat? Finde es heraus im folgenden Kapitel!

207
SPÜLI-ERSATZ

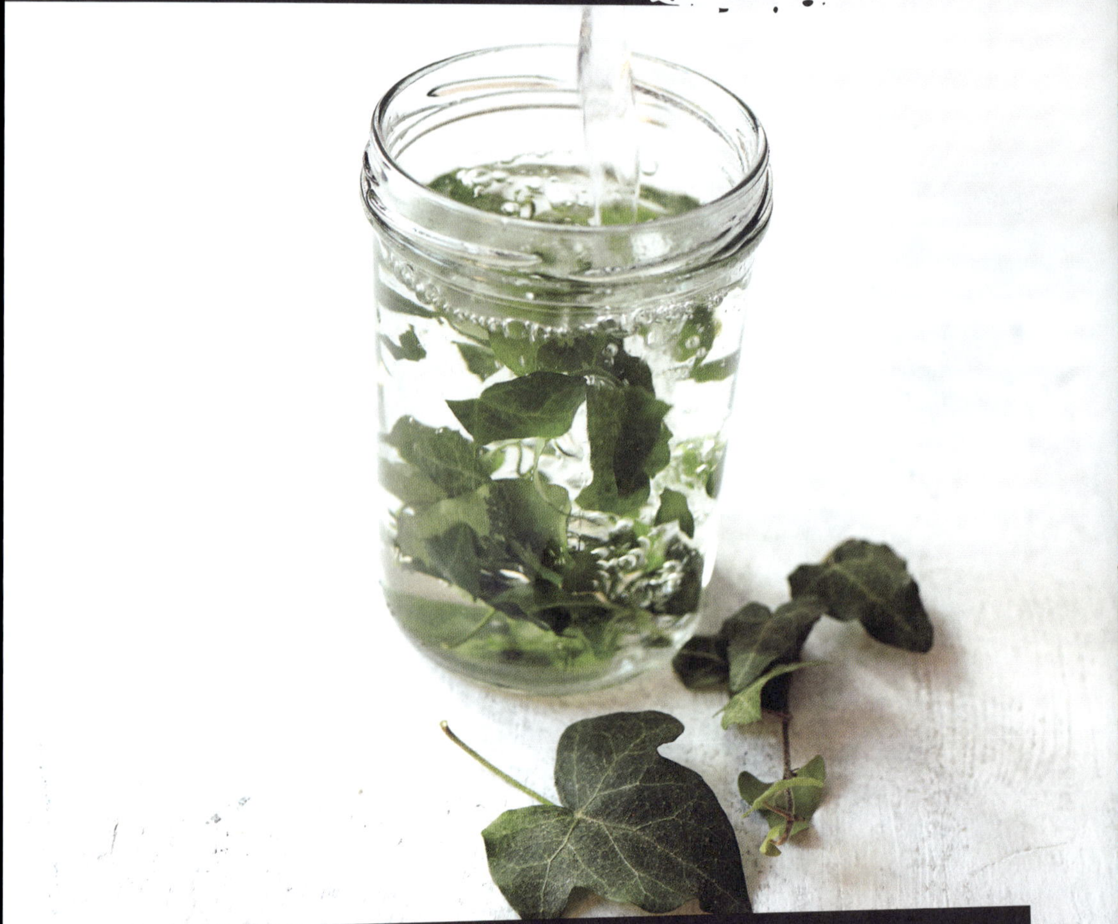

Anstatt Geschirrspülmittel aus der Flasche kannst du eine Handvoll Efeublätter sammeln, grob zerkleinern, mit heißem Wasser überbrühen und eine halbe Stunde stehen lassen. Blätter entfernen und den Sud als Spülmittel verwenden.

Efeu enthält sogenannte Saponine, die reinigend wirken und schäumen – allerdings nicht so stark wie handelsübliches Spüli. Außerdem brauchst du mehr als nur ein paar Spritzer davon. 2 Tassen für ein Waschbecken voll Geschirr musst du rechnen.

SPÜLSCHWAMM

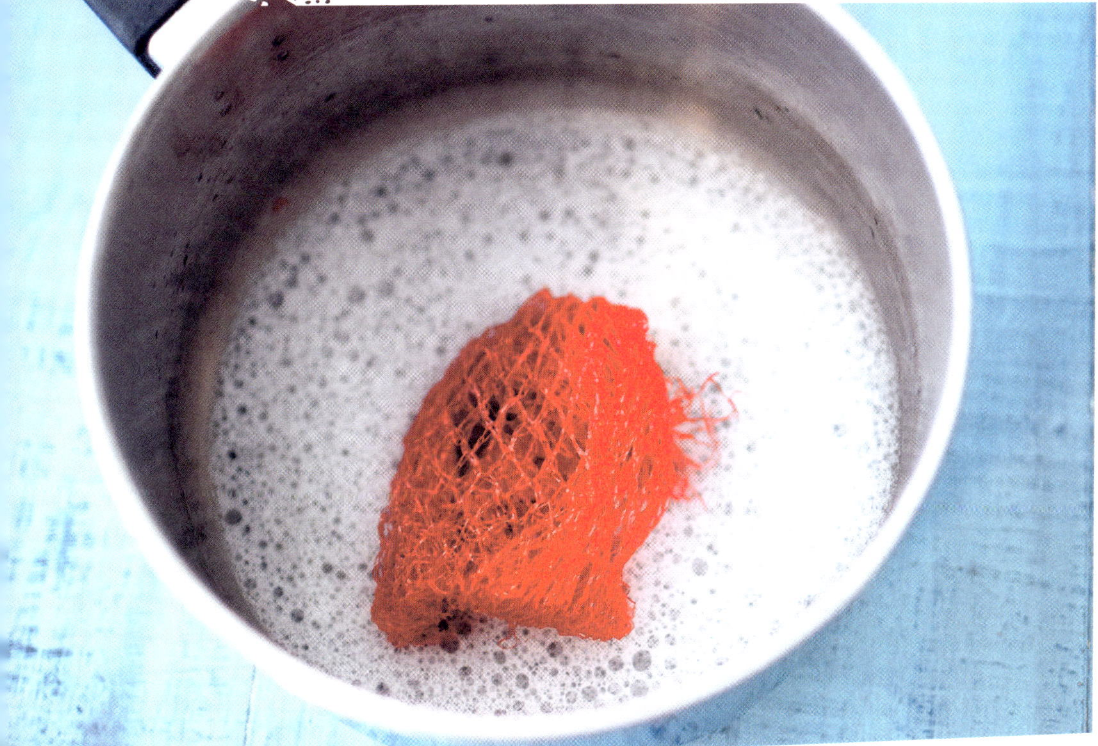

Wiederverwenden statt direkt wegschmeißen: Drehe ein Gemüsenetz (z. B. von Zitrusfrüchten oder Zwiebeln) zu einem Knäuel und benutze es als Spülschwamm.

Noch besser ist es, Obst und Gemüse ohne Verpackung zu kaufen. Bestimmt gibt es auch in der Nähe deines Campingplatzes einen Hofladen mit loser Ware. Oder schau auf dem Wochenmarkt vorbei.

209
DIY-TROCKEN-SHAMPOO

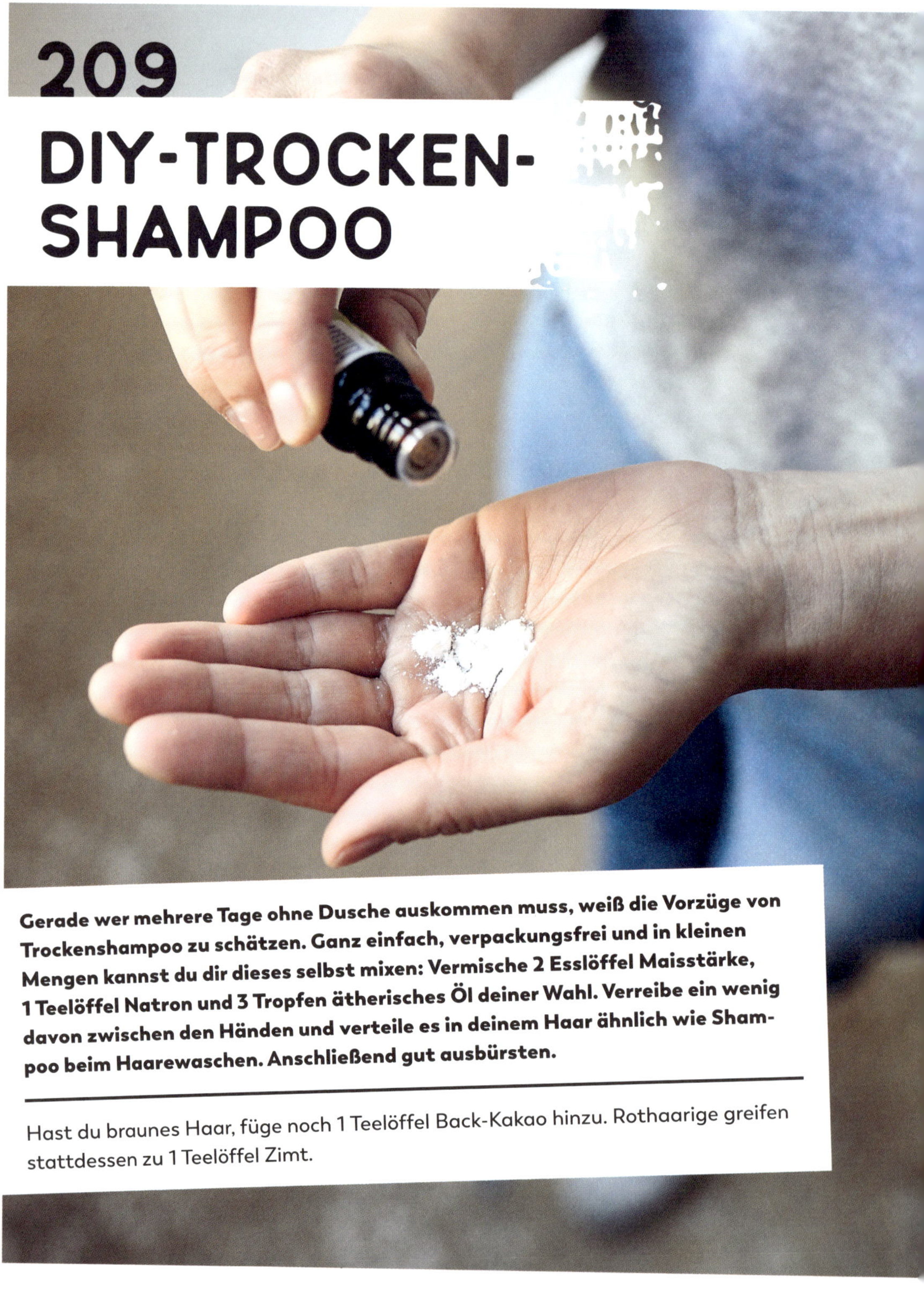

Gerade wer mehrere Tage ohne Dusche auskommen muss, weiß die Vorzüge von Trockenshampoo zu schätzen. Ganz einfach, verpackungsfrei und in kleinen Mengen kannst du dir dieses selbst mixen: Vermische 2 Esslöffel Maisstärke, 1 Teelöffel Natron und 3 Tropfen ätherisches Öl deiner Wahl. Verreibe ein wenig davon zwischen den Händen und verteile es in deinem Haar ähnlich wie Shampoo beim Haarewaschen. Anschließend gut ausbürsten.

Hast du braunes Haar, füge noch 1 Teelöffel Back-Kakao hinzu. Rothaarige greifen stattdessen zu 1 Teelöffel Zimt.

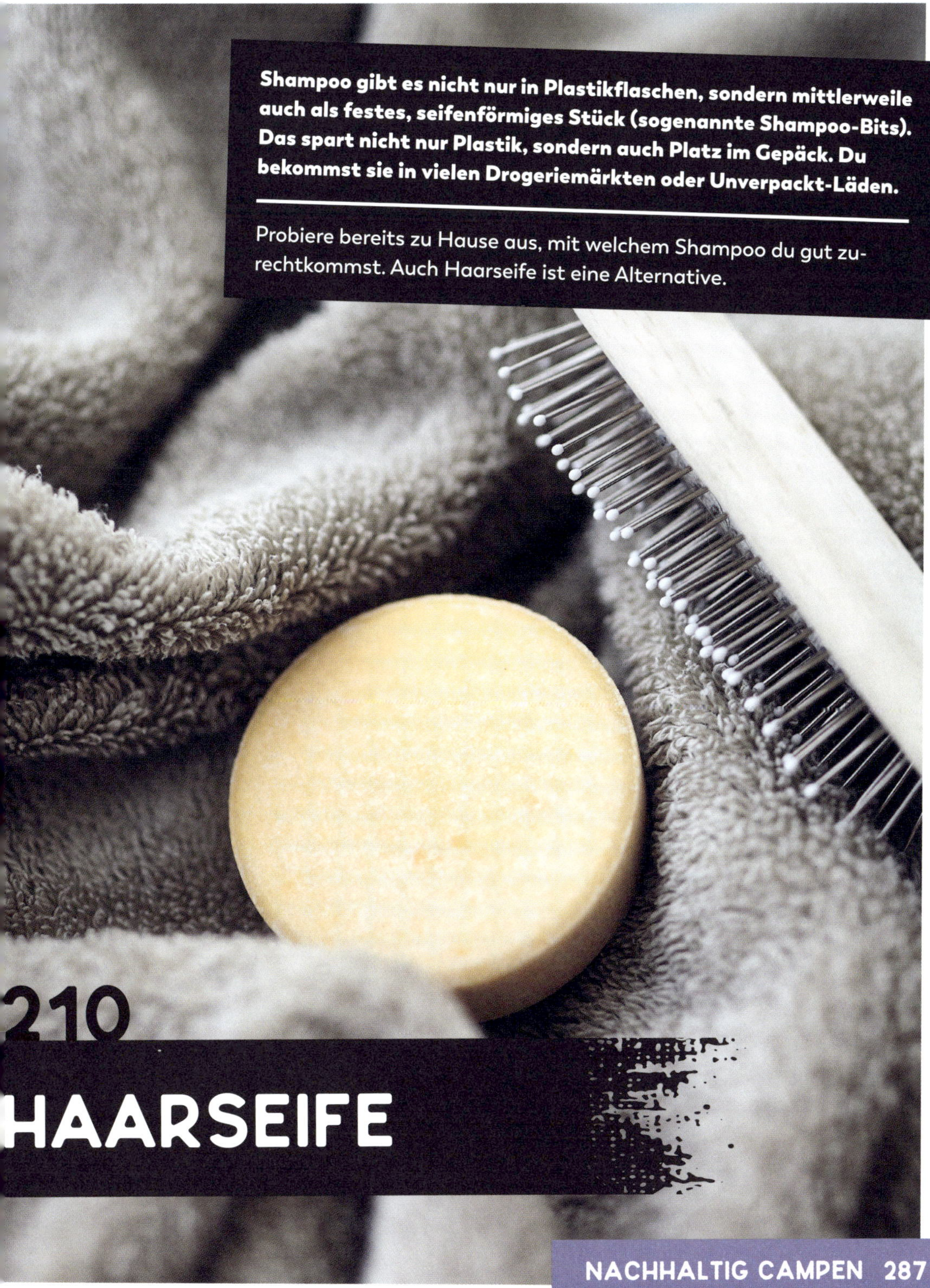

Shampoo gibt es nicht nur in Plastikflaschen, sondern mittlerweile auch als festes, seifenförmiges Stück (sogenannte Shampoo-Bits). Das spart nicht nur Plastik, sondern auch Platz im Gepäck. Du bekommst sie in vielen Drogeriemärkten oder Unverpackt-Läden.

Probiere bereits zu Hause aus, mit welchem Shampoo du gut zurechtkommst. Auch Haarseife ist eine Alternative.

210 HAARSEIFE

211

DUSCHGEL ODER SEIFE?

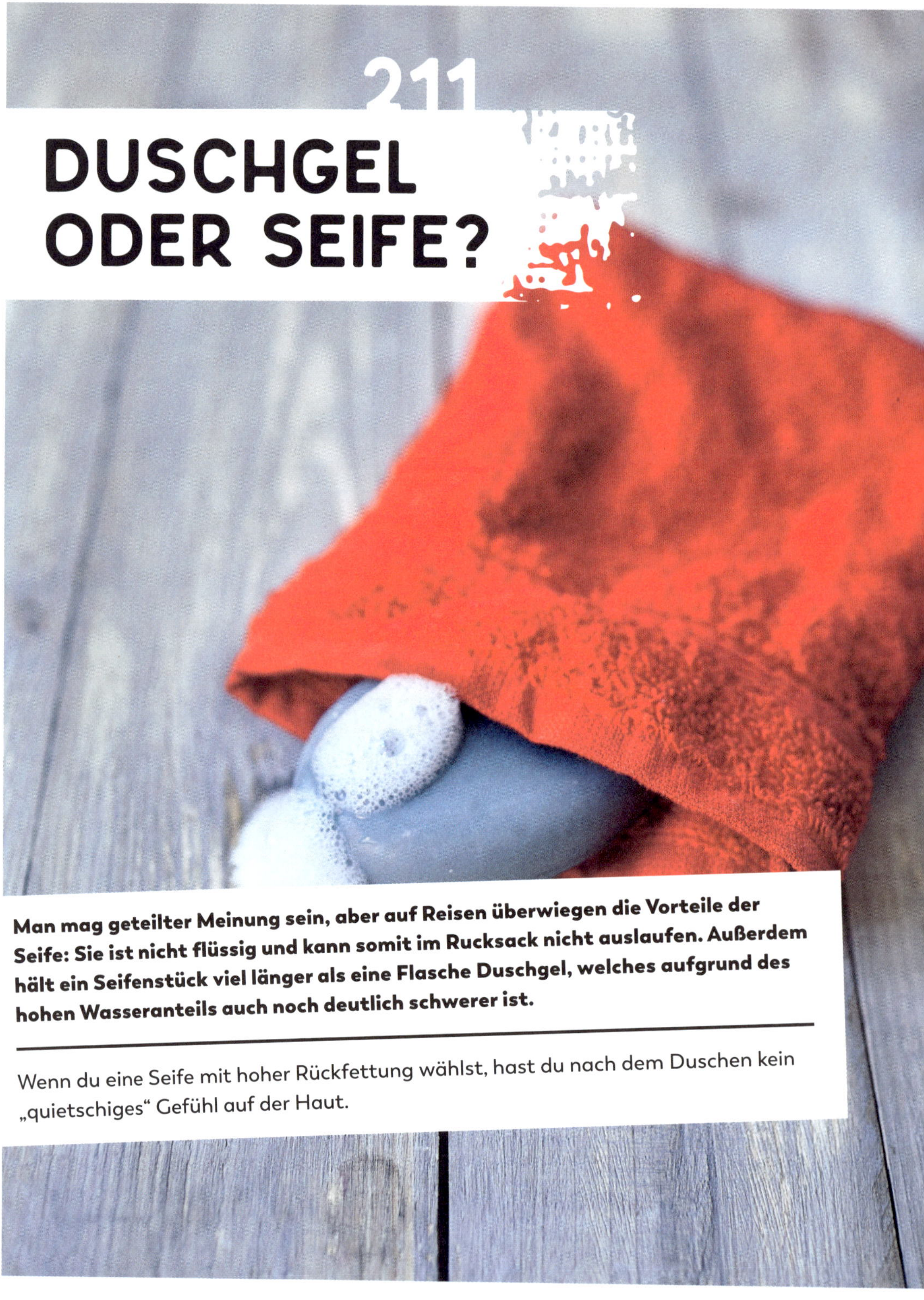

Man mag geteilter Meinung sein, aber auf Reisen überwiegen die Vorteile der Seife: Sie ist nicht flüssig und kann somit im Rucksack nicht auslaufen. Außerdem hält ein Seifenstück viel länger als eine Flasche Duschgel, welches aufgrund des hohen Wasseranteils auch noch deutlich schwerer ist.

Wenn du eine Seife mit hoher Rückfettung wählst, hast du nach dem Duschen kein „quietschiges“ Gefühl auf der Haut.

In den meisten Regionen ist das örtliche Trinkwasser von sehr guter Qualität und kann bedenkenlos konsumiert werden. Das schont nicht nur deinen Geldbeutel, sondern auch die Umwelt, weil der Flaschentransport per LKW reduziert wird und auch keine (Einweg-)Flaschen produziert werden müssen. Wenn du lieber mit Kohlensäure versetztes Wasser trinkst, nimm einen Wassersprudler mit zum Camping.

Du kannst dich beim örtlichen Wasserversorger informieren. Zumindest in Deutschland sind die Ergebnisse der Trinkwasseranalyse online abrufbar. Falls du dir dennoch unsicher bist, filtere das Wasser vor dem Verzehr durch einen speziellen Outdoor-Filter.

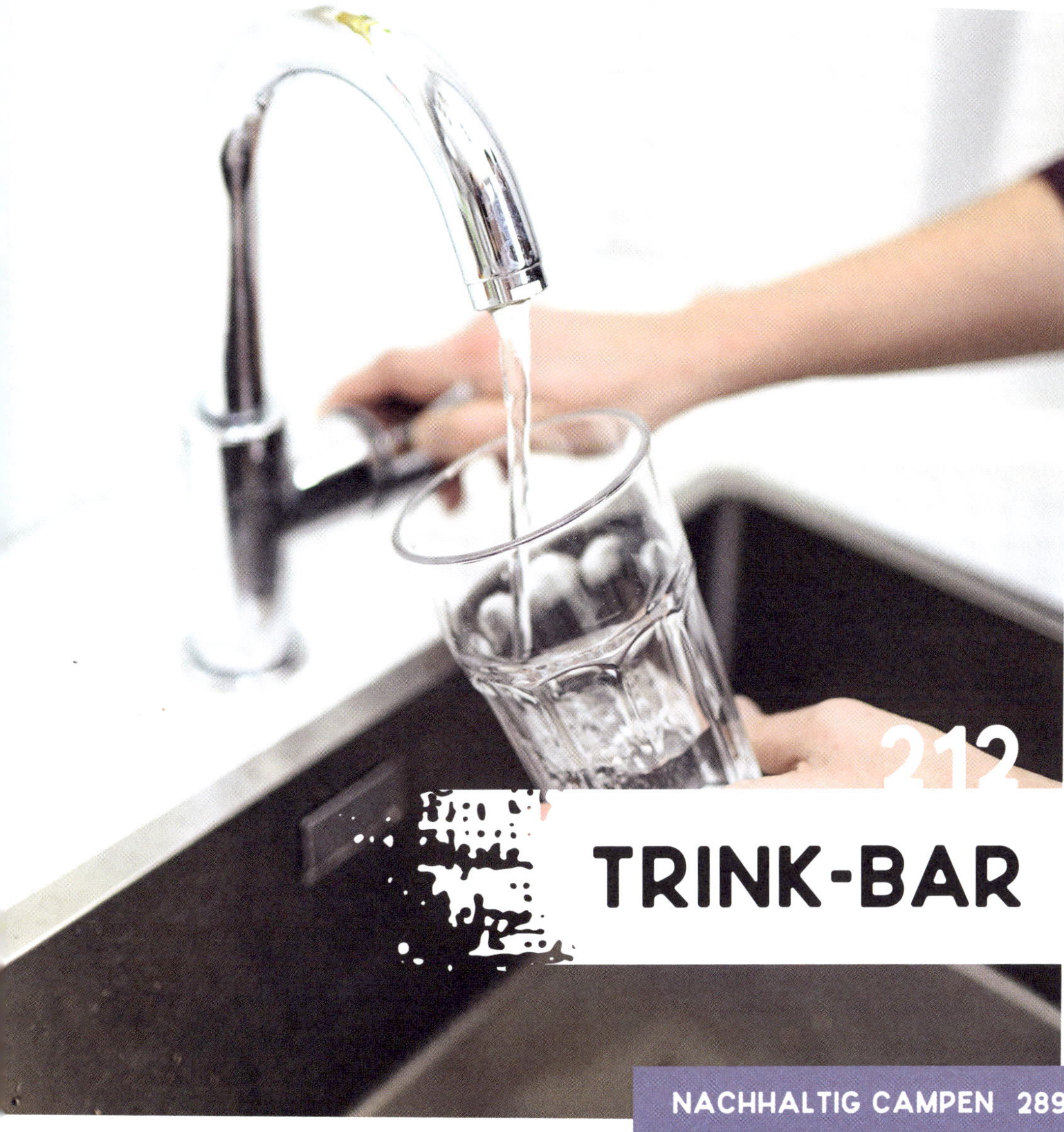

212 TRINK-BAR

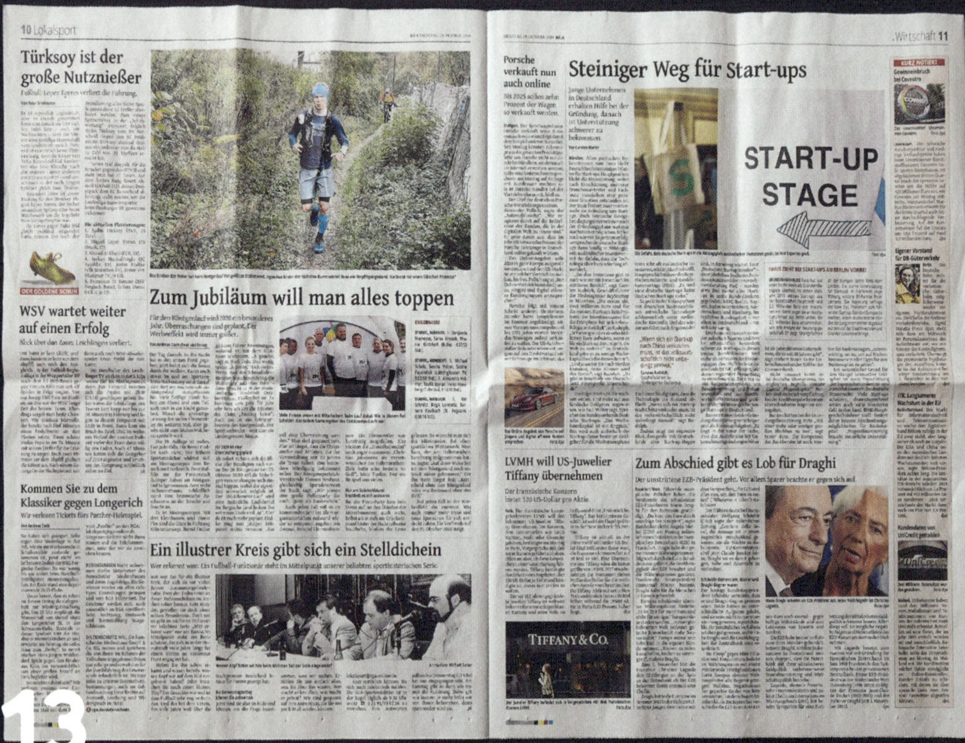

213 MÜLLTÜTE AUS PAPIER

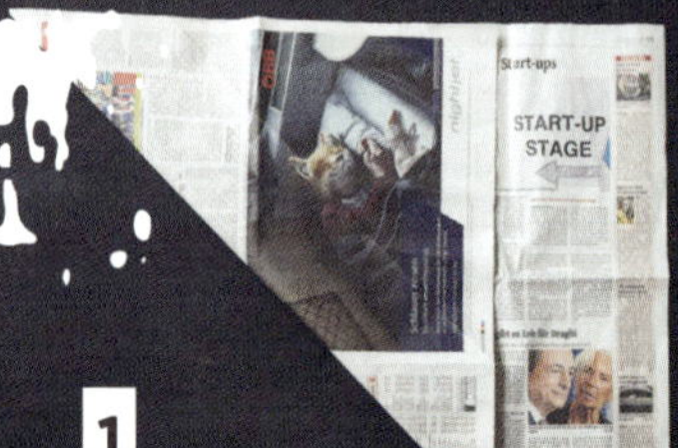

1

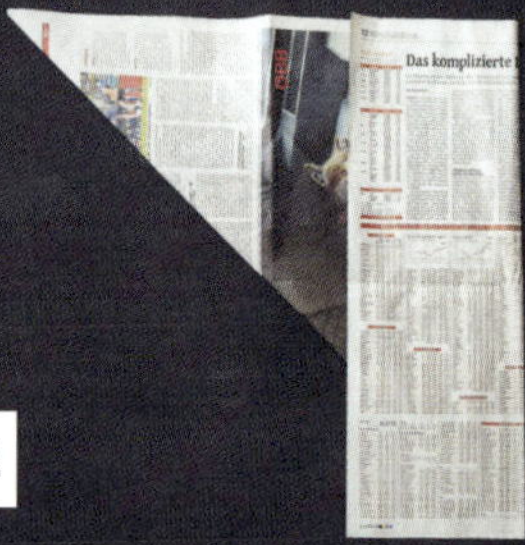

2

1 **Lege einen Bogen Tageszeitung ausgebreitet vor dich und falte eine Ecke nach oben.**

2 **Falte den überstehenden Rand einmal um.**

3

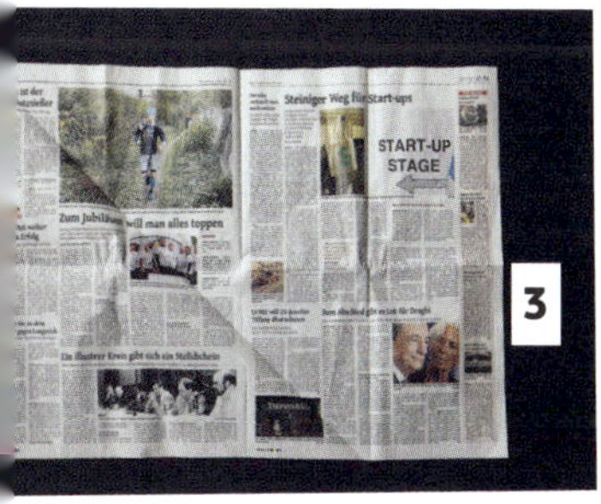

4

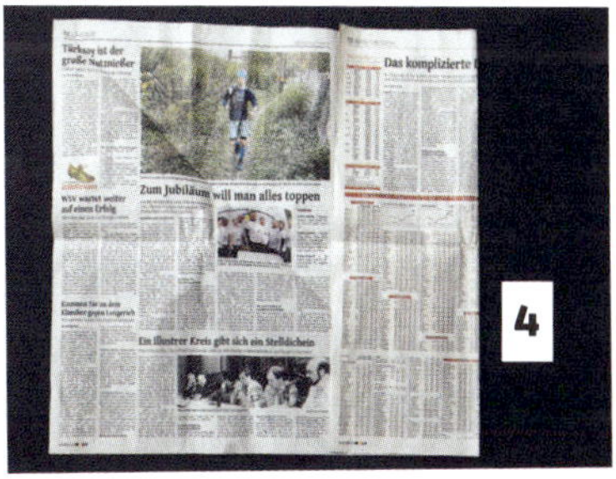

5

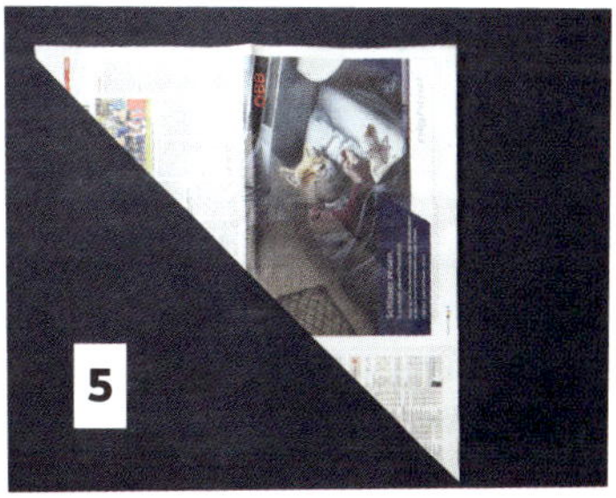

6

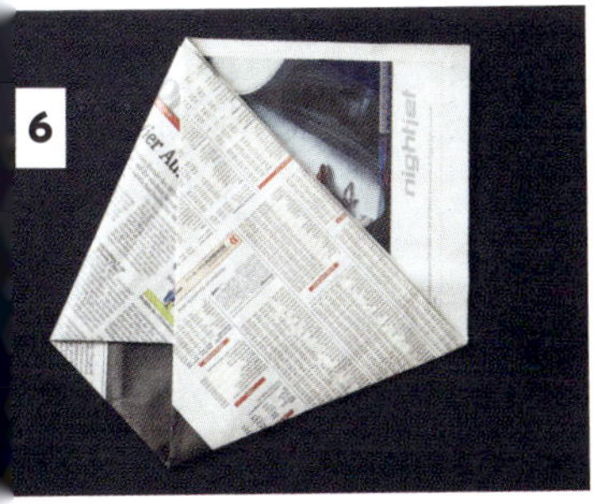

7

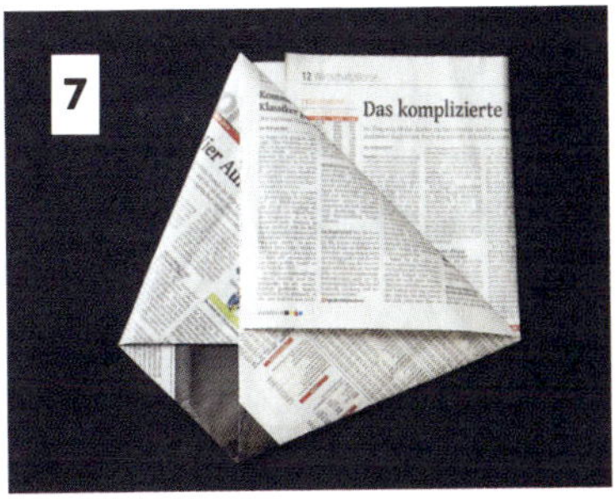

8

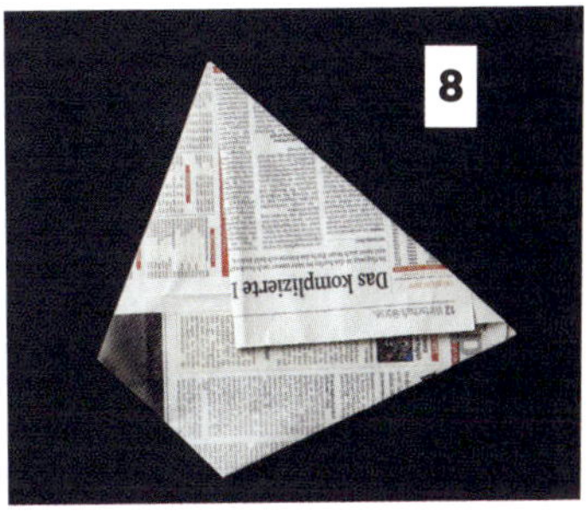

9

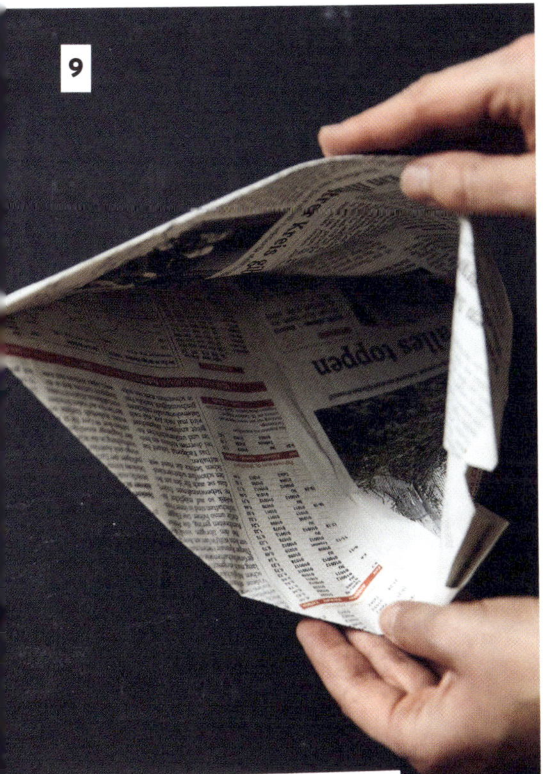

Falte ein Stück Küchenpapier auf dieselbe Art, wenn du einen Not-Kaffeefilter brauchst.

3 **Falte alles wieder auf.**

4 **Falte den Rand wieder ein, sodass ein Quadrat entsteht.**

5 **Falte die Ecke ebenfalls wieder nach oben.**

6 **Nun hast du ein Dreieck vor dir liegen, von dem du erst die eine und dann die andere Spitze nach innen faltest.**

7 **Dann knickst du die vordere, obere Spitze um.**

8 **Drehe die Zeitung um und knicke auch die hintere, obere Spitze um.**

9 **Jetzt hast du eine Tasche, die du anstatt eines Plastik-Müllbeutels verwenden kannst.**

214

GROSS ODER KLEIN?

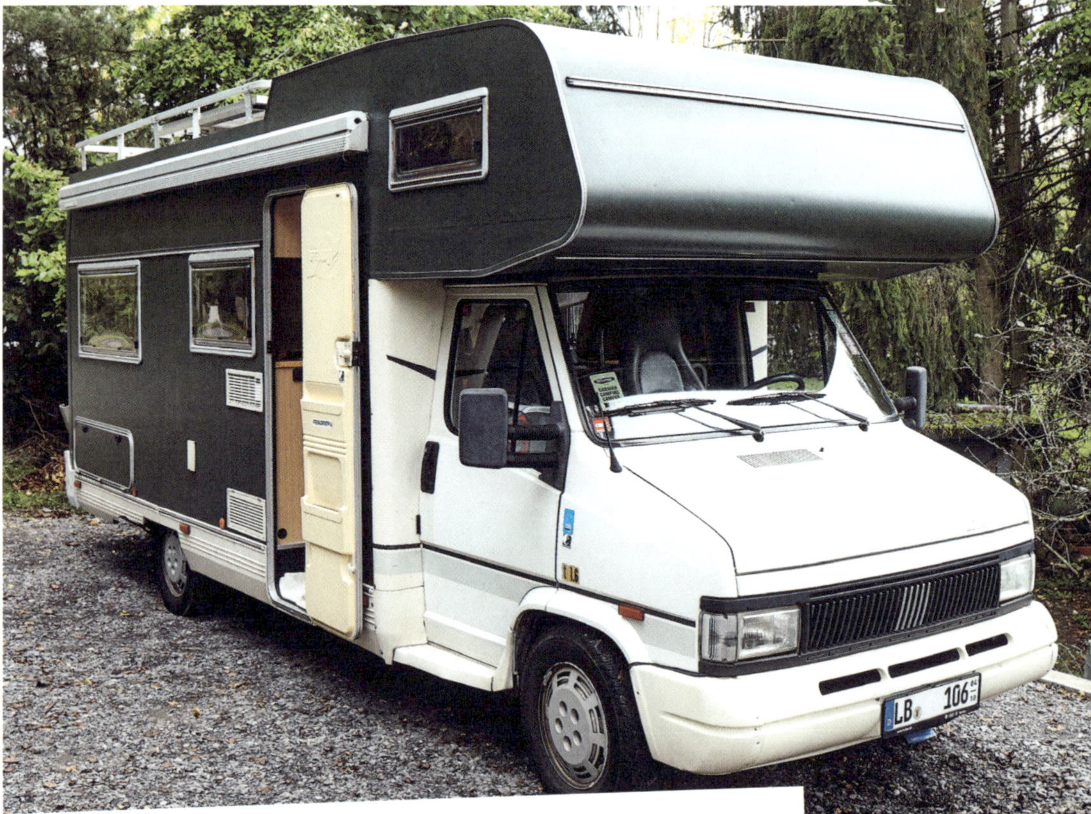

Wähle die Größe des Wohnmobils passend zur Größe der Reisegruppe aus und überlege, ob du wirklich jeden erdenklichen Luxus im Campingurlaub brauchst. Je kleiner das Wohnmobil und je weniger Equipment mitgeschleppt wird, desto geringer ist der Kraftstoff-Verbrauch. Und wenn du dir ein Wohnmobil mietest, sind die kleineren Modelle meistens auch günstiger.

Natürlich beeinflusst auch die Fahrweise und die Technik den Verbrauch. Infos zum spritsparenden Fahren findest du z. B. auf den Webseiten der Automobilclubs.

215

CAMPINGTOILETTE – MIT ODER OHNE

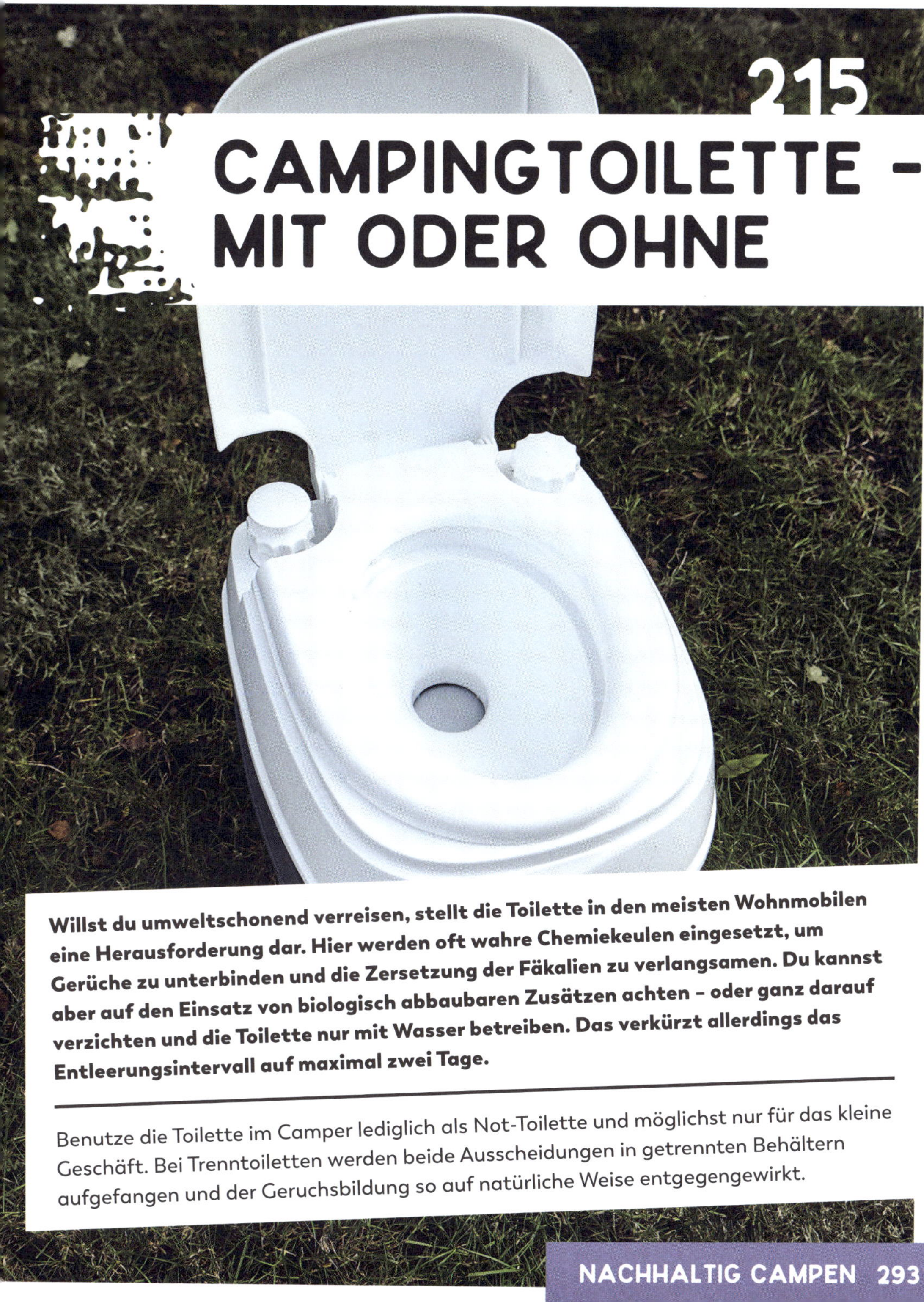

Willst du umweltschonend verreisen, stellt die Toilette in den meisten Wohnmobilen eine Herausforderung dar. Hier werden oft wahre Chemiekeulen eingesetzt, um Gerüche zu unterbinden und die Zersetzung der Fäkalien zu verlangsamen. Du kannst aber auf den Einsatz von biologisch abbaubaren Zusätzen achten – oder ganz darauf verzichten und die Toilette nur mit Wasser betreiben. Das verkürzt allerdings das Entleerungsintervall auf maximal zwei Tage.

Benutze die Toilette im Camper lediglich als Not-Toilette und möglichst nur für das kleine Geschäft. Bei Trenntoiletten werden beide Ausscheidungen in getrennten Behältern aufgefangen und der Geruchsbildung so auf natürliche Weise entgegengewirkt.

216

WÄSCHE WASCHEN MIT KASTANIEN

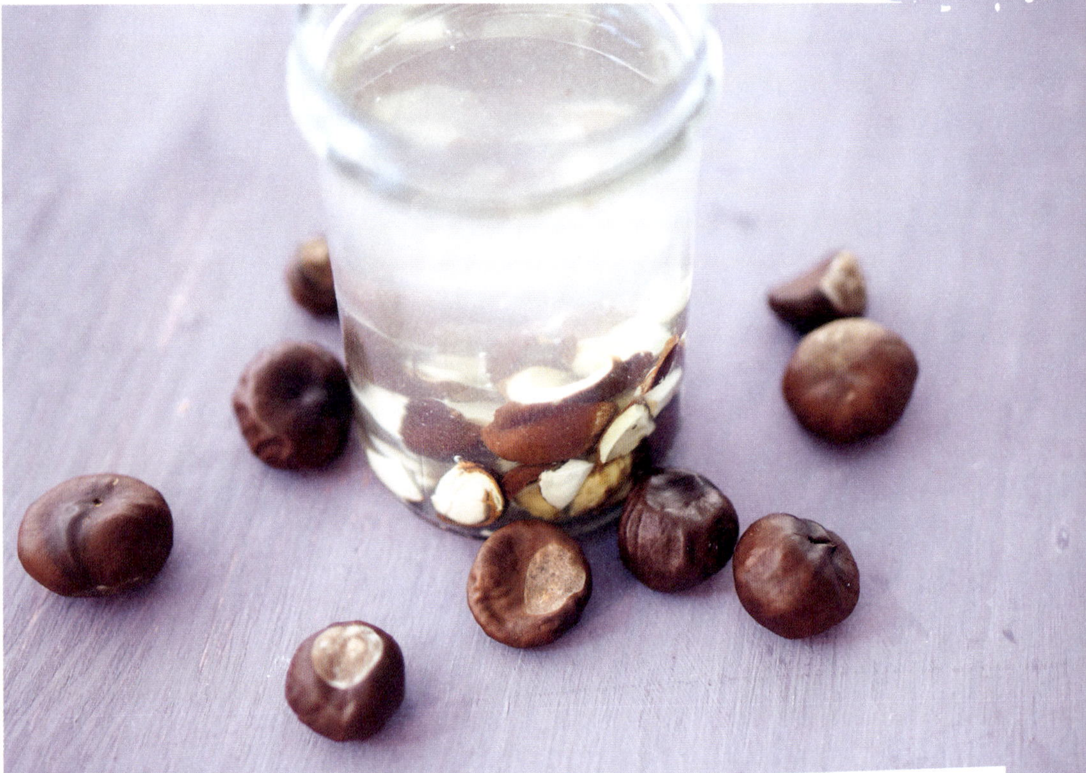

Musst du im Urlaub Wäsche waschen, brauchst du kein spezielles Waschpulver, denn die Natur liefert dir ein tolles Waschmittel frei Haus: Rosskastanien. Schneide sechs Kastanien mit einem scharfen Küchenmesser in kleine Stücke, wirf sie in ein leeres Marmeladenglas und fülle es mit kochendem Wasser auf. Lass es eine halbe Stunde stehen und rühre zwischendurch immer mal wieder um. Die Flüssigkeit wird gelblich-trüb und schäumt, wenn du sie schüttelst – dank der natürlich in der Kastanie vorkommenden Saponine. Seihe die groben Stücke durch ein Sieb heraus und wasche mit dem Sud deine Wäsche.

Für die schnelle Handwäsche reicht auch deine Körperseife vollkommen aus.

Brauchst du im Campingurlaub mal ein knitterfreies Hemd, musst du nicht gleich zum Bügeleisen greifen oder den Trockner des Campingplatzes anschmeißen. Geh einfach duschen und hänge das Hemd währenddessen auf einem Kleiderbügel in der Duschkabine auf. Die Luftfeuchtigkeit und die Wärme ziehen das Hemd in 5 bis 10 Minuten glatt.

Wenn du etwas mehr Zeit hast, mach das Hemd nass und hänge es mit Kleiderbügel tropfend auf die Leine. Oder du packst direkt bügelfreie Hemden ein.

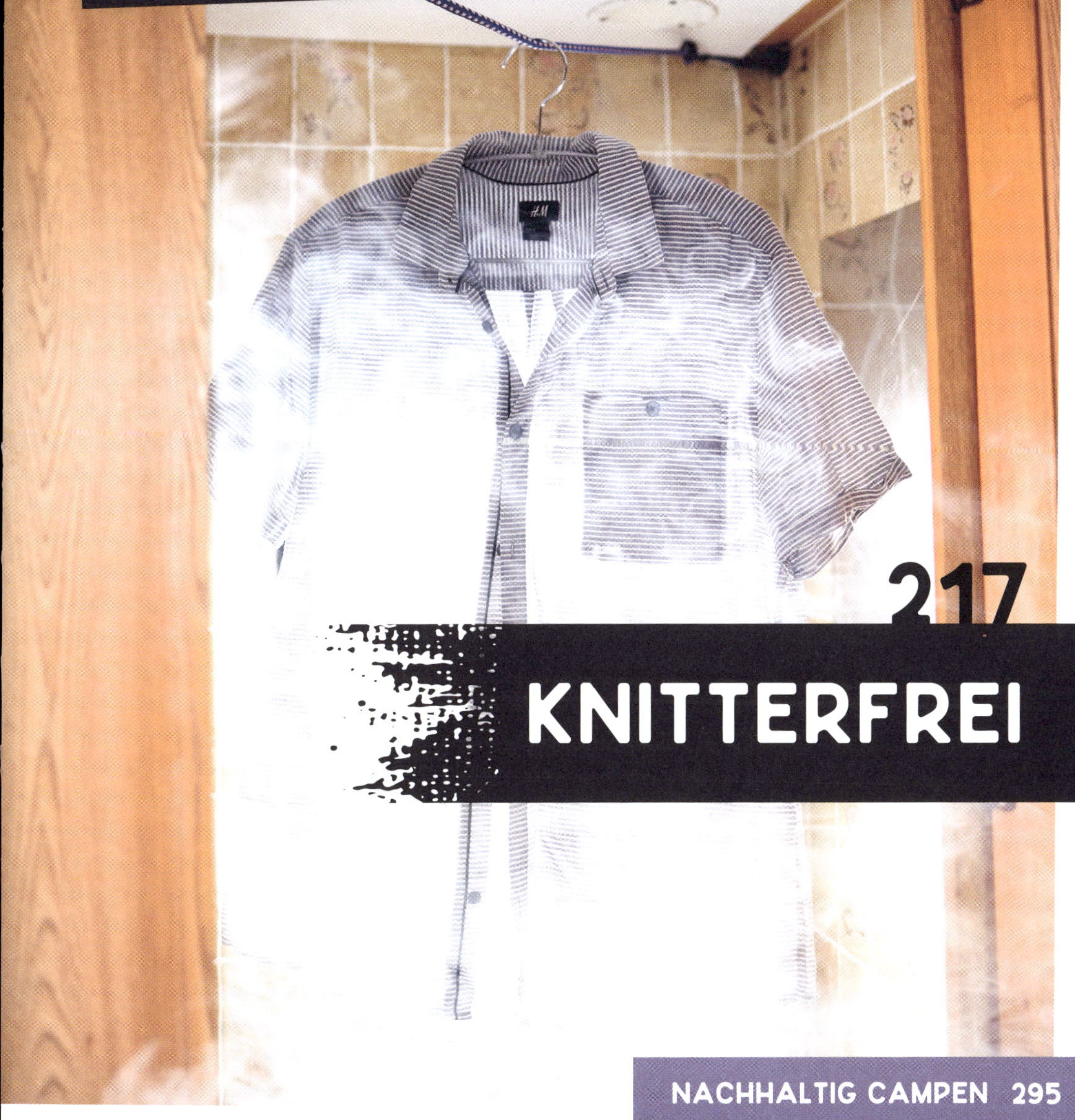

217 KNITTERFREI

Wenn du die Pappe vorher noch mit Klarlack einsprühst, ist dein Topfuntersetzer auch feuchtigkeitsresistent.

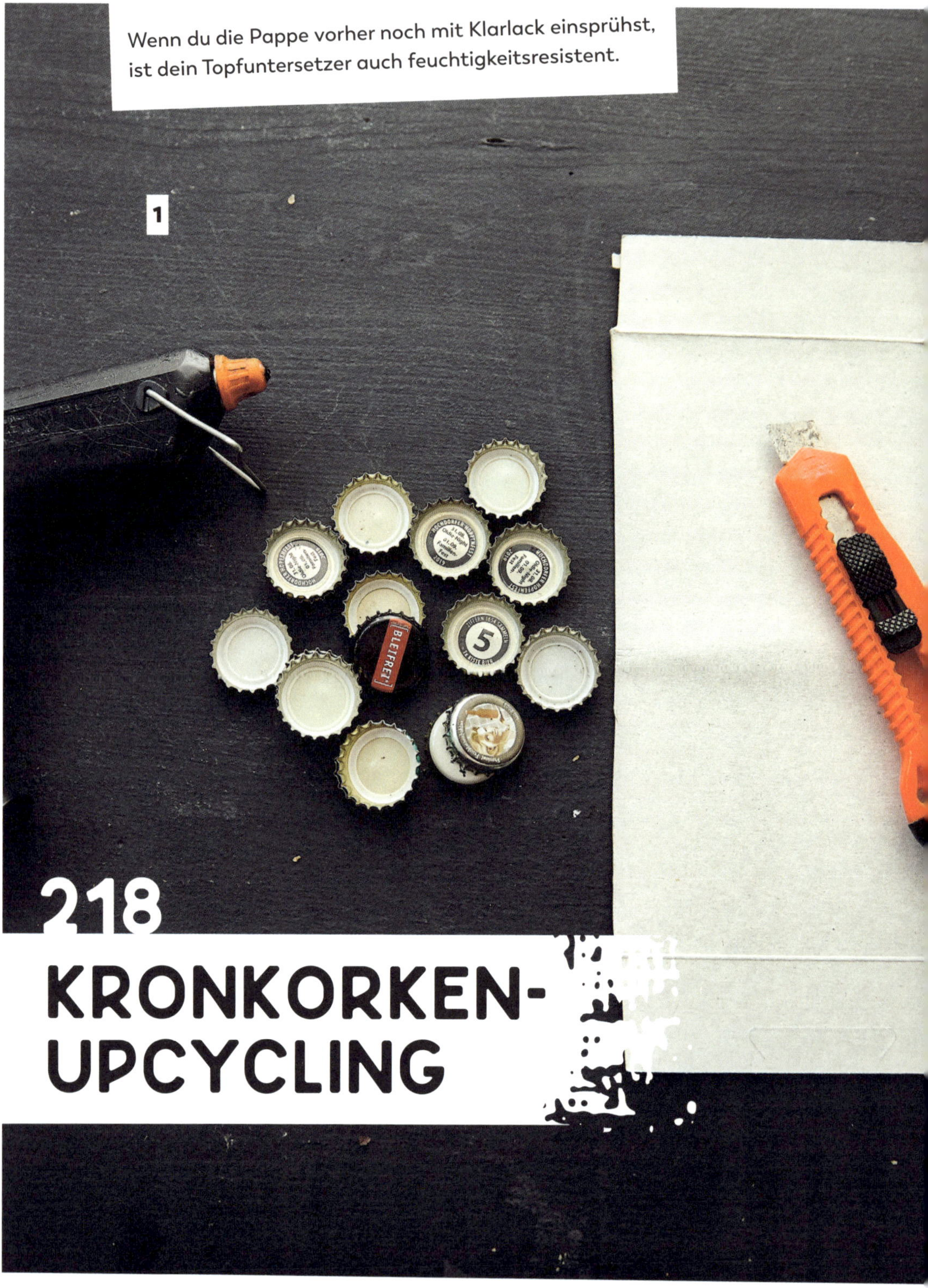

218

KRONKORKEN-UPCYCLING

Besser wiederverwerten als wegwerfen! Bastle aus vielen gesammelten Kronkorken einen Topfuntersetzer.

Klebe die Kronkorken mit Heißkleber auf einem etwa 15 x 15 cm großen Stück Pappe auf.

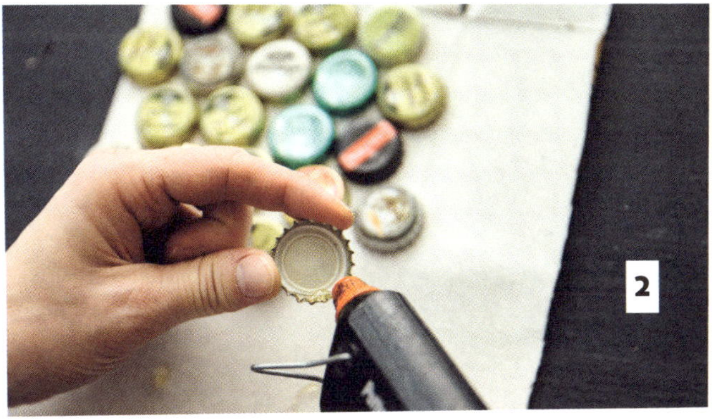

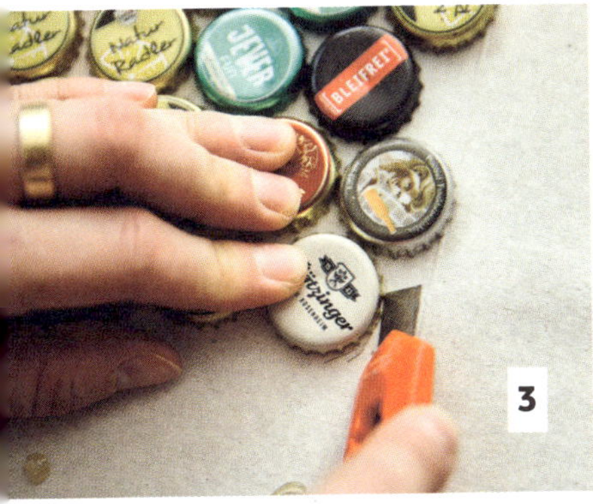

3 **Schneide anschließend mit einem Cutter die überstehende Pappe sorgsam weg.**

4 **Fertig ist dein Untersetzer!**

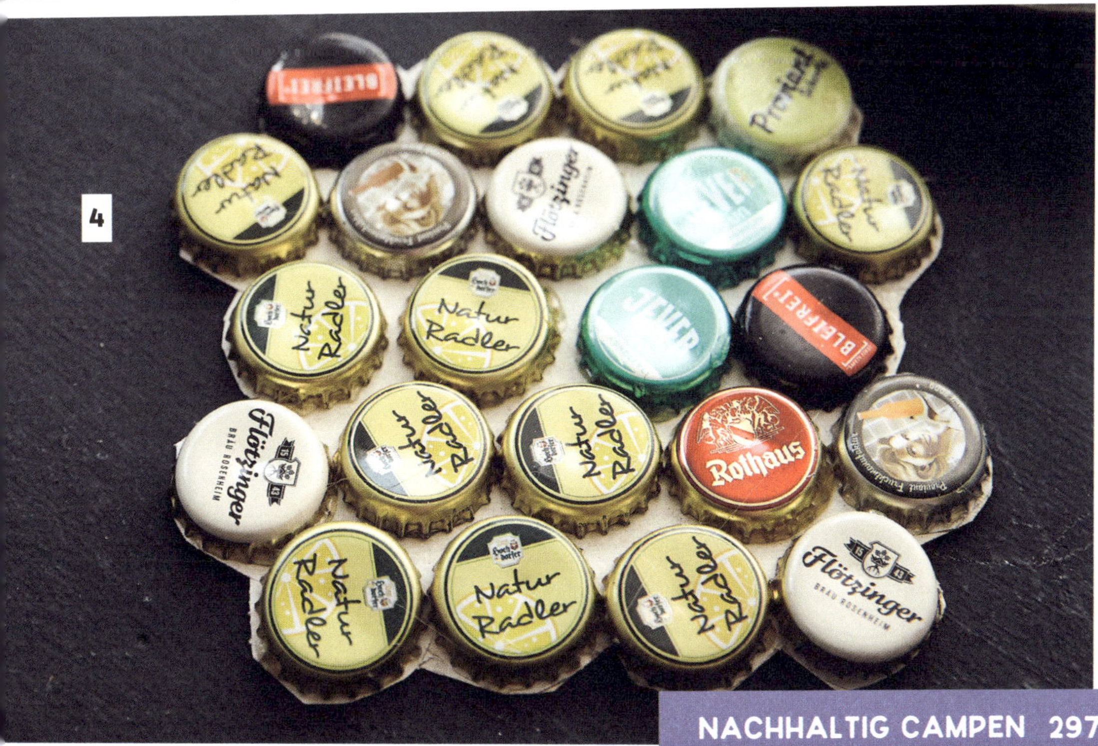

219

TRINK-NUDEL

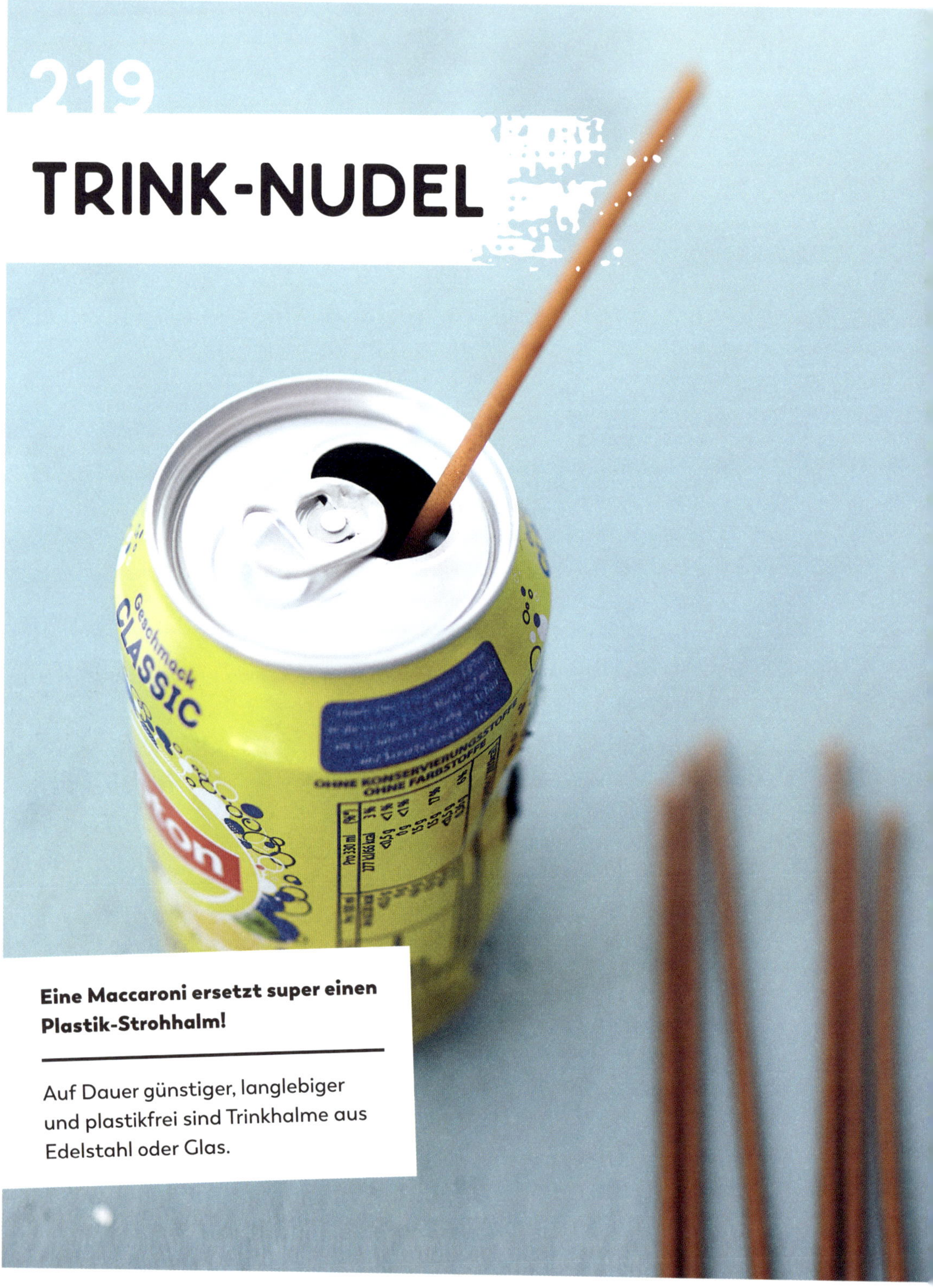

Eine Maccaroni ersetzt super einen Plastik-Strohhalm!

Auf Dauer günstiger, langlebiger und plastikfrei sind Trinkhalme aus Edelstahl oder Glas.

220

AUSGESIEBT!

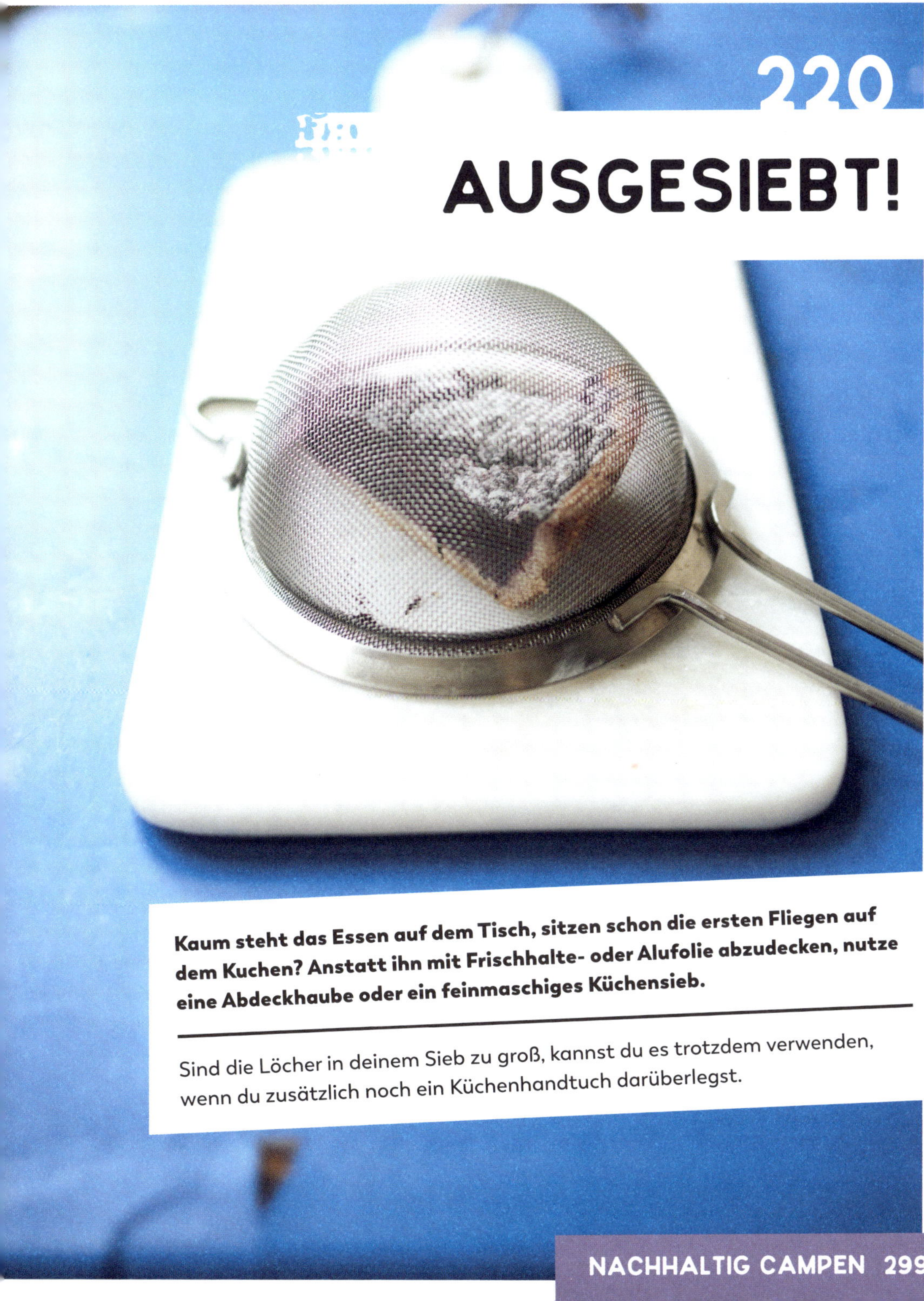

Kaum steht das Essen auf dem Tisch, sitzen schon die ersten Fliegen auf dem Kuchen? Anstatt ihn mit Frischhalte- oder Alufolie abzudecken, nutze eine Abdeckhaube oder ein feinmaschiges Küchensieb.

Sind die Löcher in deinem Sieb zu groß, kannst du es trotzdem verwenden, wenn du zusätzlich noch ein Küchenhandtuch darüberlegst.

Eine weitere Alternative zu Alufolie, vor allem, wenn es um das Abdecken oder Einwickeln von Lebensmitteln geht, ist ein Bienenwachstuch.

Das Bienenwachstuch kannst du wunderbar verwenden, um Salatschüsseln abzudecken. Lege es auf die Schüssel und knete die Ecken um den Rand.

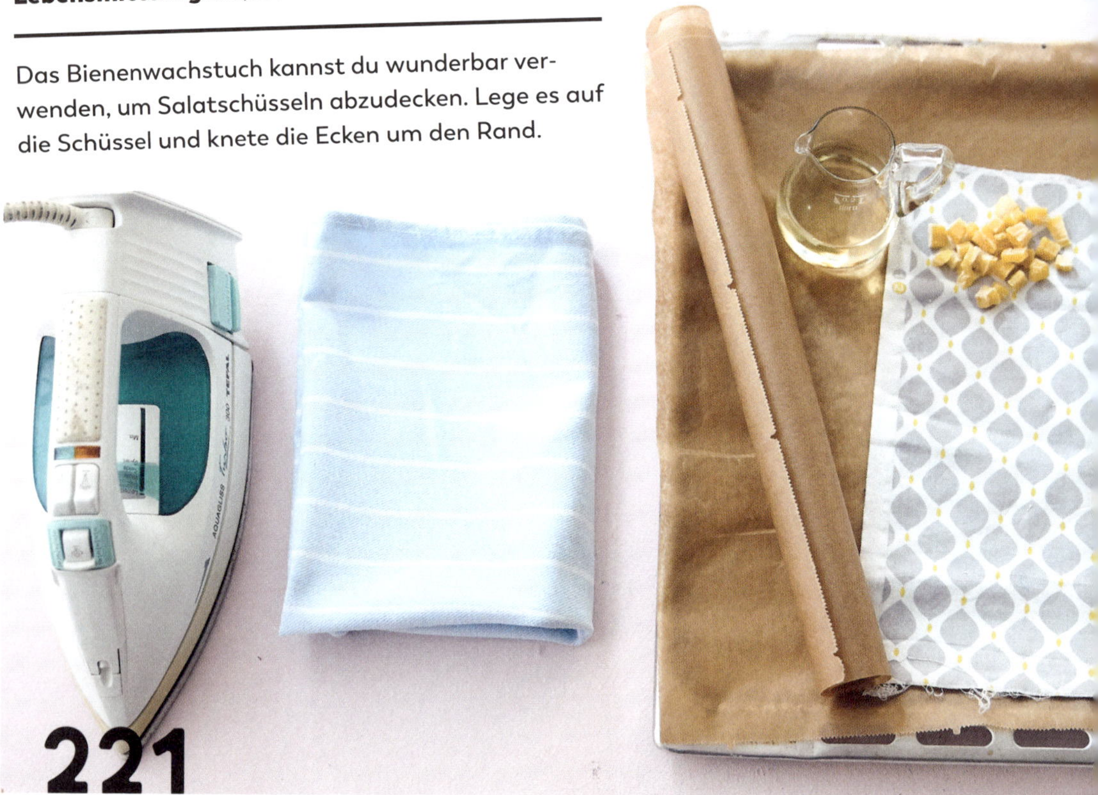

221 BIENENWACHS STATT ALU

1

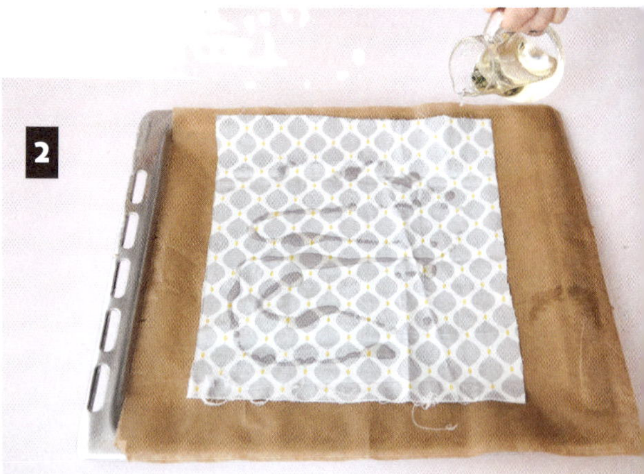

2

1 Du brauchst ein beliebig großes Stück Baumwollstoff – gebraucht oder neu, in jedem Fall aber sauber.

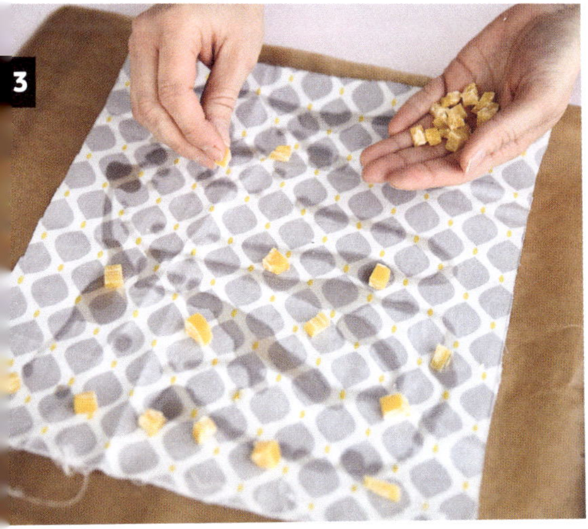

2 Lege es auf ein mit Backpapier ausgelegtes Backblech und beträufele es mit etwas Sonnenblumenöl (dann wird das Tuch später schön geschmeidig).

3 Verteile nun großzügig Bienenwachspastillen (gibt es online zu kaufen oder beim Imker) auf dem Tuch und schiebe das Blech bei 70 °C für etwa 10 Minuten in den Backofen. Das Wachs schmilzt und das Tuch wird gut durchtränkt.

4 Lege nun das Tuch zwischen zwei Blätter Backpapier und das Ganze auf ein altes Küchentuch. Gehe mit dem Bügeleisen darüber.

5 Das Wachs verteilt sich gleichmäßig.

6 Nach dem Trocknen ist es einsatzbereit.

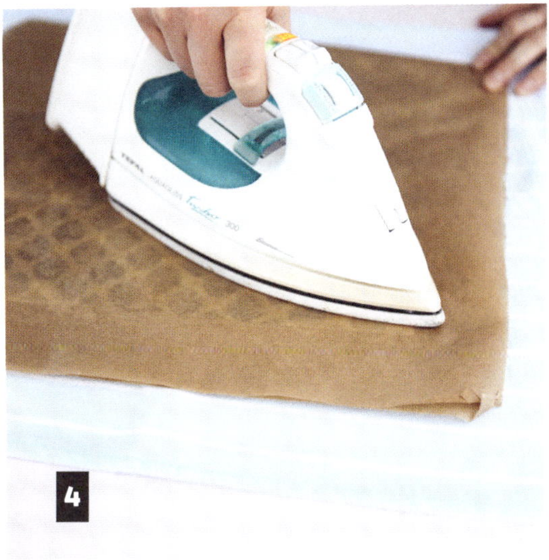

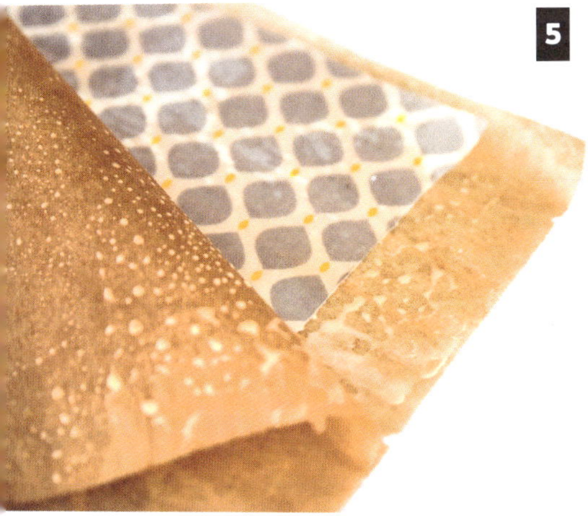

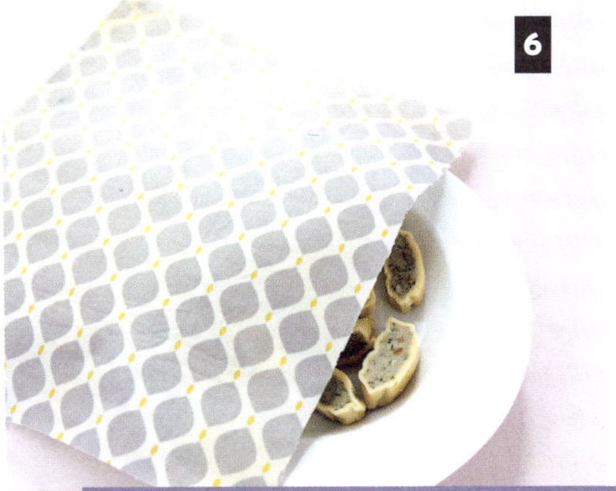

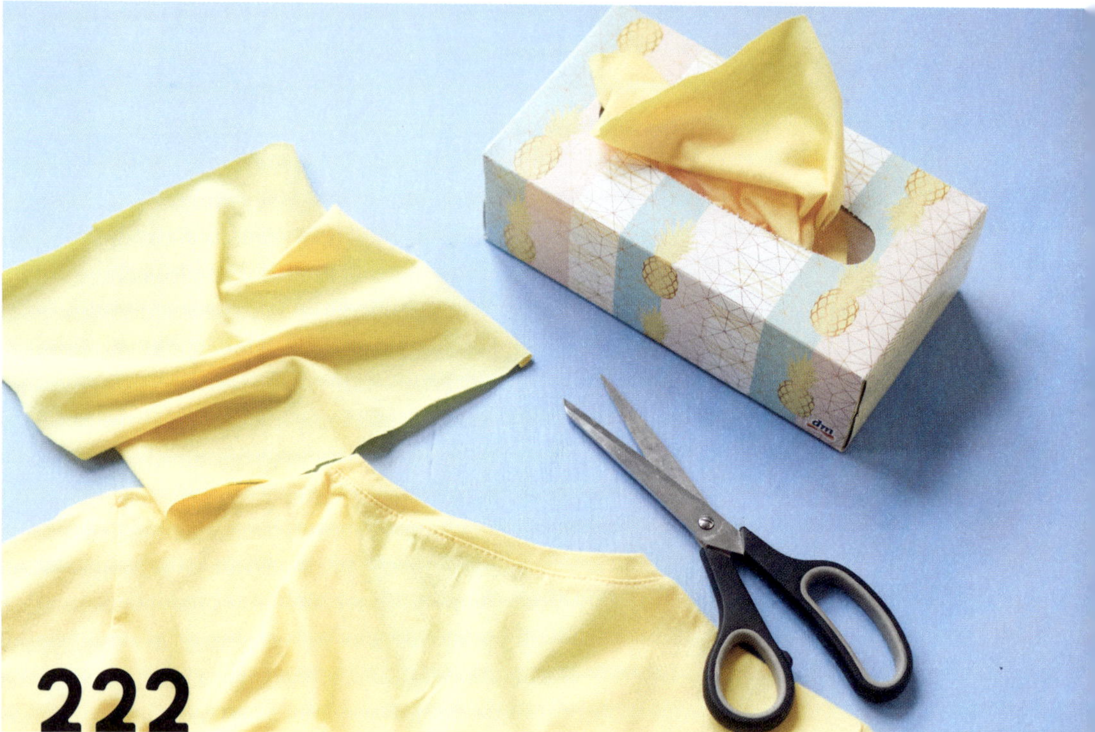

222 VON DER ROLLE

Küchenpapier ist zwar biologisch abbaubar und kann über die Biotonne oder den Kompost entsorgt werden, ist aber erstens fast immer in Plastikfolie eingepackt, zweitens ein reines Wegwerfprodukt (welches immer wieder neu produziert werden muss und dabei sehr viel Energie und natürliche Ressourcen verbraucht) - und drittens meist gar nicht nötig. Denn den bekleckerten Tisch kannst du genauso gut mit auswaschbaren Tüchern abwischen. Diese kannst du dir superschnell aus einem alten T-Shirt zurechtschneiden und in eine leere Papierspenderbox füllen. So hast du sie immer griffbereit.

Für eine Tuch-an-Tuch-Entnahme falte die Tücher einfach ineinander, bevor du sie in die Spenderbox füllst. Sammle die benutzten Stofftücher in einer leeren Dose, bis du sie wäschst.

NOTIZEN

AHA!

Unter dem Begriff ECOCAMPING findest du im Internet Campingplätze, die sich dem Thema Nachhaltigkeit verschrieben haben. Sie verpflichten sich zum Beispiel zur Reduktion des Strom- und Wasserverbrauchs, der Heizenergie und des Mülls, setzen bei der Energiegewinnung auf naturverträgliche Erzeugung, gestalten ihre Anlage möglichst natürlich und beziehen Natur und Umwelt auch in die Freizeitangebote ein.

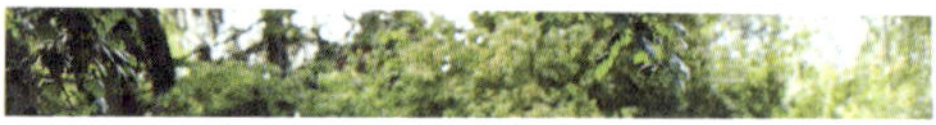

MAKING OF

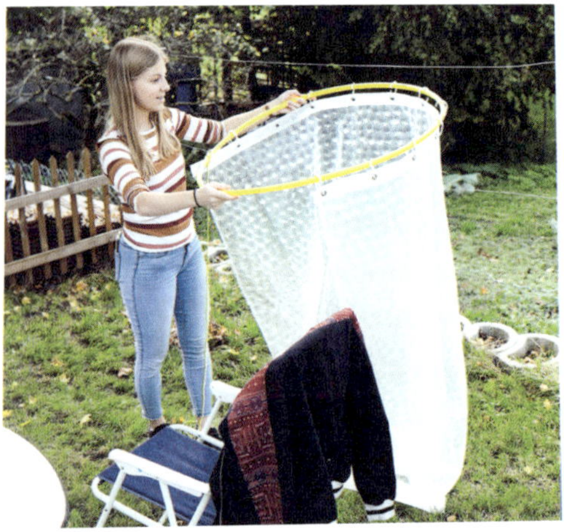

Gar nicht so einfach, einen Hula-Hoop-Reifen aufzuhängen!

Für das Outdoor-Fotoshooting benötigen wir einiges an Material, fast wie bei einem echten Camping-Urlaub.

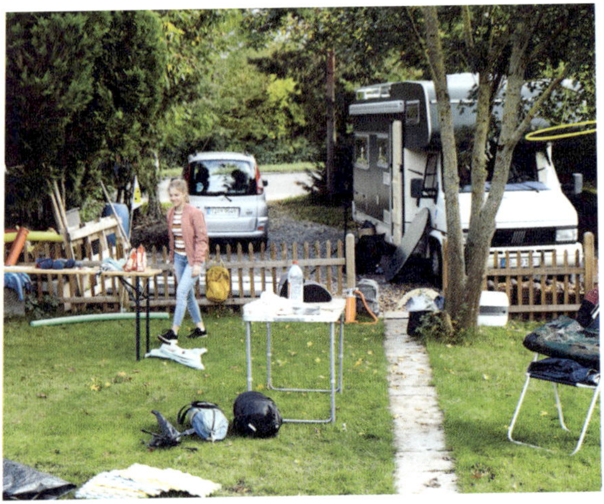

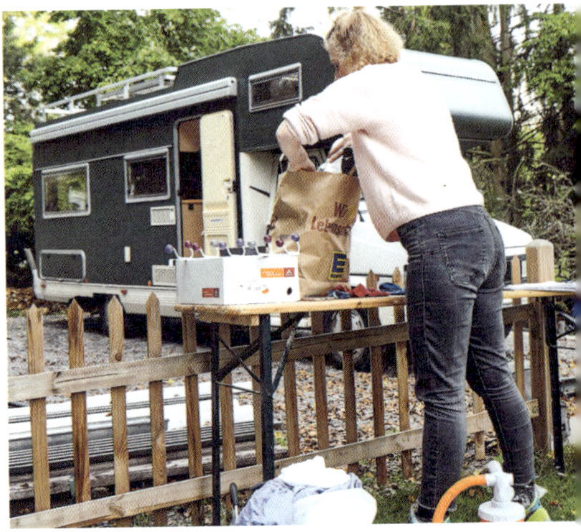

Die Autoren reisen extra an und unterstützen tatkräftig.

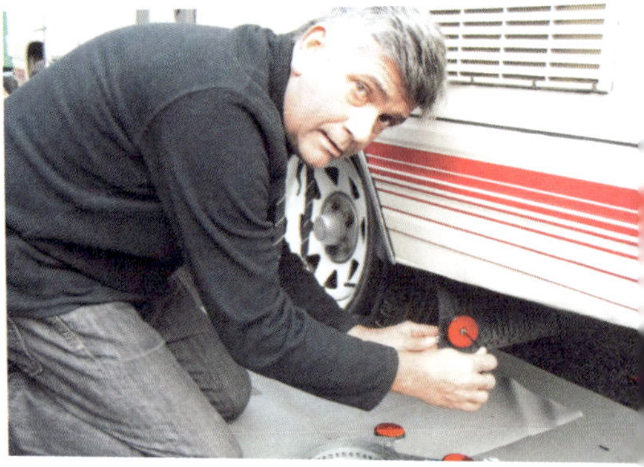

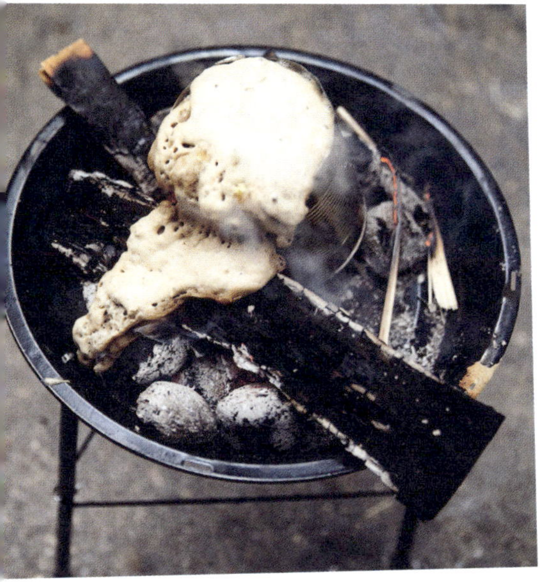

Die Hefe beim Dosenbrot-Hack hat das mit dem „Gehen“ wohl wörtlich genommen.

Die Schnur wird fürs Shooting am Stativ anstelle eines Baumes gespannt.

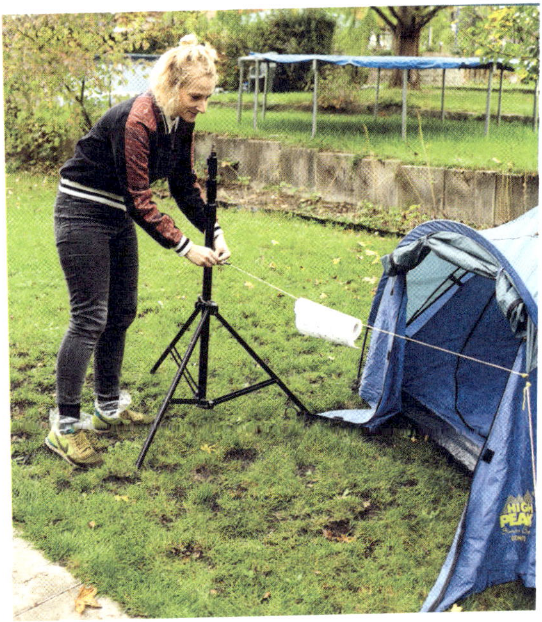

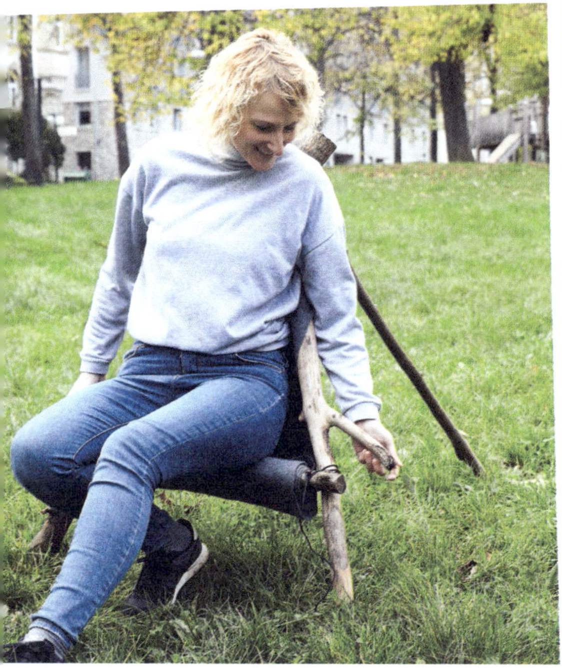

Wenn das gebaute Objekt eher eine Miniatur-Ausgabe wird…

FAILS

CAMPING-FACKELN

Für romantische Stimmung sollten ein paar schnelle Fackeln sorgen, indem man die Stöcke an beiden Seiten anspitzt und die Unterseiten der Kerzen etwas erhitzt, um sie dann auf die Stöcke zu stecken. Leider sind die Tafelkerzen dabei jedes Mal gebrochen …

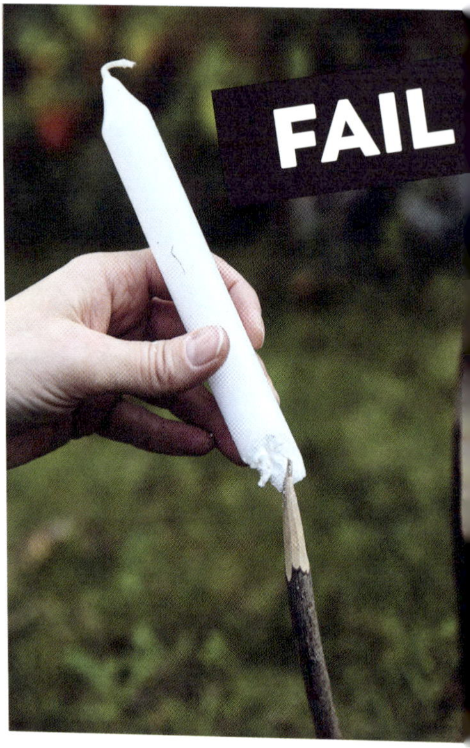

HANDY-BUTLER

Der Handy-Butler sollte dafür sorgen, dass das Handy im Nassbereich des Camping-Platzes geladen werden kann, ohne selbst nass zu werden. Das Größenverhältnis Spüliflasche-Handy muss dabei aber beachtet werden, sonst passiert euch das Gleiche wie uns und es hält leider nicht!

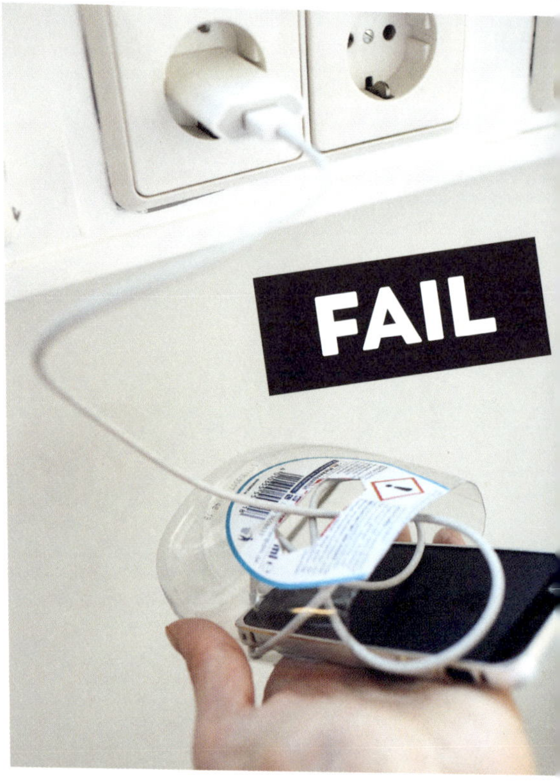

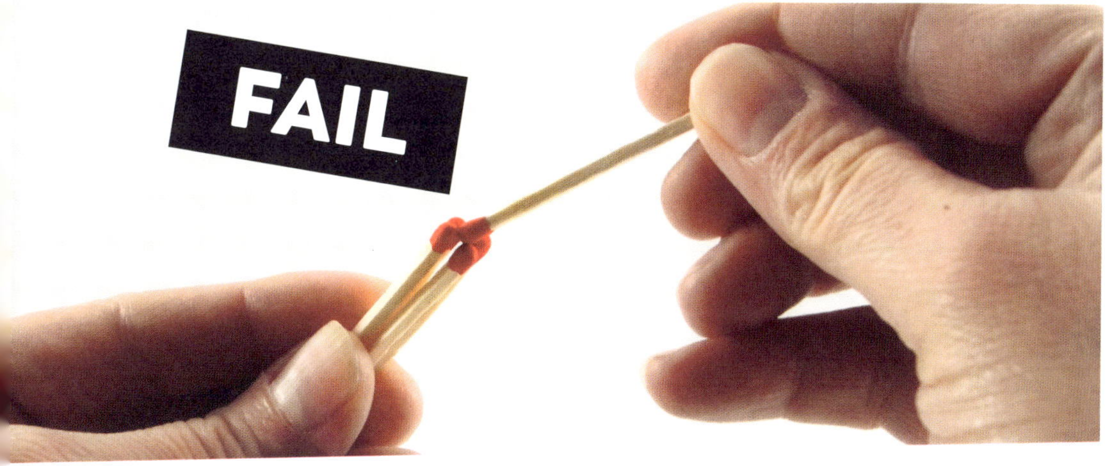

STREICHHOLZ-STREICH

Hier sollte man fünf Streichhölzer genialerweise direkt an sich entzünden. Leider lassen sich die in Deutschland erhältlichen Streichhölzer nur an speziellen Reibeflächen anzünden, die roten Phosphor enthalten …

BIER IN DÜNGER KÜHLEN

Mischt man Dünger im Verhältnis 2:1 mit Wasser, füllt damit einen Eimer und stellt ein paar Bierflaschen hinein, sollen selbst lauwarme Getränke binnen weniger Minuten auf bis zu 10 ° C abkühlen. Aus Gesundheits- und Umweltschutzaspekten können wir von diesem Lifehack aber nur dringend abraten.

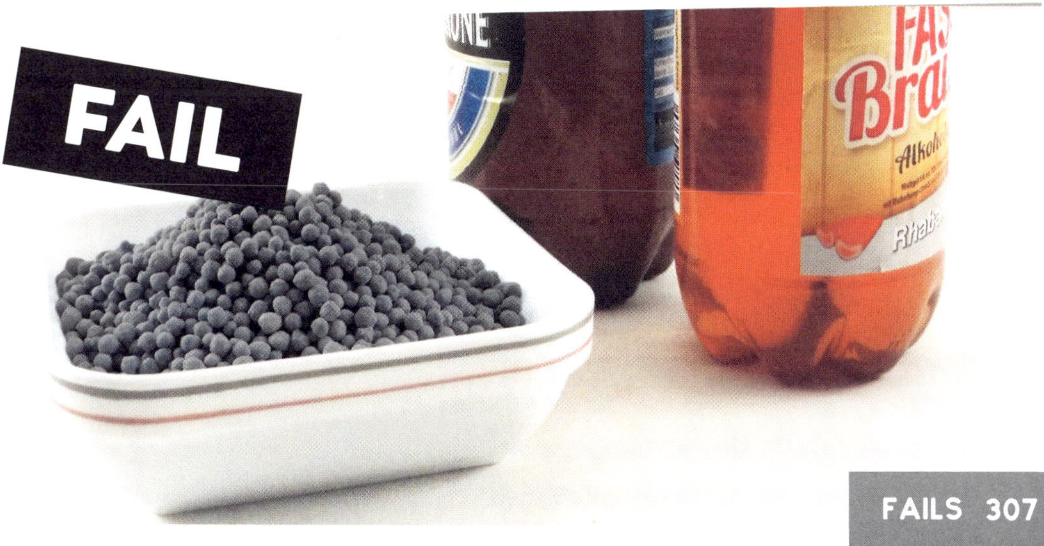

BUCKET LISTS

Egal, ob mit Zelt und Rucksack unterwegs oder mit dem Wohnwagen – in der Campingküche muss man mit weniger Utensilien auskommen als zu Hause. Ein paar Sachen sollten jedoch auf keinen Fall fehlen:

CAMPINGKÜCHE ✓

- ☐ Campingkocher mit entsprechendem Brennstoff (Benzin, Gaskartusche, Festbrennstoff oder Spiritus)
- ☐ zum Grillen: Campinggrill, Grillkohle, Anzünder
- ☐ mehrere Feuerzeuge und Streichhölzer
- ☐ Kochgeschirr (Outdoor Trekking Kit)
- ☐ bruchsicheres Campinggeschirr (Tasse, Teller, Schale)
- ☐ Besteck (Gabel, Messer, Löffel)
- ☐ Kochbesteck (Suppenkelle, Pfannenwender, Grillzange)
- ☐ scharfes Messer
- ☐ Schneidbrett
- ☐ gefüllter Wasserkanister
- ☐ Multitool (Taschenmesser mit Dosenöffner, Flaschenöffner)
- ☐ Spültuch oder Schwamm
- ☐ 2 Küchentücher zum Abtrocknen
- ☐ etwas Geschirrspülmittel (abgefüllt in kleineren Behälter)
- ☐ Wäscheleine / Spannseil und 6 Wäscheklammern
- ☐ Müllbeutel
- ☐ Kühlbox, elektrisch und/oder mit Kühlelementen
- ☐ evtl. spezielle Trekking-Nahrung
- ☐ Gewürze (Salz, Pfeffer, Kräuter)
- ☐ Kaffeepulver
- ☐ Teebeutel

TECHNIK-CHECK VOR FAHRTANTRITT ✓

- ☐ Motorölstand kontrollieren und ggf. auffüllen
- ☐ Reifendruck überprüfen und der Last anpassen / Reifenprofil in Ordnung? Ersatzrad ebenfalls kontrollieren!
- ☐ Kühlwasser kontrollieren / auffüllen
- ☐ Scheibenwaschanlage auffüllen
- ☐ Wischerblätter kontrollieren und eventuell austauschen
- ☐ Ist die Batterie noch in Ordnung? Ggf. ersetzen oder destilliertes Wasser nachfüllen
- ☐ Verbandskasten auffüllen oder ersetzen (Ablaufdatum beachten!)
- ☐ Warndreieck an Bord?
- ☐ Warnwesten (in manchen Ländern muss für jeden Fahrzeuginsassen eine mitgeführt werden!)
- ☐ Bordwerkzeug auf Vollständigkeit überprüfen / Reifenpilot einpacken

ZUSÄTZLICH BEI WOHNWAGEN / WOHNMOBIL ✓

- ☐ Grauwassertank entleeren
- ☐ Frischwassertank auffüllen und Wasserentkeimer zusetzen
- ☐ Fäkalientank der Toilette leeren / Spülwassertank für die Fahrt möglichst nur zur Hälfte befüllen
- ☐ Füllstand der Gasflasche(n) überprüfen / Gasflaschen sichern
- ☐ Kabel mit CE-Stecker (sowie Adapter) einpacken / auf Schadstellen achten
- ☐ Verlängerungskabel und/oder Kabeltrommel testen
- ☐ Warntafel am Heck (in einigen Ländern Pflicht)
- ☐ Sind alle Klappen, Fenster und Türen feste verschlossen?
- ☐ Dachluke verschlossen?
- ☐ Kühlschrank geschlossen und gesichert?
- ☐ Ist die Last richtig verteilt? (Stützlast beachten!)
- ☐ lose Ladung mit Spanngurten sichern
- ☐ Markise einziehen
- ☐ alle Stützen reindrehen
- ☐ Unterlegkeile und Stufenkeile entfernen
- ☐ Gesamtgewicht überprüfen – Überladung kann teuer und gefährlich werden!

BUCKET LISTS: FESTIVAL

DIE GRUNDAUSSATTTUNG ✓

- ■ Eintrittskarten
- ■ Bargeld
- ■ Personalausweis
- ■ Zelt komplett (mit Zeltheringen, Schnüren, Stangen)
- ■ Hammer
- ■ Schlafsack und (aufblasbares) Kissen
- ■ Isomatte und/oder Luftmatratze (Luftpumpe?)
- ■ Müllsäcke
- ■ Klappstuhl / Faltstuhl und kleiner Tisch
- ■ Kühltasche mit Kühlelementen
- ■ Campingkocher +Brennstoff oder Grill + Kohle
- ■ Camping-Kochtopf / Trekking-Kit
- ■ 1 tiefer Teller
- ■ Messer, Gabel, Löffel
- ■ 1 Taschenmesser
- ■ Feuerzeug / Streichhölzer
- ■ Taschenlampe
- ■ Powerbank + Handy (besser ein altes Modell!)
    - ■ Extratipp: Karten/Anfahrtsbeschreibung/Timetable bereits zuhause runterladen!
- ■ ausreichend Batterien
- ■ Sonnensegel / Tarp oder Plane
- ■ Kabelbinder
- ■ Panzerband
- ■ 1 Vorhängeschloss / Bügelschloss
- ■ Spülschwamm, Spülmittel, Trockentücher, Abwaschschüssel (faltbar)

GESUNDHEIT UND HYGIENE ✓

- Medikamente (gg. Kopfschmerzen, Übelkeit, Durchfall) + persönliche Medikamente
- Erste-Hilfe-Set / Pflaster
- Sonnencreme
- Zahnbürste + Zahnpasta
- Deo
- Haarbürste oder Kamm
- Seife oder Duschgel
- Shampoo oder Haarseife
- Waschlappen und Handtuch
- Toilettenpapier
- Verhütungsmittel
- Mückenspray
- Zeckenzange / Zeckenschlinge
- Ohrstöpsel
- Haargummis
- für Frauen: ggf. Monatshygiene-Artikel

BEKLEIDUNG ✓

- Badelatschen
- 2 Paar bequeme Schuhe (die dreckig werden dürfen)
- T-Shirts und Pullover (für jede Wetterlage)
- 1 dicke Jacke
- Unterwäsche
- Socken + 1 Paar dicke Socken für nachts
- 2 – 3 Hosen (kurz und lang)
- Jogginghose für die Nacht
- Kopfbedeckung (Mütze, Basecap, Kopftuch)
- Sonnenbrille
- Gummistiefel
- Regenjacke / Regencape

REGISTER

IMMER INFORMIERT, IMMER INSPIRIERT – DIE GANZE WELT VON TOPP AUCH IM NETZ

Webseite

Die neuesten Trends, die schönsten Kreativbücher und die aktuellsten Informationen auf unserer Webseite Schau mal vorbei und stöbere in unserem riesigen Angebot von mehr als 1000 Kreativbüchern, Sets und mehr:

www.TOPP-kreativ.de

Newsletter

Bunt, überraschend und immer aktuell – immer auf dem Laufenden mit unserem Newsletter Noch heute anmelden und regelmäßig Informationen, Tipps und Neuheiten erhalten:

www.TOPP-kreativ.de/Newsletter

Digitale Bibliothek

Tutorial-Videos, Plotter-Dateien, Vorlagen zum Ausdrucken, Übungsblätter etc.
Zu vielen TOPP-Büchern gibt es digitale Extras. Schau im Impressum nach (die letzteSeite des Buches): Wenn dort ein Freischaltcode abgedruckt ist, dann besuche die Digitale Bibliothek auf unserer Webseite, registriere Dich einmalig und schalte deine Zusatzmaterialien frei:

www.TOPP-kreativ.de/DigiBib

Facebook

Werde Teil unserer Communitys Mitstrickzentrale fürs Handarbeiten und Bastelzentrale für die Themen Basteln, Bauen, Dekorieren & DIY. Du findest uns unter:

www.facebook.com/Mitstrickzentrale
www.facebook.com/Bastelzentrale

Instagram

Live dabei mit ständig aktuellen News aus dem frechverlag. Willst Du wissen, was bei uns gerade passiert und woran wir arbeiten? Dann folge uns auf Instagram. Möchtest Du uns an Deinen Kreativprojekten teilhaben lassen? Dann poste doch gleich ein Foto mit dem Hashtag **#frechverlag** und wir stellen Dein Werk gerne der Community vor:

www.Instagram.com/frechverlag

Pinterest

Neue Bücher, neue Ideen und die Menschen, die sie machen
Du bist auf der Jagd nach den neuesten Ideen und aktuellen Trends im DIY-Bereich? All das gibt es auf den Pinnwänden des frechverlags unter:

www.Pinterest.com/frechverlag

Youtube

Ein Video sagt oft mehr als tausend Worte
Du möchtest neue Techniken ausprobieren, Autoren kennenlernen oder einmal hinter die Kulissen unserer Buchproduktionen schauen? Dann abonniere den Kanal des frechverlags unter:

www.YouTube.com/Frechverlag

WER WIR SIND, WIE WIR ARBEITEN, WAS WIR LIEBEN ...

Folge uns auf Instagram, Facebook und Pinterest, um mehr über uns und unsere Arbeit zu erfahren und immer mit den neuesten Informationen versorgt zu sein.

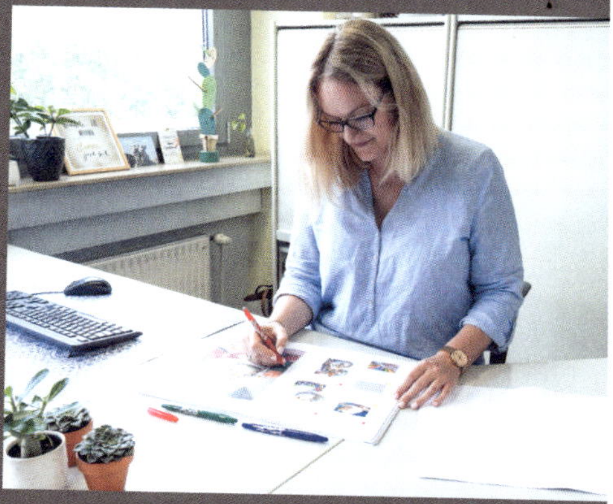

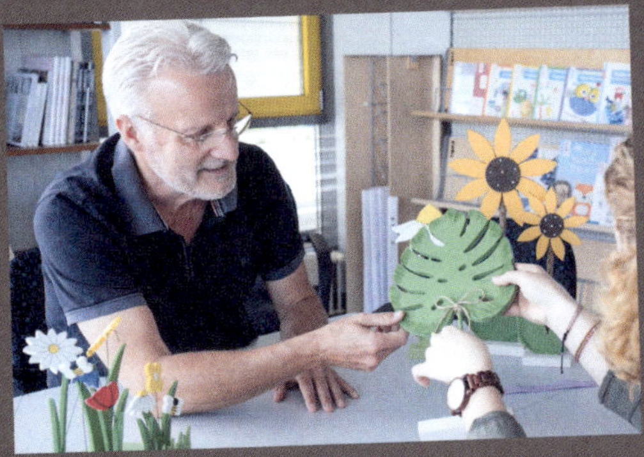

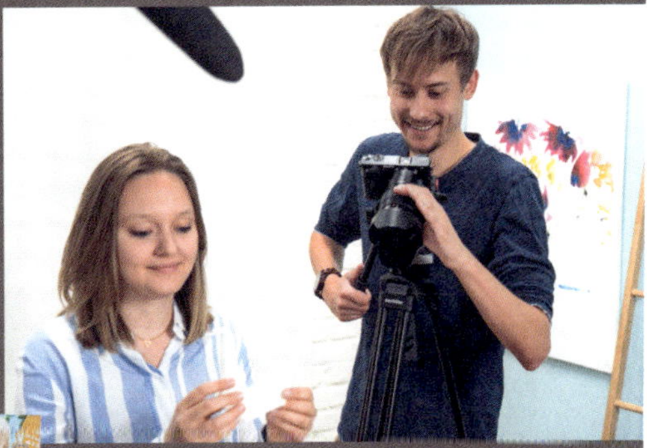

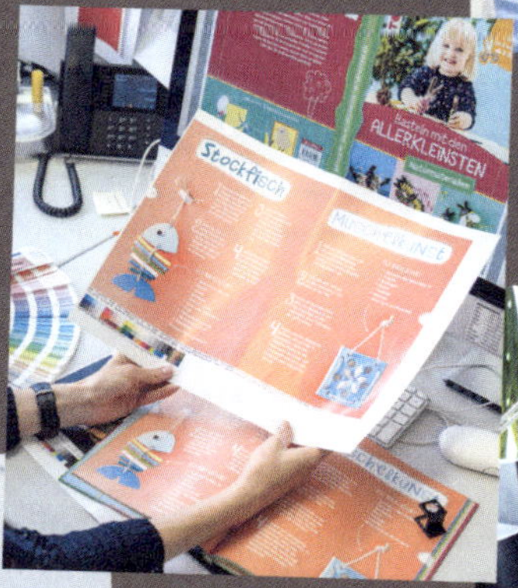

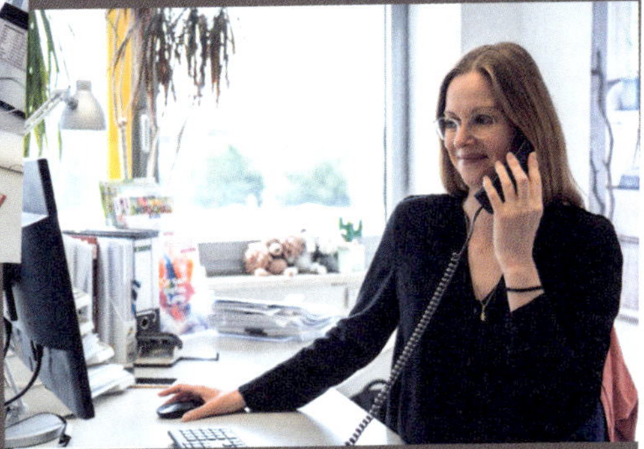

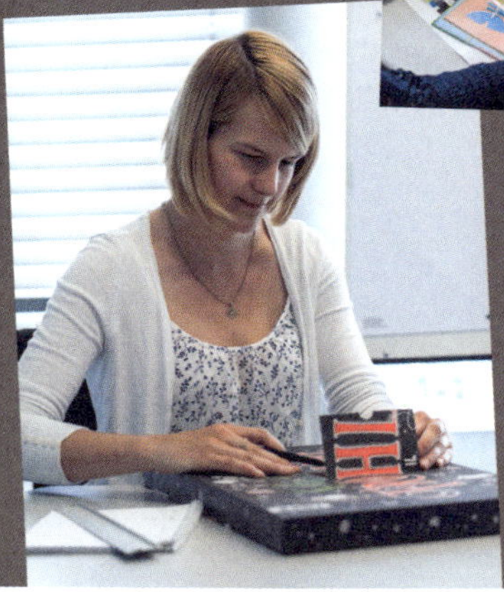

ALLE NEWS, ALLE INFOS UND ALLE LINKS FINDEST DU AUF WWW.TOPP-KREATIV.DE

BUCHEMPFEHLUNGEN FÜR DICH

Entdecke auch unsere anderen Bände mit vielen Lifehacks

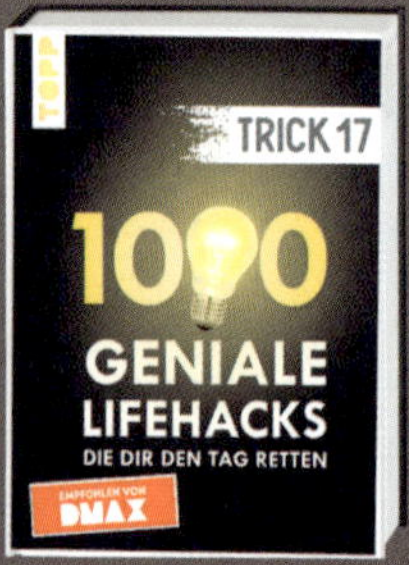

ISBN 978-3-7724-7168-1

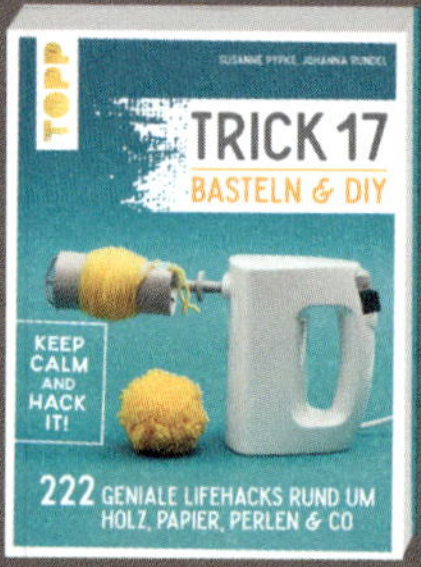

ISBN 978-3-7724-4577-4

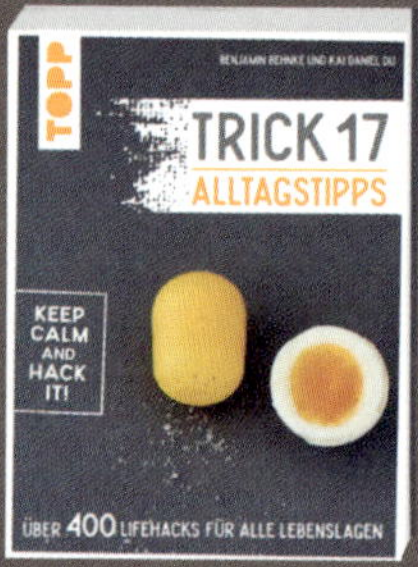

ISBN 978-3-7724-7009-7

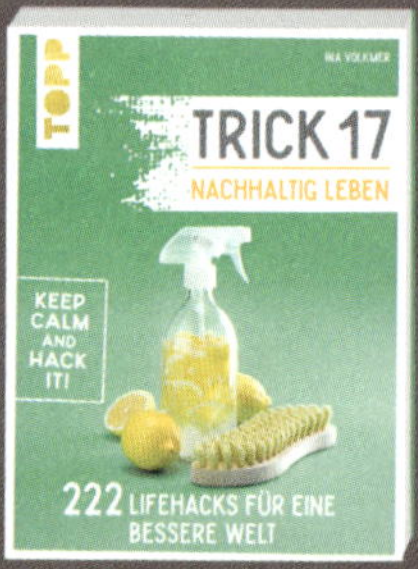

ISBN 978-3-7724-4976-5

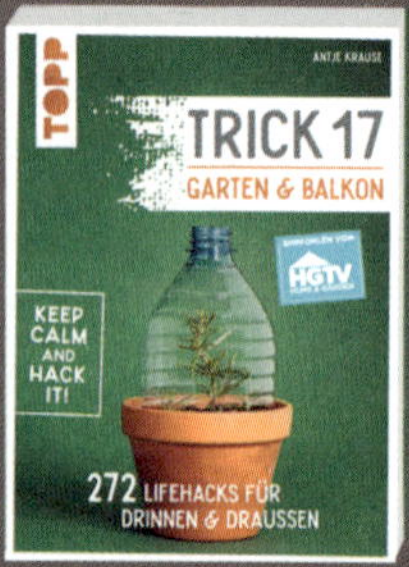

ISBN 978-3-7724-7181-0

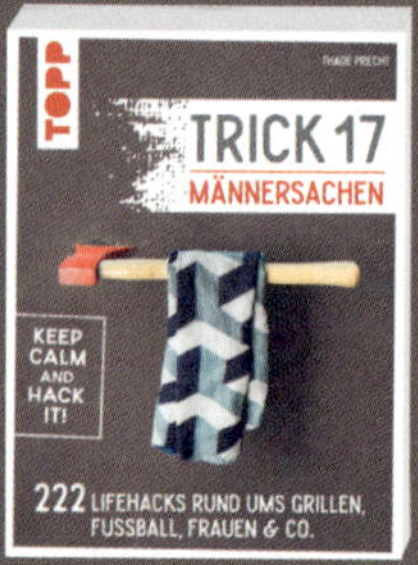

ISBN 978-3-7724-7596-2

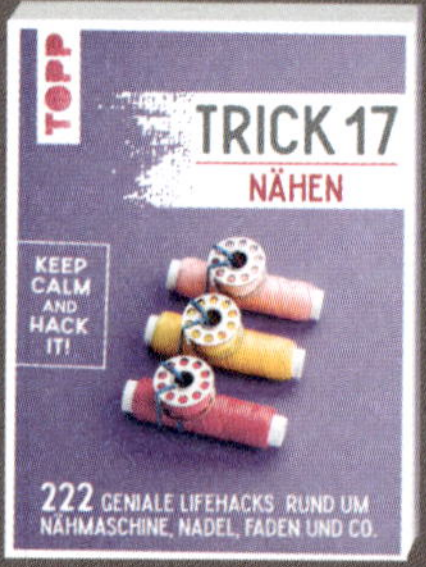

ISBN 978-3-7724-4835-5

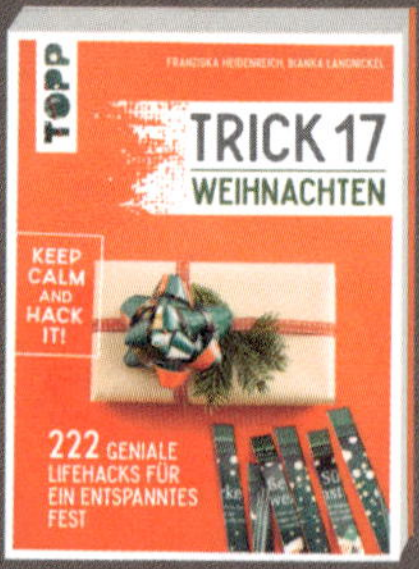

ISBN 978-3-7724-4578-1

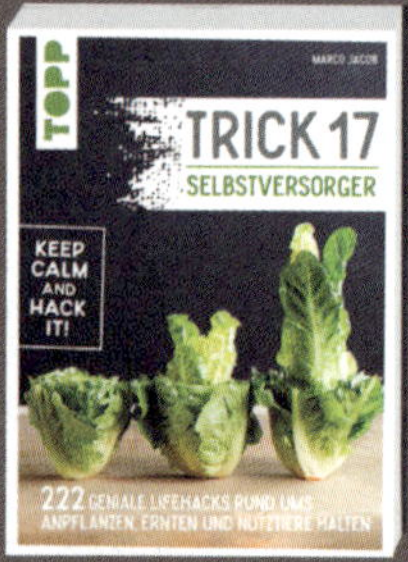

ISBN 978-3-7724-4522-4

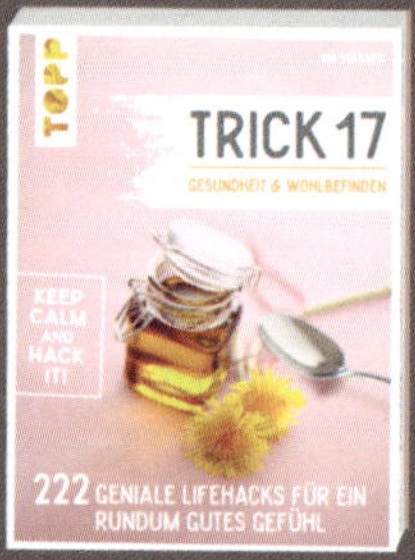

ISBN 978-3-7724-4495-1

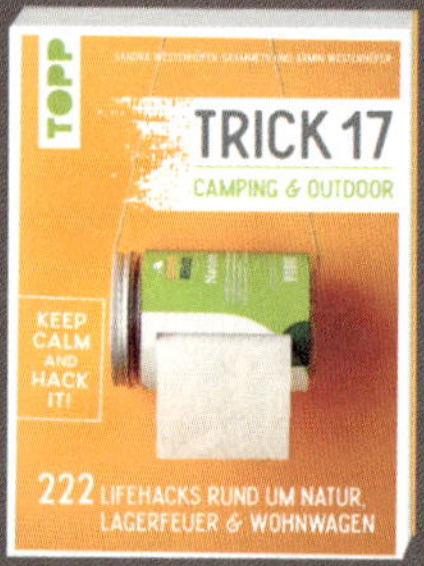

ISBN 978-3-7724-7196-4

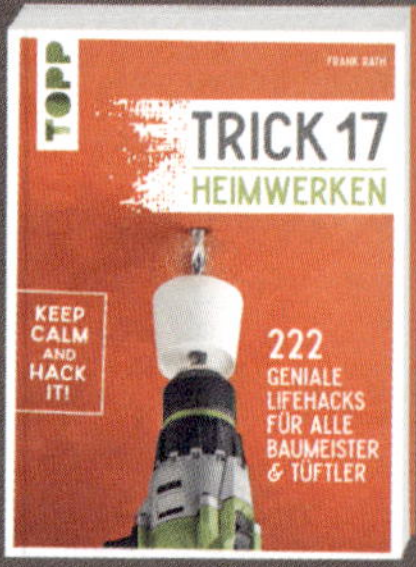

ISBN 978-3-7724-4547-7

BUCHEMPFEHLUNGEN FÜR DICH

Gibt's auch mit 111 Hacks in Kompakt:

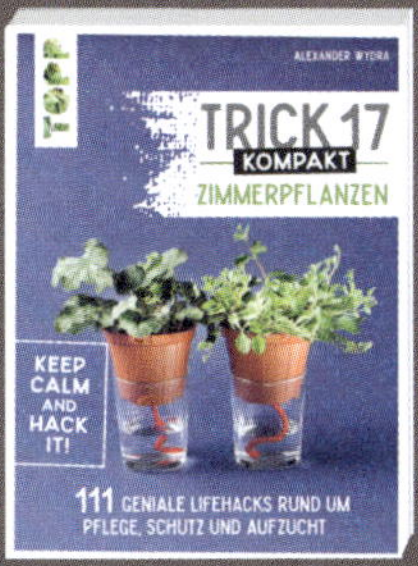

ISBN 978-3-7724-4579-8

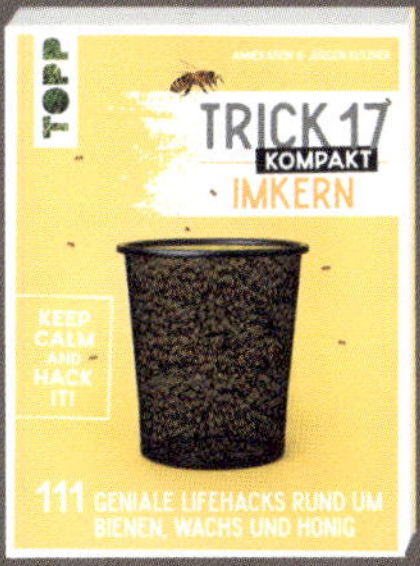

ISBN 978-3-7724-4580-4

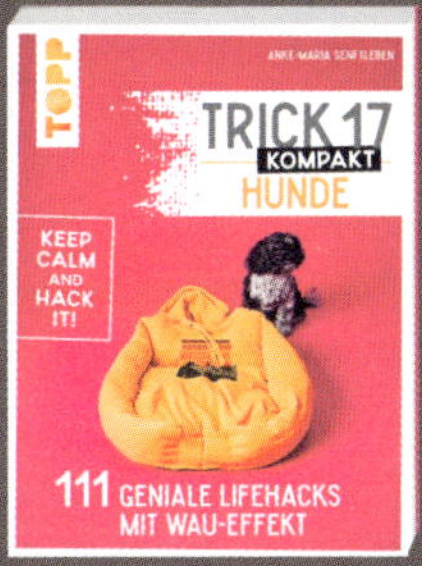

ISBN 978-3-7724-4582-8

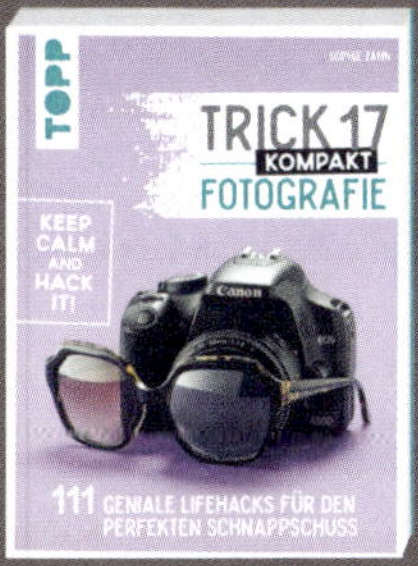

ISBN 978-3-7724-4601-6

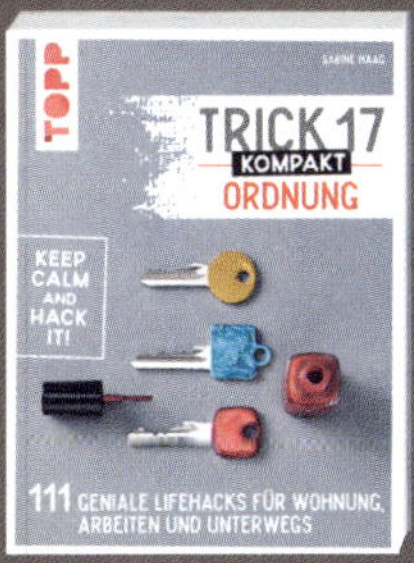

ISBN 978-3-7724-4581-1

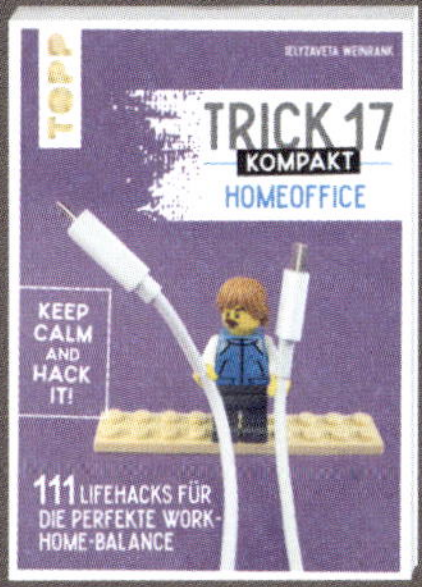

ISBN 978-3-7724-4631-3

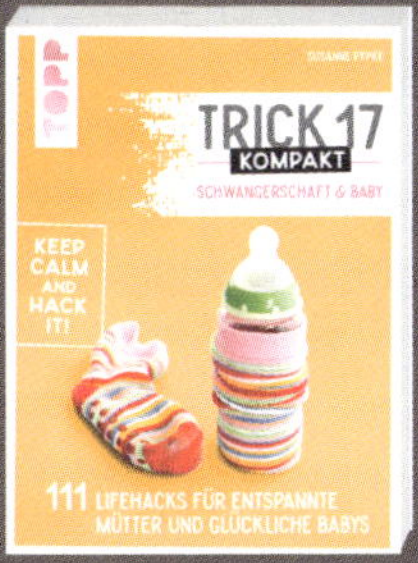

ISBN 978-3-7724-4638-2

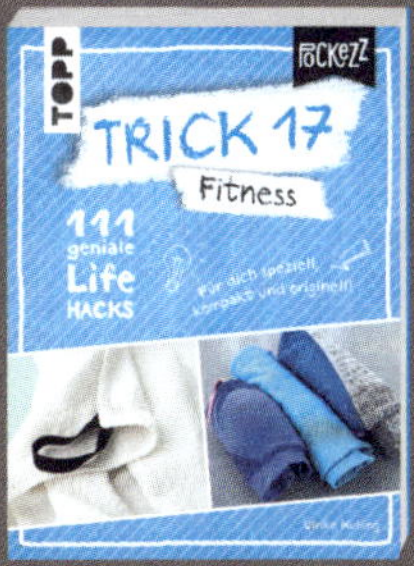

ISBN 978-3-7724-7146-9

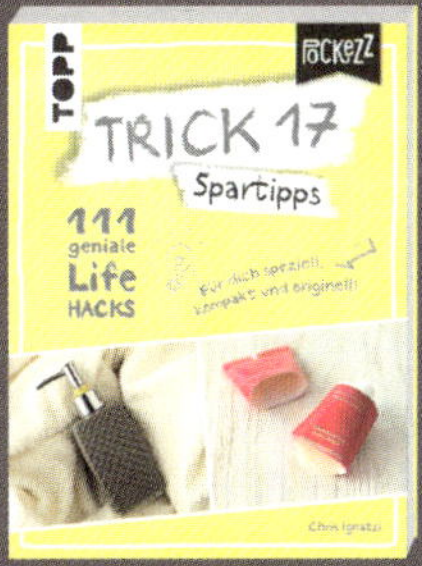

ISBN 978-3-7724-7147-6

Mehr zum Thema Lifehacks findest du auf www.trick17-dasbuch.de

IMPRESSUM

FOTOS: Fotostudio lichtpunkt, Michael Ruder, Stuttgart
ILLUSTRATIONEN KAPITELAUFMACHERSEITEN: Ludmila Blum
PRODUKTMANAGEMENT UND LEKTORAT: Emma Nickel, Eva Schrecklinger
HERSTELLUNG: Katrin Röhlig
DRUCK UND BINDUNG: POLYGRAF PRINT spol. s r.o.

3. Auflage 2022

ISBN 978-3-7724-7196-4 • Best.-Nr. 7196